邓齐滨

孙光妍　著

中国革命法制『从农村到城市』的重大转折

哈尔滨解放区法制建设研究

中国人民大学出版社

·北京·

目　录

上　编　"农村包围城市"：中国革命法制在农村根据地的形成

引　言　中国革命法制发展的总体走向

一、问题的提出

对中国革命法制史的研究，近年来已成为中国学界关注的重点及热点。其中，对中国革命法制通史式的宏观性研究，以及对陕甘宁边区革命法制等的阶段性实证研究已取得学界公认的可喜成果。如张希坡、韩延龙主编的《中国革命法制史》一书，对中国革命法制史采用专题体系结构进行系统的阐释，成为中国革命法制通史式的宏观性研究的权威性代表作。在对陕甘宁边区革命法制的研究上，杨永华、侯欣一、汪世荣、刘全娥等学者成果显著，他们分别从民事、婚姻、人民调解制度、司法制度及个案分析等角度探讨陕甘宁边区革命法制建设的重要意义、经验和不足。但目前学界对城市解放区（尤其是具有代表性的哈尔滨解放区）在中国革命法制进程中所处的重要地位关注不够，已发表的相关学术成果尚仅限于笔者本人与学生对哈尔滨解放区法制建设研究的一些相关论文，如在《法学研究》《法学家》等刊物上发表的论文，从苏联法对哈尔滨解放区法制建设的影响，以及哈尔滨解放区宪制立法、劳动法规建设等方面进行深入探讨。但上述研究成果均未对哈尔滨解放区的法制建设在中国革命法制进程中的重要地位和作用进行深入剖析。这种研究上的缺位对于中国革命法制历史链条的完整性来说是巨大缺憾。为弥补这种缺憾，本书试图对哈尔滨解放区法制建设在中国革命法制进程中的重要地位进行全方位研究，审视其对中国革命法制进程实现"从农村到城市"的重大转折、对新中国法制建设实现"从区域法到国家法"的转变所起到的关键性实验作用和重要历史意义。

哈尔滨是中国共产党解放并建立巩固政权的第一个大城市，是中国共产党在东北解放区长期的政治、经济、军事、文化中心和重要的战略基地，具有独特的历史地位。哈尔滨解放区是中国共产党从农村政权建设向城市政权建设、由区域法制建设向国家法制建设转变的重要实验基地。哈尔滨解放区的法制建设是中国共产党掌握国家政权进行新中国法制建设的尝试，也是连接受苏联法影响的工农民主政权、抗日民主政权和新中国法制建设的重要一环，既继受了此前各根据地法制建设的成功经验，同时也对其后的华北人民政府法制建设与新中国法制建设产生了直接影响。因此，对于以哈尔滨解放区法制建设为中心的中国革命法制史"从农村到城市"发展历程的考察，具有以下理论意义：

第一，哈尔滨解放区的法制建设是中国革命法制进程中的重要转折，这种转折实现了从重视农村政权及土地法规到重视城市政权及经济法规、司法建设等方面的全面转型，进而影响了华北解放区和新中国法制建设模式的选择。本书将探寻并确立哈尔滨解放区法制建设在中国革命法制进程中的重要地位。

第二，对哈尔滨解放区城市法制建设的研究和经验总结，有助于更加全面地审视中国革命法制发展的历史脉络和路径选择，推进学界对中国革命法制发展总体走向的研究。

第三，从哈尔滨地理、文化与政治因素入手研究哈尔滨解放区法制建设过程中对苏联法的继受与传承，并将其与苏区、边区和新中国成立初期的法制建设相比较，有利于探究中国革命法制建设从"全盘苏化"到与中国革命具体实践相结合的历史演进及内在规律性。

着眼当今，深入学习习近平法治思想、全面推进法治中国建设成为学术研究的热点。在当下的中国，建设法治国家已成为一种时代诉求。在"法治中国建设"引领下，学界对于现代法治问题以及中国法治秩序框架的建构问题，已经从"全盘西化"的研究视野中跳脱出来，基本达成了反思并探索一条适合中国国情的法治道路的共识：这种法治道路既要进行制度和学说的比较借鉴，但更重要的是促进自发实践和内在演化，并探求其"中国化"要素和品格。例如，张文显教授从对西方法哲学理论的研究到对中国特色社会主义法治体系的研究，姚建宗教授的《法治思语》，马长山教授从《国家、市民社会与法治》（2002 年）到《法治进程中的"民间治理"》（2006 年），再到《法治的社会维度与现代性视界》（2008 年），都体现出学者逐渐将西方视野与中国实际相结合，尝试提出转型期的中国法治的新思路。在法律史研究领域梁治平教授、季卫东教授也提出了中国法治道路的独到见解，如季卫东教授的《法治构图》（2012 年）就从兼论西方法治文化与中国传统文化的角度去解读和反思法治中国的可能性，解决中国法治何处去的现实问题。

历史是照见现实的镜子，对中国法治道路的历史经验的解释必然能够让研究更立体、分析更深入。苏亦工教授在《辨正地认识"法治"的地位和作用》中认为，对引进的西式法治必须辨正看待，而面对中国问题，选择正确的法治道路是必然选择，同时也在学界达成了基本学术认同。梁治平教授在《清代习惯法》中也认为，中国模式应是在法律传统文化秩序框架下，国家制定法与民间习惯法有机结合、协调发展的社会模式，这种模式自发地形成国家法与习惯法互动的法的"秩序原理"。因此，学术界自 21 世纪以来不再将法治视野局限于对西方现代法治主义的研究，而是着眼于中国现实问题的解决，其中对中国法治道路的历史变迁的研究就显得尤为重要。公丕祥、周叶中、徐显明教授在公开发表的论文中都提到中国法治道路既不能"照搬照抄"，也不能"全面移植"，更不能"全盘西化"，而应立足中国国情，不断在实践中探索。对于 1949 年以来的法制实践对中国法治道路形成的影响有很多学者在研究，与之相比，对 1949 年以前新民主主义法制实践的研究仍显单薄。

从史学角度深入挖掘法治的实践渊源，以哈尔滨解放区城市法制实践过程为切入点，实证分析法治路径选择中城市法制经验的作用与影响，不失为一种大胆的假设和尝试，这一领域的研究可以为法治中国化的问题提供"接地气"的研究史料和视角。

二、研究的样本

中国共产党领导中国人民经过土地革命战争、全民族抗日战争和全国解放战争，取得了新民主主义革命的胜利。中国革命法制也随之经历了从农村根据地的法制建设到城市解放区的法制建设的转变，新中国法制体系由此逐渐建立。从农村到城市的转折与跨越，不仅给政权建设造成了经验缺乏的困境，也给法制建设带来了前所未有的挑战。面对困境和挑战，中国共产党如何选择，这是决定能否建立巩固的城市解放区、能否建立新中国，从而领导其他大城市的关键问题。因此，城市法制的尝试与经验在中国革命法制的发展、中国法治道路的选择中均具有重要的地位。

（一）中国革命法制历程中城市解放区法制实践的价值

中国革命法制的历程与中国新民主主义革命有着重要的历史关联。在新民主主义革命过程中，随着政治形势和阶级关系的变化，革命政权的阶级结构及其具体任务也会发生变化。与此相适应，在法制建设方面，必然产生一系列的变化和发展。从新民主主义革命时期革命政权和法制的演变情况看，张希坡、韩延龙教授在《中国革命法制史》中将其划分为"萌芽—初创—形成—胜利"四个发展阶段，在此基础之上，笔者根据社会性质和机构的不同，认为中国革命法制经历了从农村根据地到城市解放区两个发展阶段。

大革命的失败，使中国共产党进一步认识到掌握军队实行武装斗争对于中国革命的极端重要性，于是中国共产党在全国各地领导发动了一系列武装起义，并在武装起义的基础上，逐步开辟了革命根据地，发展工农红军。这些根据地除井冈山根据地和中央革命根据地之外，还有海陆丰、琼崖、赣东北、湘鄂西、湘鄂赣、鄂豫皖、陕甘等根据地。在全民族抗日战争时期，又发展为陕甘宁边区，华北地区的晋察冀、冀热辽、晋绥、晋冀豫、冀鲁豫及山东根据地，华中地区的苏北、苏中、苏南、淮北、淮南、皖中、浙东、鄂豫皖、湘鄂赣等根据地，华南地区的东江、琼崖等根据地，革命根据地共设有行政公署22个、县政府635个，这些根据地多数是在广大农村。农村根据地的法制建设，纠正了土地革命战争时期的"左"倾错误，把马克思主义普遍原理创造性地运用于我国的革命实践，使新民主主义政权的人民民主制度日益完善，法制建设逐渐成熟。根据农村根据地的地缘特点和历史特点，中国共产党提出了"三三制"的政权政策，并以参议会作为各级抗日民主政权的权力机关，实行普遍、平等、直接、无记名的选举制度，贯彻"精兵简政"方针，制定各项行政法规。此外，还颁布了适合农村需要的地权条例、减租减息条例、婚姻条例等法规。在诉讼制度、审判作风以及推行人民调解制度方面，都因时因地制宜地制定法规，取得了显著的成就。这一切都充分说明了我国新民主主义的法律制度在农村根据地日趋完善。

抗日战争胜利后，中华民族与日本帝国主义的矛盾解决了，代表大地主大资产阶级利益的国民党反动派和广大人民的矛盾，立刻上升为主要矛盾。国民党反动派在美帝国主义的支持下，积极准备发动内战，妄图消灭以中国共产党为代表的人民革命力量。但是，战后的国际形势和国内阶级关系发生了变化，中国人民的革命力量日益壮大。哈尔滨解放后，中国共产党还领导解放了石家庄、济南、长春、沈阳、天津、北平、南京、武汉、西安、上海等大城市，哈尔滨由于最先解放，其法制建设经验成为其他解放城市的法制建设蓝本。

哈尔滨解放区的法制建设是中国革命法制建设的重要环节，是连接苏区、边区和其他解放区的法制建设至关重要的一环。工农民主政权时期和抗日民主政权时期的革命法制是以农村为中心展开的，进行土地立法、满足农民的土地要求是当时革命法制建设的核心。而哈尔滨作为第一个解放的大城市，在要求加强政权与法制建设方面与十月革命后的苏俄相似。中国共产党开始了从农村和小农经济走向城市和工商业经济、从"限定"的民主政治到"广泛"的民主政治的伟大转变。这是中国共产党在新民主主义革命阶段为建立国家政权积累经验的首次尝试。哈尔滨解放区大量的经济法规体现了中国共产党人从"打土豪，分田地"、"二五减租"到"恢复与发展工商业，以繁荣市面"的转折，这也是中国革命法制从以农村为重心到以城市为重心的转折点。随着1946年哈尔滨的解放，城市复杂的市民群体、多元的利益诉求使农村根据地的司法经验已不能适应城市社会的需要，因此中国共产党在哈尔滨这个第一个解放的大城市开始了中国革命法制的首次城市实践，这也成为中国特色法治道路早期探索的实践基础。

因此，可以说，在中国特色的法治探索道路上，"从农村到城市"成为一个重大的转折，正是基于在这个转折的节点上的不断探索与实践，中国特色法治才有了实践基础和数据。而在"从农村到城市"的重大转折过程中，哈尔滨解放区法制建设正是这个节点。

（二）哈尔滨解放区法制实践样本

哈尔滨是中国共产党领导解放的第一个大城市，为中国革命法制发展和中国特色法治道路探索留下了宝贵的历史经验。这主要表现为：

第一，凸显了新民主主义理念。中国共产党在农村根据地时期因时因地制宜，建立了以新民主主义理念为指导的革命法制。在中国革命法制的发展进程中，哈尔滨肩负起了探索新民主主义理念的重任。哈尔滨解放区法制建设，既体现了"便民""大众"的法制文化理念，又满足了市民对法律规范性、城市化的要求，不仅具有民主、法治的特征，同时又有新民主主义的特征，凸显了新民主主义"大众"法制文化的城市特色。

第二，稳定了社会秩序，满足了市民的利益诉求。哈尔滨的地理位置使其成为近代以来欧亚贸易的集散地，哈尔滨是东北经济贸易、政治、文化的中心。这里社会状况复杂、社会阶层多元、经济模式多样，与以往农村根据地有较大差异。哈尔滨解放区法制建设虽然存在内容粗糙、立法技术不完善的问题，但在当时的条件下，哈尔滨解放区法律制度的创设不仅稳定了社会秩序，恢复发展了被日伪破坏的工业生产及商业秩序，而且得到了各阶层市民包括外国侨民的信任和支持，满足了市民的利益诉求，其治理效果值得肯定。

第三，为中国特色法治道路提供了实践样本。哈尔滨解放区在法制建设过程中，颁布了大量的法律法规，这些法律法规因时因地制宜地创制了很多制度，如管制刑、户籍制度、保护工商业制度等，这些创制为中国特色法治道路的选择提供了实践样本。中国特色法治道路，是在充分考虑我国特定的国情以及这一国情所能够提供的制度运行环境和外部支持条件的前提下，将当代中国法律制度本土化与合理借鉴国外制度相结合而形成的。哈尔滨解放区的法制尝试恰好为法治中国提供了本土化的样本支撑。

三、档案史料的挖掘与整理

目前，学界关于中国革命法制史的研究虽比较活跃，但对东北解放区法制建设的研究尚不多见。迄今为止，各类中国法制史教科书中均未有关于东北解放区法制内容的全面描述和总结，相关学术成果只有笔者及学生团队就哈尔滨解放区法制建设的研究发表的一系列学术文章。造成这一现象的基本原因在于缺少相关的史料支撑，随着哈尔滨革命历史档案的挖掘和整理工作不断推进，中国革命法制史中关于哈尔滨解放区、城市解放区的研究成果也将逐渐丰富起来。因此，笔者认为有必要先向读者交代一下对研究所基于的档案史料的挖掘与整理情况。

哈尔滨解放区相关的革命历史档案的发现纯属机缘巧合。黑龙江大学法学院法律史专业师生于 2004 年下半年开始对黑龙江省档案馆和哈尔滨市档案馆进行革命历史档案的普查与整理工作，在普查中惊喜地发现了哈尔滨市档案馆有保存完整的、以"哈尔滨市档案馆馆藏革命历史档案"为名收录的、从 1946 年 4 月民主政权进驻哈尔滨市到 1949 年 9 月的档案史料。这批档案保存完整，内容丰富，令人欣喜。于是，笔者带领学生就这批珍贵的革命历史档案开展了深入的挖掘和整理工作，历时数年，共搜集到关于东北解放区时期哈尔滨法制建设的原始历史档案 765 卷、历史资料千余卷、司法档案万余卷、其他研究书目 180 多部（有近 20 部相关研究的俄文文献）。后经与保存尚完整的 1946 年至 1949 年的《东北日报》《哈尔滨日报》等旧报纸进行资料比对，发现前述报纸刊登的相关内容与革命历史档案能够相互印证，证明了这批档案的客观性、权威性、真实性。可以说，哈尔滨的革命历史档案、历史资料和其他研究性文献（包括外文文献）的丰富性，为本书的完成奠定了史料基础。

在黑龙江大学法学院法律史专业团队进行档案普查的同时，哈尔滨市档案馆也逐渐意识到这批档案史料的珍贵价值。于是，在学术研究的触动下，哈尔滨市档案馆也开始对这批档案进行"抢救性"整理。哈尔滨市档案馆先是在这批原始档案中选取了部分对哈尔滨解放有较大价值的文稿和照片，以原有编辑的内部资料《哈尔滨解放》为蓝本，于 2010 年在中国档案出版社公开出版了哈尔滨市档案馆编写的《哈尔滨解放》上、下两册。2016 年，正值哈尔滨解放 70 周年，哈尔滨市档案馆又在《哈尔滨解放》（上、下册）的基础上，选取了文稿 241 件、照片 101 幅，按照国家档案馆的统一部署和工作要求，以"城市解放纪实丛书"的名义重新编修，于 2017 年在中国文史出版社正式出版《哈尔滨解放》。前后两次文献汇编的出版，给哈尔滨解放区法制建设领域的学术研究增添了便利条件。本书中有大量引文的原始出处为档案史料，由于档案史料一部分已公开出版，所以笔者将涉及的引文出处也相应修改成公开出版的文献，方便读者阅读。

此外，哈尔滨市档案馆馆藏革命历史档案经笔者带领学生多年挖掘和整理后，一部分重要法规重见天日。中国人民大学法学院张希坡先生在编辑《革命根据地法律文献选辑》的过程中，在得知哈尔滨解放区法律文献的挖掘情况后，特发来亲笔信，希望笔者为《革命根据地法律文献选辑》的编辑出版提供相关文献史料，因此，哈尔滨市档案馆馆藏革命历史档案中的部分法律文献第一次出现在了革命根据地法律文献的汇编当中。这不仅为将哈尔滨解放区法制建设放在中国革命法制进程中进行研究提供了革命法制史料查询的便利条件，也从另一个角度肯定了该研究思路的可行性和价值。

　　综上所述，哈尔滨解放区法制建设研究的史料基础主要是哈尔滨市档案馆、黑龙江省档案馆馆藏革命历史档案资料，此外还包括哈尔滨市中级人民法院院藏 1946—1949 年案卷。这些档案史料由于年代久远，纸张薄脆，加之多数文件为手写存档，而非打字印刷，有许多处已无法辨认。为了方便读者阅读，凡字迹无法辨认的均以"□"代之。为了保持历史原貌，一般情况为原文照录，其中的标点、段落若无原则性差错，未作改动。这些历史档案、审判案卷与报纸、文献、方志等内容相互印证，形成了具有客观性、权威性、真实性的哈尔滨解放区法制建设史料，为研究打下了坚实基础。

上　编

"农村包围城市":
中国革命法制在农村根据地的形成

第一章　中国革命与革命法制建设

中国革命是世界革命的重要组成部分，中国革命法制是随着中国革命的不断胜利而不断发展和完善的。中国革命法制从发展历程上看，既借鉴了苏俄法制建设的成功经验，同时也在不断的实践探索中形成了适合中国国情的发展路径。在苏区和边区时期，革命政权是以"农村包围城市"的发展路径建设的，革命法制建设也是以农村为中心展开的，而哈尔滨解放区建立以后，革命政权建设则以大城市为依托，中国的革命法制建设亦出现了"从农村到城市"的重大转折。这种法制建设的转折与中国革命的发展道路完全契合，哈尔滨解放区法制建设的成就不仅对华北解放区以及其他解放区产生了示范效应，而且为新中国的法制建设积累了丰富的经验。

一、苏俄革命胜利经验的传播与中国革命道路的特殊性

中国革命是世界革命的一部分，受苏俄革命胜利成果的影响，中国共产党领导中国人民开启了中国的革命历程。革命政权在建设过程中，借鉴吸收了苏俄革命和法制建设的经验，同时，根据中国革命的具体实际，选择了特殊的道路。

（一）世界革命与中国革命

在中国，"革命"一词最早见于《周易》中的"天地革而四时成。汤武革命，顺乎天而应乎人"（《周易·革卦·象传》），本意为变革天命。马克思主义赋予"革命"一词新意，认为革命本身就是一个政治词语，是政治的最高行动；革命作为阶级矛盾激化的产物，演化为直接的阶级对抗和阶级斗争，并以暴力行动推翻、取代统治阶级的统治，进而建立一个新生政权。

马克思主义的革命理论被20世纪初期的无产阶级革命热潮和伟大的俄国十月革命所践行，取得了辉煌成就，并逐步演化成为"由列宁为首的俄国布尔什维克党提出的关于推动和实施世界范围内无产阶级社会主义革命"的学说，即"世界革命"。按照马克思主义的伟大设想，共产主义革命的胜利应当在发达的资本主义一国或几国同时实现，而列宁则把"原创社会主义理论与落后俄国的革命连接了起来"。所以，按照当时的革命理论学说，作为落后农

业国的中国也能参与到世界革命当中，中国革命从属于世界革命，是世界-革命的重要组成部分。

作为世界革命组成部分的中国革命具体包括了资产阶级领导的旧民主主义革命和中国共产党领导的新民主主义革命。① 划分新旧民主主义最为重要的标志就是革命的领导权掌握在谁的手中，为此，特别要指出的是，本书中所指称的"中国革命"是指中国共产党领导的新民主主义革命，相应的革命法制也是指新民主主义革命法制。

针对中国革命，毛泽东指出，中国社会的性质是半殖民地半封建社会，这就决定了中国革命的任务是反帝反封建。这一对中国社会性质的准确判断为革命道路的选择提供了方向指引。基于对中国国情的判断，毛泽东于1939 年第一次正式提出了"新民主主义革命"的概念，并明确地指出新民主主义革命是"在无产阶级领导之下的人民大众的反帝反封建的革命"②。"新民主主义革命"的概念是中国共产党人在不断分析中国国情、中国革命的特殊性、革命的领导权、中国革命与世界革命的关系、中国革命的发展方向以及中国革命的任务等的过程中逐渐形成的。对中国国情的正确判断和对新民主主义革命概念的提出，以及对新民主主义理论的不断完善为中国革命指明了正确的方向和奋斗的目标，为中国共产党确立领导权，带领中国人民完成反帝反封建的任务以及建立新中国提供了方向指引和理论保障。

中国共产党领导中国人民进行的伟大的新民主主义革命，可以划分为如下阶段：中国共产党创建到大革命前、大革命时期、土地革命战争时期（中央苏区时期）、全民族抗日战争时期（包括陕甘宁边区）和解放战争时期［东北（包括哈尔滨解放区）及华北等解放区］等。中国革命总体上经历了从农村根据地到城市解放区的重大转折，在中国共产党领导下建立的民主政权在局部执政的过程中也随之经历了从农村根据地到城市解放区的重大转折，这种转变不仅对中国革命史研究有重大意义，同时对中国革命法制史研究有重大意义。正是在这种历史性转折中，在中国共产党领导下建立的民主政权完成了"从农村到城市"、从"局部执政"到"全面执政"的历史转变，法制体系初步建立。也正是发生了这样的转折，1949 年中华人民共和国成立以后的法制建设才水到渠成。

（二）俄国十月革命的胜利与革命的对外输出

俄国十月革命的胜利为世界革命开辟了新纪元，给各国人民的解放事业开辟了现实道路。在民族国家面临压迫的情况下，争取民族的解放、摆脱外

---

①　毛泽东在 1939 年《中国革命和中国共产党》一文和 1948 年《在晋绥干部会议上的讲话》中科学、系统地划分了新民主主义和旧民主主义，科学地表述了新民主主义革命的概念及内容。

②　毛泽东选集：第 2 卷．2 版．北京：人民出版社，1991：647.

来殖民者的压迫和剥削、实现民族独立是民族国家的奋斗目标，俄国十月革命的胜利给全世界被压迫民族带来了曙光和成功的样本，因此，落后的民族国家开始以苏联为仿效的对象，借鉴苏联革命的成功经验，开始寻求独立、富强、民主之路。

在被压迫的民族国家寻求解放独立的过程中，苏联模式成为他们寻求解放和独立的经典模式。中国、朝鲜等亚洲国家，经历了帝国主义的残酷剥削和蹂躏，一直在探寻获得民族独立的成功道路和经验。在中国，孙中山在看到苏联所取得的巨大成功之后，就开始学习苏联。那时的国民党在救亡图存的路上一直希图通过对苏联经验的学习，使中国摆脱外来侵略，走上富国强兵之路。中国共产党建立后，同样面临寻找救国理论的难题，布尔什维克的领导地位的确立，苏维埃政权的建立以及苏联在解放、独立和发展过程中所取得的伟大成就给中国共产党巨大的启示，苏联模式自然成为中国共产党领导中国人民进行实现民族独立和解放、建立社会主义国家的伟大实践的理论与经验来源。

俄国十月革命的胜利，为探索无产阶级革命胜利开辟了示范性道路。毛泽东曾在纪念十月革命 40 周年时讲道，"苏联的道路，十月革命的道路，从根本上说来，是全人类发展的共同的光明大道"[1]。十月革命的胜利，为中国带来了马克思主义，也为在迷雾中探索的中华民族指明了前行的方向。向苏联学习，成为中国共产党人谋求中国革命成功和民族解放的新途径。因此，可以说，中国新民主主义革命是世界革命的一部分，必然受到苏联革命的影响，俄国十月革命的胜利为中国革命提供了现实的可供参考的道路。

（三）中国革命道路的特殊性

在中国共产党独立领导中国革命初期，中国共产党人在共产国际的指导下，完全走俄国十月革命的道路，照搬苏联革命的经验和做法。在 20 世纪二三十年代，中国共产党在以城市为中心的理论指导下，忽视了中国工人阶级在城市中力量薄弱的事实，在城市进行武装起义，攻打大城市，试图在夺取中心城市后引领农村进行革命，如南昌起义、广州起义等，但这些革命行动以失败而告终。事实证明，俄国十月革命中占领中心城市领导全国革命的道路并不适合当时的中国。

当时的中国是落后的农业国家，处于半殖民地半封建社会状态，革命者所面对的敌人异常强大，互相勾结的帝国主义、官僚资本主义和封建主义利用政治、经济、军事等方面的统治优势，将政权、财富以及军队等统治力量集中于发达的中心大城市。同时，中国工业的落后导致产业工人数量少，

---

[1]　毛泽东文集：第 7 卷．北京：人民出版社，1999：314.

有觉悟的农民也没有凝聚成巨大的力量，所以，中国的革命不可能照�
国十月革命利用城市暴动来夺取政权的方式。中国社会的实际情况决定了
中国的革命道路不同于其他工业化国家的革命道路，中国革命必须寻求自
己的道路。

以毛泽东为代表的中国共产党人，在夺取大城市失败后对中国革命进行
了深刻的反思，并在总结井冈山与其他革命根据地实践经验的基础上，认为
"城市历来是帝国主义和中国反动统治的重心"。因此，从当时中国革命的形
势和实际出发，中国革命应当以建立农村革命根据地红色政权为主，深入敌
人统治薄弱的农村，远离敌人统治力量强大的中心城市，通过在农村民主建
政、发动群众、建立武装来建立巩固的革命根据地，在农村积蓄革命力量，
待力量强大、时机成熟时，再夺取中心城市，以实现革命的最终胜利。毛泽
东深刻地分析了其内在原因，进而提出工农武装割据的思想，这也意味着
"农村包围城市"的革命道路理论基本形成，"农村包围城市"的革命道路理
论为受到革命失败困扰的革命者提供了思想指南。

"农村包围城市"经过苏区时期和全民族抗日战争时期的实践，被证明是
一条符合中国国情的特殊的革命道路。革命的力量在对敌作战，特别是对日
战争中得到了积蓄和发展，1945 年抗战胜利后，中国共产党领导的革命根据
地已经达到 19 个，人口近 1 亿，人民军队达到约 132 万人，民兵武装超过了
260 万人。[1] 抗战胜利后，国民党在美国的帮助下挑起内战，人民武装有理有
利有节地给予回击。并且，在党中央的正确领导下，十万大军进军东北，在
广大农村进行土地改革，建立巩固的农村革命根据地。1946 年 4 月 28 日，哈
尔滨解放，作为东北解放区的中心大城市，哈尔滨解放区成为中国共产党领
导建立的第一个城市解放区。此时中心城市在革命中的作用凸显，革命法令
不断发出，强大的工业生产强有力地支撑着东北的解放战争，并为后续的革
命，包括大军南下等输送了武装建政的经验、大量有经验的干部、战争急需
的物资等。经过辽沈、淮海和平津三大战役后，全国解放的胜局已定，所以
在七届二中全会上，毛泽东在报告中总结道："从一九二七年到现在，我们的
工作重点是在乡村，在乡村聚集力量，用乡村包围城市，然后取得城市。采
取这样一种工作方式的时期现在已经完结。从现在起，开始了由城市到乡村
并由城市领导乡村的时期。党的工作重心由乡村移到了城市。"[2]

从以上不难看出，中国共产党在领导武装革命初期，走的是俄国十月革
命所采取的"城市包围农村"的革命道路，但是由于两国国情差异太大，所

---

① 《中国共产党简史》编写组．中国共产党简史．北京：人民出版社，2021：110.

② 毛泽东选集：第 4 卷．2 版．北京：人民出版社，1991：1426 - 1427.

以土地革命战争初期以攻打大城市取得政权为目标的南昌起义、广州起义都失败了。在革命受挫后，中国共产党根据中国具体国情，认识到中国革命的重点是农村，而非城市，因此选择了"农村包围城市"的革命道路。事实证明，"农村包围城市"的革命道路不仅在中国行得通，而且还成为中国积蓄革命力量和推动革命发展的主要方式。

中国革命在不断的探索与反思中，走出了一条特殊的革命道路——从完全模仿苏联到自我探索，根据国情确定革命发展策略，形成了由"农村包围城市"到"从农村到城市"再到"城市领导农村"的特色之路。中国革命是世界革命的重要组成部分，但中国革命是在中国特有的政治环境、经济条件和文化传统中进行并完成的，体现出特有的路径与模式。在这一过程中，中国共产党和中国人民的创造精神和伟大智慧得到充分彰显。

二、中国革命法制建设的历史进程回顾

革命根据地时期的法制受苏联法影响最深的是土地革命战争时期工农民主政权的法制。它摧毁旧法创建新法，奠定了新民主主义法律的基本精神和主要制度，但由于在创建过程中主要模仿苏联法制，某些方面存在严重不适合国情的问题。抗日根据地的法制建设，继承并发扬了老苏区的成就，纠正了"左"倾错误，对苏联法兼有吸收和改造，把苏联法制建设经验创造性地同中国革命实践相结合。解放战争时期，随着人民民主制度日趋完善，法制建设也更加成熟。因此，中国共产党领导的革命根据地时期的法制成为新中国法制的直接来源。

（一）"城市包围农村"：受苏联法影响的革命法制起步

"城市包围农村"在中国一度盛行是因为十月革命的胜利和苏联社会主义建设所取得的成就。苏俄革命是在"城市包围农村"道路的指引下进行的，并取得了决定性的胜利，与此相适应，苏俄的法律法规也是以城市为中心的，立法的主要内容以对城市社会关系的调整为主，形成了以城市立法为主导，同时关注农村问题的法律体系。

在中国的革命进程中，1927年以后，中国共产党在独立领导武装斗争进行革命时，起初完全采取苏俄模式，走"城市包围农村"的革命道路，党的有关法规政策也倾向于对城市社会关系进行规范和调整。"城市包围农村"被党内的"左"倾冒险主义者和照搬苏联经验的教条主义者所信奉，但南昌起义、广州起义失败后，党内开始对中国的现实国情进行反思，并探索适合中国的革命道路，"城市包围农村"逐渐被请下"神坛"，最终"农村包围城市"的基本路线得到确立。

在革命法制建设初期，由于"城市包围农村"路线指导下的南昌起义和

广州起义均未建立巩固的政权和革命根据地，所以中国共产党从成立后到大革命时期颁布的法律法令是零散的、暂时性的，军事性成分较大，主要是反帝反封建的革命纲领、劳动斗争纲领、工人代表会议通过的部分议案等。起义失败后，中国革命真正转入农村，这些法律法令便难以实行。

本书中虽然对革命法制建设初期有所涉及，但主要是为了证实在革命法制创建过程中由于模仿苏联法制，某些方面存在严重不适合国情的问题，这就为革命法制适应国情需要转向农村革命法制建设埋下伏笔。因此，本书中不再就这一时期的法制内容进行大篇幅的阐释。

（二）"农村包围城市"：农村根据地革命法制的形成与发展

1. 土地革命战争时期苏区的法制形成

1927 年 10 月，秋收起义部队经过三湾改编后，在敌人统治薄弱的宁冈等地，建立了稳定的农村革命根据地，创建红色政权，建立和发展工农武装，实行工农武装割据。《井冈山土地法》和《兴国土地法》的颁布施行拉开了农村根据地革命法制建设的序幕。

1931 年中华苏维埃第一次全国代表大会在江西瑞金召开，中华苏维埃共和国的成立，标志着"农村包围城市"路线的施行，同时将中国的农村革命推向了全新的发展阶段，中国农村革命根据地的革命法制借此形成。这一时期，建立工农民主国家政权是革命的主要目标，所以法制建设也以"农村包围城市"为现实基础，法制建设的主要内容以农村社会关系的调整为重点。1931 年，中华苏维埃第一次全国代表大会上通过的《中华苏维埃共和国宪法大纲》等五部法律，初步构建了包括宪法、政权组织法、选举法、土地法、婚姻法、劳动法、刑事法规等在内的一整套新民主主义法律体系（见表 1-1）。这些法律法规结合农村革命根据地的现实，围绕农村亟须解决的问题展开，为农村革命根据地的巩固提供了坚实的法律保障。

表 1-1　中央苏区主要法律

类型	法律名称
宪制立法	《中华苏维埃共和国宪法大纲》 《中华苏维埃共和国中央苏维埃组织法》 《苏维埃暂行选举法》
刑事立法	《中华苏维埃共和国惩治反革命条例》 《中华苏维埃共和国裁判部暂行组织及裁判条例》 《中华苏维埃共和国司法程序》
民事立法	《中华苏维埃共和国土地法》 《中华苏维埃共和国婚姻法》

续表

类型	法律名称
经济立法	《中华苏维埃共和国劳动法》 《中华苏维埃共和国关于经济政策的决议案》 《中华苏维埃共和国暂行税则》
行政立法	《中国工农红军优待条例》等

与此同时，作为阶级镇压工具的司法系统也在 1932 年开始建立健全，包括了中央最高法院和地方的省、县、区裁判部等的审判体系开始构建①，中央审判与司法的"分立制"以及地方审判与司法的"合一制"得以确立。此外，具有工农民主特色的公开审判制度和人民调解制度等司法制度得以建立，农村根据地革命司法体系初步形成。

2. 全民族抗战时期边区的法制发展

全民族抗战开始后，中国共产党从抗战大局出发，与国民党组成抗日民族统一战线，所以，这一时期陕甘宁边区既承认国民党政府《六法全书》的合法性和有效性，同时也继承和发展了苏区时期所建立的农村根据地革命法制，并通过大量的立法活动建立并完善了农村根据地革命法制体系。

为了团结所有抗日分子，陕甘宁边区采取了"三三制"原则，组成边区最高权力机关——参议会，参议会成立后立法活动较为活跃。由于边区政府对《六法全书》适用的有限性，所以，1939 年边区第一届参议会便制定和通过了《陕甘宁边区抗战时期施政纲领》，边区以此为核心进行了大量的立法（见表 1-2）。

表 1-2　陕甘宁边区主要法律

类型	法律名称
宪制立法	《陕甘宁边区抗战时期施政纲领》 《陕甘宁边区施政纲领》 《陕甘宁边区选举条例》
刑事立法	《陕甘宁边区抗战时期惩治汉奸条例（草案）》 《陕甘宁边区刑法总分则草案》
民事立去	《陕甘宁边区保障人权财权条例》 《陕甘宁边区婚姻条例》 《陕甘宁边区土地条例》
经济立法	《陕甘宁边区劳动保护条例（草案）》 《陕甘宁边区税收条例》

① 此时检察机关设置在审判机关内。

续表

类型	法律名称
诉讼立法	《陕甘宁边区刑事诉讼条例草案》 《陕甘宁边区民事诉讼条例草案》
行政立法	《陕甘宁边区政府组织条例》 《陕甘宁边区各级政府干部管理通则》

在司法建设方面，陕甘宁边区采取了"人民司法"的方式，为了方便群众，只设立了边区高等法院与县司法处两级司法审判组织，至于各分区的高等法院分庭则为高等法院的派出机构，不构成单独一级审级。① 边区政府领导下的审判机构，具有司法独立的性质同时受同级参议会监督。在审判方式上，马锡五审判方式突出"为民""便民"的特点，在边区广受推崇，人民调解制度在这一时期也得到了深化发展。这一时期的法制建设以及司法体系的建立仍然是立足农村的实际情况，法制建设的重点是调整农村经济关系，满足农民的利益诉求，即仍然是以"农村包围城市"作为法制建设的立足点。

（三）"从农村到城市"：革命型法制向建设型法制的重大转变

抗战胜利后，国际和国内局势复杂莫测。中国共产党坚持和平、民主团结，希望实现和平统一，建立富强、民主的新中国。在争取和谈的同时，解放区也做好了反击反动势力军事进攻的准备。在内战不可避免的情况下，中国共产党敏锐地洞察时局，在东北建立了巩固的革命根据地。1946 年 4 月28 日，哈尔滨市成为中国共产党领导下最早解放并建立稳定革命民主政权的大城市。哈尔滨解放区②作为中国共产党领导下的第一个城市解放区，制定了大量以城市为中心的法律法规和政策，其中不仅包括政权建设，城市工作方针、政策与施政纲领，城市中的经济问题，城市与农村、工业与农业的关系，群众工作和党建工作等内容，还包括刑事、民事、经济、劳动、外侨、司法等各方面的法律规范。

在法制建设上，哈尔滨解放区开启了城市法制建设的新纪元，成为中国革命法制"从农村到城市"的起点。哈尔滨成立了城市中各阶级、阶层广泛参与的临时参议会，在 1946 年 7 月召开的第一届临时参议会上制定和通过了《哈尔滨市施政纲领》，并以此为核心开始了城市解放区革命法制建设，制定颁布了一系列针对城市特点的法律法规（见表 1 - 3）。

---

① 此时边区检察机关仍是边区高等法院的内设机构。

② 哈尔滨解放区主要是指从 1946 年 4 月 28 日哈尔滨解放到 1949 年新中国成立，在哈尔滨城市及近郊农村建立的以城市为主的革命根据地。

表 1-3　哈尔滨解放区主要法律

类型	法律名称
宪制立法	《哈尔滨市临时参议会参议员选举规程》 《哈尔滨市施政纲领》 《哈尔滨特别市街政权组织暂行条例》
经济立法	《哈尔滨市政府敌伪财产处理纲要》 《哈尔滨特别市战时工商业保护和管理暂行条例》 《哈尔滨特别市战时暂行劳动条例》 《哈尔滨特别市摊贩管理条例》
刑事治安立法	《中共松江省委关于剿匪工作的指示》 《关于保护公有财产的布告》 《关于严惩盗贼的布告》 《哈尔滨特别市政府整顿市内车辆暂行办法》
诉讼立法	《哈市临时人民法庭暂行条例》 《哈尔滨特别市民事刑事诉讼暂行条例》 《关于诉讼程序上的规定》 《关于外侨财产及继承处理办法》

　　城市不同于农村，作为中心城市的哈尔滨既负担着城市民主建政、恢复生产的重要任务，同时作为东北解放区的首府还要将革命辐射到东北解放区的广大农村地区，更负担着支援战争前线和支援大军南下等任务。为此，在1947年以后，经济立法与城市性质的立法逐渐增多，在数量上占据着显著的优势地位（见图 1-1）。

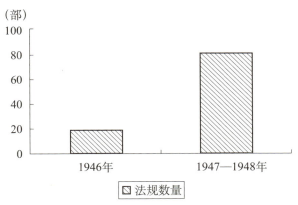

图 1-1　1946 年与 1947—1948 年哈尔滨解放区经济类法规数量对比图

　　哈尔滨解放区努力构建城市司法体系，在 1946 年就成立了合署办公的哈尔滨高级法院与地方法院（后二院合并），在地方法院中设置了民、刑审判庭，并对监狱进行管理。为了适应革命发展的需要，还设置了人民法庭、军事法庭和特别法庭等。①

工农民主政权时期和抗日民主政权时期的革命法制是以农村为中心展开的，进行土地立法、满足农民的土地要求是当时革命法制建设的核心。哈尔滨作为全国第一个获得解放的大城市，在要求加强政权与法制建设这一点上与十月革命后的苏俄相同。中国共产党开始从农村和小农经济向城市和工商业经济、从"限定"的民主政治向"广泛"的民主政治转变。这是中国共产党在新民主主义革命阶段为建立国家政权积累经验的首次尝试。② 哈尔滨解放区大量的经济法规体现了共产党人从"打土豪，分田地"、"二五减租"到"恢复与发展工商业，以繁荣市面"的转折，这是中国革命法制从农村到城市的转折，也是从革命型法制向建设型法制的转向。

以往农村根据地的革命政权与法制建设实际上只具有局部、区域规模，与国民党政权相比，革命根据地处于战略上的守势，处在"星星之火"的状态。因此，法制建设大多体现革命的近期目标，全面保障工农大众利益仅仅停留在理论上，缺乏可操作性。哈尔滨解放区建立后，中国革命形势已经明朗，革命根据地由战略上的守势转为攻势，星星之火开始燎原，建立全国政权已指日可待。因此，哈尔滨解放区政权及法制建设已承担起为建立国家政权摸索经验、探索路径的使命。哈尔滨解放区的法制建设立足于哈尔滨，着眼于全中国，"把哈尔滨解放区作为争取民主的中心，实现哈尔滨市的民主，进而实现北满的民主、东北的民主以至最终实现全中国的民主"③，为新民主主义的政权建设积累了丰富的经验。哈尔滨解放区实现了从单一的小农经济到多种经济形式并存的转变，并以法律形式保障多种经济形式的正确发展方向，为全国解放后经济发展模式的确立奠定了基础。在劳动法规方面进行了"劳资两利"原则的首次实践，为新中国成立初期平衡劳资关系提供了借鉴。哈尔滨解放区的宪制、经济以及劳动法律法规反映了中国革命法制由局部、区域走向全国的进程，为新中国的政治体制建立和经济建设起到了先行及试验的作用，提供了有益的经验。

三、中国革命与革命法制建设的关系探讨

中国革命之所以能够成功，革命法制建设功不可没。革命法制是革命成果的体现，同时，作为革命成果的革命法制为革命的顺利进行保驾护航。实践证明，中国的革命法制建设模式完全契合中国的革命道路。

---

① 此时检察职能由公安局承担。
② 孙光妍，郭海霞．哈尔滨解放区法制建设中的苏联法影响．法学研究，2009（2）．
③ 哈尔滨市档案馆馆藏革命历史档案，全宗号3，目录号1，案卷号9。

（一）革命需要以革命法制作为支撑

法律是统治阶级意志的体现，是统治阶级实现阶级统治的工具。马克思主义认为，革命是敌对阶级的暴力性对抗，要想维护革命秩序，巩固革命业已取得的成果，就需要法制手段。

从俄国革命的经验来看，立法在革命的推进过程中对革命取得最终的胜利发挥了重要的作用。俄国十月革命胜利后，1918 年以颁行宪法的方式全方位保护革命胜利果实。[①] 为了彻底摧毁资本主义的政治经济基础，该宪法规定"俄国宣布为工兵农代表苏维埃共和国。中央和地方全部政权均归苏维埃掌握"，"消灭任何人对人的剥削"，并实行土地社会化、银行和财产国有化等。这些规定是通过法律的强制性来推行的。同时，该宪法对国家权力机关、公民权利义务等也作了详尽规定，以法律的强制性以及国家暴力机器保证革命所确立的统治秩序的稳定。同时，为了保卫革命胜利果实，1922 年全俄中央执行委员会批准了《俄罗斯苏维埃联邦社会主义共和国刑法典》，以保卫劳动者国家和镇压反革命。刑法典对反革命罪的概念进行了界定，对反革命罪种类和刑罚原则等作出了规定，等等。这些刑事法律规定有力地打击和镇压了反革命分子的反扑，巩固了革命的胜利果实。

中国新民主主义革命进程的推进以及新生政权的建立和稳定也都得益于相应的法律的制定和推行。在土地革命战争时期，为了稳定革命秩序，打击那些胆敢破坏革命成果的反动分子，中华苏维埃共和国建立后颁布施行了《中华苏维埃共和国惩治反革命条例》，清晰地界定了反革命罪这一刑事概念，即"凡图谋推翻或破坏苏维埃政权及工农民主革命成果，意图保持或恢复地主豪绅资产阶级的统治者，不论用何种方法，都以反革命罪论处"[②]。该条例比较详尽地对反革命罪的种类和刑罚原则加以规定，通过刑法对反革命分子进行严厉打击，以保护新生政权的稳定。为了保证工人、农民对工农民主政权的支持，中华苏维埃第一次全国代表大会上通过的《中华苏维埃共和国劳动法》《中华苏维埃共和国土地法》等，明确了工人的劳动权利和农民对土地的权利，如对反动阶级的土地"一概无任何代价地实行没收"，"经过苏维埃由贫农与中农实行分配"，而反动阶级则无任何权利拥有和使用土地，"被没收土地的以前的所有者，没有分配任何土地的权利"[③]。再如强调"八小时工作制""女工青工与成年男工做同样的工作领同等的工资"等。这些立法有力

---

①　参见 1918 年苏俄宪法（第五次全俄苏维埃代表大会 1918 年 7 月 10 日通过）。

②　中华苏维埃共和国惩治反革命条例//中国现代史资料编委会．苏维埃中国．中国现代史资料编委会翻印，1957：211.

③　中华苏维埃共和国土地法//中国现代史资料编委会．苏维埃中国．中国现代史资料编委会翻印，1957：110.

地保护了工人阶级和农民阶级的主人翁地位及基本权利，激发了工人和农民参与革命和建设的积极性，工人和农民在相关立法的激励下，积极参与革命、发展生产，为革命的胜利提供了必要的准备条件。

在全民族抗战时期，相应的立法也同样成为革命取得胜利的重要支撑。这一时期，按照统一战线、最有利于抗日的原则制定颁布法律，如边区政权承认《六法全书》的法律效力，在边区范围内援引其审理案件，根据当时的具体实际解决纠纷，稳定社会秩序，树立中国共产党的领导权威。为了争取更多的人参加抗战，《陕甘宁边区施政纲领》规定了中国共产党与各党派、群众团体按"三三制"组织抗日民主政权①，联合各党派和群众团体，最大限度调动各方面的积极性，为革命的胜利提供了条件。为了惩治那些破坏抗战的人，《陕甘宁边区抗战时期惩治汉奸条例（草案）》出台，规定了汉奸罪的构成要件和十八种汉奸罪的行为，并规定了相应的刑事处罚，对反动分子予以沉重打击，防止反动分子对政权的颠覆和破坏活动。

在不同时期，民主政权通过相应立法，以法律的强制力来支撑革命的顺利进行，并为革命政权的稳定提供坚实的法律保障。所以说，为了维护革命秩序，保证革命的顺利进行，革命必须以革命法制作为支撑，以推动革命向纵深发展并巩固革命的胜利果实。

（二）革命法制是马克思主义中国化的初步探索与实践

众所周知，中国的新民主主义革命以及革命法制建设是在马克思列宁主义的指导下以及俄国十月革命伟大胜利的鼓舞下进行的，俄国"十月革命为无产阶级及其政党取得了政权，开辟了一条革命成功的道路，产生了一种精神，即全世界被压迫者起来推翻资产阶级统治，要自己掌握自己的命运，要充当国家和社会的主人的精神"②。十月革命催生了第一个社会主义国家，"从价值观上来说，社会主义有一系列公平、正义的主张，如按劳取酬、反对压迫和剥削等，这些口号直指当时资本主义的弊端，给人们一种新的理念、新的感受，使人们从中看到希望和曙光"③。那么，模仿苏俄的革命模式必然成为中国的革命仁人志士的选择。因此，"城市包围农村"路线成为革命初期的指导性理论是可以理解的。但是，不可否认的事实是，中国的国情与苏俄的国情存在巨大的差异，革命初期的失败也令中国的革命领导者进行了反思。通过对中国国情的分析，中国共产党明确了中国新民主主义时期的革命任务，即反帝反封建，同时，认识到中国的工人阶级的力量以及敌人主要占据的区域等都与苏俄明显不同，因此，中国共产党人没有坚持模仿苏俄，而是果断

① 张希坡．革命根据地法制史．北京：法律出版社，1994：103.
② 王康．十月革命90年：救赎、悲剧与启示．南方周末，2007‐11‐08.
③ 俞邃．十月革命不等于前苏联模式．南方周末，2007‐11‐08.

地确定了"农村包围城市"的革命路线。与此相适应，革命法制建设也转向对农村社会关系的调整、对农村社会矛盾的解决，以及农村政权的建设。"农村包围城市"革命路线的确立以及农村革命法制建设的展开是中国共产党突破教条主义，对马克思主义进行中国化的一次成功的尝试。

1946 年 4 月 28 日，哈尔滨解放并建立了民主政权。作为全国第一个解放的中心大城市，哈尔滨解放区在经济基础、政治结构以及文化理念方面与农村革命根据地存在巨大的差异。一方面，城市革命根据地的建立为中国新民主主义革命的胜利提供了有利条件；另一方面，城市各种社会关系的复杂性也对缺少城市治理经验的中国共产党提出了考验。基于在东北和全国解放战争中具有的特殊的战略地位，哈尔滨肩负着建设后方根据地、支援前线的历史重任。[①] 面对新的局势，哈尔滨解放区法制建设的任务是稳定城市政权，发展城市经济，团结广泛的同盟者以人力、物力和财力支援前线。例如，《哈尔滨市施政纲领》第 4 条规定，"恢复与发展工商业，以繁荣市面，除囤积居奇扰乱金融之营业须受取缔外，工商业家享有正当营业之充分自由，并由政府予以保护，对于极关民生之工商业应予以可能之帮助"[②]，以大力发展工商业，推动哈尔滨解放区经济的恢复和发展。因此，哈尔滨解放区的法制建设实现了从"农村包围城市"向"从农村到城市"的转折，立法重点突出"从农村到城市"的过渡，突出对农村革命根据地法制传统的传承和对城市革命根据地法制内容的创制。为此，哈尔滨解放区进行了大量的建立和稳定城市政权、发展民主、发展工商业、调整城市劳资关系的立法工作。这些立法虽然从立法技术的角度来看还很粗陋，但在立法理念、立法原则以及立法内容上，与以往的农村革命根据地立法相比，有很多创制的内容，从宏观上鲜明地体现了革命法制"从农村到城市"的重要转折，保护了城市的社会关系和法律关系。同时，由于城市革命政权的建立，苏联法中的某些规定也契合了哈尔滨解放区的具体情况，因此，在这一时期，哈尔滨解放区借鉴了苏联宪法、劳动法的相关内容，并取得了良好的效果。哈尔滨解放区法制建设及其所取得的显著成果是马克思主义中国化的又一体现。

在马克思主义影响中国革命法制的进程中，苏联法对工农民主政权、抗日民主政权、哈尔滨解放区以及新中国的法制建设都产生了重要的影响，但在不同时期，苏联法对中国共产党领导的法制建设的影响程度是不同的。工农民主政权的法制建设受苏联法的影响程度最深，它摧毁旧法创建新法，奠定了新民主主义法律的基本精神和主要制度，但由于在创建过程中对苏联法

---

① 孙光妍. 哈尔滨解放区法制建设进程中苏联法的"中国化"实践. 求是学刊，2014（5）.
② 哈尔滨市档案馆馆藏革命历史档案，全宗号 3，目录号 1，案卷号 9.

制进行机械的"移植"，致使在适用过程中出现了"水土不服"甚至严重的排斥反应。在抗日民主政权时期，在国共合作的背景下，基于政治的需要，中国共产党的法律政策发生了一系列变化，苏联法对抗日民主政权法制的影响相对弱化。而哈尔滨解放区在城市发展的背景下，对苏联法的借鉴也在政治、经济以及劳动方面全面展开，苏联法的基本精神和基本原则在哈尔滨解放区的法制建设中也得到真正贯彻和实施。但在具体法律条文的制定过程中，哈尔滨解放区革命政权则没有进行简单的照搬照抄，而是将苏联法的基本精神和原则与中国国情相结合，对苏联法进行"中国化"的实践，所取得的成效及其示范效应也证实了外国法只有和中国国情相结合才具有强大的生命力，而且，在中国的法制建设进程中，中国共产党有责任也有能力对法律的移植进行理性的思考并作出正确的选择。

（三）革命法制的实施大大地提高了革命根据地的实力

马克思主义认为：生产力决定生产关系，经济基础决定上层建筑，资本主义社会的基本矛盾决定了资本主义必然被社会主义代替，人类社会必然会实现共产主义。经济基础决定上层建筑，同时，上层建筑对经济基础也具有反作用。中国的革命法制作为上层建筑的重要组成部分，对革命时期的经济建设发挥了积极的作用。

在农村革命根据地时期，在"农村包围城市"的革命策略下，大力发展农村经济，为积蓄力量占领城市提供了条件。因此，这一时期的立法——宪制立法、刑事立法、民事立法、经济立法、行政立法，都不同程度地围绕发展农村经济、保护农民利益、调整农村的社会关系展开，尤其是土地方面的立法，对调动农民革命的积极性、解放农村生产力发挥了重要的作用。这些立法活动及法律的施行为壮大农村革命根据地的实力、争取包围城市、夺取城市政权提供了有利的条件。

哈尔滨解放区建立后，为了大力发展工商业，在 1946 年 7 月召开的哈尔滨市第一届临时参议会上制定并通过了《哈尔滨市施政纲领》，其中规定："采取公私合作办法，增进哈市与各县的粮食燃料及日用品之贸易，以平抑物价，改善市民生活。"① 1946 年颁布的《哈尔滨市政府敌伪财产处理纲要》中规定，"所有收归市有之大小工厂，均将委托或租与私人工商业家经营之"②。这些经济立法，使国家资本主义的经济形式在哈尔滨解放区得以确立，同时，在国家资本主义发展过程中，《哈尔滨市政府敌伪财产处理纲要》中规定了比较灵活的经济调整政策，"为使此项工厂能迅速开工，市府得视工厂开工难易

---

① 哈尔滨市档案馆馆藏革命历史档案，全宗号 3，目录号 1，案卷号 9。
② 哈尔滨市档案馆馆藏革命历史档案，全宗号 2，目录号 1，案卷号 13。

情形，酌于三个月至相当期间内，不分红利或不收租金，但该工厂附属之原料、成品、半成品，得作价缴市府，或作为市府之投资"①。到 1948 年，加工制、出租制、公私合营之行业联合公司、订货制和代销制等成为主要经济类型，国家资本主义的发展为哈尔滨经济的恢复和支援前线积累了雄厚的经济基础。同时，哈尔滨解放区大力发展工商业，制定了一系列保护工商业发展的法律政策，例如《哈市经济情况及对工商业的态度、政策》《哈尔滨市工作方针（1947）》《哈市 1948 年的工作任务》《哈尔滨特别市战时工商业保护和管理暂行条例》《关于肃清敌伪残余建设民主哈市的布告》等法律法规②，鼓励工商业的发展，大力发展私营经济和合作社经济。同时，通过劳动立法平衡劳资关系，调动资方和劳动者的积极性，从而使哈尔滨解放区的经济发展稳步前进，有效保证了前方的物资供给，为革命进程的推进以及革命的最终胜利创造了良好的经济环境。

（四）革命法制为新中国法制建设提供了理论与实践基础

革命法制历经农村革命根据地时期和城市解放区时期的不断发展与完善，积累了丰富的经验，也总结了一些教训，这些为新中国法制建设提供了宝贵的经验。

首先，为新中国宪制立法提供了有益探索。历经苏区、边区及哈尔滨解放区的立法实践，形成了以《中华苏维埃共和国宪法大纲》《陕甘宁边区施政纲领》《哈尔滨市施政纲领》为代表的宪法性法律文件成果。特别是 1948 年在哈尔滨召开了三次新政治协商会议筹备会，形成了《关于召开新的政治协商会议诸问题的协议》，这为 1949 年 9 月召开中国人民政治协商会议和通过《中国人民政治协商会议共同纲领》奠定了坚实的基础。

其次，为新中国的经济立法提供了宝贵经验。哈尔滨解放区的经济法规建设较为发达，1946—1949 年间通过的经济法规达百余件，主要围绕发展工商业繁荣经济，鼓励公私合营经济、合作社经济、私有经济及个体经济等多种经济成分并存发展，以"劳资两利"为原则平衡劳资关系等内容进行规定，符合新民主主义时期城市的经济模式和现实需要，实践中收到了恢复发展城市经济、支援前线的良好效果，对其他解放区及新中国经济立法是一种探索性的有益尝试。

再次，对新中国的司法建设产生了重要影响。哈尔滨解放区的司法建设体现了"便民性"、"正规化"与"国际化"的理念，通过系列诉讼法规的制定及实施，满足了社会各阶层对审判工作规范性的要求，对外侨案件的审理

---

① 哈尔滨市档案馆馆藏革命历史档案，全宗号 2，目录号 1，案卷号 13。
② 哈尔滨市档案馆. 解放战争时期哈尔滨经济资料文集. 哈尔滨：哈尔滨工业大学出版社，1994.

经验等，都对新中国的司法建设有重要影响。司法队伍建设也有延续性，曾在陕甘宁边区高等法院担任推事（法官）、代庭长的王怀安①奉调东北后，任哈尔滨市人民法院院长，新中国成立后成为第一部《人民法院组织法》的重要制定者之一，是司法转折进程中的重要实践者。②

　　最后，为新中国法制建设的马克思主义中国化提供了示范。新中国成立后，法制建设虽然也有过一些偏差，走过一些弯路，但总体上来说还是顺应新中国的发展方向和具体国情的，这一历程是将马克思主义中国化的过程。而在立法领域的马克思主义中国化则是以革命法制建设为开端和最初尝试的，所以说，革命法制建设中的马克思主义中国化为新中国立法领域的马克思主义中国化起到了良好的示范效应。

---

　　① 王怀安（1915—2015），原名王玉琳，四川省自贡市人。1935 年考入四川大学法律系，1938年 8 月加入中国共产党。1942 年秋，调陕甘宁边区高等法院工作，先后任推事、法庭代庭长。1946 年调东北工作，先后任哈尔滨市人民法院副院长、院长，东北行政委员会司法委员会委员，东北人民政府司法部处长、秘书长。新中国成立后，先后任最高人民法院委员，司法部办公厅主任、普通法院司司长、部长助理、党组成员、党组副书记。1979 年至 1986 年，先后任最高人民法院刑二庭庭长、审判委员会委员，最高人民法院党组成员、副院长，最高人民法院顾问。

　　② 孙光妍，邓齐滨. 中国革命法制"从农村到城市"的司法转折：以哈尔滨解放区司法实践为中心的考察. 北方法学，2016（5）.

第二章　中国革命法制与农村根据地

革命根据地是指在土地革命战争、全民族抗日战争和全国解放战争时期中国共产党领导自己的武装力量进行长期武装斗争的地方。革命根据地法制建设从总的趋势来说是从农村走向城市的。土地革命战争时期的法制和全民族抗日战争时期的法制都是农村法制，其基本上是围绕着农村、土地和农民问题展开的。同时，中央苏区红色革命政权、陕甘宁边区抗日民主政权等农村革命根据地的法制建设又对其后建立的城市解放区的革命法制有着重要的传承影响，因此可以说，中国革命法制在农村根据地不仅点燃了"星星之火"，而且发展出了"燎原之势"。

一、中央苏区的革命法制建设

在土地革命战争时期，中国共产党领导中国人民在革命根据地开始了创建苏维埃共和国和建立革命法制的历程。

（一）"发展革命战争是一切工作的中心"：苏区的立法指导思想

在土地革命战争时期，革命的任务是开展土地革命、进行武装斗争和根据地建设。武装斗争是重要的基础，是土地革命和根据地建设能够顺利进行的前提。毛泽东在"二苏大会"上所作的报告中就指出："苏维埃的基本任务是革命战争，是动员一切民众力量去进行战争……所有这一切，都是为着一个目的：以革命战争去推翻帝国主义国民党的统治"①。这一时期司法人民委员部的报告也指出，战争时期，发展革命战争是一切工作的中心，司法机关也应如此。② 因此，中央苏区法制建设是以发展革命战争为中心展开的。

---

① 1934年1月22日至2月1日，"二苏大会"在瑞金沙洲坝中央政府大礼堂召开，毛泽东在会上作了《中华苏维埃共和国中央执行委员会与人民委员会对第二次全国苏维埃代表大会的报告》。会议选举产生了第二届政府工作机构，总结了土地革命和根据地经济建设的经验。

② 1932年《司法人民委员部一年来的工作》指出："在猛烈发展革命战争的时期，一切工作都应以发展革命战争为中心任务，一切都应服从于战争，司法机关也应如此。各级司法机关就在这一任务下进行工作。"（彭光华. 人民司法的摇篮：中央苏区人民司法资料选编. 赣州：赣州市中级人民法院，2006：132.）

1. "苏维埃全政权是属于工人、农民、红军兵士及一切劳苦民众的"

中央苏区的红色苏维埃政权是在中国共产党的领导下,通过武装斗争方式,彻底摧毁旧政权,建立起来的苏维埃工农民主专政的政权。这一政权下的法制的首要任务就是摧毁国民党的旧法制,建立起能够代表革命意志和广大人民群众利益的新型法制。因此,中央苏区的立法深受马列主义法制思想及苏联法的影响,其法制必然与旧中国一切反动政权的法制有着本质上的区别,是实现新民主主义革命任务的工具,也由此打上了深深的阶级烙印。

《中华苏维埃共和国宪法大纲》就明确指出了苏维埃宪法的任务是保证工农民主专政在全国的胜利,"苏维埃全政权是属于工人、农民、红军兵士及一切劳苦民众的"①。工农民主专政是对工农的民主,对阶级敌人的专政。苏维埃政府的立法,始终坚持群众路线,通过积极宣传使群众了解法律并积极参与,因此其立法体现了人民的意愿,有民主性。法律甚至规定,国家的日常管理活动人民群众也可参与,可见民主的范围很广泛。另外,由于代表会议制度的建立,其代表更是不脱离生产且散布于群众中。② 同时,如不坚决打击阶级敌人和犯罪分子的破坏活动,就无法实现真正的工农民主。《中华苏维埃共和国惩治反革命条例》直接规定了什么是反革命行为,以及处罚、惩治各种反革命行为的具体方法。同时苏区对专政的对象采取惩办与教育相结合的方针。在司法人民委员部负责人梁柏台的建议下,苏区还建立了劳动感化院,以教育感化违法的一切犯人为目标,实行革命的人道主义。

2. 消灭一切剥削阶级

中华苏维埃政权的性质是工农民主专政政权,为了实现工农民主专政,就必须消灭一切剥削阶级,反帝反封建。首先,《中华苏维埃共和国宪法大纲》明确宣告其反帝立场,即中国民族的完全独立自主,废除帝国主义在华一切特权,不承认一切不平等条约。③ 其次,也宣告了其反封建立场,即消灭封建剥削,没收一切地主阶级土地,实现土地国有。④ 另外,苏区专门制定《中华苏维埃共和国土地法》,依照土地革命路线,没收地主土地,进行土地

---

①　"中国苏维埃所建设的是工人和农民的民主专政的国家。苏维埃全政权是属于工人、农民、红军兵士及一切劳苦民众的。"参见1931年11月7日通过的《中华苏维埃共和国宪法大纲》第2条。(韩延龙,常兆儒. 革命根据地法制文献选编:上卷. 北京:中国社会科学出版社,2013:7.)

②　参见1933年12月12日《中华苏维埃共和国地方苏维埃暂行组织法(草案)》。(韩延龙,常兆儒. 革命根据地法制文献选编:上卷. 北京:中国社会科学出版社,2013:287.)

③　"中国苏维埃政权以彻底的将中国从帝国主义榨压之下解放出来为目的。宣布中国民族的完全自主与独立,不承认帝国主义在华的政治上经济上的一切特权。宣布一切与反革命政府订立的不平等条约无效,否认反革命政府的一切外债。"参见1934年1月通过的《中华苏维埃共和国宪法大纲》第8条。

④　"中国苏维埃政权以消灭封建制度及彻底的改善农民生活为目的,颁布土地法,主张没收一切地主阶级的土地,分配给贫农、中农,并以实现土地国有为目的。"参见1934年1月通过的《中华苏维埃共和国宪法大纲》第6条。

革命。① 实际上，为了实现消灭剥削阶级的目标，革命根据地在此之前制定了《井冈山土地法》《兴国土地法》《土地暂行法》等，这些文件都规定了消灭封建土地剥削的基本原则。

3. 共产党是苏区政权的领导者

中华苏维埃共和国是中国共产党建立全国政权的首次尝试。中国共产党不仅缔造了苏维埃政权，而且是其政治和法律的领导核心。中国共产党在"一苏大会"召开前夕曾公开发表宣言："苏维埃政权是无产阶级领导下的工农民主专政。共产党是这个政权的领导者"。实际上，中华苏维埃共和国的司法机关和法制，是在中国共产党的领导下建立和制定的。党中央和苏区中央局直接领导了苏维埃政府的组建和第一次苏维埃大会的筹备。会议通过了党起草的宪法大纲的草案、劳动法和土地法的草案等。此外，党的方针政策也体现于临时中央政府成立后的法令之中。当时，党的指导思想指导着立法工作，也成为立法的指导思想。在当时的历史条件下，在法律缺失或不完善时，党的方针政策实际上起着法的作用。

4. 以俄为师

在中华苏维埃共和国进行立法之前，中国共产党并无领导法制建设的经验。因此，在立法时，必须以马列主义为指导，广泛借鉴其他国家的立法经验。由于当时苏联是社会主义的先进国家，在立法时借鉴苏联法就成为一种必然的选择。苏维埃共和国的法制建设，就是直接以苏联法为蓝本的，其宪制立法、土地立法、劳动立法以及刑事立法都有明显的仿照苏联相关立法的痕迹。② 如表 2-1 所示，《中华苏维埃共和国宪法大纲》在政权性质、政权组织形式、公民权利等诸多方面，明显有照搬苏联法的痕迹。

表 2-1　《俄罗斯社会主义联邦苏维埃共和国宪法》与《中华苏维埃共和国宪法大纲》主要内容之比较

名称	内容		
	政权性质	政权组织形式	公民权利
《俄罗斯社会主义联邦苏维埃共和国宪法》（1918 年）	工兵农的政权（第 1 条）	全俄苏维埃代表大会（第 12 条）	公民权利属于劳动群众，不给剥削者和反革命分子（第 13～16 条、第 64 条）
《中华苏维埃共和国宪法大纲》（1931 年）	工人和农民的民主专政国家（第 2 条）	全国工农兵会议（苏维埃）的大会（第 3 条）	公民权利属于劳动群众，不给剥削者和反革命分子（第 2 条）

---

①　参见《中华苏维埃共和国土地法》第 1 条。（韩延龙，常兆儒. 革命根据地法制文献选编：下卷. 北京：中国社会科学出版社，2013：1044.）

②　孙光妍，于逸生. 苏联法影响中国法制发展进程之回顾. 法学研究，2003（1）.

5. 强调原则性和灵活性结合

由于中华苏维埃共和国处于革命战争时期，战争经常打乱苏区的建设和生活，法制实施也处于动荡之中。但为了打击敌人和保卫工农的利益，立法又是必经之路。因此，特殊环境下的立法将法律的原则性和灵活性相结合就显得尤为重要。中华苏维埃共和国在立法时，强调立法应该简明，同时强调原则性和灵活性结合。能规定的先予以规定，不能规定的先规定原则，待能规定时再规定和解释。也正是因为这样，其法律大都缺乏系统性。比如，《中华苏维埃共和国宪法大纲》只有 17 条原则性的规定，大都比较宏观，欠缺体系特征。再如，《中华苏维埃共和国婚姻法》，规定了婚姻自由、一夫一妻、男女平等等婚姻法的基本原则，且对结婚、离婚、婚后财产处理等，规定得较为详细，而对于结婚离婚条件、私生子权利的保护等，则只有原则性的规定，需要在实践中发展。①

(二)"工农民主专政"：苏区的法制建设核心内容

马克思主义认为，法律具有阶级性，任何阶级成为统治阶级后，都企图将其阶级意志通过立法变为国家意志。1931 年 11 月中华苏维埃共和国成立后，为了保卫新生政权，改善劳苦大众的生产生活，中华苏维埃政权陆续制定了宪法大纲、政权组织法、选举法、刑法、劳动法、婚姻法、土地法等一系列法律法规，逐步形成了苏维埃工农民主专政的新民主主义法制体系。尽管由于革命历史条件的限制，当时的立法技术粗糙，法律结构不完备，法律内容也不够完善，但这些立法与当时的革命性质和任务是适应的，它在摧毁旧法统、巩固苏维埃政权、保障苏维埃公民的基本权利、维护社会稳定等方面发挥了巨大的作用。

1. 鲜明的阶级性

在阶级社会里，阶级性是国家的根本属性，也是法的根本属性之一。中央苏区的法制建设在中国共产党的领导下，通过武装斗争，在苏区彻底摧毁国民党反动派的政权和反动法制，根据广大人民群众的革命意志和利益诉求，建立新的工农民主专政的政权。因此，中央苏区的法制反映的是广大工农群众的阶级意志，具有鲜明的阶级性。

首先，具有根本法性质的《中华苏维埃共和国宪法大纲》旗帜鲜明地表明了其阶级性，体现了革命法制的阶级本质②和任务、目的③，规定了剥夺敌

---

① 参见 1934 年 4 月 8 日《中华苏维埃共和国婚姻法》。

② "中国苏维埃政权所建设的是工人和农民的民主专政的国家。苏维埃全政权是属于工人、农民、红军兵士及一切劳苦民众的。在苏维埃政权下，所有工人、农民、红军兵士及一切劳苦民众都有权选派代表掌握政权的管理……""……中央执行委员会下组织人民委员会处理日常政务，发布一切法令和决议案。"参见 1931 年 11 月 7 日通过的《中华苏维埃共和国宪法大纲》第 2、3 条。

③ 参见 1931 年 11 月 7 日通过的《中华苏维埃共和国宪法大纲》第 1 条。

人的各种自由和服兵役的权利以制止其复辟，严厉镇压阶级敌人的破坏活动，没收一切地主阶级的土地等内容，具有明显的阶级性和革命性。

其次，在其他立法中，法律的阶级性特征也处处彰显。选举立法中，明确规定选举权和被选举权是属于劳动群众的，不属于剥削者和反动分子[①]；刑事立法中，确定了反革命罪的概念及主要罪责，镇压危害工农民主政权及破坏革命的一切反革命活动和犯罪活动，其主要的打击对象，便是阶级敌人[②]，甚至规定了不同阶级的人犯罪可不同对待[③]；土地立法中，明确废除了封建土地剥削制度，规定"没收地主及其他大私有主的土地和财产，分给贫雇农和中农，废除一切地租、高利贷债务和苛捐杂税，实行地主不分田、富农分坏田的政策"等；劳动立法中，规定了劳动者的各种权利，维护了工人阶级的劳动利益，如提高劳动者工资，强制推行八小时工作制、休息和休假制度，等等[④]；经济立法中，规定了合作社经济，宣布合作社组织为发展苏维埃经济的一个主要方式，是抵制资本家的剥削和怠工、保障工农劳动群众利益的有力武器，富农、资本家及剥削者均无权组织和参加合作社。[⑤]

2. 充分的民主性

革命的目的在于人民利益的实现，革命的法律保障人民的民主和自由的权利能够实现。工农民主专政的原则贯穿于整个中华苏维埃法制体系之中，《中华苏维埃共和国宪法大纲》中明确规定工农劳动群众享有广泛的民主权利，包括：主张工农的民主和自由，禁止反革命的自由[⑥]；工农参加国家管理[⑦]；民族平等和宗教自由；婚姻自由；没收一切地主阶级的土地，分配给雇农、贫农、中农；改善工人生活；取消一切苛捐杂税；保障工农群众受教育的权利及文化生活方面的基本民主权利；等等。

此外，民主性也在其他法律中得到体现。如《中华苏维埃共和国地方苏维埃暂行组织法（草案）》规定了可以组织各种经常或临时的委员会，广泛吸收各方面的群众积极分子参加基层政权的管理工作，参与社会生活的管理。[⑧]《中华苏维埃共和国裁判部暂行组织及裁判条例》规定，陪审团的组成人员包

---

① 参见 1931 年 11 月《中华苏维埃共和国选举细则》第 5、6 条，1933 年 8 月 9 日《苏维埃暂行选举法》第 4、5 条。

② 参见 1934 年 4 月 8 日颁布的《中华苏维埃共和国惩治反革命条例》第 2 条。

③ 参见 1934 年 4 月 8 日颁布的《中华苏维埃共和国惩治反革命条例》第 34 条。

④ 参见 1931 年 11 月 7 日《中华苏维埃共和国劳动法》、1931 年 12 月《关于实施劳动法的决议案》。

⑤ 参见 1932 年 4 月 12 日《合作社暂行组织条例》、1932 年 9 月 19 日《合作社工作纲要》、1933 年 6 月《发展合作社大纲》。

⑥ 参见 1931 年 11 月 7 日通过的《中华苏维埃共和国宪法大纲》第 10 条。

⑦ 参见 1931 年 11 月 7 日通过的《中华苏维埃共和国宪法大纲》第 4 条。

⑧ 参见 1933 年 12 月 12 日《中华苏维埃共和国地方苏维埃暂行组织法（草案）》第 16 条。

括工农群众①，吸收更多的工农群众行使这种权利，扩大人民群众参加管理国家的权利。《苏维埃地方政府的暂行组织条例》规定："工农检查部有他的特别任务，得设立控告局以接收工农的控告事件。同时，可委托忠实可靠的工农干部，代收工农群众的控告事宜。并且在各地方须挂控告箱，使工农群众投提意见书。"② 这些都说明，革命法制有很好的群众基础，工农的民主利益受到革命法制的有力保护。这正是新型的工农民主专政的法制区别于历史上任何反动法制的根本所在。

3. 服务于革命斗争的需要

中央苏区的法制建设是直接服务于革命斗争需要的，立法、执法和司法无不围绕着革命斗争的特殊需要而展开，具有鲜明的战时特征。对此，毛泽东在"二苏大会"上所作的报告中指出：

> ……他的任务，就是他必须用全部力量去动员民众、组织民众与武装民众，必须一晚不停地去进攻他的敌人，去粉碎敌人对于他的"围剿"。他的任务是革命战争，是集中一切力量去开展革命战争，用革命战争去打倒敌人的那一个专政，并且还要打倒强大的帝国主义统治，因为帝国主义是敌人那一个专政的拥护者与指挥者。他打倒帝国主义与国民党的目的，为的是要统一中国，实现资产阶级性的民主革命，并且要使这个革命在将来能够转变到社会主义的革命去。这就是苏维埃的任务。③

这一特性在法律内容上表现得十分突出。如《中华苏维埃共和国宪法大纲》首先宣布苏维埃政权的性质和任务，规定人民在政治、经济和文化各方面的优越权利。这些内容都是为了最终实现巩固和发展红色政权的政治目的。在土地立法方面，中央苏区的法制十分注意用法律手段保障土地革命的顺利完成。这些土地立法的直接目标便在于，调动群众的积极性和革命热情，使他们投身于生产和革命。④ 经济立法则是围绕打破封锁、发展经济及保障经济秩序和成果、改善人民生活进行的，其最终目的仍是保证革命的胜利。

4. 以解决农村和农民问题为主

中华苏维埃共和国自成立以后，为了保卫新政权和维护工农群众的利益，在借鉴苏联法的基础上，制定了宪法大纲、政权组织法、选举法、土地法、经济法、劳动法、刑事法等一系列法律法规，这些法律法规存在一个明显的共同点，那就是其内容都主要以能够解决革命和农村根据地及农民的现实需

---

① 参见 1932 年 6 月 9 日《中华苏维埃共和国裁判部暂行组织及裁判条例》第 14 条。
② 参见 1931 年 11 月《苏维埃地方政府的暂行组织条例》第 61 条。
③ 参见《中华苏维埃共和国中央执行委员会与人民委员会对第二次全国苏维埃代表大会的报告》。
④ 参见 1931 年 12 月 1 日《中华苏维埃共和国土地法》第 1 条。

要为目标，都是为实现和保护工农民主专政服务的。由于当时中国共产党还没有控制大城市的经验，所以当时的法律内容、体系并不全面，欠缺有关城市法制建设的法律法规。同时，由于时代局限和立法经验不足，这一时期所立之法，数量不多，立法技术也不完善，不注重程序，但仍基本上建立起了以解决农村和农民问题为主的、独具特色的新民主主义法制体系。如《中华苏维埃共和国宪法大纲》和土地立法保护了农民的土地权益，政权组织法和选举法保护了工农群众的民主权利，经济立法和劳动立法保护了工农群众的经济利益，调整和保护了农村根据地简单的经济关系。

5. 法制内容有"左"的倾向

在党的正确指导下，中央苏区法制建设取得了巨大成就。当时制定的许多法律法规，在内容上基本正确，是符合当时的革命和社会实际的。但是，由于受到"左"倾错误路线的影响，一些法律规定不同程度地存在脱离实际的问题。中央苏区法制"左"的倾向表现主要有：

第一，在《中华苏维埃共和国宪法大纲》中，有些规定表现出急于超越民主革命阶段，过渡到社会主义的倾向，这是明显不符合当时的革命实际的。[①] 在政权问题上，剥夺了一切剥削者的选举权和被选举权，禁止其政治自由，这就等于将中间势力排除于革命之外，打击了中间势力的革命积极性，阻碍了革命队伍的发展壮大。[②] 在民族问题上，规定承认境内少数民族的民族自决权：加入或脱离中国苏维埃联邦。[③] 这一规定教条地照搬苏联模式，既不符合我国民族的历史和现状，也不利于联合各民族人民与阴谋吞并中国、分裂中国的帝国主义作斗争。

第二，其他部门法也有脱离实际的倾向。《中华苏维埃共和国土地法》规定，地主不分地，富农分坏地[④]，这实际上是要从经济上消灭地主和富农，但因此没有生活出路的地主和遭受经济重创的富农，容易侵犯中农的利益，影响地主和富农的生产积极性，甚至危害根据地的革命秩序，这是不利于人民革命的长远利益的。《中华苏维埃共和国劳动法》也有明显脱离实际的倾向，其所规定的工人的劳动条件、工资待遇及福利等都明显过高。[⑤] 这样的法律规定，对于工业落后、正处于武装斗争中的中央苏区革命根据地，显然是不适

---

① 如《中华苏维埃共和国宪法大纲》第 7 条和第 10 条规定："……限制资本主义的发展，更使劳苦群众脱离资本主义的剥削，走向社会主义制度去为目的，宣布取消一切反革命统治时代的苛捐杂税……""……打破地主资产阶级经济的和政治的权利……"

② 如《中华苏维埃共和国宪法大纲》第 2 条规定："……只有军阀、官僚、地主、豪绅、资本家、富农、僧侣及一切剥削人的人和反革命分子是没有选派代表参加政权和政治上自由的权利的。"

③ 参见 1931 年 11 月 7 日通过的《中华苏维埃共和国宪法大纲》第 14 条。

④ 参见 1931 年 12 月 1 日《中华苏维埃共和国土地法》第 1 条和第 3 条。

⑤ 参见 1931 年 11 月《中华苏维埃共和国劳动法》第 14、15、19、21、22、25、27、28 条。

宜的。过左的劳动法律和政策，不顾苏区的具体情况和具体特点，忽视了工人阶级的整体利益和长远利益，结果造成私人企业倒闭，工人失业，工农矛盾增加，工业发展受到影响，归根结底是违背工人阶级的根本利益的。刑事立法还采用了过左的肃反条例，使肃反问题扩大化，给党和人民带来了严重的不良影响和危害。

　　1934 年 1 月，中华苏维埃第二次全国代表大会对 1931 年 11 月通过的《中华苏维埃共和国宪法大纲》进行了修改，修改的关键点就是在第 1 条增加了"同中农巩固的联合"的内容，这反映了毛泽东等坚持正确路线的同志与王明"左"倾教条主义错误的积极斗争。

（三）"工具司法"：苏区的司法建设

　　苏区的司法建设是在彻底摧毁国民党旧司法的前提下，在借鉴苏联司法建设经验和吸收大革命时期司法经验的基础上建立起来的。毛泽东指出，法庭的作用是由政权的阶级性决定的，镇压地主阶级是苏维埃法庭的目的，对工农分子犯罪则一般从轻。[①] 因此，这一时期的司法被认为具有一定的实现阶级统治的工具性质。这一时期创立了人民司法机关，建立了一整套司法诉讼制度。这些司法机关和司法制度，在当时的革命历史进程中对于镇压反革命、打击各种刑事犯罪、保障人民的权利和革命的成果起到了至关重要的作用。

　　1. 司法机关：战时性、临时性

　　司法机关是保证国家立法得到有效施行的主体。中华苏维埃共和国成立以后，党中央非常重视并加强了司法机关建设。中央苏区的司法机关，是在彻底摧毁反动司法机关的前提下，在借鉴吸收苏联和大革命时期司法机关建设经验的基础上，逐步建立和完善起来的。在审判机关方面，建立了临时最高法庭（1932 年 2 月）、最高法院（1934 年 2 月）、最高特别法庭、地方各级（省、县、区）裁判部、军事裁判所、专门法庭（劳动法庭、革命法庭、巡回法庭）；在检察机关方面，设立了工农检察部、军事检察所，各审判机关内部设检察员；国家政治保卫局和肃反委员会是侦查、预审机关；中央司法人民委员部是司法行政机关。在极其残酷的战争环境中，苏区司法机关形成了自己的特点。

　　第一，司法审判权集中于党和政府。中央苏区的司法审判机关主要有最高法院、革命法庭、各级裁判部、军事裁判所以及肃反委员会等，由于战争环境的影响，这些司法审判机关多为临时性机构，而司法审判权则集中于党

---

　　① 毛泽东在中华苏维埃第二次全国代表大会上的讲话中指出："苏维埃法庭以镇压地主资产阶级为目的，对于工农分子的犯罪则一般处置从轻。国民党法庭以镇压工农阶级为目的，对于地主资产阶级的犯罪则一般处置从轻，法庭的作用完全由政权的阶级性决定了。"（彭光华，杨木生，宁群. 中央苏区法制建设. 北京：中央文献出版社，2009：224.）

和政府。首先，司法工作人员由政府选任，司法审判机关隶属于同级党组织和政府，也受同级政府主席团指导。其次，各级裁判部设立的裁判委员会领导审判机关。由于委员会成员是党和政府人员，因此，党和政府实际控制着司法审判权。最后，各级司法机关是上下级垂直领导关系。下级的判决需上级批准方能生效。而且，下级审判机关人员由上级裁判部任免。① 可见在苏区，司法权实际上牢牢地掌握在党和政府手中。然而，这种情况与当时的战争环境和苏区法制建设是相适应的，有利于集中领导和司法作用的发挥。但是从长久来看，党的政策及行政主导司法的做法会削弱司法的权威性，司法难以发挥其应有的作用。

第二，司法机关和检察机关多元化。由于政权初创，政府主要根据政权建设的任务来设置司法机关。在不断探索中，形成了司法机关多元、权能交叉的特点。侦查预审机关有国家政治保卫局、肃反委员会和民警局；检察机关有工农检察部、国家政治保卫局检察科、军事检察所及设在法院的检察员；审判机关有法院、革命法庭、各级裁判部及军事裁判所。它们之间的权力和职责存在交叉的现象：裁判部不仅有审判权，也有捉拿反革命和罪犯的权力②；各级苏维埃都设有工农检察部，对政党机关和国家企业及其工作人员有检察权③；最高法院和地方各级裁判部还设有检察员，行使预审和公诉权；同时国家政治保卫局还设有检察科，红军中还设有军事检察所。

2. 诉讼审判：阶级性、民主性与群众性

在中华苏维埃共和国，形成了公开审判制度、巡回审判制度、人民陪审制度、辩护制度、回避制度、调解制度等诉讼制度。

第一，司法制度是实现阶级统治的工具。在中华苏维埃共和国的立法中，阶级性和工具性十分鲜明，司法制度也是如此。从 1931 年 12 月通过《中华苏维埃共和国中央执行委员会训令（第 6 号）》后，中央苏区制定的各个惩治反革命的法规，都以"分别阶级成分"为原则，对贫苦工农一般量刑从轻，而严厉惩治地主、资本家等剥削阶级分子。④ 1933 年 5 月，司法人民委员部也明确指示，司法要坚决执行阶级路线。⑤ 甚至在《中华苏维埃共和国惩治反

---

① 瑞金县人民法院. 中华苏维埃共和国审判资料选编. 北京：人民出版社，1991：203.

② 参见 1934 年 4 月 8 日《中华苏维埃共和国司法程序》第 1 条。

③ 参见 1931 年 11 月《工农检察部的组织条例》第二章。

④ 参见 1931 年 12 月 23 日《中华苏维埃共和国中央执行委员会训令（第 6 号）》第 7 条。（韩延龙，常兆儒. 革命根据地法制文献选编：中卷. 北京：中国社会科学出版社，2013：784.）

⑤ "坚决地执行明确的阶级路线，阶级成分，分革命的首要与附合，要分得很清楚：豪绅、地主、富农、资产阶级之反革命犯，应处以重刑，贫苦工农应该从轻；反革命的首领处以重刑，反革命的附合犯应该从轻。解决案件时，应注意阶级成分及犯罪者的犯法行为对于苏维埃政权的危害性之程度来决定处罪之轻重。"参见 1933 年 5 月 30 日《对裁判机关的工作指示》第 2 条。

革命条例》中也重申司法的阶级性原则。① 在当时阶级斗争极端尖锐的情况下，在司法中采取以阶级为前提的"同罪不同刑"的做法，是有利于巩固政权、镇压资产阶级和地主及反革命活动的，但也为后来司法中出现"唯成分论"的错误埋下了祸根。

第二，革命性和民主性突出。中央苏区司法建设的革命性表现在两个方面：其一，中央苏区的司法是直接服从于战争的。正如司法人民委员部报告中指出，革命战争时期，司法如一切工作一样，都应服从于战争。② 其二，坚决废除肉刑，改为劳动感化，并制定《劳动感化院暂行章程》。中央苏区的法制建设彻底摧毁了半殖民地半封建的司法机关，废除其诉讼原则和程序，且废除了一切封建和野蛮的刑罚。1932 年 8 月 10 日，司法人民委员部颁布了由梁柏台起草的《劳动感化院暂行章程》，对劳动感化院的设立条件、隶属关系、主要任务和内部机构设置等作了具体而明确的规定。

民主性特征不但体现在中央苏区的立法上，也贯彻于中央苏区的司法制度中。在中华苏维埃共和国时期创立的诉讼和审判制度中，公开审判制、人民陪审制、审判合议制、辩护制以及回避制等都充分体现了苏区司法的民主性。如《中华苏维埃共和国裁判部暂行组织及裁判条例》明确规定了人民陪审制度。人民陪审制度让人民直接参与到国家审判中来，打破了以往特权阶层对司法的垄断，发扬了人民民主，具有强烈的民主色彩。

第三，初步的司法群众化。司法群众化是与司法精英化相对应的，是指司法权属于群众、来源于群众，司法为了群众，司法人员的知识主要来源于群众的生产实践，发动群众参与司法并以群众的意见作为评判司法工作得失的标准的一种司法形式。③ 现代法治国家以职业化的司法队伍和规范化的审判程序为特征，中央苏区时期也是如此，其司法权主要是由少数革命家把握的，但已经有了明显的群众化的趋势。在党的领导下，群众路线被逐渐引入司法，形成了全新的司法审判模式：其一，公开审判。1932 年 6 月 9 日，《中华苏维

---

① 具体规定有："工农分子犯罪而不是领导或重要的犯罪行为者，得依照本条例各项条文的规定，比较地主资产阶级分子有同等犯罪者，酌情减轻其处罚。""凡对苏维埃有功绩的人，其犯罪行为得按照本条例各项条文的规定减轻处罚。"参见 1934 年 4 月 8 日《中华苏维埃共和国惩治反革命条例》第 34、35 条。

② 1932 年《司法人民委员部一年来的工作》中指出："在猛烈发展革命战争的时期，一切工作都应以发展革命战争为中心任务，一切都应服从于战争，司法机关也应如此。各级司法机关就在这一任务下进行工作。"（彭光华. 人民司法的摇篮：中央苏区人民司法资料选编. 赣州：赣州市中级人民法院，2006：132.）

③ 侯欣一. 陕甘宁边区司法制度的大众化特点. 法学研究，2007（7）.

埃共和国裁判部暂行组织及裁判条例》规定了公开审判制度。^① 公开审判制度是司法群众化的重要途径，其在制度上设置开庭预告程序以确保群众及时了解开庭信息，在庭审过程中允许群众旁听和发言以保护群众检举揭发犯罪的权利，在宣告判决时采取公开方式，人民群众可以去旁听。^② 公开审判能够扩大审判工作在群众中的影响，使群众参与到司法工作中来，既有利于查明事实，与违法犯罪作斗争，还能教育群众，增强苏维埃法律和司法的影响。其二，巡回审判。这是一种由各级裁判部组织流动的巡回法庭，将有重要意义的案件放到群众聚集地或案发地审理的方式。巡回审判制度虽非立法直接规定，但被临时最高法庭积极运用，非常方便当地群众参与和旁听，既很好地执行了苏维埃法律，也作了很好的宣传。1933 年 3 月 28 日，江西省苏维埃政府裁判部在其第 12 号命令中规定，巡回法庭的权限与同级刑事民事法庭一样，是各级裁判部法庭的一种。^③ 巡回审判制度，既方便了广大群众参与诉讼，又扩大了司法审判工作在苏区群众中的影响。其三，群众法庭，又称同志审判会，是为发扬司法民主和扩大群众参与而设置的一种特殊审判形式。《工农检察部的组织条例》对该法庭的组织情形和权限作了规定。群众法庭不是严格意义上的审判组织，而是组织群众检举揭发贪污腐化行为的特殊形式，极大地调动了群众参与司法的热情和积极性。

二、陕甘宁边区的革命法制建设

在全民族抗日战争时期，为建立和维护抗日民族统一战线，中国共产党领导边区人民在陕甘宁边区进行了建立抗日民主法制的法制建设实践。

（一）有条件地承认《六法全书》的合法性：边区的立法指导思想

全民族抗日战争时期，我国的社会主要矛盾已经发生变化，中华民族与日本帝国主义之间的民族矛盾上升为主要矛盾。中国共产党当时的路线方针政策主要是：以国共合作为基础，团结和领导各党派组成广泛的抗日民族统一战线，动员全民族打倒日本帝国主义。因此，这一时期革命根据地的法制建设是在承认《六法全书》合法性的基础上进行的，其立法继承了苏区时期法制建设的精髓，纠正了苏区法制中较"左"的内容，依托边区农村，注重

---

① "解决任何案件，要注意多数群众对于该案件的意见，在审判案件之先，必须广泛的贴出审判日期，使群众知道某日审判某某案件，吸引广大群众来参加旁听审判。"参见《中华苏维埃共和国裁判部暂行组织及裁判条例》第 16 条。（韩延龙，常兆儒. 革命根据地法制文献选编：中卷. 北京：中国社会科学出版社，2013：797.）

② 参见司法人民委员部《对裁判工作的指示》。（瑞金县人民法院. 中华苏维埃共和国审判资料选编. 北京：人民出版社，1991：58-59.）

③ 瑞金县人民法院. 中华苏维埃共和国审判资料选编. 北京：人民出版社，1991：203.

调查研究，讲究实事求是，在抗日民族统一战线的指引下，赋予并保护抗日各阶层广泛的人权，逐步建立起更加成熟的农村抗日民主法制。

1. 团结、抗战和救中国

由于当时社会主要矛盾发生变化，党的政策也随之变化，陕甘宁边区政府立法的主题也变为：巩固统一战线，团结抗战救中国。这一点在陕甘宁边区政府的一系列立法中得到了体现。1939年《陕甘宁边区抗战时期施政纲领》开篇即言明：

> 陕甘宁边区在国民政府和蒋委员长领导下，本着拥护团结、坚持抗战、争取最后战胜日寇的方针，本着三民主义与抗战建国纲领的原则，根据陕甘宁边区的环境与条件，特制定陕甘宁边区抗战时期施政纲领，为边区一切工作之准绳。①

1941年《陕甘宁边区施政纲领》第1条也规定："团结边区内部各社会阶级、各抗日党派，发挥一切人力、物力、财力、智力，为保卫边区、保卫西北、保卫中国、驱逐日本帝国主义而战。"纲领明确以团结、抗战和救中国为其基本精神。1939年《陕甘宁边区抗战时期惩治汉奸条例（草案）》在第1条明确表示，其制定目的是保障抗战胜利和巩固边区。②《陕甘宁边区土地条例》的制定目的是满足抗战建国需要。

这一时期立法上的反帝特征，是苏区立法宗旨的延续。两者区别在于，苏区时期立法宗旨是反对一切帝国主义，边区时期立法宗旨则主要是反对日本帝国主义。同时，边区时期立法的反封建性相比于苏区时期的立法有所减弱。这主要是由于社会主要矛盾发生变化，立法必须服从于抗战的大局，必须团结地主、资本家、富农等一切可以团结的力量。例如在土地制度方面，苏区时期执行的是彻底摧毁剥削农民的封建土地制度，将其变为农民土地所有制的路线；而陕甘宁边区则实行抗日民族统一战线的土地政策，即"地主减租减息，农民交租交息"的土地政策。③

2. 强调"法源在人民"

在陕甘宁边区法制中，相信和依靠群众，贯彻群众路线，是立法的又一大特点。这是在反思苏区法律脱离实际的错误和总结革命斗争经验中得到的认识。对此，谢觉哉说，"法源在人民"④。

毛泽东认为，边区的法律并非法学家或领导人坐在窑洞中臆造的，而是

---

① 韩延龙，常兆儒. 革命根据地法制文献选编：上卷. 北京：中国社会科学出版社，2013：23.
② 韩延龙，常兆儒. 革命根据地法制文献选编：中卷. 北京：中国社会科学出版社，2013：637.
③ 参见1942年1月28日《中共中央关于抗日根据地土地政策的决定》第1、2条。
④ 吉世林. 谢觉哉司法轶事. 法制周报，1982 - 10 - 05.

来自人民群众生产和革命斗争的实践，边区法律是经过立法程序由参议会制定出的劳动人民意志。① 在边区法律中，人民及其代表有立法提案权，如一人提案有十到二十人联署，就可成为正式提案。法律草案提出后，代表展开热烈讨论，有分歧就以施政纲领为基础，团结友好协商解决。法规草案或决定公布后，如违背人民群众的利益或调查不深入，就会被人民权力机关否决。如1942年边区高等法院照搬国民党政府民法制定的《关于典权时效的规定》，就因违背贫苦农民的利益被群众反对，最后被边区参议会废除。②

3. 追求法律面前人人平等

"法律面前人人平等"是资产阶级在资产阶级革命中提出的战斗口号，在与封建专制的斗争中无疑具有重大的进步意义，但其本质是"在富人和穷人不平等的前提下的平等"，并非真正意义上的平等。土地革命战争时期的中华苏维埃共和国的法律，虽宣称在苏维埃法律面前一切工农阶级都是平等的，却规定在选举时给无产阶级以特别权利，即增多代表名额③，并未实现真正的平等。这主要是因为，在战争环境中，初创革命法制缺乏经验，在照搬苏联法经验时受到"左"倾教条主义影响，等等。苏区法律规定中的不平等的内容在其他立法中也有体现，如《中华苏维埃共和国惩治反革命条例》规定，对于工农分子和有功绩的人犯罪可以酌情减轻其处罚。④

在抗战时期，为了团结地主、富农、资本家共同抗日，陕甘宁边区法制对之前的原则作了重大修改，逐步实现了法制的民主平等。首先，为了团结抗战，《陕甘宁边区施政纲领》规定了民族平等，男女平等，赞成抗日的地主、富农和资本家与工农一样在法律面前平等。《陕甘宁边区保障人权财权条例》也规定平等保护地主的土地所有权和债权。其次，抗日民众与政府干部在法律面前一律平等，甚至还规定共产党员犯法从重治罪，这体现了中国共产党对党员更高的要求和无产阶级严于律己的革命精神。

4. "争取政治上的民主自由"，保障人权

边区立法为实现团结各阶层一致抗日的目的，就必须保障抗日军民的民主和人权。毛泽东对此有清醒的认识，他说："争取政治上的民主自由，则为保证抗战胜利的中心一环。"⑤ 首先，这一思想体现在边区诸多立法上。例如，《陕甘宁边区选举条例》就规定了人民广泛的参政权。其次，所保障的人权范围突破了阶级限制。《陕甘宁边区施政纲领》中规定："保证一切抗日人民

---

① 杨永华. 陕甘宁边区法制史稿：宪法、政权组织法篇. 西安：陕西人民出版社，1992：53.

② 同① 54.

③ 参见1931年《中华苏维埃共和国宪法大纲》第4条。

④ 参见1934年《中华苏维埃共和国惩治反革命条例》第34、35条。

⑤ 毛泽东选集：第1卷.2版.北京：人民出版社，1991：256.

（地主、资本家、农民、工人等）的人权，政权，财权及言论、出版、集会、结社、信仰、居住、迁徙之自由权"。同时，关于法律应如何保障人权，谢觉哉指出，"关键是要按现有的司法程序办理"。边区政府制定的《陕甘宁边区保障人权财权条例》等法律，将保护人权贯穿于边区的诉讼立法中，以切实保障人民的各项民主和人身权利，如保障人民诉讼的权利，保护诉讼当事人人身权利，惩办保安司法人员的非法侵权行为，等等。最后，在立法工作中落实人权保障。如陕北开明士绅参议员李鼎铭在 1941 年边区第二届参议会上，提出了"精兵简政"议案，最终得到了毛泽东的肯定。① 1944 年在《陕甘宁边区土地租佃条例》制定过程中，由于反对草案中的一条，李鼎铭拒签该法律文件，后西北局书记高岗亲自去了解、倾听、磋商，最后才使条例签发通过。②

　　5. 党的政策是边区法制建设的灵魂

　　党的政策是党在某一特定时期的大政方针，而法律则是政策的定型化具体化、规则化。这一特征是苏区时期强调法的工具性思想的延续。在边区，党是政权的领导核心，党的路线方针对边区政府的立法起着至关重要的影响作用，是边区法制建设的灵魂。

　　首先，边区立法以党的政策为依据。在边区，党为建立和巩固抗日民族统一战线提出了"三三制"原则的政策，《陕甘宁边区施政纲领》便将其加以规定，上升为立法。其次，边区的立法与司法始终是在党的直接领导下进行的。边区各级民主政府直接接受中国共产党的领导，因此，党中央的决议、政策就成为边区政府立法和司法的主要和直接的渊源。最后，党的领袖人物对边区法制建设影响重大。比如，由于毛泽东在党和人民心中的崇高威望，其指示、批示等在这一特殊时期往往就成为政策和法律的理论基础或价值标准。另外，由于战时的特殊性，在没有相关立法时，党的政策就是法，起着法的作用。

（二）保障民主和人权：边区的法制建设核心内容

　　全民族抗日战争时期陕甘宁边区的抗日民主法制，是在继承并发展苏区法制建设经验的基础上，排除"左"倾与右倾错误路线的干扰，以新民主主义经济为基础，以抗日民族统一战线为指导，结合边区农村根据地的实际建立起来的，标志着新民主主义法制走向成熟。

　　1. 立法联系实际，纠正了"左"的错误

　　全民族抗战时期中国社会的主要矛盾，是中华民族同日本帝国主义的矛盾。团结一切抗日分子，取得抗战胜利是党中央这一时期的主要任务，团结、抗战、救中国成为陕甘宁边区立法的主题。为完成这一中心任务，围绕这一主题，陕甘宁边区制定和实施了一系列的法律法规，为争取抗战的胜利起到

---

　　① 杨永华，王天木，段秋关. 论陕甘宁边区法制建设的原则. 法学研究，1984 (5).

　　② 同①.

了重要的作用。

　　首先，宪法性纲领性文件为确保团结抗战，规定了"三三制"原则，一切抗日人民的广泛的选举权利，以及人权、政权、财权等，废除了苏区时期的不同阶级同罪不同罚的规定，追求法律面前人人平等，实行镇压与宽大相结合的刑事政策。厉行廉政，严惩腐化，共产党员有犯法者从重治罪。在土地未经分配的地区，保证地主的土地所有权及债主的债权，地主降息，农民交息，等等。这些宪法性法律内容，都是围绕着团结抗战这一中心的。

　　其次，在刑事法律方面，为团结抗战，针对边区刑法与国民党政府刑法同时存在这一特殊的历史事实，允许有条件有限制地援用一些符合人民利益的国民党政府的刑法条文作为边区刑法的补充。此做法是符合当时抗战的实际的，既代表了人民的利益，也不损害新民主主义法律的本质，因此是正确的。同时，为保障抗战胜利和边区广大人民的生命财产安全，刑法中规定了汉奸犯罪，其刑罚比普通刑事犯罪的刑罚更严厉。这也是符合当时的抗战实际的。

　　最后，在土地立法方面，边区政府制定了停止没收地主土地，地主减租减息，农民交租交息的政策。《陕甘宁边区保障人权财权条例》还保障抗日军民的一切人权和财权，确保已分配土地的地区取得土地的农民的土地私有权，以及未分配土地的地区地主的土地所有权等。① 《陕甘宁边区土地租佃条例》具体规定了减租的租额，以保证减租减息政策能够得到切实贯彻。② 《陕甘宁边区土地租佃条例》还规定了出租人收回租地的严格条件。这样的规定，从抗日民族统一战线出发，使法律更切合实际，稳定了边区社会秩序，方便边区政府为抗战前线筹措物资和提供人力支持，既保护了农民的利益，同时也保护了地主的利益。

　　2. 以保障民主和人权为主要内容

　　在中国共产党人看来，革命是人民争取民主和自由的伟大运动，而在抗战中保障人民民主是团结全国人民战胜日本帝国主义的基础。毛泽东曾经指出，抗日和民主"是目前中国的头等大事"，并进一步指出：

　　　　把独立和民主合起来，就是民主的抗日，或叫抗日的民主。没有民主，抗日是要失败的。没有民主，抗日就抗不下去。有了民主，则抗他十年八年，我们也一定会胜利。③

---

　　① 中国社会科学院近代史研究所《近代史资料》编译室. 陕甘宁边区参议会文献汇辑. 北京：知识产权出版社，2013：112.

　　② 陕西省档案馆，陕西省社会科学院. 陕甘宁边区政府文件选编：第 6 辑. 北京：档案出版社，1988：428.

　　③ 毛泽东选集：第 2 卷. 2 版. 北京：人民出版社，1991：731-732.

因此，制定专门法律保障民主，是全民族抗战时期中国共产党的重大决策。陕甘宁边区是抗日民主模范区，其法制建设始终坚持新民主主义的基本理论，以保障抗日各阶层人民的民主权利为基础，立足于保障抗日各阶层人民的各项权利，具有更广泛的民主色彩，主要表现在：

第一，保障人民参政权。边区政府为适应民族团结抗战的要求，重新划定人民与敌人的界限，在充分保障工农群众选举权的同时，扩大了民主的范围。人民的范畴不仅包括抗日工农，还包括抗日的资本家、富农和地主。保障参政权是边区民主政治的头等大事。首先，法律规定和推行民主的选举。其次，法律保证组成民主的政府，即按照《陕甘宁边区施政纲领》中规定的"三三制"原则组成政府。这些具体又明确的规定，激发了广大群众参加选举和抗日救国的积极性。统计表明，在1941年边区的选举中，参加投票的选民一般达到该县人口的90%左右甚至更多。① 这表明，边区的选举民主性充分，代表了人民的利益。这也说明，陕甘宁边区的民主是真正意义上的民主，与当时国民党政府实行的有严格阶级和财产限制的选举有本质的区别。当时为保证人民群众选举的顺利进行，还采用了一些简单易行的投票方式，例如陕甘宁边区基层采用"投豆"方式进行民主选举。

第二，法律保护一切抗日人民的人权。人权在资产阶级反封建斗争中曾起到重要的作用。在边区立法中，保障人权是其法制中的一项重要内容。边区的施政纲领宣布，保障一切抗日人民的广泛的自由权和控告权，及未经合法程序不得被逮捕审问的权利。《陕甘宁边区保障人权财权条例》进一步规定了人权的范围和含义，以及保障人权的详细措施，这些规定在司法实践中得到了认真的贯彻。②

3. 法制内容彰显平等的精神

如前所述，在中央苏区法制建设中，曾经在法律中规定了法律面前人人平等的内容，但由于当时国内阶级斗争十分尖锐，立法者经验不足，再加上受"左"倾教条主义的影响，法律面前人人平等并未实现。在刑罚上，对苏维埃有功绩的人及工农分子与地主阶级分子，在犯有同样的罪行时，其量刑是不平等的，前者享有量刑上的优待，这是同罪不同罚的规定。而全民族抗战时期的边区立法，为实现团结抗日，对这一问题作出了重大的修改。

首先，任何赞成抗日的阶级阶层，都与工农一样，在法律面前是平等的。边区的施政纲领就规定了赞成抗日的地主、富农和资本家与工人和农民在法律面前一律平等，民族平等，男女平等。《陕甘宁边区保障人权财权条例》规

① 杨永华.陕甘宁边区法制史稿：宪法、政权组织法篇.西安：陕西人民出版社，1992：176.
② 同①131-135.

定，在不违反边区法律、不欺压群众及不破坏抗战的前提下，边区政府也同样平等地保护地主的土地所有权。① 这与中央苏区工农民主专政的法律是明显不同的。其次，抗日人民与干部在法律面前也一律平等。如前所述，在中央苏区法律中，对革命有功的人，对其犯罪行为可以减轻处罚。这样的规定主要是受到王明"左"倾教条主义的影响。陕甘宁边区建立后为了建立抗日民族统一战线，纠正了王明"左"倾教条主义错误。1937 年，针对黄克功案，毛泽东公开发表《给雷经天的信》，表达了对革命有贡献的人应与一般干部和普通民众一样，在法律面前平等的观点。② 最后，法律规定了"共产党员有犯法者从重治罪"的原则，反映了无产阶级严于律己的革命精神，对于反对特权、实现法律面前人人平等意义重大。

4. 有条件地援用《六法全书》

虽然陕甘宁边区的法制与国民党政府的法制存在着本质上的不同，但在抗战特殊时期，在国共合作、革命法制不健全时，可以有条件地援用国民党《六法全书》中某些有利于人民的法律规定。这与苏区法律鲜明的阶级工具性不同，也与华北解放区完全废除《六法全书》的做法不同。

首先，抗日民族统一战线是援用《六法全书》的政治基础。在抗战全面爆发后，中国共产党为表示国共合作的诚意，宣布"孙中山先生的三民主义为中国今日之必需，本党愿为其彻底的实现而奋斗"，"取消现在的苏维埃政府"，"以期全国政权之统一"③。国民党在全民族抗日救亡压力下，也颁布了一些抗日的法令，如《惩治汉奸条例》以及抗战动员法令等。

其次，有选择、有条件、有限制地援用《六法全书》。国民党政府的反动法律，如 1928 年《暂行反革命治罪法》等，决不能援用；而有关抗日的法律，如 1937 年《惩治汉奸条例》，则可以参照援用。同时，参照不是原文照搬。如国民党政府的法律中有关永佃权之规定可以参照援用，但该规定中"保护所有权神圣不可侵犯"的条文则不可援用。

最后，援用国民党政府的法律的一般原则是：适合民主和抗战，切合边区历史环境，遵守革命民主主义，保障抗日人民权利。

5. 临时过渡性质

从整个法律体系来看，陕甘宁边区的立法内容和体系已经比中央苏区的立法内容和体系更丰富更系统，陕甘宁边区制定了宪法、刑法、民法、经济

---

① 中国社会科学院近代史研究所《近代史资料》编译室. 陕甘宁边区参议会文献汇辑. 北京：知识产权出版社，2013：112.

② 张希坡. 革命法制史上的一封重要复信：读毛泽东同志《给雷经天的信》. 法学杂志，1981 (6).

③ 周恩来选集：上卷. 北京：人民出版社，1980：77.

法、诉讼法等一系列法律法规制度，但仍不够完善。比如在刑事立法方面，陕甘宁边区为惩治犯罪，制定了大量的单行刑事法规，但仍有诸多缺漏；也曾因兵役政策和法律的缺失，导致各地征兵工作混乱，甚至还出现了侵犯人民利益的案件。此外，对于一些先进的立法提案，为了让群众理解，采取了渐进的策略。因此，这一时期的法制内容具有农村根据地色彩和临时过渡性质。

（三）人民司法初步形成：边区的司法建设

陕甘宁边区抗日民主政权在长期的革命斗争和司法实践中，继承苏区时的司法制度并结合抗日根据地的实际情况，逐步建立起较为完备且独具特色的司法制度。陕甘宁边区政府将原苏区的裁判部改组为陕甘宁边区法院，但并未改变其人民民主的本质。陕甘宁边区完善了人民陪审制度和审判制度，创立并推广马锡五审判方式，将调解工作制度化和法律化，在司法诉讼审判制度建设方面取得了丰硕的成果，为抗日战争的胜利提供了司法保障，走出了一条独具边区特色的人民司法道路。

1. 司法机关：法院为边区政府的组成部分

第一，边区高等法院地位特殊。《陕甘宁边区议会及行政组织纲要》基本上确立了边区的司法组织体制。纲要规定，法院为边区政府的组成部分，"边区法院审判独立，但仍隶属于主席团之下，不采取司法与行政并立状态"[①]。1939年《陕甘宁边区高等法院组织条例》规定："边区高等法院受中央最高法院之管辖，边区参议会之监督，边区政府之领导。""边区高等法院独立行使其司法职权。"高等法院院长兼理司法行政，高等法院内设检察处。由此可见，陕甘宁边区高等法院地位很特殊，是边区最高审判机关，同时内设检察处行使检察权，高等法院院长还兼理司法行政。

第二，司法半独立。司法半独立指法院按照法律审案，独立行使审判权，同时，法院受同级政府领导和参议会监督。在陕甘宁边区政府中，司法是行政工作的一部分。1939年《陕甘宁边区高等法院组织条例》规定："边区高等法院独立行使其司法职权。"陕甘宁边区高等法院院长雷经天曾在一份总结中对此进行过说明："独立审判的意义，绝对不是司法人员的专断，而是司法人员对于审判的负责。"[②] "按原则办事，就是独立"。可见，这里所说的司法独立是一种半独立状态。

2. 诉讼审判：为民、利民、便民

全民族抗战时期的陕甘宁边区，实行三级三审的审级制、人民陪审制、

---

①　杨永华，方克勤. 陕甘宁边区法制史稿：诉讼狱政篇. 北京：法律出版社，1987：25.

②　侯欣一. 百年法治进程中的人和事. 北京：商务印书馆，2020：451.

审判公开制、死刑复核制等制度，形成了马锡五审判方式，深化了人民调解制度。其特点主要有：

第一，强调司法为民。司法为民体现了人民司法的制度本质。全心全意为人民服务是中国共产党一切工作的宗旨，司法工作也不例外。司法工作好坏的一个重要标准便是人民群众对司法工作的满意与不满意。谢觉哉说："要在人民对于司法的赞否中，证明司法工作的对与否"①。董必武强调："人民司法基本观点之一是群众观点，与群众联系，为人民服务，保障社会秩序，维护人民的正当权益。"② 可见，司法与立法一样，只有体现了广大人民群众的意志，反映了人民群众的愿望和要求，才能实现保护人民、打击敌人的目标。为了实现司法为民，陕甘宁边区政府在实践中摸索出了一套简便易行的方法：

首先，要求司法工作人员与人民同心同德。如1941年《陕甘宁边区高等法院对各县司法工作的指示》中提出的选调司法干部的标准，第一条就是要能够忠于人民革命事业。

其次，简化程序，让人民满意。边区政府在调查人民对司法不满意的原因时发现，程序烦琐是最突出的原因。因此，必须简化程序。

再次，人民群众监督司法审判，必要时发动群众参与审判。谢觉哉指出，"新民主主义司法……是群众自己的工具"③。在边区法制建设早期，司法工作曾受"左"倾路线的影响，犯过关门办案、搞神秘主义的错误，后来经过整风运动，司法人员懂得了司法民主意义重大，明白了应赋予人民群众监督司法的权利。马锡五审判方式的出现就与人民参与司法和监督司法紧密相关。

最后，在司法工作中正确区分敌我矛盾和人民内部矛盾。主要用判决的方式来解决涉及敌我矛盾的重大案件，而对于人民内部的纠纷，则主要用调解和马锡五审判方式解决。通过调解，能将诉讼纠纷压缩到最低限度，并且经过当事人双方的妥协，调解结果双方都易接受，这体现了人民司法的优越性。

第二，注重保障人权。陕甘宁边区的司法工作担负着打击汉奸、反革命和破坏分子，保障抗日人民的人权、政权和财权的任务。陕甘宁边区政府切实地将保障人权贯彻到其司法工作之中，这是以往的革命政权所不具有的新特征。

首先，确立了拘捕权、审判权由公安和司法机关统一行使的原则。1941年《陕甘宁边区施政纲领》规定："除司法系统及公安机关依法执行其职务外，任何机关、部队、团体不得对任何人加以逮捕、审问或处罚，而人民则

---

①　谢觉哉日记：上卷．北京：人民出版社，1984：469．

②　董必武法学文集．北京：法律出版社，2001：45．

③　同①556－557．

有用无论何种方式控告任何公务人员非法行为之权利。"① 其中,拘捕权属于公安机关,审判权属于法院;任何单位或个人逮捕现行犯,须尽快送交公安、司法机关办理;军队须严格依法行使司法权;机关、学校、群众团体只有自行处理违纪案件的权力,没有司法权;区、乡政府没有司法权。这些规定,明确了拘捕权、审判权的归属,有效地防止了以情势紧迫为借口随意拘捕和审判的行为,有力地保障了人权。

其次,诉讼便民。边区司法机关处理司法案件,不收取任何诉讼费和手续费,对特别贫困的劳动者还提供经济援助和其他必要的帮助,避免了人民告不起状的情况。《陕甘宁边区保障人权财权条例》规定:"人民诉讼,司法机关不得收受任何费用。"《陕甘宁边区民事诉讼条例草案》也规定:"司法机关对于人民诉讼,不收讼费,不收送达费及草录费。"诉讼程序也极为简便,不限制当事人的诉讼权利。起诉可以用口头和书面形式,两种形式具有同等的法律效力。此外,司法机关还设专人代人民书写诉状。在管辖上,无管辖权的案件,应移转给有管辖权的机关,不能以管辖不合理为由推脱案件受理。另外,边区的法庭审判,主要用探问和解释说明的方式,就地审判和巡回审判,继承了苏区时期的优良传统,是党的群众路线在审判方式上的创造和运用,极大地方便了群众诉讼。与群众有密切关系的典型案件,则采用公审的方式,贯彻了审判公开原则,体现了边区司法的民主精神,也让群众受到深刻的法制教育。马锡五审判方式更是依靠群众、便利群众的审判方式的典范。

最后,监狱工作实行人道主义,教育与劳动结合。② 边区把监狱看作犯人的学校和教育机关,坚持尊重犯人人格的指导思想,以教育为主,教育与劳动相结合,进行感化教育。坚决废止肉刑和刑讯逼供,重证据不重口供。许多犯人经过劳动改造,学得了一定的生产技术和文化,改变了错误的观念,甚至有的出狱后成为抗战与建设事业中的积极分子。

陕甘宁边区始终坚持司法上的平等原则,反对特权,平等保护任何人的合法权益并依法追究任何人的违法犯罪,在特定的环境和历史条件下,实现了司法公正。

第三,实事求是和重视调查研究。实事求是是毛泽东思想活的灵魂,包括司法工作在内的一切工作都应以其作为指导思想。实事求是体现在司法中,就是要求真务实,辨明是非,不枉不纵。对此,《陕甘宁边区刑事诉讼条例草案》规定了进行实事求是的调查的方式。调查研究是实事求是的关键,只有深入基层和人民群众,进行调查研究,才能去除主观主义。延安整风运动促

① 韩延龙,常兆儒.革命根据地法制文献选编:上卷.北京:中国社会科学出版社,2013:25.
② 杨永华,方克勤.陕甘宁边区法制史稿:诉讼狱政篇.北京:法律出版社,1987:266.

进了司法干部审判作风的初步转变，然而，由于千百年来封建统治思想的影响，专横的审判作风仍存在于部分司法干部的头脑中。在 1944 年边区参议会上，司法上的主观主义作风仍是批评对象，并被提案要求改进。后来边区高等法院和司法会议还多次强调应将调查研究落实到实际司法工作中，使许多同志转变了作风，重视调查研究，提高了办案质量。

第四，司法群众化深入。中央苏区时期，形成的公开审判、巡回审判、群众法庭等制度，已经出现初步的群众化趋势。这些制度受到了群众的拥护，取得了一定的成绩。因此，陕甘宁边区将其作为司法经验加以继承并发扬。

边区司法从创立之初就具有群众化的特点，由于延安整风运动使党内全面确立了群众路线，此后，司法群众化的特点表现得更为鲜明。1944 年，毛泽东在与谢觉哉讨论边区司法问题时指出，司法要大家动手，任何事都要通过群众。① 边区高等法院院长雷经天在其报告中指出：司法群众路线，就是使司法工作成为群众自己的工作。② 在司法工作中推行群众路线，好处在于：一是可以将司法诉讼置于群众的监督之下，增强办案人员秉公执法的自觉性；二是可以减少司法工作中的错误，即使犯了错也容易纠正。边区的司法群众化，主要体现在以下方面：

一是司法机关及司法人员群众化。边区政府要求司法机关工作人员除履行审判职能之外，还要无条件地参与社会工作，如参加大生产运动。这使得司法机关的形象不再神秘而庄严，而是世俗而大众，易产生与群众的亲和力，被群众所接受。另外，边区重视培养工农干部作为司法人员。1943 年以后，土生土长的工农干部，如马锡五、奥海清、石静山、周玉洁等人逐渐成为边区司法人员中的领导和骨干。这些工农干部与群众在生活方式等各个方面比较一致，他们熟悉民情，受到群众的普遍欢迎和政府的嘉奖。

二是在司法工作中推行司法群众化。边区司法工作依靠人民群众体现在司法的各个环节中：在案情调查阶段，"或邀请群众一起调查，或将问题交给群众调查，或开群众会大家一起弄清事实"③；在案件审理阶段，人民群众可以通过人民陪审、群众公审和组织人民法庭等方式参与审判；在案件宣判阶段，判决结果会尽量倾听群众的意见，同时做到文字通俗简明；在诉讼审判的全过程中，司法人员与群众共同调解和民间调解等调解方式成为解决纠纷的重要途径，林伯渠曾指出，百分之九十甚至全部的纠纷，都能通过人民自己调解解决。另外，作为陕甘宁边区司法典范的马锡五审判方式便是司法大

---

① "司法也该大家动手，不要只靠专问案子的推事、裁判员，任何事都要通过群众。"（王定国，王萍，吉世霖. 谢觉哉论民主与法制. 北京：法律出版社，1996：320.）

② 杨永华，方克勤. 陕甘宁边区法制史稿：诉讼狱政篇. 北京：法律出版社，1987：72.

③ 同②76.

众化、走群众路线的典型。如在《刘巧儿告状》中的刘巧儿的原型封捧儿因婚上诉案的审理中，马锡五就是依靠群众深入调查，在查明案件事实的基础上，充分倾听人民群众的意见，根据边区法律作出判决的。这一判决，依靠群众了解案情，充分考虑了群众的意见，同时维护了法律的权威，惩罚了违法者，打击了封建买卖婚姻，保护了正确的婚姻关系，且宣传了边区法令，教育了群众，宣判后也受到了群众的一致拥护。

第五，强调司法公正。司法公正是法的自身要求，其基本内涵是要在司法活动的过程和结果中体现公平、平等、正当、正义的精神。如前所述，为了维护工农民主专政的政权，中央苏区的司法十分强调法的阶级性，在量刑时也要分清阶级成分。工农分子及对革命有功的人犯罪，对其从轻或减轻处罚，而地主、资本家等剥削阶级分子犯罪，则对其从重处罚。显然，这种做法在当时特定的革命环境中可以起到镇压阶级敌人及其反革命活动、巩固苏维埃政权的积极作用，但同时也体现了法制的不成熟。

陕甘宁边区的司法是在继承中央苏区司法传统的基础上建立起来的，但抛弃了其司法中的唯阶级论，而是坚持司法公正。其原因主要是：其一，外部政治环境有变。中共瓦窑堡会议确立了建立抗日民族统一战线的方针，其后，党的工作重心从土地革命战争转向抗日民族战争。因此，必须团结一切可以团结的人（包括抗日的地主和资本家），这就需要民主、平等和保障人权。而在司法方面，为了使司法工作既能够维护广大群众的利益，又能够很好地配合抗战的需要，将司法作为发动群众和团结群众的手段，司法体现公平、正义就显得十分必要。司法公正，代表着群众的呼声，能够切实地保护群众的利益，使群众心服口服地支持党和政府的工作。其二，党及其领导人的高度重视。1941 年发布的《中共中央关于调查研究的决定》，对党领导革命二十年来的经验教训进行了总结，针对革命队伍中尚存在的问题，要求司法干部转变作风，实事求是，重视调查研究，这为司法公正提供了客观前提。此外，党的领导人也起到了至关重要的作用。在黄克功杀人案的审理上，毛泽东在给雷经天的信中，表达了黄克功罪不容赦，以及共产党和红军不但没有司法特权，还应执行更严格的纪律的平等观点。[①] 通过对黄克功杀人案的审理和判决，陕甘宁边区树立起了司法公正的理念。

三、其他农村革命根据地的法制建设

（一）宪法性文件

在抗日战争胜利之初，为适应全国人民迫切要求和平的愿望和开展解放

---

① 中共中央文献研究室. 毛泽东年谱（1893—1949）：中卷. 修订本. 北京：中央文献出版社，2013：31.

区政治、经济、文化建设的需要，各解放区都开始制定施政纲领，确立符合新形势与新任务的施政方针，如《晋察冀边区行政委员会施政要端》（1945 年9 月 26 日）、《苏皖边区临时行政委员会施政纲领》（1945 年 12 月 31 日）。这些宪法性文件或施政纲领，内容大同小异，都是在国民党发动全国规模内战之前，中国共产党领导人民争取国内和平与民主的方针的具体化。

在全民族抗战中期，在确保人权的原则指导下，几乎所有根据地都制定了保障人权条例，如 1940 年 11 月《山东省人权保障条例》、1941 年 11 月《冀鲁豫边区保障人民权利暂行条例》、1942 年 11 月《晋西北保障人权条例》、1943 年《渤海区人权保障条例执行细则》等等。这些人权条例的公布和执行，在我国人民民主法制史上揭开了用法律保障人权的新篇章。①

（二）政权组织法规

1926 年 12 月，湖南省第一次农民代表大会通过的《乡村自治问题决议案》是人民民主政权组织法规的萌芽。② 1926 年 5 月，广东省第二次农民代表大会总结了广东农民协会运动的经验，制定通过了《广东省农民协会修正章程》。各个革命根据地依据本地区政权建设的需要，颁布了适用于本地区的苏维埃政权组织法，如《江西苏维埃临时组织法》《闽西苏维埃政权组织法》《湖南省工农兵苏维埃政府暂行组织法》《鄂豫皖区苏维埃临时组织大纲》等等。

1938 年至 1940 年期间，晋察冀边区行政委员会于 1938 年 2 月颁布《晋察冀边区县政府组织大纲》和《晋察冀边区县佐公署组织章程》，于 1940 年 5 月颁布《晋察冀边区行政督察专员公署组织大纲》，于 1940 年 6 月颁布《晋察冀边区县区村暂行组织条例》以及《晋察冀边区区政会议组织大纲》，等等。1940 年 7 月 30 日山东省联合大会通过了《山东省临时参议会组织条例》，同年 11 月 7 日又颁布了《山东省战时县区乡村各级政府组织条例》。1941 年至 1942 年期间颁布的组织法相较之前的法规有了一些变化。除陕甘宁边区外，其他根据地也对之前的政权机构组织法进行了修正，如 1942 年 11 月晋西北临时参议会修正通过了《晋西北临时参议会组织条例》《晋西北县区村各级政府组织条例》，1942 年 4 月修正公布了《晋西北村政权组织暂行条例》，等等。1943 年 1 月 21 日晋察冀边区第一届参议会通过、2 月 4 日边区行政委员会公布的《晋察冀边区县区村组织条例》是对 1940 年暂行组织条例的修正。1943 年 9 月山东省临时参议会修正通过了一系列条例，这些条例有：《修正山东省临时参议会组织条例》《修正山东省县政府组织条例》《修正山东省

---

① 张希坡，韩延龙. 中国革命法制史. 北京：中国社会科学出版社，2007：41.
② 同①60.

区公所组织条例》等。①

解放战争时期，1946 年 1 月 16 日颁布的《辽西区各市县临时参议会暂行组织条例》、1946 年 3 月 18 日颁布的《张家口市参议会组织暂行条例》等都是这一时期具有代表性的政权组织法规。

（三）刑事法规

1926 年 12 月，湖南省第一次农民代表大会通过了《铲除贪官污吏土豪劣绅决议案》，湖南全省总工会第一次代表大会通过了《惩办土豪劣绅贪官污吏决议案》。1927 年 2 月，江西省第一次农民代表大会通过了《惩办土豪劣绅决议案》。江西省信江工农民主政府 1929 年 12 月制定的《肃反条例》，到 1931 年 3 月被修改为《赣东北惩治反革命条例》。在福建，有闽西工农民主政府 1930 年 6 月制定的《闽西惩办反革命条例》和 1931 年 2 月制定的《闽西反动政治犯自首条例》。在安徽，有 1930 年 4 月制定的《六安县第六区肃反条例》。这些条例中列举了反革命的主要罪行和对反革命罪行处理的办法。1932 年 4 月，湘赣省苏维埃政府制定了《湘赣省苏区惩治反革命犯暂行条例》和《湘赣省苏维埃政府自首自新条例》。同一时期，川陕省苏维埃政府通过了《川陕省苏维埃政府肃反执行条例》和《川陕省苏维埃政府关于反革命自首的条例》。这些条例中具体规定了处刑办法和减免刑罚的办法。《赣东北特区苏维埃暂行刑律》是当时革命根据地制定的条文最多的处理普通刑事案件的法律，它是工农民主政权建设初期制定刑法典的初步尝试。②

特殊历史时期对于汉奸和破坏战争罪的规定显得尤为突出，如 1943 年 4 月《晋察冀边区处理伪军伪组织人员办法》《山东省战时除奸条例》，1945 年 3 月《山东省战时行政委员会、山东军区关于特务汉奸之处理办法的联合决定》，1945 年 8 月《山东省惩治战争罪犯及汉奸暂行条例》和《山东军区处理伪军伪警条例》。直到抗战胜利后的一段时间内，各地还陆续制定了一些惩治汉奸的单行条例，如《苏皖边区惩治叛国罪犯（汉奸）暂行条例》（1945 年 12 月）、《苏皖边区第一行政区惩治汉奸施行条例》（1946 年 3 月）、《太行行署对战犯处理的指示》（1945 年 12 月）和《太行行署关于处理伪军伪组织人员的原则及执行中应注意事项的指示》等。③此外还有有关没收汉奸财产的单行条例，如 1938 年 2 月《晋察冀边区行政委员会处理汉奸财产办法》、1940

---

① 张希坡，韩延龙. 中国革命法制史. 北京：中国社会科学出版社，2007：95.

② 《赣东北特区苏维埃暂行刑律》无明确的颁布日期和制定机关。目前发现的最早的文本是一件经过翻印的油印稿。该件注明："1931 年 5 月 19 日闽北分区革命委员会翻印"。根据现有史料考证初步推断，它是经 1931 年 3 月赣东北特区第二次工农兵代表大会审议原则通过的在赣东北特区内部试行的刑律草案。

③ 同①288.

年 3 月《晋西北没收汉奸财产单行条例》、1942 年 8 月《晋冀鲁豫边区汉奸财产没收处理暂行办法》、1941 年 4 月《山东省处理汉奸财产条例》、1945 年 8 月《山东省处理汉奸财产暂行办法》和《山东省政府、山东军区关于敌伪财产处理办法》。各边区政府还制定了汉奸自首条例，如 1938 年 11 月《晋察冀边区汉奸自首条例》、1945 年 8 月《山东省汉奸自首自新暂行条例》以及同年 9 月《山东省政府关于争取逃亡地主和失节附敌分子的决定》。为了粉碎敌人"扫荡"，保护公私财物，各根据地制定了惩治盗毁空室清野财物的法规，如 1941 年 10 月《晋冀鲁豫边区惩治盗毁空室清野财物办法》，1942 年晋冀鲁豫边区又制定了《惩治盗毁空室清野财物补充办法》，1942 年 10 月，晋冀鲁豫边区政府和边区高等法院联合发布《关于对根据地人民、敌占区民夫等抢劫盗毁食粮田禾处理办法的通令》，规定了对各类违法人员的处置办法。此外还有 1942 年 4 月《晋察冀边区破坏坚壁财物惩治办法》。山东抗日根据地于 1943 年 7 月和 11 月，分别制定了《渤海区处理敌人扫荡期间窃盗案件暂行办法》和《胶东区惩治窃取空室清野财物暂行办法》。全民族抗日战争时期，为了巩固边区金融，保护抗日边币，严厉打击伪造边币等罪行，各地区制定了对破坏金融秩序的行为惩罚的条例，如 1941 年 5 月《晋冀鲁豫边区禁止敌伪钞票暂行办法》（1942 年 9 月修正公布）、1941 年 7 月《晋冀鲁豫边区保护法币暂行办法》（1942 年 9 月修正公布）、1941 年 11 月《晋西北修正扰乱金融惩治暂行条例》、1942 年 2 月《晋绥边区修正扰乱金融惩治暂行条例补充办法》、1943 年 5 月《晋冀鲁豫边区冀鲁豫行署查禁假鲁钞暂行办法》等。

对其他刑事犯罪，如贪污罪、烟毒罪、买卖人口及妨害婚姻家庭罪、诬告罪和伪证罪、侵犯公民人身权利罪等等，根据地也颁布了相应的刑法法规。为了同贪污分子进行斗争，1938 年 8 月陕甘宁边区政府制定了《陕甘宁边区惩治贪污暂行条例（草案）》（1939 年修订公布），其他根据地相关的条例还有：1940 年 12 月《山东省惩治贪污暂行条例》（1945 年 3 月修订公布）、1941 年 9 月《晋西北惩治贪污暂行条例》、1942 年 2 月《晋冀鲁豫边区惩治贪污暂行办法》、1942 年 10 月《晋察冀边区惩治贪污条例》（1944 年修正）、1943 年 8 月《山东省惩治贪污公粮暂行条例》。针对农村基层政府工作人员的特殊情况，晋冀鲁豫边区冀鲁豫行署专门制定了《关于村政权人员贪污之处理的指示》。各根据地还颁布了禁烟禁毒办法或治罪条例，如 1939 年 2 月《晋察冀边区行政委员会关于严禁播种罂粟的命令》、1941 年 7 月《晋冀鲁豫边区毒品治罪暂行条例》、1941 年 11 月《晋西北禁烟治罪暂行条例》、1942 年 1 月《陕甘宁边区查获鸦片毒品暂行办法》、1943 年 4 月《山东省禁烟治罪暂行条例》和《山东省禁毒治罪暂行条例》等，这些条例具体规定了对烟毒的禁绝治罪办法。抗战胜利后至新中国成立前，一些根据地（解放区）也颁布了此类规定，如 1945 年 11 月《晋察冀边区鸦片缉私暂行办法》、1946 年 8 月《辽吉区禁烟禁毒条例》和《辽吉区查获鸦片毒品暂行办法》、1949 年 7 月《华北区禁烟禁毒暂行办法》、1949 年 8 月《绥远省戒吸毒品暂行办法》。抗日民主政府曾颁布专门法令，具体规定对买卖人口和妨害婚姻家庭罪的惩治办法，如 1943 年 1 月《晋冀鲁豫边区妨害婚姻治罪暂行条例》、1943 年 4 月《山东省战工会关于制止抢劫寡妇的训令》、1944 年 10 月《冀鲁豫行署关于处理因灾荒买卖人口纠纷的规定》，1942 年 3 月《晋察冀边区行政委员会关于堕胎溺婴案件均须依法科刑的命令》，对制止堕胎溺婴事件作了规定。① 关于惩治诬告罪和伪证罪的法规包括：《太行区战时紧急处理敌探汉奸暂行办法》《渤海区处理敌人扫荡期间窃盗案件暂行办法》《晋察冀边区破坏坚壁财物惩治办法》等等。同时《晋冀鲁豫边区毒品治罪条例》、《陕甘宁边区破坏金融惩罚条例》和《苏皖边区惩治叛国罪犯暂行条例》也规定了惩治诬告罪的相关内容。为了制止侵犯公民人身权利的非法行为，1948 年 4 月，哈尔滨市人民政府颁布了《禁止非法拘捕审讯及侵犯他人人权等行为的布告》；同年 5 月，豫皖苏边区行政公署公布了《切实保障人权严禁乱抓乱打肉刑逼供的训令》。辽北省（经东北行政委员会批准）还专门制定了单行刑事法规，即《辽北省惩治杀伤犯暂行办法（草案）》。

（四）土地法规

地租是地主剥削农民的主要手段。1926 年 5 月广东省第二次农民代表大会通过了《废除地主对于农民苛例决议案》，1926 年 12 月湖南省第一次农民代表大会通过了《地租问题决议案》，1927 年 2 月江西省第一次农民代表大会通过了《减轻田租决议案》，等等。这些决议案根据各地的情况对减租作了比较具体的规定。针对高利贷者对农民的盘剥，1926 年中共广东区委扩大会议通过了《农民运动议决案》，1925 年 5 月广东省第一次农民代表大会通过了《经济问题议决案》，广东省第二次农民代表大会和湖南省第一次农民代表大会分别通过了《取缔高利债决议案》和《取缔高利贷决议案》，江西省第一次农民代表大会通过了《取缔高利贷草案》，等等。这些决议案揭露了高利贷者对农民的高利剥削，要求禁止高利盘剥。

农民运动兴起后，农民纷纷要求废除苛捐杂税。为此，各省农民代表大会几乎都通过了关于废除苛捐杂税的决议案。广东省第二次农民代表大会通过了《废除苛捐杂税决议案》，湖南省第一次农民代表大会通过了《田赋问题决议案》《田捐问题决议案》《厘金问题决议案》《废除牙帖取缔牙商决议案》《食盐问题决议案》，江西省第一次农民代表大会通过了《废止苛捐杂税决议

---

① 张希坡，韩延龙. 中国革命法制史. 北京：中国社会科学出版社，2007：300.

案》等。① 根据党中央确定农民土地所有权的政策精神，1931 年 3 月 15 日，江西省苏维埃政府发布了《土地是我们的，耕种起来呵！》的文告，同月江西省、县、区苏维埃主席联席会通过的《土地问题提纲》，1931 年 5 月的《江西省苏维埃政府关于土地问题的布告》，以及 1931 年 4 月的《闽西土地委员会扩大会决议案》等，都明确规定农民分得的土地归农民私有，农民有权转租、买卖、抵押和继承。这个阶段的土地法规，除以上提到的以外，还有《峡江县土地暂行条例》（1930 年）、鄂豫皖苏区《临时土地政纲》（1929 年 6 月）、《鄂豫边革命委员会土地政纲实施细则》（1929 年 12 月）、《湖南省工农兵苏维埃政府暂行土地法》（1930 年 7 月 29 日）、湘鄂西《土地革命法令》（1930 年 10 月）、《信江特区苏维埃土地法》、《信江特区苏维埃土地临时使用法》（1930 年 3 月）、《右江苏维埃政府土地法暂行条例》（1930 年 5 月 1 日），以及一些关于土地问题的决议案和有关土地政策的布告等。②

王明"左"倾教条主义错误占据统治地位时期要求各地按这条错误路线"重新分配一切土地"，于是出现了 1931 年 6 月闽西苏维埃政府的《重新分配土地的条例》、1931 年 6 月中共商城县委的《中共商城县委为重新分配土地告商城工农劳苦群众书》、1931 年 8 月的《中共鄂东南特委关于目前工作计划决议案》、1931 年 10 月的《湘赣苏区重新彻底平均分配土地条例》等。③ 1931 年 11 月，在瑞金召开的中华工农兵苏维埃第一次全国代表大会上，根据王明等"左"倾教条主义者起草的《土地法草案》，通过了《中华苏维埃共和国土地法》，除此之外还有 1931 年 11 月 29 日的《湘鄂赣省工农兵苏维埃政权第一次代表大会土地法》，1931 年 12 月的《江西省苏维埃政府对于没收和分配土地的条例》《赣东北省苏维埃执行委员会土地分配法》，1933 年的《川陕省苏维埃政府关于土地改革布告》以及《西北革命军事委员会、军区政治部关于土地问题的布告》等。在没收土地方面，1932 年 8 月 1 日湘赣省苏维埃第二次代表大会通过的《土地法执行条例》规定："中农的土地以不动为原则，如中农有自愿平分者，仍给以平分的权利，不能机械的不得到中农同意而来平分一切土地。"1934 年 5 月 7 日的《川陕省苏维埃政府关于没收条例说明书》不但规定"没收绝对不能加到中农头上"，而且规定"用没收来侵犯中农利益，破坏联合中农的政策，应当受苏维埃法令的严厉处罚"。

革命根据地的土地法规，均有废除高利贷的内容。例如《右江苏维埃政府土地法暂行条例》、《湖南省工农兵苏维埃政府暂行土地法》、湘鄂西《土地革命法令》、《峡江县土地暂行条例》、《湘赣苏区重新彻底平均分配土地条

---

① 张希坡，韩延龙．中国革命法制史．北京：中国社会科学出版社，2007：531.
② 同①542.
③ 同①544.

例》、《湘鄂赣省工农兵苏维埃政权第一次代表大会土地法》和《中华苏维埃共和国土地法》等，都宣布一切高利贷债务无效或禁止高利贷。各革命根据地的土地法规，也都规定了农民的土地私有权，如《江西省苏维埃政府关于土地问题的布告》、闽西苏维埃政府的《重新分配土地的条例》、《湘赣苏区重新彻底平均分配土地条例》、《湘鄂赣省工农兵苏维埃政权第一次代表大会土地法》、湘赣省的《土地法执行条例》等。

晋察冀边区于 1938 年 2 月颁布了《晋察冀边区减租减息单行条例》，于 1940 年 2 月公布了经过第一次修正的《晋察冀边区减租减息单行条例》。1940 年 8 月中共中央北方局公布的《晋察冀边区目前施政纲领》，把减租减息政策用施政纲领的形式规定了下来。1941 年 3 月，晋察冀边区政府公布了经过第二次修正的《晋察冀边区减租减息单行条例》。在 1942 年《中共中央关于抗日根据地土地政策的决定》发布后，1943 年 1 月，晋察冀边区第一届参议会通过了《晋察冀边区租佃债息条例》，同年 2 月 4 日该条例由晋察冀边区行政委员会公布施行。在晋冀鲁豫边区，1940 年 8 月冀南、太行、太岳联合办事处成立，同年 12 月 3 日颁布了《减租减息条例》。山东抗日根据地在中共中央 1939 年 11 月发出《关于深入群众工作的决定》之后，于 1940 年 11 月颁布了《山东省减租减息暂行条例》，1942 年 5 月颁布了《山东省租佃暂行条例》和《山东省借贷暂行条例》。1944 年 2 月 28 日，山东省战时行政委员会公布了《山东省战时施政纲领》，1945 年 2 月公布了《山东省土地租佃条例》。

（五）劳动法规

1930 年 3 月，闽西第一次工农兵代表大会根据中共闽西特委第二次扩大会议通过的《工人运动决议案》的精神，通过并颁布了适用于闽西苏区全境的《闽西劳动法》。1930 年 5 月全国苏维埃区域代表大会通过、同年 6 月以后在红色区域一度施行的《劳动保护法》，是中华苏维埃共和国成立前影响较大的劳动立法文件。1930 年 9 月，闽西第二次工农兵代表大会依据《劳动保护法》修正了前述《闽西劳动法》，发布了《修正劳动法令》。在 1940 年 12 月党中央发布关于劳动政策的指示后，各地制定的劳动法规主要有：《晋冀鲁豫边区劳工保护暂行条例》（1941 年 11 月 1 日公布施行，1942 年 12 月 10 日修正公布，1944 年 1 月 17 日再次修正公布）、《晋西北工厂劳动暂行条例》（1941 年 4 月 1 日公布）、《晋西北改善雇工生活暂行条例》（1941 年 4 月 1 日公布）、《晋西北矿厂劳动暂行条例》（1941 年 8 月 1 日公布）、《山东省改善雇工待遇暂行办法》（1942 年 5 月 15 日公布）、《苏中区改善农业雇工生活暂行条例草案》（1944 年 7 月公布）、《晋察冀边区行政委员会关于保护农村雇工的决定》（1944 年 9 月 20 日公布）等。此外，晋察冀边区政府颁布的《优待生产技术人员暂行办法》，以及各抗日根据地工会组织发布的文件，也都包含调整劳动关系的内容。① 关于组织工会、农会的权利，全民族抗日战争时期各革命根据地颁布的劳动保护条例大都明确规定工人有组织工会的权利，如《晋冀鲁豫边区劳工保护暂行条例》《山东省改善雇工待遇暂行办法》《晋察冀边区行政委员会关于保护农村雇工的决定》。同时，《晋察冀边区行政村调解工作条例》中规定了处理劳资争议的方式。

（六）婚姻法规

1927 年 1 月，湖北全省总工会第一次代表大会通过了《女工童工问题决议案》；同年 2 月，江西第一次全省农民代表大会通过了《农村妇女问题决议案》。此后，革命根据地又颁布施行了一系列婚姻法规，如 1930 年 3 月的《闽西第一次工农兵代表大会婚姻法》、1930 年 4 月的《闽西苏维埃政府关于婚姻法令之决议的命令》、1931 年 7 月的《鄂豫皖工农兵第二次代表大会婚姻问题决议案》、1941 年的《晋察冀边区婚姻条例草案》、1942 年的《晋冀鲁豫边区婚姻暂行条例》、1943 年的《晋绥边区婚姻暂行条例》、1943 年的《晋察冀边区婚姻条例》、1945 年的《山东省婚姻暂行条例》。② 为了保护抗日军人的婚约和婚姻，各抗日民主政权还单独发布命令、决定或制定单行条例，如 1943 年的《山东省保护抗日军人婚姻暂行条例》、1944 年的《修正淮海区抗日军人配偶及婚约保障条例》以及 1945 年的《晋冀鲁豫边区关于保障军婚的通令》等。③ 这些法律，将保护抗日军人婚姻作为抗日民主政权婚姻立法的重要原则之一。

（七）诉讼法规

1940 年 5 月 15 日，晋察冀边区政府颁布施行了《晋察冀边区陪审制暂行办法》。最早颁布专门的诉讼条例的是山东抗日根据地，1941 年 4 月 18 日，山东省临时参议会通过并公布施行了《山东省调解委员会暂行组织条例》。此后，晋西北行政公署于 1942 年 3 月 1 日公布了《晋西北村调解暂行办法》，晋冀鲁豫边区高等法院于 1943 年 1 月 21 日发布了《关于执行核案新决定的命令》。晋察冀边区行政委员会于 1942 年 4 月 1 日颁布了《晋察冀边区行政村调解工作条例》，规定应予调解的案件。在陕甘宁边区政府于 1943 年 6 月颁布《陕甘宁边区民刑事件调解条例》后，其他抗日根据地也颁布了类似的条例。

四、农村根据地时期革命法制建设的特点

在农村根据地时期，中国革命在中国共产党的领导下，不断取得胜利。

---

① 张希坡，韩延龙.中国革命法制史.北京：中国社会科学出版社，2007：645.
② 韩延龙，常兆儒.中国新民主主义革命时期根据地法制文献选编：第 4 卷.北京：中国社会科学出版社，1984：804-807，808-811，847-852，838-842，826-829，808-811，858-862.
③ 同②807-808，857-858，871-874，845-847.

伴随着中国革命的不断胜利，革命法制也不断地发展与成熟，并体现出了革命法制的鲜明特色。

（一）突出体现党的领导地位

在农村根据地法制发展的每一个阶段，党对法制建设的领导都起到了至关重要的作用。如前所述，中央苏区的红色工农民主法制是在中国共产党的领导下，通过武装斗争，在苏区彻底摧毁国民党的政权和反动法制，根据广大人民群众的革命意志和利益创建起来的。陕甘宁边区的抗日民主专政法制，是在党中央的领导下，将革命实践与马列主义法学理论创造性地结合的产物，党的政策是边区法制建设的灵魂。

党对法制建设的领导主要是方针政策的领导，革命法制在党的领导下不断发展完善，保障了人民的利益和革命的胜利果实。实践证明，党的路线、方针、政策正确与否，是决定革命法制建设成败的关键。需要注意的是，毕竟政策不是法律，不能等同于法律。在农村根据地法制建设发展的过程中，曾经出现过以政策代法的做法。在特殊时期，在没有制定相关法律的情况下，政策与法的界限模糊，党的政策实际上起着法律的作用，但在形势缓和以后或者依据政策制定了法律以后，法制就走上了正常的轨道。党的领导为农村根据地法制的发展指明了方向，这在后来的城市根据地和解放区的革命法制建设中得到了证明。

（二）以解决农村和农民问题为核心

重视社会民生，解决农村社会中的现实问题是革命政权领导下的革命法制的最大亮点。只有关注农村问题和农民问题，切实维护农民利益，农村根据地才能站稳脚跟，以农村革命为中心的政权建设才能获得民意的支持。因此，无论是在苏区还是在边区，革命根据地都是以农村为中心建立的，所以，革命法制也都是以解决农村和农民问题为核心展开的，革命法制建设的重点在于解决农村和农民问题。

土地无疑是农村和农民问题的核心，所以，无论是苏区还是边区，都进行了相应的土地立法，并收到了良好的效果。在苏区，土地立法巩固了土地革命的胜利果实，并给国民党造成了一定的压力。"土地革命使苏区农村发生了种种社会变革，这与国民党统治区的停滞形成了鲜明对照。它进一步促使各界人士关注农村和农民问题，使更多的人看到农村和农民问题的严重性。这种无形的压力也在一定程度上促使国民党政府，在不涉及基本政治经济结构的前提下，对现行政策作一定调整。"[①] 而在边区时期，虽然政权性质发生了一定的变化，但农民仍然是革命政权团结的主力，解决农村和农民问题仍

---

① 包爱芹 . 土地革命对苏区农村社会变革的影响 . 首都师范大学学报（社会科学版），2006（3）.

然是革命法制的重中之重。这一时期与苏区时期的区别在于基于团结抗战的需要，对地主、富农的利益给予相应的保障，这实质上也是解决农村和农民问题的智慧之举。

此外，相关的民事立法、刑事立法以及婚姻立法等也都是围绕农村和农民展开的，例如，在解决一般民事和婚姻纠纷的时候，以民间习惯作为司法裁判考量的依据，其根本目的就是彻底解决纠纷，建立稳定的农村社会关系。

（三）以支援前线为方针

无论是苏区革命根据地的政权建设，还是边区革命根据地的政权建设，都是在战争的环境下进行的。稳定农村革命根据地，稳定政权，进而建立城市革命根据地，最终实现全国解放是革命的目标，因此，革命法制的一个核心任务是稳定政权、支援前线。革命法制的内容基本上是以支援前线为方针的。例如，中华苏维埃共和国成立以后，中央苏区基本按照"依靠贫农，联合中农，限制富农，消灭地主阶级，变封建的土地所有制为农民的土地所有制；以乡为单位，按人口平均分配土地，在原耕地基础上，抽多补少，抽肥补瘦"① 的路线来进行土地革命。因此，苏区时期的土地立法主要以保护农民利益、消灭剥削为基本原则，目的是调动农民的积极性，维护农民的利益，进而激发农民进行革命的积极性，同时，通过激发农民进行农业生产的热情，推动农村生产力的提高，发展农村经济，进而为支援前线提供经济保障。在边区时期，除农民外，地主和富农也被吸纳到革命政权中，尤其是地主，也是团结抗战的对象。因此，边区的土地立法不再主张完全地消灭封建剥削制度，而是平衡农民和地主的关系，调动地主的积极性，共同发展生产，支援前线。边区的土地运动和土地立法调动了农民发展生产的积极性，同时，地主阶级因为土地没有被没收，其对边区政权的信赖得到强化，因此也愿意支援前线。

（四）根据现实情况而不断调整和完善

党所处的历史阶段不同，党所肩负的历史使命就不同，党的指导思想也就不会完全相同。在苏区革命法制建设过程中和边区革命法制建设过程中，都没有完全符合中国国情的现成经验，革命法制建设都是在不断的探索中，根据具体的国情进行适时的调整，以符合革命斗争的需要。

实事求是是毛泽东思想的精髓和灵魂，革命法制建设也应坚持实事求是，从实际出发，按规律办事，并且不断创新。革命根据地法制建设，基本上坚持了实事求是、不断创新的优良传统，这使得革命法制建设逐渐适应根据地的实际和革命的需要，不断发展完善。中华苏维埃共和国立法的出发点是革

---

① 中共中央党史研究室．中国共产党历史：第 1 卷．北京：中共党史出版社，2002：286.

命以及人民群众的需要，不但在立法时考虑时代环境和苏区经济社会发展实际，在适用中也不停地修订和解释完善法律，典型的如土地立法。陕甘宁边区的立法顺应了当时的抗战大局，创造性地将马列主义法学的基本原理与边区的实践结合起来，既保障了人民民主又有利于团结抗日；经过整风运动，强调调查研究，纠正教条主义，建立起了特色鲜明的抗日民主法制。这一经验告诉我们，在实事求是和调查研究的基础上不断创新是中国革命法制在农村根据地时期探索中国道路过程中摸索出来的宝贵经验，是马克思主义中国化的集中体现，不仅在其他根据地、解放区得到了传承和发扬，也是当前社会主义法治建设应该遵循的原则。

（五）不同程度地体现了平等、公正等法治价值

"法律面前人人平等"是资产阶级革命时提出的口号，在反封建的斗争中起到了巨大的作用。然而，资产阶级却没有做到真正的法律面前人人平等。革命根据地法制建设一贯注重法律的平等性，无论是《中华苏维埃共和国宪法大纲》还是《陕甘宁边区施政纲领》，都始终坚持法律面前人人平等，极大地调动了农村根据地人民的积极性，保护了人民的利益，促进了根据地建设。

公正是司法的生命和灵魂，只有公正的司法才能带来公众对法律普遍的内心确信，树立法律的权威，使守法成为人们的自觉。在农村根据地司法建设的历程中，由于"左"倾错误思想的影响曾经走过弯路，《中华苏维埃共和国惩治反革命条例》规定不同阶级的人犯罪可不同对待，这给苏区法制建设造成了负面的影响和危害。在边区时期，排除了"左"倾与右倾错误路线的干扰，抛弃了司法中的唯阶级论，坚持追求司法公正。"陕甘宁边区高等法院通过对黄克功杀人案的审理和判决，完成了司法公正价值取向的抉择。"① 可见，司法公正是革命根据地法制探索的经验和成果，对革命法制的深入人心起着至关重要的作用。

五、对农村根据地时期革命法制建设的反思

农村根据地法制建设是一个艰苦卓绝的历程。在农村根据地法制建设的过程中，党和政府积累了大量的法制建设经验，但也有过一些错误，走过一些弯路，这给革命事业造成了不同程度的损失和负面影响。这些错误带来的教训同样为其后建立的城市根据地提供了镜鉴。

（一）要处理好党的领导和法制建设的关系

在苏区时期由于受到"左"倾错误思想路线的影响，法制建设也出现了"左"的倾向。当时制定的一些法律法规严重脱离了当时的革命斗争实际，这

① 汪世荣，刘全娥. 黄克功杀人案与陕甘宁边区的司法公正. 政法论坛，2007（3）.

种情况在当时的宪法性文件、土地立法、劳动立法、刑事立法中都有体现。这些过左的立法，将阶级矛盾扩大化，在一定程度上影响了人们的生产积极性，危害了根据地的革命秩序，忽视了工人阶级的整体利益和长远利益，影响了苏区法制建设的进程。这一错误在后来边区采取"实事求是和调查研究"的政策之后，才逐渐被纠正了过来。

（二）借鉴外国法不应忽视国情

在中国向外国学习、法制现代化转型的过程中，苏联法对中国革命根据地法制的影响无疑是时间最长、程度最深的。[①] 农村根据地法制发展进程的各个阶段，都以苏联法为立法的借鉴。苏区时期的工农民主革命政权的法制，受苏联法影响程度最深，由于历史局限以及"左"的思想的影响，法制出现了脱离国情的问题。边区时期基本纠正了"左"的错误，法制建设较好地与边区革命实际结合。到解放战争时期，法制建设开始由农村转向城市，必然也应该逐渐与城市实际结合。这一过程反映了中国革命法制逐渐成熟的历程，这一历程也是法的移植与本土化不断协调的历程。中国革命法制必须借鉴外国法、外国经验，但借鉴时还应该尊重法的移植与本土化的规律，充分考虑中国的实际情况，否则就会出现"水土不服"，这一点在中国革命法制"从农村到城市"的发展进程中不断得到验证。

（三）不可否定法的继承性

"法律继承是新事物对旧事物的'扬弃'"，"社会生活条件的历史延续性决定了法律继承性的客观存在"[②]。在革命根据地法制建设过程中，制定的法律不同于以往剥削阶级的法律，同时也应继承以往法律中合理的成分。在边区抗日民主政权的法制建设中，在没有相关立法时，曾在一定程度上允许有条件地援用国民党《六法全书》。

---

① 孙光妍，于逸生. 苏联法影响中国法制发展进程之回顾. 法学研究，2003（1）.
② 张东华. 法理学. 武汉：武汉大学出版社，2017：255.

中 编

"从农村到城市"：
中国革命法制在城市解放区的转折

第三章 城市解放区民主政权建设的法制基础

中国人民经过浴血奋战，在付出巨大的代价后，终于赢得了历经十四年的艰苦卓绝的抗日战争的胜利。此时，国际国内局势也变得复杂起来，中国共产党利用有利时机占领东北，建立了巩固的革命根据地。历经苏区和边区的发展与壮大，革命政权的实力不断增强，哈尔滨成为中国共产党第一个解放并建立巩固政权的大城市。作为中国共产党在东北解放区长期的政治、经济、军事、文化中心和重要的战略基地，哈尔滨解放区的建立拉开了中国革命及其法制"从农村到城市"的序幕，开启了"城市领导农村"法制建设的新纪元。因此，哈尔滨解放区的法制建设是中国革命法制建设的重大转折，并在城市解放区政权建设中体现出了法制转向。

一、哈尔滨解放区民主政权的建立

（一）哈尔滨的解放

1946 年 4 月 28 日，在中国共产党的领导下，东北民主联军解放哈尔滨，至 1949 年 10 月 1 日新中国成立，中国共产党以哈尔滨为核心进行新民主主义政权建设。这是中国共产党在全国范围内建立的第一个城市革命根据地，开创了城市领导农村、工商业经济领导农村经济的新模式，"这种治理模式后来推向了各解放区，直至新中国"[①]。从行政区划上看，哈尔滨解放区主要是指东北人民自卫军将国民党哈尔滨市政府及其反动军队赶出哈尔滨后所控制的地区，包括哈尔滨城区和近郊的农村，与现今哈尔滨的行政区域划分略有不同。哈尔滨解放区地理位置优越，毗邻苏联，是贯通中东铁路全线的枢纽，西接满洲里，东联绥芬河，南达大连，并与苏联西伯利亚大铁路相通。而且，这里资源物产丰富，盛产木材、煤炭和粮食，工业发达，可以保证军需民用。

哈尔滨解放区作为东北解放区的中心城市，与同时期东北解放区的其他

[①] 孙光妍．新民主主义宪政立法的有益尝试：1946 年《哈尔滨市施政纲领》考察．法学研究，2006（5）.

区域显著不同。东北解放区的覆盖区域以广大农村根据地为主，法制建设的主要指向是土地问题和农民问题，中国共产党在这些区域的法制建设有丰富的苏区、边区法制建设经验可供参考。而哈尔滨解放区作为中国共产党在全国范围内的首个城市解放区，其全新的城市背景、复杂的人口构成及社会阶层、恢复发展经济的政治目标，都决定了哈尔滨解放区需要进行创制性的法制建设。

（二）哈尔滨解放区的政权组织机构

中共哈尔滨市委成立于 1945 年 11 月 16 日，钟子云[①]是首任哈尔滨市委书记。中共哈尔滨市委是在中共中央北满分局的直接指导下成立的，任职人员主要包括党中央派来的干部和哈尔滨本地的干部。在哈尔滨解放区的法制建设过程中，中共哈尔滨市委结合党中央的最新指示精神，制定城市革命根据地的工作方针，颁布各类法规 30 余件，发挥了重要的组织作用。

解放区民主政权的政府机构——哈尔滨市政府成立于 1946 年 5 月 3 日，刘成栋[②]是首任市长。哈尔滨市政府的名称经历了四次变化：成立初始是"哈尔滨市政府"；1946 年 11 月 18 日，改称"哈尔滨特别市政府"；1949 年 2 月 6 日，依据东北行政委员会决定改为"哈尔滨市政府"；1949 年 4 月 21 日改称"哈尔滨市人民政府"，归松江省人民政府领导。[③] 哈尔滨市政府成立后迅速改革组织机构，下设社会局、教育局、财政局、建设局、卫生局、公安局，由原有的九个局精简为六个局；精简旧职员，由 1 200 多人精简到 290 余人，清洗掉队伍中的"特务分子、顽固不化的人、没有用处的人员"三类，逐步转变工作作风；建立基层区街政权，通过发动群众采取民主选举的方式建立了 90 余个街公所，覆盖率达 90% 以上。

哈尔滨卫戍司令部成立于 1946 年 4 月 28 日，聂鹤亭[④]任司令员，钟子云任政治委员。在特殊的历史时期，哈尔滨卫戍司令部对于清除潜藏的伪军、土匪、特务和日本法西斯残余势力发挥了重要的作用。哈尔滨卫戍司令部共发布布告、条例 20 余件，对于巩固革命胜利成果、稳定城市秩序发挥了至关重要的作用，也为哈尔滨解放区的法制建设创造了有利的社会环境。

---

① 钟子云（1911—1999），曾用名苏宗泉、王友，河北东光人。1945 年后历任中共滨江地区工委书记，中共松江省委副书记、松江省军区副政委、松江省政府党组书记，中共哈尔滨市委书记、哈尔滨卫戍司令部政治委员。

② 刘成栋（1911—1995），黑龙江肇源人，北平辅仁大学肄业。1936 年加入中国共产党，先后任中共晋察冀一地委组织部部长、哈尔滨市市长。

③ 哈尔滨市档案局（馆）. 哈尔滨解放. 北京：中国文史出版社，2017：101.

④ 聂鹤亭（1905—1971），安徽阜南人。解放战争时期，先后任松江军区司令员、东北民主联军总部参谋长、哈尔滨卫戍司令员兼中共哈尔滨市委书记、辽北军区司令员、第四野战军副参谋长。

　　哈尔滨解放区的上级主管部门包括松江省政府①和东北行政委员会②，这两个上级主管部门在哈尔滨解放区的重要人事任免、城市治理重大决策事项上均给予了及时而有力的指导。因此，上级主管部门发布的与哈尔滨解放区有关的命令、法规等也成为哈尔滨解放区法制建设的依据及组成部分。

（三）哈尔滨解放区民主政权的特点及战略意义

　　作为中国共产党在东北解放区长期的政治、经济、军事、文化中心和重要的战略基地，哈尔滨解放区民主政权的建立开启了中国革命"城市领导农村"的新纪元，标志着中国共产党领导建立民主政权进入城市实践阶段。哈尔滨解放区民主政权的建立具有如下特点：

　　其一，哈尔滨解放区民主政权是中国共产党在大城市建立的第一个民主政权。哈尔滨解放区是新民主主义时期中国共产党建立的首个城市根据地，实现了中国共产党"农村包围城市""从农村到城市"的革命目标。在哈尔滨解放之前，革命政权主要建立在苏区、边区等农村区域，广大农民是社会阶层的主体，其利益诉求主要体现为对土地的渴望。对此，民主政权多采取"打土豪，分田地"、减租减息等打击封建土地剥削制度的方式以满足农民对土地的需求。而哈尔滨是国际化的大都市，市民的利益诉求是复杂多样的，不再是土地需求，而是工厂开工、商店开业、物价平衡、交易安全等，这就需要大量的法规来建立和维护城市法律秩序。

　　其二，哈尔滨解放区的阶级结构有别于农村根据地的阶级结构，城市政权更重视无产阶级的领导地位和统一战线的力量。哈尔滨解放区城市政权的性质是"无产阶级领导的，人民大众的，反帝反封建的反官僚资本的新民主主义的政权"③。其阶级构成应包括工人、农民、独立劳动者、自由职业者、知识分子、自由资产阶级及一切爱国人士。城市的阶级结构和农村的不一样，

---

　　①　松江省政府（滨江省政府）于1945年10月在哈尔滨市成立，谢雨琴任省长，李兆麟任副省长。1946年4月，松江省人民代表大会在宾县召开，冯仲云当选为主席。1954年6月19日，中央人民政府委员会通过了《关于撤销大区一级行政机构和合并若干省、市建制的决定》，遵照这一决定和东北行政委员会"东北〔54〕办字第1336号命令"，松江省建制撤销，与原黑龙江省合并。合并后的黑龙江省下辖哈尔滨、齐齐哈尔、牡丹江、佳木斯4个市，黑河、嫩江、合江3个专区，67个县，面积46.9万平方公里，约占全国面积的1/20，人口1 250万，哈尔滨市成为黑龙江省的省会，在此基础上形成了今天黑龙江省的行政区划。（米大伟. 黑龙江历史：附哈尔滨城市史. 哈尔滨：黑龙江人民出版社，2012：252，271.）

　　②　1946年8月7日至15日，东北各省代表联席会议在哈尔滨召开，成立"东北各省市行政联合办事处行政委员会"，同年10月改称"东北行政委员会"，林枫任东北行政委员会主席。1948年11月，东北全境解放，后该委员会迁至沈阳。1949年8月21日，东北人民代表会议在沈阳召开。27日，宣布东北人民政府成立，东北行政委员会被撤销。（哈尔滨市档案局（馆）. 哈尔滨解放. 北京：中国文史出版社，2017：102.）

　　③　哈尔滨市档案局（馆）. 哈尔滨解放. 北京：中国文史出版社，2017：161.

城市政权必须以工人为骨干，团结知识分子和独立劳动者，联合自由资产阶级，反对封建地主和官僚资本家的残余。城市贫民（生活贫苦，生产工具很少）是城市的半无产阶级，但应和游民加以区别。"认为城市政权仅仅是工人贫民的政权，或者认为在一定时期中只能是工人和贫民的政权，忽视政权中统一战线应当比农村政权中还要广泛的区别是错误的"①，城市政权不仅要重视无产阶级的领导地位和骨干作用与阶级立场，还应该尽一切力量去完成城市政权的民主化过程，重视统一战线的力量。

其三，哈尔滨解放区的法制建设具有创制性。同时期的农村革命根据地，自 1947 年 10 月《中国土地法大纲》公布后，纷纷将其作为各解放区人民政权实行土地改革的基本法律。② 而哈尔滨解放区作为城市革命根据地，没有进行过大规模土地改革，在司法实践中，《中国土地法大纲》也不是其主要的法律依据。1946 年 10 月 16 日，东北行政委员会颁布了《关于司法行政及组织问题指示》，宣布在解放区"废止敌伪法律，一切以民主政策及特别法令为根据，不束缚于旧法律观点，处理案件"③，据此，国民党的《六法全书》也被明令废止禁用。此后，哈尔滨解放区除有解放后颁布的少量法规外，几乎处于"无法可依"的境地。哈尔滨解放区亟须建立起独立的、全新的城市法律体系。中国共产党领导下的民主政权经受住了历史考验，开创性地制定发布各级各类法规、命令、指示、布告等规范性法律文件合计 400 余项，初步构建起了较为完备的法律体系。

哈尔滨解放区民主政权建立的战略意义体现在两个方面：

第一，哈尔滨解放区是中国共产党解放的第一个大城市，是中国共产党在东北的政治、经济、军事、文化中心。中共中央东北局、东北民主联军司令部、东北行政委员会等全部组建于此。哈尔滨解放区也是原定的中国人民政治协商会议的召开地点，1948 年在这里召开了三次新政治协商会议筹备会，哈尔滨也曾是新中国首都的候选城市之一。

第二，哈尔滨解放区是重要的战争大后方，有力地支援了全国解放战争。基于在东北和全国解放战争中特殊的战略地位，哈尔滨解放区肩负着建立后方根据地、支援前线的历史重任。三年解放战争期间，哈尔滨市政府先后发动了五次大规模的参军运动，全市有 23 000 多人参军④，而且专门成立了"哈尔滨特别市战时动员委员会"，为前线及时运送大量的战略物资，在全国

---

① 哈尔滨市档案局（馆）．哈尔滨解放．北京：中国文史出版社，2017：161.
② 张希坡，韩延龙．中国革命法制史．北京：中国社会科学出版社，2007：584.
③ 韩延龙，常兆儒．中国新民主主义革命时期根据地法制文献选编：第 3 卷．北京：中国社会科学出版社，1981：594.
④ 中共哈尔滨市委党史研究室．城市的接管与社会改造．哈尔滨：黑龙江人民出版社，1999：69.

解放的关键时期提供了有力的、及时的后勤保障。值得一提的还有干部培养和人才储备工作，1948 年 10 月、11 月，在解放长春、沈阳时，负责接收城市的全套班子都是从哈尔滨派出的。1949 年 3 月，为筹备成立新中国中央人民政府，哈尔滨市先后有 1 300 多名干部被抽调南下。①

二、民主政权合法性地位的奠定

1946 年 4 月 28 日，东北民主联军接管哈尔滨，建立了新民主主义城市政权。哈尔滨是全国解放最早的大城市，从此成为解放战争的后方中心基地。这是中国共产党第一次在中心大城市建立的新民主主义的政权，开创了城市领导农村、工商业经济领导农村经济的新模式。1946 年 7 月，哈尔滨市第一届临时参议会召开，会上通过的《哈尔滨市施政纲领》是中国共产党在由建立苏区工农民主政权、边区统一战线政权，转变为建设新民主主义的国家政权这一特定历史时期中，关于城市政权合法性地位确立的一次有益尝试，也是中国共产党在从农村政权向城市政权、从单纯注重农业生产向以工商经济带动农业生产的转变过程中政权建设的重要法制探索。

（一）1946 年哈尔滨市临时参议会召开

早在 1946 年 1 月 14 日，彭真起草的中共中央东北局《关于政权工作之紧急通知》中即指出："在目前情况下，我在政权方面工作之重点是建立省、县临时参议会，切实改造并掌握省、县、市两级政权，以便进而彻底改革村政权并与国民党进行斗争。"② 1946 年 4 月 28 日，东北民主联军接管哈尔滨政权。1946 年 7 月 1 日，中共哈尔滨市委在《对于目前哈市工作的决定》中提出召开哈尔滨市临时参议会。③《哈尔滨市临时参议会成立宣言》中提道：

> 我们全体参议员，哈尔滨市八十万市民各阶层推选的代表，为了肩负起这种伟大的使命，誓必按照他们的意志和愿望，努力为他们服务，解除他们的切身痛苦，树立纯正的崭新的民主政治，确立自由和人权财权的保障，发展民族工业，提高生产以谋都市的振兴和繁荣。

这段话从指导方针的角度为选举定下了民主、平等的新民主主义政治的基调，开创性地提出了推选哈尔滨市民各阶层的代表、树立纯正的崭新的民主政治的民主选举方针，其中对"市民"称谓的使用，以及首次提出的以城市市民为主体行使宪法权利，都鲜明地体现出了不同于以往工农民主政权的特色，反映出了民主政权对城市解放区民主政治建设的探索，具有开创性意

① 米大伟 . 黑龙江历史：附哈尔滨城市史 . 哈尔滨：黑龙江人民出版社，2012：259，260.
② 彭真文选（1941—1990 年）. 北京：人民出版社，1991：113.
③ 哈尔滨市地方志编纂委员会 . 哈尔滨市志·政权 . 哈尔滨：黑龙江人民出版社，1998：195.

义。成立临时参议会的初衷是为了"成立真正的民主政府",这正是刚刚解放的哈尔滨市民对于新民主主义民主政治的呼唤与需求。

1. 会议的筹备

1946 年 6 月 26 日,哈尔滨市临时参议会筹备委员会成立,临时参议会筹备工作即时展开,并于 7 月 2 日召开了第一次筹备会议,研究部署各项筹备工作,其中主要工作是商讨拟定参议员选举规程并组织参议员选举。① 7 月 2 日,第一次筹备会拟定了选举规程;7 月 7 日,又经过一次详细讨论,临时参议会筹备会最终通过了《哈尔滨市临时参议会参议员选举规程》,决定 7 月 9 日至 12 日为选举期间,并起草了《哈尔滨市临时参议会组织条例(草案)》及《哈尔滨市临时参议会成立宣言(草案)》等文件。

哈尔滨市临时参议会筹备委员会 1946 年 7 月 7 日颁布的《哈尔滨市临时参议会参议员选举规程》(以下简称《选举规程》)②,保证了广大市民能够运用合法手段自主地、有效地行使选举权与罢免权,确定了新民主主义民主政治的基本内涵。参议员总额及各团体所占参议员名额、候补参议员的产生、享有选举权的主体等方面的内容,是哈尔滨解放区民主政权开展工作的合法性基础。

首先,《选举规程》规定了参议员的组成和产生办法及名额的分配。《选举规程》第 2 条规定:

> 哈尔滨市临时参议会参议员,须于本市各业人民团体,按人数比例用不记名投票法选举之。但因环境之必要与本市人民团体之不普遍,政府可聘请现住本市之对于抗战有功或地方贤达之士为参议员。但聘请名额不得超过市参议员总额六分之一。

按照《选举规程》的规定,哈尔滨市临时参议会参议员总额定为 60 人,候补参议员 5 人。名额按照各业团体进行分配,分配后正式参议员加上候补参议员共计 65 人。另外,政府聘请地方贤达人士 10 人作为参议员,共计 75 名参议员。事实上,出席哈尔滨市临时参议会的参议员刚好达到既定数额

---

① 在哈尔滨市档案馆馆藏革命历史档案中发现了"哈市临时参议会第一次常委会刘成栋、李天佑的报告及有关选举等材料",从材料中可见,第一次筹备会议的主要工作是选举事项。参见哈尔滨市档案馆馆藏革命历史档案,全宗号 3,目录号 1,案卷号 9。

② 在哈尔滨市档案馆馆藏革命历史档案中,《选举规程》没有标注具体的公布时间,通过查证其他档案,可以推断出是 7 月 7 日公布的。《选举规程》第 6 条规定:"本规程经哈尔滨市临时参议会筹备会通过开始施行"。同时,临时参议会主任委员李国钧于 7 月 9 日发布的通知中记载:"查哈尔滨市临时参议会筹备会第三次会议已于本月七日在市政府召开,通过临时参议员选举规程"。此外,《东北日报》1946 年 7 月 10 日第 189 期中有"哈尔滨市临时参议会筹备会于本月 7 日下午四时,假市政府市长室召开第三次会议……会中通过临参会参议员选举规程"的表述。由此,可以推断《选举规程》是于 1946 年 7 月 7 日召开的临时参议会筹备会第三次会议上通过并开始实施的。

75 名。

其次，《选举规程》赋予国民广泛的选举权与被选举权。关于享有选举权与被选举权的主体，《选举规程》规定：

> 凡满十八岁之中华民国国民，不分性别、民族、职业、阶级、党派、信仰、财产、文化程度、居住年限，均享有选举权与被选举权。但四种情况除外，即有危害民族国家罪行与曾任特务者、被褫夺公权未恢复者、被通缉有案未销者、有精神病及不良嗜好者。

该条中规定的"凡年满十八岁之中华民国国民……"没有使用"人民"[①]，而是选用了和"公民"意思相近的"国民"[②] 一词。因为，当时中国正处于解放战争的关键时期，民主政权要团结一切可能团结的力量，包括大资产阶级、民族资产阶级、地主、开明士绅等各个阶级，争取解放战争的最后胜利，因此，在《选举规程》中规定，不分阶级、党派、财产等普遍赋予国民选举权与被选举权。正如主席李国钧在开会致辞中所讲："完全由各阶层选举代表，替自己办事的参议会，这是第一次，同时也是数月来市民争取民主和平的结果，这个参议会是民主的先声……本会不是一党一派所组成，乃是网罗各党各派及无党无派所组织的立法机关。"[③] 此外，在《选举规程》规定的剥夺选举权与被选举权的四种情况中，第四种为"有精神病及不良嗜好者"，从实践来看，有不良嗜好者主要是指那些吸食鸦片成瘾的人。在解放初期的哈尔滨，吸食鸦片者较多，一些专事贩毒、吸毒的"吗啡客""大烟鬼"，流浪街头，寻衅滋事，盗窃哄抢，危害社会。这一限制性规定带有强烈的时代色彩，在当时是必要的举措，是特殊历史时期的合理抉择。

2. 参议员的选举与组成

中国共产党在抗战时期建立的边区政权中，实行的是普选的选举制度。

---

① 依据《辞海》，"人民"主要有三层意思：（1）人类。（2）百姓。（3）与"敌人"相对。人民在不同的国家和各个国家的不同历史时期有不同的内容。如在中国抗日战争时期，一切抗日的阶级、阶层和社会集团都属人民的范围；在解放战争时期，一切反对帝国主义和官僚资产阶级、地主阶级及代表这些阶级的国民党反动派的阶级、阶层和社会集团都属人民的范围；在社会主义现代化建设的新时期，全体社会主义劳动者、拥护社会主义的爱国者、拥护祖国统一的爱国者，都属于人民的范围。人民的主体是劳动者。人民是历史的创造者，推动社会的发展。

② 依据《辞海》，"国民"主要有两层含义：（1）国人，本国的人民。（2）即"公民"，作为法律术语。"市民"主要有三层意思：（1）在古罗马，指享有公民权的罗马人，以别于没有公民权的外来移民。（2）指中世纪欧洲城市的居民。因商品交换的迅速发展和城市的出现而形成，包括手工业者和商人等。他们反对封建领主，要求改革社会经济制度。17—18 世纪，随着资本主义生产方式的形成和发展，市民逐渐分化为资产阶级、无产阶级、小资产阶级和城市贫民。（3）泛指住在城市的本国公民。因此，"国民"和"市民"的含义相近，都有法律意义上的公民之意。

③ 哈尔滨市档案馆馆藏革命历史档案，全宗号 3，目录号 1，案卷号 9。

哈尔滨市临时参议会筹备会在进行选举筹备的过程中，考虑到哈尔滨解放区的特殊情况，确立了"职业团体推选"与"聘请贤达"相结合的选举方式，以保证选举工作的顺利进行。这是特殊的历史条件下实行的一种过渡式的选举方式。

之所以采用"职业团体推选"，是由于解放初期的哈尔滨乡保组织不健全，尚不具备实行普选的条件，而各业团体组织相对完整，因此临时参议会筹备委员会决定以各业团体为单位进行选举。当时哈尔滨发展比较完整的 12 个团体分别为：商实团体、学生团体、教育团体、妇女团体、文化团体、工人团体、军人团体、公务员团体、农民团体、回民团体、医药团体、律师团体。① 各团体按照《选举规程》规定的相应人数推选参议员。

"聘请贤达"在《选举规程》中有明确规定，"政府可聘请现住本市之对于抗战有功或地方贤达之士为参议员"。在查阅革命历史档案的过程中，我们惊喜地发现了聘请参议员的公函原件②，函件对于聘请参议员的原因也讲得透彻清楚，特摘录如下：

> 收文者：聘请参议员
> 主任委员：李国钧

哈尔滨市政府公函
秘字第 31 号

> 敬启者，此次本市为谋早日实现新民主主义的政治，树立纯正的人民政府，使广大群众得经由自己选出之代表，行使其在民主政治下应享之权利起见，特积极成立哈尔滨市临时参议会。惟本届临参会因限于客观条件及时间之不充分，未能基于公民普选之原则，而由各职业团体推选之方式而产生，深恐网罗疏漏，致使职业团体以外之在野诸贤，不得展其抱负，坐失造福社会民生之机，故临参会参议员选举规程第二条有"市政府可聘请现住本市之对于抗战有功或地方贤达之士为参议员"之规定。久仰台端为本市贤达德望素孚，热心地方公益，贡献抗战伟业，成绩斐然，故特专函奉聘台端为本届哈尔滨市临时参议会参议员，尚祈俞允，以资替襄为荷。此致
>
> 先生
>
> 　　　　　　　　　　　　　　　　　　　　市长名
> 　　　　　　　　　　　　　　　中华民国三十五年七月十四日

选举方式以"职业团体推选"为主、"聘请贤达"为补充，投票采取"不

---

① 参见哈尔滨市档案馆馆藏革命历史档案，全宗号 3，目录号 1，案卷号 9。
② 同①.

记名投票法""投豆法""填写选票"等方式,哈尔滨市临时参议会筹备委员会组织了选举活动。

(1)军人团体的选举。民主联军哈尔滨卫戍部队各团从 7 月 8 日开始布置选举工作,并按伙食单位(连、机关)于 9 日进行初选,然后进行复选。这种选举在许多连队尚属首次,有些新战士对享有选举权与被选举权感到兴奋。① 这次选举完全不分阶层职务,采用最民主的不记名投票方式。最后军人团体选出正式参议员四名、候补参议员一名。②

(2)妇女团体的选举。哈尔滨市各界妇女于 7 月 9 日上午在市政府大礼堂召开各阶层妇女座谈会,选举市临时参议会女议员,到会妇女代表有"女工、家庭妇女、老太太、女教员、学生、职员、医生、护士、女作家等"。首先选出八名候选人,然后以不记名票选的方法选举出孔焕书等四人为正式代表。③

(3)工人团体的选举。哈尔滨市工友在工会领导下于 7 月 10 日自下而上地选举参议员,在讨论名额问题时,"有人提议大工厂一定要有参议员一名,此意见当场遭到多数反对,一致表示着重人才不管工厂大小"④。此多数意见被采纳。名额确定后,各工厂纷纷进行了选举,例如:

> 铁道工厂工人千余人于 7 月 8 日召开参议员选举大会,由五位候选人进行自我介绍并发表自己的见解与感想,大家也介绍候选人为工人阶级服务的精神和最近的工作表现。然后以投豆的方式,每个人发两颗豆,选两个人,将豆丢在贴着候选人名字的箱内,结果选出郭复久、王玉平两位代表。⑤

又如:

> 老巴夺烟草公司 150 多个工人,在 8 日早晨,每人发一张写有号码、盖有工会章的选票,自由丢到自己想要选举人的箱内,然后计算候选人所得票数,最后选出李季为该厂的代表。⑥

(4)文化团体的选举。新闻、出版、戏剧、音乐、美术、文学各团体派代表于 7 月 10 日召开代表会议,决定 11 日选举候选人,12 日推举出正式参

---

① 参见哈尔滨市图书馆藏《东北日报》,1946 年 7 月 10 日第 189 期。
② 参见哈尔滨市图书馆藏《东北日报》,1946 年 7 月 12 日第 191 期。
③ 参见哈尔滨市图书馆藏《东北日报》,1946 年 7 月 11 日第 190 期。
④ 哈尔滨市图书馆藏《东北日报》,1946 年 7 月 15 日第 194 期。
⑤ 哈尔滨市图书馆藏《东北日报》,1946 年 7 月 11 日第 190 期。
⑥ 同⑤.

议员。①

　　（5）农民团体的选举。以农民最多的顾乡屯为例，"顾乡屯有三十几个自然屯，每个自然屯都有农会，由农会召集该屯居民，选出代表一名，然后再在三十几个自然屯选出的代表中复选出三名正式参议员，一名候补参议员。结果孙家实、李光复、姜玉发三人当选为参议员，吕震宇当选为候补参议员"②。

　　（6）回民团体的选举。选举于 7 月 12、13 两日在东、西清真寺分别举行，原计划由全体回民不记名普选，但因时间与职业关系，很多人不能直接参加，于是东、西两区以及顾乡屯、太平桥、香坊共推代表三百余人，在东、西两寺分别隆重推选，采取不记名投票方式，最终推选出两名正式参议员、一名候补参议员。③

　　从 1946 年 7 月 8 日开始，哈尔滨市各业人民团体经过热烈、严肃、认真的选举活动，选出了自己所信任的、能够代表所属团体的参议员代表。经统计，各团体共选出正式参议员 49 名、候补参议员 16 名，再加上由政府聘请的 10 名正式参议员，共计 75 名参议员出席哈尔滨市临时参议会。这些参议员具有如下三个特征：

　　第一，具有广泛的代表性。通过各种灵活的选举方式产生的参议员具有广泛性，基本能够代表社会上各阶层团体的实际利益。其中，商实团体代表、工人团体代表以及聘请代表比例较大，分别为 17.3%、14.7%、13.3%。而所占比例相对较小的为文化团体、回民团体、医药团体以及律师团体，比例分别为 4.0%、4.0%、4.0%、2.7%（见表 3-1）。

表 3-1　哈尔滨市第一届临时参议会各社会团体界别参议员统计表

	商实团体	学生团体	教育团体	妇女团体	文化团体	工人团体	军人团体	公务员团体	农民团体	回民团体	医药团体	律师团体	聘请
总数	13	4	5	5	3	11	5	4	7	3	3	2	10
比例	17.3%	5.3%	6.7%	6.7%	4.0%	14.7%	6.7%	5.3%	9.3%	4.0%	4.0%	2.7%	13.3%
正式	10	3	4	4	2	9	4	3	5	2	2	1	10
候补	3	1	1	1	1	2	1	1	2	1	1	1	0

　　第二，年龄结构较为合理。哈尔滨市第一届临时参议会参议员的年龄主

---

① 　参见哈尔滨市图书馆藏《东北日报》，1946 年 7 月 12 日第 191 期。

② 　哈尔滨市图书馆藏《东北日报》，1946 年 7 月 15 日第 194 期。

③ 　参见哈尔滨市图书馆藏《东北日报》，1946 年 7 月 15 日第 194 期。

要分布在31～40岁和41～50岁这两个阶段，而20岁以下和61岁以上的参议员所占比例较小（见表3-2）。

表3-2 哈尔滨市第一届临时参议会参议员年龄统计表

	20岁以下	21～30岁	31～40岁	41～50岁	51～60岁	61～70岁	70岁以上
人数	3	11	27	18	12	3	1
比例	4.0%	14.7%	36.0%	24.0%	16.0%	4.0%	1.3%

第三，学历素质较高。本次选举非常注重参议员的学历，推选出的参议员的学历构成在当时的历史背景下令人惊讶。其中，中学以上者（包括大学生及留学人员）所占比例为68.0%，具有绝对优势。参议员中仅有3人为文盲，占参议员总数的4.0%（见表3-3）。

表3-3 哈尔滨市第一届临时参议会参议员学历统计表

	中学以上	小学及私塾	学历不详	文盲
人数	51	11	10	3
比例	68.0%	14.7%	13.3%	4.0%

第四，妇女代表占有一定比例。从参议员的性别构成来看，虽然女性参议员仅占9.3%，但这在当时的历史背景下已实属罕见。哈尔滨市妇女工作委员会主任委员孔焕书在致辞中感慨道："哈市也曾经召开过参议会，但从未闻有妇女参加，这次哈市临时参议会中有几位女参议员列席，她们是由各阶层妇女团体选出来的，也足能代表三十几万各阶层妇女们，述说她们的意见和要求，这不但为参议会史上增添了异彩的一页，同时也为妇女同胞能有参政权而庆贺。"[1]

哈尔滨市第一届临时参议会参议员来自哈尔滨市的各主要社会团体，基本上可以代表各阶层参政议政、行使宪法权利。正如时任松江省人民政府主席冯仲云先生在致辞中所说：

我们此次举行民主选举召开这次临参会……虽然还没有做到应有的、普遍的、直接的、平等的、不记名的选举，然而现时条件之下，我们已经做到了应有的、可能的民主选举，并且展开了更加民主的前途，以符哈尔滨人民之望。[2]

---

① 哈尔滨市档案馆馆藏革命历史档案，全宗号3，目录号1，案卷号9。

② 同①．

3. 会议的主要议程

1946 年 7 月 16 日上午，在市政府三楼礼堂召开了哈尔滨市临时参议会成立大会，会议两度延长会期，于 21 日午后胜利闭幕。在六天的会议过程中，彭真、李立三列席，秘书长唐景阳报告了参议会成立的经过，主席李国钧致开会辞，与会代表纷纷致辞。会议主要议程包括以下三方面内容：

第一，参议员们听取和检讨了 73 天以来民主政府的工作。会议期间，哈尔滨市政府刘成栋市长及卫戍司令员李天佑分别作市政工作报告及卫戍工作报告。① 之后，全体参议员对报告进行质问，先后有 41 位参议员发言，质问大多集中在巩固革命秩序、维持市面治安、反奸清算、公共卫生、发展教育、褒扬抗日先烈等问题上，参议员们本着"知无不言、言无不尽"的民主精神坦率质问。② 据此，可以看出临时参议会所奉行的实事求是精神和民主作风，以及所具有的严谨工作程序及对市民负责的参政议政精神，这些宝贵的精神财富即使在今天依然有进步的意义及借鉴的价值。

第二，参议员们通过了《哈尔滨市施政纲领》与其他单行法规及 70 余件各项提案。哈尔滨市第一届临时参议会虽然只召开了短短的六天，但其取得了重要的成果，即修正通过了哈尔滨市的纲领性文献《哈尔滨市施政纲领》，并且在施政纲领的指导下，通过了《哈尔滨市临时参议会组织条例》《哈尔滨市人民政治经济清算暂行办法》《惩治贪污暂行条例》《哈尔滨市政府敌伪财产处理纲要》四部重要的法规（见表 3 - 4）。

表 3 - 4　哈尔滨市第一届临时参议会通过的法规列表

法规名称	通过时间	备注
《哈尔滨市临时参议会参议员选举规程》	1946 年 7 月 7 日	经临时参议会筹备会通过开始施行
《哈尔滨市临时参议会组织条例》	1946 年 7 月 18 日	无
《哈尔滨市施政纲领》	1946 年 7 月 19 日	无
《哈尔滨市人民政治经济清算暂行办法》	1946 年 7 月 19 日	无
《惩治贪污暂行条例》	1946 年 7 月 19 日	无
《哈尔滨市政府敌伪财产处理纲要》	1946 年 7 月 19 日	无

哈尔滨市临时参议会尝试以法律的形式巩固新民主主义的政权，保障哈尔滨市人民的各项民主政治权利，形成了哈尔滨解放区法制建设的雏形。这些法规内容恰恰也是新民主主义阶段民主政权亟须通过法律法规解决的主要

---

① 参见哈尔滨市图书馆藏《东北日报》，1946 年 7 月 18 日第 197 期。
② 参见哈尔滨市图书馆藏《东北日报》，1946 年 7 月 19 日第 198 期。

问题，反映出当时各项法规的出台是本着从现实需要出发的精神，这也符合中国共产党的"一切从实际出发"的原则。

第三，参议员们讨论通过了大量提案。临时参议会会议期间的又一项重要议题是讨论各类提案。据统计，临时参议会共收到各类提案116件，合并后为77件，提案涉及教育、文化、卫生、外侨、财政、金融、工商、行政、交通、治安、军事、农民、妇女、工人、生计等社会生活的方方面面。参议员们本着认真负责的态度、参政议政的精神逐一讨论了各项提案，最终讨论通过了59件提案，撤销了13件，否决了5件（见表3-5）。①

表3-5　哈尔滨市第一届临时参议会提案统计表

单位：件

类型	总数	教育类	文化类	卫生类	外侨类	财政金融工商类	行政交通治安军事类	农民类	妇女类	工人类	生计类	临时类
提案数	116	21	8	9	4	18	28	2	6	9	8	3
合并后提案数	77	12	8	9	2	11	16	2	2	4	8	3
通过数	59	4	7	6	1	8	15	2	2	4	7	3
撤销数	13	3	1	3	1	3	—	—	—	—	1	—
否决数	5	5	—	—	—	—	—	—	—	—	—	—

总体来说，由于哈尔滨市第一届临时参议会召开时哈尔滨刚解放不久，社会生活尚有许多亟待解决的问题，因此，提案中大量涉及解放后城市的基本建设、人民生活的恢复和生产发展等问题，故行政类提案、教育类提案、经济类提案占总提案的比例较高。尤其值得注意的是，在"哈尔滨市临时参议会材料"提案类别中有一类"生计提案"，主要涉及民生问题，这是民主政权对民生问题的观照。从临时参议会各项提案的提出、讨论、审议及表决过程看，大家热烈发言，并且各项提案详细记载了表决票数，各参议员充分行使了代表权，充分体现了民主精神。

从以上会议的内容可以看出，哈尔滨解放区的参议会保持和发扬了自边区参议会以来的实事求是的精神、民主的作风。今天，我们在翻阅这些当年的革命历史档案的时候，依然会对解放初期哈尔滨市临时参议会的工作效率及各阶层、各团体代表对市民负责的参政议政的精神赞叹不已。

① 参见哈尔滨市档案馆馆藏革命历史档案，全宗号3，目录号1，案卷号9。

（二）1946 年《哈尔滨市施政纲领》颁布

在哈尔滨市临时参议会成立大会上，哈尔滨卫戍司令部政治委员钟子云在致辞中说："今天这个大会，应该是诚恳、热烈、团结、民主、和谐、愉快的大会。大家应该在这个大会上，开诚布公将自己内心所要说的话，都无拘束的说出来，闻者足戒，有则改之，无则加勉。"① 这段讲话从指导思想的角度为临时参议会定下了民主、平等、和谐的基调，对《哈尔滨市施政纲领》的制定有具体的指导作用。在起草纲领的讨论中，参议员对建立"和平、民主、独立、繁荣的新哈尔滨的目标"达成共识，一致认为要"建立民选政庄、民意机关，建立民主的法治的社会秩序，保障每个人的人权财权（汉奸特务除外）"。1946 年 7 月 19 日，经过热烈的讨论，参议员们最终依据严格的审议程序通过了《哈尔滨市施政纲领》，《东北日报》1946 年 7 月 20 日第 199 期公布了纲领全文。

《哈尔滨市施政纲领》共 17 条，内容涉及哈尔滨市的民主政治、人民权利、经济文化、外侨事务等方面，都是解放初期的哈尔滨最迫切需要解决的社会问题。纲领的主要内容反映了临时参议会上各团体代表的提案内容。在纲领中有 5 条内容涉及经济建设，占全部条款的 29%；规定人民的各项民主权利及财产权利的有 4 条，占总条款的 24%；涉及政权及市政建设的有 3 条，占全部条款的比例为 18%；纲领中还有 2 条内容涉及文化教育问题，所占比例为 12%。此外，其他如军事建设、外侨事务、特殊人群的权利等内容，是当时亟须解决的问题，占总条款的比例均为 6%。施政纲领具体规定了如下内容：

第一，《哈尔滨市施政纲领》是对抗日根据地政权建设经验的总结，它以法律的形式确立了新民主主义政权的宪制模式。纲领开篇即规定："建立民主政治。实行普遍、平等、直接的选举制度，自下而上的改造各级政权机关并选举市参议员与市长。"（第 1 条）在政权建设方面规定："改善公务人员物质与精神待遇，淘汰冗员，树立廉洁政治，严惩贪污。"（第 14 条）根据哈尔滨市临时参议会筹备会 1946 年 7 月 7 日通过的《选举规程》第 2 条的规定，"哈尔滨市临时参议会参议员，须于本市各业人民团体，按人数比例用不记名投票法选举之。"② 从临时参议会的实际召开情况来看，参议员的组成具有广泛性，能够代表社会上各阶层团体的实际利益。其中，商实团体代表、工人团体代表以及聘请代表比例较大，分别为 17.3%、14.7%、13.3%，而郊区农民团体的代表仅为 9.3%。这种重视社会各阶层利益的政权组织模式反映了城

---

① 哈尔滨市档案馆馆藏革命历史档案，全宗号 3，目录号 1，案卷号 9。
② 哈尔滨市档案馆馆藏革命历史档案，全宗号 3，目录号 1，案卷号 4。

市政权和工商业主导社会的特点。

第二，《哈尔滨市施政纲领》规定了在新政权施政下人民享有的广泛而真实的民主自由权利。纲领第 2 条规定："建立民主的法治的社会秩序，以保障人权，保障市民集会、结社、出版、言论、信仰、居住之自由，除公安机关依法拘捕外，任何机关不得捕人，以保障人身之自由。"同时第 3 条规定："保护私人财产所有权。除国税地方税及市政建设费外，任何机关或团体不得向市民征集金钱及物质。"另外，市民还享有司法上申诉清算敌伪的权利。"人民有申诉清算十四年所受敌伪、汉奸、恶霸政治经济压迫之权利。但侵犯到人权财权时，必须由政府处理。"（第 5 条）这种保障市民的权利和保护私权的做法反映了新民主主义的人权观。

第三，《哈尔滨市施政纲领》确立了以城市领导农村、以工商业经济带动农村经济的政权建设方向。中国共产党此前在各农村根据地的施政纲领的主要内容是土地问题，目的是要满足农民对土地的要求，发展农业生产。而哈尔滨市作为中国共产党独立掌控的第一个大城市，要解决的主要问题是城市社会秩序的稳定，发展工商业，繁荣经济。纲领在这方面的规定受到了苏联政权建设及法制的影响。

纲领第 4 条规定："恢复与发展工商业，以繁荣市面，除囤积居奇扰乱金融之营业须受取缔外，工商业家享有正当营业之充分自由，并由政府予以保护，对于极关民生之工商业应予以可能之帮助。"第 7 条规定："采取有效办法，促进与协助尚未开工之公私工厂复业，以减轻失业，繁荣经济。"第 8 条规定："采取公私合作办法，增进哈市与各县的粮食燃料及日用品之贸易，以平抑物价，改善市民生活。"第 9 条规定："整理与统一税收，废除苛杂部分，以减轻市民负担。"纲领在经济建设方面还注意协调劳资双方利益，第 10 条规定："在劳资双方自愿原则下实行分红制度，以促进劳资合作发展生产。合理的实行增加工资改善待遇，以稳定工人生活。"这些条款与苏联 1924 年宪法有相同或极大相像之处。这种经济发展模式也与苏联十月革命后以城市政权带动农村政权、以工商业经济领导农村经济的模式相同，开启了未来的新中国发展的新思路。哈尔滨解放区法制建设的苏化也成为连接苏区、边区及新中国成立后各阶段法制受苏联法影响的重要一环。

第四，《哈尔滨市施政纲领》提倡新民主主义文化，确立了城市文化与教育的发展道路。解放初期的哈尔滨市党政领导非常重视文化教育问题，这在战争年代是难能可贵的。纲领规定实行新民主主义教育，提倡新民主主义文化。"发展国民教育，确定民主科学大众的新民主主义教育方针，扩充中小学校，收容失学青年和儿童，并在各校设立市政府奖学金，以补助优秀贫苦青年儿童。"（第 11 条）"提倡民族、民主、科学、大众的新民主

主义文化，扶助文化团体成长与发展，彻底肃清法西斯文化的残余。"（第
17 条）值得一提的是参议员的学历构成。在参议员中，中学以上文化水平
者（包括大学生及留学人员）占有绝对优势，达到 68.0%；仅有 3 人为文
盲，占参议员总人数的 4.0%。哈尔滨市临时参议会之所以能成功召开，和
参议员的高素质是分不开的。施政纲领中文化教育方面的条款约占总条款
的 12%。这些规定对普及文化教育，提高人口素质，促进民众参政议政有
积极意义。

　　此外，在市政建设方面，纲领规定要改善公共事业设备，保护及修补
松花江大堤。在土地政策方面，纲领规定分地给市郊农民。"无代价的分配
敌伪土地及市有土地，给市郊无地或少地之农民，提高农民之生产积极性，
以繁荣国民经济。但分配土地时得照顾土地被敌强霸而贫困的地户。"（第 6
条）在外侨管理方面，纲领规定了分别保护和管理的政策。"保护各友邦侨
民生命财产之安全，严格管理日德侨民，任何国籍之侨民均应遵守政府之
一切法令和负担市民应负之义务。"（第 16 条）纲领的内容涉及了哈尔滨解
放区施政建设的各个方面，对尽快建立稳固的城市政权、解决市民生计具
有极强的针对性。

　　《哈尔滨市施政纲领》是中国共产党领导下的第一部以城市为中心的政权
建设的宪法性文件。中国革命的道路是农村包围城市，从夺取并建立政权的
过程来看，中国共产党拥有建立农村根据地政权的成功经验，而缺少城市政
权建设的实践。虽然共产党人也占领过大城市如南昌、广州、张家口等，并
短暂建立政权，但这些政权存续时间均较短。[①] 中国共产党在农村根据地建设
中卓有成效的工作是进行土地改革，发动农民参军参战，以农村包围城市。
哈尔滨解放区是中国共产党第一个独立长期掌控的中心大城市政权，其施政
纲领通过法律的手段建立中心城市政权领导农村的治理模式，奠定了城市政
权的合法性地位，对于各地区即将建立的中心城市政权有一定示范性，对建
立未来的全国性政权也有重要的试验作用。

　　《哈尔滨市施政纲领》还是我国第一部新民主主义性质的民主联合政权的
宪法性文件。纲领中对"市民"称谓的使用，对市民权利包括私有财产权的
规定，对经济制度中公私合营等方针的规定，都鲜明地体现出了不同于以往
的工农政权和以后的社会主义政权（当然更不同于资产阶级的旧民主主义政
权）的特色，这就是当时中国最先进的新民主主义的特色。

　　1946 年《哈尔滨市施政纲领》可以说是当时中国最先进的宪法性文件。

---

　　① 1927 年 8 月 1 日中国共产党领导的起义军在南昌起义时曾占领南昌城，但随即于 8 月 3 日撤
出；1927 年 12 月 11 日的广州起义曾建立了广州苏维埃政府，但起义军于 13 日撤离广州；1945 年 8
月 23 日，华北重镇张家口市解放，但于 1946 年 10 月又被国民党军队占领。

上述两个"第一部"奠定了其在中国革命法制史上的重要地位。它是中国共产党从《中华苏维埃共和国宪法大纲》以来，直到 1949 年《中国人民政治协商会议共同纲领》之前的一次宪制立法的重要尝试；它体现了人民政权的本质，奠定了人民政权的合法性地位，又能与时俱进，适应各个不同革命阶段对法制建设的需要；它是对毛泽东新民主主义理论的最早实践，也是以城市为中心的政权中最早的新民主主义性质的宪法性文件。

（三）政权组织制度的建立

通过 1946 年哈尔滨市第一届临时参议会的召开和《哈尔滨市施政纲领》的颁布，哈尔滨解放区的民主政权的合法性地位得到确立，施政框架基本搭建，随着政权建设工作的逐步展开，政权组织制度也逐渐发展成型。

1. 市临时参议会组织制度

哈尔滨市临时参议会是哈尔滨市施行民主政治的主要组织形式，同时也是哈尔滨市的最高权力机关。哈尔滨市临时参议会的法制建设是中国共产党在大城市中建立和巩固新民主主义政权的一次可贵尝试，也是民主政权在城市根据地开展的以经济建设为中心的参政议政活动，反映出新民主主义阶段革命政权对城市民主政治建设的重要探索。1946 年 7 月 18 日，哈尔滨市临时参议会第一次会议修正通过了《哈尔滨市临时参议会组织条例》①（以下简称《组织条例》）。《组织条例》是经过严格的审议程序才最终通过的，《东北日报》第 199 期记载："通过草案时先由主席朗读，继由原起草人加以解释，再逐条征求大家意见，最后从赞成、反对与怀疑三方面实行表决。"②《组织条例》共 19 条，主要规定了临时参议会的组成、职权、会议规则等重要事项。

首先，《组织条例》在正副参议长的选举等方面作了较详细的规定。《组织条例》中明确规定了正副参议长及驻会参议员的选举办法："市临时参议会设参议长一人，副参议长二人，驻会参议员二人，由临时参议会参议员用不记名投票法互选之，驻会办公。"（第 7 条）根据哈尔滨市第一届临时参议会的会议记录，在 1946 年 7 月 21 日召开的临时参议会第四次会议上，出席的正式参议员，即拥有表决权的参议员共 57 人。先由各组经讨论提出驻会参议员名单，获得提名的为 13 人，由各参议员以不记名投票方式进行正式候选人的表决，只有郭振为一人因票数未过半数（22 票）而被取消资格，其余 12 人被列为正式候选人。然后又进行一轮投票，最终杜光宇以 53 票当选为参议长，张观以 52 票、李国钧以 49 票当选为副参议长，崔光棣和

---

① 参见哈尔滨市档案馆馆藏革命历史档案，全宗号 3，目录号 1，案卷号 4。
② 哈尔滨市图书馆藏《东北日报》，1946 年 7 月 20 日第 199 期。

孔焕书均以 28 票当选为驻会参议员。①

其次，《组织条例》对参议员任职进行了限制，同时严格规定了参议员的罢免程序。关于参议员兼职，为了参议员能够充分行使职责，《组织条例》中有相应的限制性规定，即"参议长、副参议长不得兼任政府及所属机关职务"（第 13 条），"参议员不得兼任哈尔滨市政府局长以上之行政职务"（第 14 条）。在 1946 年 7 月 18 日召开的临时参议会会议上讨论通过了副参议长张观的提议，免去了杜光宇临时参议会参议长职务，保留其参议员资格。杜光宇时任松江省政府民政厅厅长，同时兼任临时参议会参议长，事务繁忙，实难兼顾，本人要求辞去参议长职务以免滞碍公务。这一议案印证了《组织条例》中对参议员兼职进行限制的相关规定。为保证参议员认真履行职责，真正代表市民参政议政，《组织条例》中明确规定对有失职或不当行为的参议员，由参议会提议原选举之团体罢免改选之。"参议员有失职或不当行为时，由参议会提出罢免，得由候补参议员中补缺。被提升为正式议员的原选团体另选妥补议员补缺。"（第 15 条）值得一提的是，在查阅革命历史档案的过程中，我们发现了关于罢免权首次行使的记载，《东北日报》第 497 期发表了题为《哈市妇联会决议罢免反民主参议员》的文章，详细记载了参议员萧淑云②等二人被罢免一事。原文如下：

> 今日哈市临参会召开第二次常会，本市妇联会为检讨妇女团体过去之工作并广泛征求大家意见，特于昨日（廿一日）在市府大礼堂召开妇女代表会议，到会各团体代表约二百人，首由主席草明同志报告开会意义后，各代表热烈发言，提出提案十余件，会议中有的代表提出审查去年所选出之参议员是否合格，审查结果全体一致认为参议员孔焕书及候补参议员萧淑云应行罢免，由各代表举出孔、萧反民主具体事实多件，关于孔焕书的：（一）参加李明信的组织一贯道任妇女部长。（二）积极压制学生进步思想。（三）藉妇女会名义做生意谋利。（四）披着民主的外衣，进行反民主工作。关于萧淑云的：……（二）极力督责学生加紧勤劳奉仕……（三）不执行新民主主义教育方针……（四）打击民主教员……（五）捧阔学生打穷学生。（六）今年二月私去长春求官未果返哈……等。讨论结果，全体一致决议罢免孔、萧，并开除妇联会籍。

---

① 杜光宇，时年 49 岁，时任松江省政府民政厅厅长，国立北京大学毕业。张观，时年 35 岁，时任哈尔滨市政府秘书长，沈阳冯庸大学毕业。李国钧，时年 45 岁，时任哈尔滨市商工公会评议员，北京俄文法政学院毕业。崔光棣，时年 45 岁，时任哈尔滨中长铁路工业大学预科主任，哈尔滨法政大学肄业。孔焕书，时年 48 岁，时任松哈妇女工作委员会主任委员，河北女子师范学院毕业。

② 萧淑云，时年 45 岁，时任松江省立第一女子中学专任教员兼教务主任，奉天省立女子师范学校本科毕业。

继由各代表提出候选人投票补选参议员二人，选举结果：女中校长陈舜瑶（正式）及电话局模范工作者孙敏慧（候补）当选，举张秀英、郭霄云、傅佩晰三位参议员同时出席临参会第二次常会。

"哈市妇联会罢免反民主参议员萧淑云等"事件是认真贯彻落实《组织条例》民主精神的结果，是新民主主义宪法史中颇为难能可贵的罢免权行使的实例。罢免权的实际运用，不但可以起到督促参议员忠实履行选民所托、密切同选民联系的作用，提高广大市民参政议政的积极性，而且可以使参议员在行使职权时克服官僚主义，改进工作，不断提高自身的工作效能。

2. 市政府组织制度

根据 1946 年 7 月 1 日中共哈尔滨市委《对于目前哈市工作的决定》，"市政府是哈市之最高政权机关，无论任何机关部队应服从市政府所颁布的一切法令，任何机关部队战士，不得到政府及政府所属机关骚扰"。同时，对于哈尔滨市的工作，"拟成立哈市临时参议会，通过哈市的施政纲领，市政府应制定具体施政计划"①。由此可以看出，市政府是最高政权机关，是施政的具体主体。关于市政府组织制度，1946 年 11 月 18 日颁布的《哈尔滨特别市政府组织条例（草案）》② 作了规定。该条例仅 5 条：第 1 条规定了行政隶属关系，"哈尔滨市政府遵照东北各省市行政联合办事处之决定为特别市"，先由东北各省市行政联合办事处，后由东北行政委员会领导；第 2 条规定哈尔滨特别市政府的产生，"市政府由哈尔滨特别市参议会（或临时参议会）选举行政委员九人组织市政府委员会，并由市参议会在行政委员中选出一人为市长，市长及委员均于选出后呈报东北各省市行政联合办事处备案"；第 3 条规定市政府下设的组织机构，包括"秘书处、社会局、教育局、财政局、建设局、卫生局、公安局"，如果想要设置新的专管机关及专门委员会，需要"请准东北各省市行政联合办事处"；第 4 条规定政权的权力监督，即"受市参议会之监督"；第 5 条规定了市政府的职权，"市政府管理全市政务，其职权如下：一、执行东北各省市行政联合办事处之命令及指示；二、执行市参议会之决议；三、领导所属各机关执行任务，任免所属区长科长以下之行政人员；四、公布市单行法规"。从上述市政府组织制度的内容来看，该条例虽然篇幅较短，但明确了政权组织制度的关键问题，包括政权的产生、隶属、监督、组织机构、职权，从立法的角度对市政府政权组织的合法性予以确认。

---

① 哈尔滨市档案局（馆）. 哈尔滨解放. 北京：中国文史出版社，2017：100.
② 同①101.

3. 区街政权组织制度

1947年5月23日，哈尔滨市第二届临时参议会修正通过了《哈尔滨特别市街政权组织暂行条例》①（以下简称《街政权组织暂行条例》）。该条例是遵照《哈尔滨市施政纲领》第1条"自上而下的改造各级政权机关"的规定，为建立基层政权而制定的。

《街政权组织暂行条例》共13条。该条例规定了街政权的行政管辖区域，即"本市政权之基层组织为街，街政权行政管辖区域以人口多少和街道大小来划分，人口一般规定为五千人至一万人，街道为二条或三条"（第2条）。街政权的任务主要有："各项法令与指示的执行、建立人民自卫武装、调解市民纠纷等"（第3条）。该条例还规定了街政权的组织形式，即"街政权组织采民主集中制，街代表会为本街政权之最高权力机关"（第4条）。同时，该条例规定了街代表的产生、任期，体现了基层民主选举的精神，如规定"街代表以本街人与人自由结合之各公民小组，用不记名投票选举代表一名组成之。街代表任期为半年，连选得连任"（第5条）。

根据《街政权组织暂行条例》对街代表选举的要求，1948年9月23日哈尔滨市政府还颁布了《哈尔滨市街人民代表大会会议代表选举条例（草案）》和《哈尔滨特别市街人民代表会议选举条例施行细则》。②《哈尔滨市街人民代表大会会议代表选举条例（草案）》共7章、16条，规定了普遍平等的直接选举、无记名投票的选举原则，明确了拥有选举权和被选举权的主体和代表名额，还规定了街选举委员会的职权、选举纪律、经费等内容。《哈尔滨特别市街人民代表会议选举条例施行细则》共10条，对《哈尔滨市街人民代表大会会议代表选举条例（草案）》的各条款作了解释性规定。这些解释性的规定明确了民主选举的性质，例如施行细则的第2条规定：

> 选举条例第一条新民主主义之民主原则系指无产阶级领导的人民大众的反帝反封建反官僚资本的各革命阶级联合专政而言，因此在选举中须切实执行下列两点：1. 保证无产阶级领导。2. 保证各革命阶级联合。

施行细则还详细列举了"自由组合之选民小组""群众组织"的界限与审查选民资格应注意的问题。首先是国籍问题，选举条例规定，"凡在选举区域内年满十八岁以上之中国公民……除第四条所规定者外均有选举权与被选举权"，这里的中国公民在施行细则中明确规定包括"取得中国国籍之外国种族之人民"，同时"朝鲜人民在未确定国籍以前按中国人待遇"。其次是成分问题，施行细则的第9条规定：

---

① 参见哈尔滨市档案馆馆藏革命历史档案，全宗号3，目录号1，案卷号11。

② 哈尔滨市档案局（馆）. 哈尔滨解放. 北京：中国文史出版社，2017：270-271.

　　审查公民资格应注意选举条例第二章第三、四两条及本细则第二、三两条各项外，并应注意成分，如逃避斗争、清算之地主及过去有罪于人民，今日仍未悔过之汉奸，原则上不应给以公民权使其参加今日之政权，应由选举委员会提出名单送交区政府。

　　甲、汉奸：伪满科级以上之官公吏曾负政治上责任者或虽无科级地位而为人民所痛恨者均属汉奸，应按其情节予以三年至五年之剥夺公民权处分。但已改过并有实绩者例外。

　　乙、地主：不同意政府政策且有翻把企图者。

　　从上述施行细则的内容可以看出，民主政权在赋予市民广泛的公民权利的同时也对人民民主专政进行了法律意义的诠释，对于接收城市的政权改造和建设具有重要意义。

三、民主政权的施政与社会治理

　　哈尔滨解放后，1946 年 7 月成立并召开了哈尔滨市临时参议会，通过了哈尔滨市政府制定的《哈尔滨市施政纲领》，从政治、经济、文化、社会等多个方面开始具体实施施政计划。从施政纲领的制定到施政计划的展开，哈尔滨解放区民主政权比农村革命根据地更依赖法制的力量。哈尔滨市民主政权制定了大量的法律法规，想方设法地保障市民基本生活，对于能够在城市自谋生路的，规定了摊贩管理条例并利用税收杠杆向其倾斜，对于不能在城市自谋生路的，开展了移民运动，让他们在城市郊区有田种；制定了多部劳动法规保护劳资双方的利益，既保护了劳动者的权益，改善了劳动者待遇，同时也保护了工商业，保障了生产；制定了土地改革法规，解决了城市郊区土地改革的特殊问题，配合城市政权的施政完成了土地改革任务；还制定了大量的公共事务管理的法规，包括卫生防疫、道路交通、公共设施建设等内容。正是在法律的保驾护航下，哈尔滨市民主政权获得了人民的极大拥护，政权稳固，为支援前线打下了坚实基础。也正是循着这条法制道路，哈尔滨解放区的法制建设逐步展开。

（一）保障市民生活

　　在哈尔滨解放之初，多种地方性货币流通，部分商店故意抬高物价，导致物价不稳，粮食和食品价格上涨最快，严重影响广大市民基本生活。哈尔滨解放区民主政权从立新法的角度制定出台了大量的经济法规，多为应急性的布告、条例，法规的实施有效地减轻了市民的经济负担，保障了人民的经济权益。相关经济法规见表 3-6。

表 3 - 6　与保障市民生活相关的经济法规

法规名称	相关条款
《哈尔滨市政府关于严禁抬高物价的布告》（1946 年 9 月 23 日）	查近来由于少数反动分子造谣及一部［分］商店故意高抬物价，以致百货腾贵，甚至拒用东北银行地方流通券，对市民影响甚大。政府除以大批粮低价出售外，特布告全市各商店于三日内恢复五日前物价标准，并不得囤集［积］居奇及拒用东北银行地方流通券。倘有故违，政府定从严处。切切。
《哈尔滨特别市政府关于内地货物税暂行条例》（1947 年 5 月 21 日）	第一条　本条例为发展农工商业并奖励生产及便利内地贸易，使税收服从经济政策为主，解决财政需要为次之宗旨而制定之。 第三条　本条例为减轻人民负担，奖励生活必需品之生产、运销，税率较低；限制迷信品、奢侈品、消耗品之生产、运销，税率较高。 第二十二条　军政民等发现有偷漏税之货物时，应向税务机关报告，不得擅自处理。但经税务机关处罚后，须给奖励（奖励办法另文规定）。
《哈尔滨特别市战时工商业保护和管理暂行条例》（1948 年 1 月 27 日）	第一条　为有计划发展战时经济，支援前线，安定民生，并"保护工商业者的财权及其合法的经营不受侵犯"，特颁布此条例。 第四条　对支援战争及群众生活有重要供［贡］献之工厂，政府可给以支持，其所需动力原料及成品推销，政府给以可能的帮助。
《哈尔滨特别市筵席税暂行条例》（1948 年 2 月 1 日）	凡在哈市经营之饮食店业皆应按照本条例代纳筵席税。 第二条　筵席税系由消费者负担，为便于消费者纳税，特规定饮食店业为代纳义务人。 第十三条　凡专供一般劳动者之饮食店（如浆汁馆、煎饼铺、简单饭馆等）经税务局调查，认为合于免税许可证，可免除代纳本条例规定之税款。

资料来源：笔者根据哈尔滨市档案局（馆）编《哈尔滨解放》（中国文史出版社 2017 年版）第360、346 - 347、289、359 页整理。

　　通过上表可知：其一，民主政权面对城市复杂的经济状况，及时发布法规，依法统一货币[①]、平抑物价、稳定市场，使城市经济在短期内得以恢复发展；其二，为减轻市民负担，通过立法降低生活必需品之税率，扶持对支援战争及群众生活有重要作用的工厂，对专供一般劳动者的饮食店免

　　[①]　1946 年 6 月 8 日，哈尔滨民主政权将东北银行发行的地方流通券确立为法定货币，之前的苏联红军军用票和伪满中央银行发行的伪币暂时等价流通，其余各种货币一律停止使用。（哈尔滨市政府为维护政府之货币政策的布告（1946 年 6 月 8 日）//哈尔滨市档案局（馆）. 哈尔滨解放. 北京：中国文史出版社，2017：340.）

征筵席税；其三，民主政权以布告的形式责令各商店恢复物价标准，不得
囤积居奇，有效保障了市民基本生活必需品的供应。这些法规兼顾了城市
经济发展及市民生活基本保障，使以人民为中心的思想在城市解放区经济
法规创制中找到了落脚点，并为其他城市解放区及新中国经济立法提供了
有益的借鉴。

除此之外，哈尔滨解放区民主政权十分关注城市中的底层民众的生存保
障问题。城市解放区的底层民众主要是指生活困难的城市失业与半失业贫苦
群众，包括"失业工人、完全无业的贫民、跑小市、卖破烂、赶斗车、蹬三
轮"[1] 等群体，对这部分群体采取移民和允许摊贩经营的方式保障其基本生
活。在人民社会权利保障方面，对底层民众的权益保障也是哈尔滨解放区法
制以人民为中心的有力体现。

民主政权在 1946 年户口清查的基础上，于 1947 年 11 月 23 日发布《中共
哈尔滨市委员会关于移民工作的决定》，将城市失业与半失业工人、生活困难
的贫苦市民，从市内向外县移民一万五千户到两万户。[2] 为确保移民工作规范
实施，1947 年 11 月 25 日发布《哈尔滨特别市政府移民暂行条例》，现将档案
节选如下：

　　　　一、根据东北行政委员会指示，为了解决城市失业半失业工人以及
　　贫苦市民的生活困难，使其能在土地改革中分到土地房屋永久安家立业，
　　并增加农业生产，特规定此条例。

　　　　二、凡在本市居住之失业半失业工人、贫苦市民，如跑小市、蹬三
　　轮、赶斗车，及其他无经常职业者，均可移到农村去参加分地生产，以
　　便永久安家立业。

　　　　三、凡应移的失业半失业工人、贫苦市民，由所在间组长证明，就
　　可到所属区政府报名，区政府再报告市社会局，以便统一编队运送。如
　　有三户到五户愿到同一地区者，可以自由组成小组，其有愿移往自己希
　　望的某县某区者，由市社会局发给免费乘车证和移民证明，自行前往者
　　亦可。该地县区政府仍可给以照顾。[3]

通过以上档案可知：其一，移民工作有法可依，具体操作程序详尽具体，
既可以切实解决城市底层民众的生存问题，又有利于恢复和发展农业生产。
其二，移民采取自愿方式，报名移民的市民可自由组成小组。这是城市解放
区法制较为理性的体现。其三，对城市中的底层民众，采取移民下乡、分地

---

①　哈尔滨市档案局（馆）. 哈尔滨解放. 北京：中国文史出版社，2017：418.

②　同①.

③　同①419.

生产的措施，以使其安家立业。这反映出民主政权积极帮助底层民众解决生活困难，也是对底层民众生存权的特别保护。

在这一类民生立法中，对城市中老弱残疾等不能参加劳动生产的底层民众，也有相关法规保障，如以允许其经营摊贩的方式，来保障底层民众的基本生活。现将 1948 年 7 月 22 日公布的《哈尔滨特别市摊贩管理条例》档案节选如下：

第一条　为发展正当工商业，动员失业人员，参加劳动生产，并对因不能参加劳动生产而经营摊贩之小商人加以合理管理，特制定本条例。

⋯⋯⋯⋯⋯

第三条　凡经营摊贩业者，除真正老弱残疾，或未成年之幼童，而不能参加劳动生产及经营市民需要之营业时，经呈请登记，领有许可者外，一概不许经营摊贩。

第四条　摊贩必须在指定之地点营业，不得随意迁移或游动贩卖（但有许可之行商除外），其指定地点如下。

⋯⋯⋯⋯⋯

第十二条　摊贩为维持共同之秩序、卫生及办理政府所指示的事项，得成立团体制定公约，摊贩团体受所管区政府领导，必要时经区政府呈请本府工商局许可后得向会员征收费用。①

通过以上档案可知：其一，《哈尔滨特别市摊贩管理条例》是新民主主义法制中首次规范摊贩群体的单独法规，具有城市法制的创制性意义；其二，条例中规定了摊贩经营的行业、指定地点、限制性规定及处罚，内容详细而具体，是一部实践性、可操作性较强的法规；其三，条例中规定摊贩可成立团体并制定公约，这是宪法性文件中的结社权在经济法规中的具体体现；其四，哈尔滨解放区法制覆盖到城市人民各阶层，侧重保护底层民众的生存权，彰显了中国共产党一以贯之的以人民为中心的核心价值观。

（二）改善劳动者待遇

哈尔滨解放区民主政权重视维护城市人民的合法权益，劳动者群体是城市人民的主体，这区别于以农民为主体的农村革命根据地。因此，哈尔滨解放区民主政权需通过法规正确处理劳资矛盾，提升劳动者群体的政治地位和经济待遇。有关改善劳动者待遇的法规见表 3-7。

① 哈尔滨市档案局（馆）. 哈尔滨解放：北京：中国文史出版社，2017：290-292.

表 3 - 7　与改善劳动者待遇相关的劳动法规

法规名称	相关条款
《哈尔滨特别市政府优待专门技术人员暂行条例》（1947年5月7日）	第一条　本府为组织并协助专门技术人员，专心研究，提高技术，创造发明，以发展生产，繁荣经济，为人民服务，特制定本条例。 第三条　优待专门技术人员办法，分下列十三项（节选）： 有新的创造发明者奖励之，并保证其一定的专利权。 第四条　本府为了提高工人社会地位，改善工人待遇而颁布之一切法规，专门技术人员同样适用。
《哈尔滨特别市战时工薪标准办法》（1948年）	由于哈市生活条件较高于一般中小城市，为安定公营企业、机关、学校、职工的生产情绪与工作积极性，依据东北政委会战时工薪标准和斟酌哈市特殊情况，特呈准东北行政委员会作如下之补充： 一、工薪标准与类别 （一）为保证本市职工生活不受战时物价波动所影响，根据政委会第一条规定，实行实物工薪制。
《哈尔滨特别市战时暂行劳动条例》（1948年8月）	第二条　制定本劳动条例之目的为： 1. 在人民解放战争时期，发挥劳动创造力，以支援战争，供给国计民生之需要。 2. 发扬工人、职员之劳动热忱，以发展公营企业与合作企业。 3. 规定正确的劳资关系，以帮助私人工商业之正常发展。 4. 适当的改善劳动条件，保证劳动者战时之必需生活。废除对工人施行的半封建的超经济剥削。 第三条　劳动者享有一切民主自由权利，政府以法律及一定的物质条件保障之。
《哈尔滨特别市政府关于统一公营企业工资标准的决定（草案）》（1948年）	为了保证公营企业工人生活进一步改善与安定，充分发扬工人阶级的革命积极性和创造性，适合于当前战争发展的要求，对于统一公营企业的工厂标准特作如下决定： 一、公营企业工资，在基本上确定为实物工资制。不以货币多少为计算工资标准，而以日常生活主要必需品，粮食、布、油、盐、煤五种为计算工资标准。 二、规定公营企业工资分七等，第一等为最高工资（特聘技师或工程师在外），第七等为最低工资（学徒在外），列表于下。
《哈尔滨特别市政府私营企业工资方案（草案）》（1948年）	第一条　战时工人工资取劳资两利原则。资方保证工人战时基本生活，使能增进生产效率，劳方照顾该企业之生产情况使企业得以维持与发展。 第四条　规定私营企业，最低工资二万五千元，最高工资五万元（具有特殊技术之临时工经劳资协议得提高之）。工资标准即按以上货币，实行价格折合为实物或半实物（粮、布、煤），即作为新工资制的实物标准。

资料来源：笔者根据哈尔滨市档案局（馆）编《哈尔滨解放》（中国文史出版社2017年版）第375、378、230、380 - 381、383 页整理。

　　通过上表可知：其一，改善劳动者政治及经济待遇的劳动法规内容详尽，优待专门技术人员，保障工人、职员劳动权利和待遇。其二，实物工薪剞符合实际情况，可以有效地保证职工生活不受战时物价波动的影响。其三．注重对私营企业工人的权益保护，明确规定了最低工资保障标准。这是有过步意义的，既能维持私营企业的发展，又能维护工人的切身利益。

（三）卫生与防疫

1946 年 9 月 16 日，哈尔滨解放区南郊（今哈尔滨市平房区）发生鼠疫疫情①，鼠疫传染性强且死亡率高，疫情关系全市人民生命健康。城市的集中性、流动性特点也给防疫工作带来挑战，市民出现恐慌心理，城市中流传着"一家要患百斯毒（鼠疫），全城都要担忧"②。哈尔滨解放区民主政权面对这一突发事件，迅速公告市民，积极发动群众，第一时间果断采取措施，以布告、章程、办法的形式规范防疫工作，确保卫生防疫"有法可依"（见表 3-8）。

表 3-8　与卫生防疫相关的法规

法规名称	相关条款
《哈尔滨市政府关于市郊发生鼠疫市民注意预防的布告》（卫防字第四十一号）（1946 年 9 月 21 日）	附：鼠疫预防办法 三、有患头痛、恶心、淋巴腺肿胀症状者，务速就医诊治，切勿隐匿疏忽； 四、接近疑似鼠疫患者务宜严重警戒并速报警所，请求消毒； 六、本市周围各要路口均派有检疫队检查外来行人，行旅者不得拒绝； 七、公私立各医院与中医及防疫人员等遇有真性鼠疫或疑似患者，应立即报告处理，不得擅自隐匿。
《哈尔滨市政府关于防止鼠疫断绝二道沟村与哈市交通的布告》（卫防字第四十二号）（1946 年 9 月）	为防止蔓延，减少市民死亡，计自即日起，断绝平房二道沟一带村庄与哈市本部之交通，除防疫人员外任何人不得通过，违者予以严重处罚，切切。
《哈尔滨市政府关于要求全市公私医疗机构医务人员协助防疫的布告》（卫防字第四十四号）（1946 年 9 月 24 日）	嗣后凡在本市内之医师、国医、药剂师、齿科医生、助产士、护士等概听由本府随时调用，协助防疫。倘若违抗玩延，定即依法严惩不贷。除通知外，合亟布告医药商民等，遵照勿忽。切切。

---

① 1946 年 9 月 21 日《哈尔滨市政府关于市郊发生鼠疫市民注意预防的布告》（卫防字第四十一号）："后二道沟村长报称：该村有时疫患者 37 名，死亡 36 名，疫势猖獗，死亡迅速等情，当派检疫专员驰赴现地调查。"（哈尔滨市档案局（馆）.哈尔滨解放.北京：中国文史出版社，2017：431.）

② 中共哈尔滨市委书记张平化在市第一次党代表会议上的总结（1949 年 3 月）//哈尔滨市档案局（馆）.哈尔滨解放.北京：中国文史出版社，2017：210.

续表

法规名称	相关条款
《哈尔滨市政府关于公布强化防疫办法的布告》（卫防字第六〇号）（1946 年 10 月 30 日）	附：防疫办法 一、市民有鼠疫患者或死亡时无论真性鼠疫或疑似鼠疫，统应由其家属立时报告卫生局，或就近公安局派出所或第五医院，不得隐匿不报。报告时间昼间不得迟过五小时，夜间不得迟过十小时。 二、经防疫部划定之染疫区禁止通行。 三、凡鼠疫患者死亡，非经区防疫部检查后，不得发给抬埋许可。葬埋深度须在六尺以上，并须由防疫部指定埋葬地点。 五、患者家族及其近邻须听从防疫人员之指示，实行隔离。 六、凡市民未经市预防注射者，概须按防疫部规定之次序到指定地点注射，如认为必须追加注射者，亦须按照规定追加注射。
《哈尔滨市政府关于公布强化防疫办法的布告》（卫防字第六十二号）（1946 年 11 月 2 日）	附：防疫补充办法 二、在防疫期间因病死亡者，限两日以内，务即埋葬，不许停枢。 三、防疫期间死亡者，一律不得举行公祭、追悼等仪式。 六、在封锁期间封锁区内戏院、电影院、饭馆、咖啡馆、理发、澡堂等业均暂停止，唯经防疫部特别认可者，不在此限。 八、在封锁期限为届，十四日未有新患者发生，即可解除封锁。 九、在防疫期间，市民交际暂免行握手礼。 十、凡到公共娱乐场所或市场等处，均应挂带［戴］口罩。
《松哈地区鼠疫防疫联合委员会哈尔滨市防疫组织章程》（1946 年）	一、基于松哈地区鼠疫防疫联合委员会组织条例规定，设置哈尔滨市鼠疫防疫部（以下简称本部）。 三、本部设总务处、防疫队、隔离医院、细菌所四部门。
《哈尔滨市鼠疫防疫部雇佣医疗关系人员办法》（1946 年）	二、前条所称医疗关系人员系指医师、汉医、助产士及护士住居市内受官府认可者。 三、本部于防疫须配置医疗关系人员时，由本部长发雇佣命令使管辖本人居住地之派出所交付之。

资料来源：笔者根据哈尔滨解放区相关卫生防疫布告、章程、办法整理。哈尔滨市档案局（馆）.哈尔滨解放. 北京：中国文史出版社，2017：431-439.

　　通过上表可知：其一，民主政权及时应对城市解放区的突发疫情，紧紧依靠群众，临危不乱，妥善施策；其二，法规中规定了一系列防疫办法，包括及时报告、断绝交通、隔离封锁、严管葬埋、强制注射、免行握手礼、挂戴口罩、十四日解除封锁等，这些办法科学高效，措施及时有力；其三，由于有 1910 年东北鼠疫的经验及教训，哈尔滨解放区市政府成立之初即设立卫生局，职责之一是负责"关于卫生防疫清扫事项"，卫生防疫工作一直处于常态化管理中；其四，哈尔滨解放区依法防疫、科学治疫，积累了丰富的卫生防疫经验，是新民主主义法制日趋成熟的体现。

（四）道路建设与交通

哈尔滨市政府为了保障城市交通的安全，颁布了以下交通安全管理法规：哈尔滨市政府 1947 年 8 月 10 日颁布的《哈尔滨特别市陆上交通管理暂行办法》《哈尔滨特别市水上交通管理暂行办法》《哈尔滨特别市妨害交通之暂行罚法》，1949 年 7 月颁布的《哈尔滨市水上秩序暂行管理规则》《哈尔滨市江岸秩序暂行管理规则》，哈尔滨市公安局 1947 年 8 月 8 日颁布的《交通整理实施计划》，1949 年 3 月 1 日颁布的《陆上交通管理暂行规则》，1949 年 9 月颁布的《陆上交通管理暂行办法》和《妨害交通之罚法（水上交通管理暂行办法）》。这些法规中规定了各种交通工具的行驶规则，可以看到当今交通安全管理法规的影子，但是其中又不乏时代色彩。如在哈尔滨市政府 1949 年 7 月颁布的《哈尔滨市水上秩序暂行管理规则》中就出现了"以防坏人出现"的字样，体现出了当时立法技术稚嫩的特点。

哈尔滨市政府针对哈尔滨市内的陆上交通工具和水上交通工具都制定了管理法规。分别为：哈尔滨市政府 1947 年 3 月 25 日颁布的《哈尔滨特别市政府整顿市内车辆暂行办法》、1947 年 11 月 4 日颁布的《长途营业汽车运行路线许可发给暂行办法的训令》、1949 年 9 月 28 日颁布的《哈尔滨市马车、三轮车车体检验牌照发放管理暂行规则》、1947 年 7 月颁布的《哈尔滨市水上船舶检查牌照发放管理规则》。这些法规主要规定了对长途营业汽车、马车、三轮车以及船舶的管理办法。

在对交通设施的保护和整治方面，相关法规也规定得比较全面，既规定了对道路、水路、铁路的保护措施，又规定了对通信交通工具的保护，分别为：哈尔滨市政府 1947 年 12 月 21 日颁布的《哈尔滨特别市上下水道管理条例》、1949 年 10 月 28 日颁布的《道路、桥梁、河川暂行保护条例》，松江省政府 1949 年 9 月颁布的《为加强护路工作缉捕破坏分子严加惩处由》，以及哈尔滨市政府 1949 年 10 月 9 日颁布的《关于保护通信杆线的布告》，东北行政委员会 1947 年 10 月 1 日颁布的《为调整保护电报电话线路由》。这些法规为保护交通设施，保障交通秩序的顺畅、安全奠定了基础。

另外，为了保证交通秩序，哈尔滨市民主政权还对军人乘坐交通工具的秩序问题作了专门的规定：哈尔滨卫戍司令部于 1946 年 9 月 18 日发布了《关于军警应遵守乘电车秩序的布告》，哈尔滨市政府于 1946 年 9 月 7 日发布了《关于军人恪遵登降及车内之秩序的布告》。这两个布告都规定了军人要遵守乘坐公车的秩序，以更好地保障交通秩序。交通管理法规主要从交通安全管理、交通工具管理和交通设施的保护和整治三个方面进行规定，并且对军人乘坐公车的秩序作了特别规定，保障了交通秩序的顺畅、安全，为城市日常生活顺利进行打下了良好的基础，是社会治安稳定的重要因素。

（五）郊区土地改革

城市郊区是指城市行政区内、都市以外的包括乡村和城镇的广泛地区，是特殊的农村，一般是城市重要的粮食和蔬菜供应基地。由于河北、山东等地连年战争和遭受自然灾害，很多破产的农民流入东北（包括哈尔滨市郊区），哈尔滨市郊区无地或少地的贫民人数占郊区人口的60%以上。哈尔滨市郊区的不少地主在市区兼营工商业或有股份，还放高利贷，这和东北农村绝大部分土地集中在大地主手中的情况有着明显的不同。另外，哈尔滨市郊区农村位于城乡接合部，与城市毗邻的地理位置决定了在郊区农村中存在大量从事农业劳动以外的工作的主体，如在松浦区村屯中有非常多的糖厂工人、船厂工人、手工业者等等，这也有别于一般农村以农民为主体的乡村结构，决定了城市郊区土地改革的特殊性。

1946年5月4日，中共中央发出了《关于清算减租及土地问题的指示》（"五四指示"），根据"五四指示"的要求，全国的解放区开始了土地改革运动。据此，哈尔滨解放区围绕土地改革制定了一系列形式多样、立法层次不同的法律法规。在哈尔滨土地改革的过程中，起到纲领和指导作用的法规主要包括党中央发布的《关于清算减租及土地问题的指示》《中国土地法大纲》和地方政权制定的法规。

1. 党中央的《关于清算减租及土地问题的指示》和《中国土地法大纲》

《关于清算减租及土地问题的指示》标志着中国共产党的土地政策由减租减息到没收地主土地分配给农民的重要转变。在"五四指示"的指导下，哈尔滨解放区开始了土地改革运动，进入清算分地阶段。1946年5月，中共中央"五四指示"下达到东北后，东北局北满分局于5月下旬召开了松江、合江、绥宁、黑龙江四省省委书记联席会。把反奸、清算、减租减息斗争与解决农民土地问题结合起来，发动群众，开展土地改革运动。面对东北已形成大规模内战局面的严重局势，中共哈尔滨市委决定立足农村，确定了基本方针：不论哈尔滨市能否确保以及保持时间长短，立足点放在农村，集中全力做好发动群众工作，建立"赤色农民革命据点"，取得战争依托。中共中央1947年9月13日通过土地改革法规——《中国土地法大纲》，并于同年10月10日公布。《中国土地法大纲》全文16条，其规定包括废除一切地主的土地所有权，分配地主的土地、公地及其他一切土地，分配接管的财产，保护工商业者的财产及其合法的营业不受侵犯，土地改革的合法执行机关，以及土地改革争议的处理机关和方法等六个方面。此外，这一文件还对土地、财产及分配中的若干特殊问题，规定了具体处理办法。《中国土地法大纲》不但肯定和发展了1946年"五四指示"中提出的将地主土地分配给农民的原则，而且改正了其中对地主照顾过多的不彻底性，成为一个在全国彻底消灭封建剥削制度的纲领性文件。它的公布和实行，有力地推动了各解放区土地改革运动的深入发展，极大地调动了广大农民群众的革命积极性，为人民解放战争的胜利奠定了巩固的基础。但是，《中国土地法大纲》规定的将一切土地平均分配的办法，加上对某些政策界限规定得不够明确和具体，导致各地在实际执行中出现了一些"左"的现象，特别是侵犯了中农的利益，因此，后来在新区和全国范围内的土改中不得不对这些问题加以纠正。

　　2. 地方政权制定的法规

　　哈尔滨解放区在土地改革中，除贯彻执行党中央的"五四指示"和《中国土地法大纲》这两个重要的土地改革法规外，根据实际情况，还直接适用了东北行政委员会、东北局关于土地改革问题的重要决议、决定、办法等法规，并根据土地改革的四个阶段①制定了一系列法规实施细则，它们共同构成了规范哈尔滨解放区土地改革运动的法规体系。具体法规见表3-9。

表 3-9　与市郊土地改革相关的法规

土地改革阶段	法规制定机关	法规颁布时间	法规名称
清算分地阶段	中共中央东北局	1946 年 7 月	《关于形势和任务的决议》
	中共哈尔滨市委员会	1946 年 8 月	《关于清剿近郊土匪与开展农村工作的决议》
"煮夹生饭"阶段	中共中央东北局	1946 年 11 月	《关于解决土改运动中"半生不熟"问题的指示》
"砍挖"运动阶段	中共中央东北局	1947 年 7 月	《关于挖财宝的指示》
	中共哈尔滨市委员会	1947 年 9 月	《重申 7 月 15 日关于逮捕犯人的决定和补充规定》
	中共哈尔滨市委员会	1947 年 9 月	《关于清查封建势力与敌伪残余条例（草案）》
平分土地阶段	东北行政委员会	1947 年 12 月	《东北解放区实行〈中国土地法大纲〉补充办法》

　　这些法规在土地改革过程中针对具体问题而制定，具体在以下四个阶段中实行：

　　第一阶段，贯彻"五四指示"，开展清算分地。1946 年 5 月下旬，中共哈

---

　　①　哈尔滨解放区在中共中央"五四指示"下达以后，在郊区农村正式开展的土地改革运动历经了清算分地、"煮夹生饭"、"砍挖"运动、平分土地四个阶段。到 1948 年春，土地改革结束。

尔滨市委传达了中共中央的"五四指示"，决定把反奸、清算和减租减息斗争与解决农民土地问题结合起来，发动群众，开展土地改革运动。1946 年 7 月 3—11 日，东北局扩大会议在哈尔滨市召开，会议通过了《关于形势和任务的决议》，规定了当前和今后一个时期的首要任务是发动群众，创建巩固的根据地，要求广大共产党员、革命干部要走出城市，换上农民装，到农村发动农民群众。市委决定，树立农运第一观念，全面开展土地改革运动。但土改运动受到潜伏特务、土匪破坏，为打开局面，把运动引向深入，8 月 15 日，市委作出了《关于清剿近郊土匪与开展农村工作的决议》，将剿匪、土地改革结合在一起进行。经过两个多月的时间，剿匪获得决定性的胜利，土地改革运动也取得一定进展。

　　第二阶段，运动深入发展，开展"煮夹生饭"运动。1946 年 10 月，东北局检查土地改革工作时，发现了"夹生饭"的问题。1946 年 11 月 21 日，中共中央东北局发出《关于解决土改运动中"半生不熟"问题的指示》，要求各地把"煮夹生饭"作为当前"深入巩固群众工作中的中心任务"，发现有"夹生饭"的地区就集中力量加以消灭。根据这一指示，12 月 2 日，中共哈尔滨市委讨论农村工作，成立了以王一夫为书记、蒋南翔为副书记的农村工作委员会。首先，发动群众多开展查地挖"坏根"（打击地主恶霸势力）运动；其次，整顿农会组织，纯洁干部和积极分子队伍，把混入的地主腿子、地痞流氓和帮地主做坏事的人清除出去；最后，以"煮夹生饭"推动春耕生产，开展生产竞赛，帮助农民解决牲畜、农具和种子短缺问题，掀起春耕生产高潮。

　　第三阶段，继续土地斗争，开展"砍挖"运动。在市郊土地改革运动中，广大贫雇农虽然分到了土地，但由于多年穷困，家底薄，存在着无资金、种子、农具等很多困难，有的农民不得不向地主求借。1947 年 7 月 27 日，中共中央东北局发出《关于挖财宝的指示》，要求各地开展砍大树（斗地主恶霸）、挖财宝斗争，并把这一斗争作为深入进行土地改革运动的重要步骤。东北局针对土地改革运动的实际，决定开展"砍挖"运动。"砍挖"运动就是一次发动群众自己动手斗大地主、大恶霸，深挖地主浮财的斗争。但在"砍挖"运动中一些农民进城挖地主浮财，甚至破坏了工商业发展，发生了"左"的偏向，还出现了普遍的打人现象。为此，中共哈尔滨市委于 1947 年 9 月 28 日下发《重申 7 月 15 日关于逮捕犯人的决定和补充规定》，重申关于逮捕犯人及群众斗争对象的批准权限、手续及羁押的问题，有力地制止了乱捕乱斗的现象。在"砍挖"运动中，按照中共中央东北局的指示，注意保护民族工商业。中共哈尔滨市委还制定了《关于清查封建势力与敌伪残余条例（草案）》。1947 年 11 月，市郊的"砍挖"运动告一段落。"砍挖"运动沉重地打击了封建势力，挖出了大量浮财，摧毁了农村的封建基础，提高了广大农民的政治思想觉悟。

第四阶段，贯彻《中国土地法大纲》，进行平分土地。1947 年 10 月，中共中央公布了《中国土地法大纲》，决定废除封建半封建的土地制度，平分土地。1947 年 12 月 7 日，中共哈尔滨特别市委通过《哈尔滨日报》全文刊登《中国共产党东北局告农民书》和《东北解放区实行〈中国土地法大纲〉补充办法》，向广大农民通俗地宣传党在农村的各项方针、政策，使《中国土地法大纲》的内容达到家喻户晓、人人皆知的程度。1946 年 8 月 29 日，东北局在《关于深入进行群众土地斗争的指示》中明文规定："分地后，应迅速给群众发给地照。"因此，在平分土地运动结束后，东北行政委员会于 1948 年 6 月 1 日正式发布《土地执照颁发令》："东北解放区大多数地区土地改革业已完成，为保障个人土地所有权，特由本会颁发土地执照，由土地所有者存执，其所有权任何人不得侵犯。"根据这一指令，哈尔滨市郊区的农民按照实地丈量的土地登记标准领到了土地执照。

至 1948 年 3 月，哈尔滨市郊区土地改革运动基本结束。在哈尔滨市土地改革时期，有松浦、香坊、太平（三棵树）、顾乡 4 个区，38 个村，237 个屯，12 万人口，其中农业人口 87 440 人，耕地 54 万亩，人均 6.18 亩。在土地改革运动中，76 849 人分到土地 458 920 亩，人均 5.97 亩。

综上所述，哈尔滨解放区从民主建政到依法施政，是中国共产党领导下的第一次以城市为中心的政权建设尝试。中国共产党虽然在农村革命根据地积累了卓有成效的政权建设经验，但是缺少城市政权建设的实践。哈尔滨解放区是中国共产党第一个独立长期掌控的中心大城市政权，在法律的保驾护航下，哈尔滨市民主政权获得了人民的极大拥护，政权稳固，为支援前线打下了坚实基础。正是循着这条法制道路，哈尔滨解放区的法制建设逐步展开，对于其他解放区即将建立的中心城市政权建设和法制建设有一定的示范性，对于未来的全国性政权建设和法制建设也有重要的试验作用。

第四章　城市解放区立法指导思想的重新定位

革命根据地不同时期的立法思想是在将马列主义法制建设的一般原理与中国革命实际结合的过程中形成的，也是随时势变化而发展的。土地革命战争时期中央苏区的法制，强调法律是取得革命政权的工具，是工农民主专政的工具，也是解决革命现实问题的工具。此思想的出现是刻板地效仿苏联法的结果。全民族抗日战争时期开始在立法思想上纠正之前的错误，将苏联法经验与边区农村根据地的革命实际结合，强调"法源在人民"，走群众路线，注重调查研究，保护民主、人权与平等。解放战争时期的立法思想则更注重将苏联法经验与城市实践以及党的阶段性任务相结合，人民民主理念形成；同时更强调法的程序性和正规化，强调依法行政，"法治"的理念彰显。

一、以"民主""法治"为前提

（一）新民主主义理论

关于新民主主义社会，毛泽东在《新民主主义论》中作了详细阐述。他说，革命的第一阶段，决不能建立一个资产阶级当权的资本主义社会，而是要建立以无产阶级为首领的各革命阶级联合起来专政的新民主主义社会。[①] 毛泽东作为中国新民主主义革命和社会主义革命的最主要领导人，在长期的新民主主义革命实践过程中，创造性地提出了新民主主义理论，领导并参与制定了许多新民主主义法律、法令，积累了丰富的立法经验，并在这种经验基础上形成了新民主主义的思想内涵。这一思想内涵不仅指引着中国革命前进的方向，而且指导着新社会的建设和发展。新民主主义理论当然成为新民主主义社会法制建设的指导思想和理论源泉。

哈尔滨解放区作为中国共产党领导下以城市为核心进行的新民主主义政权建设的第一个试验基地，与同时期东北解放区其他区域和以往的农村根据地都有显著不同，城市社会民主秩序的建立更需要新民主主义理论的支撑和指引。这种理论指引体现在政治、经济和文化方面：

---

① 毛泽东选集：第 2 卷 . 2 版 . 北京：人民出版社，1991：672.

　　对于新民主主义的政治，毛泽东指出，它不同于资产阶级的专政，也不同于无产阶级的专政，而是各个革命阶级联合的专政。① 只有民主"才能建设一个好的国家"②。这一民主政治观与马列主义是一致的，是对马列主义继承和创新的结果。新民主主义的民主政治观充分重视人民群众的政治主体地位，强调人民参政议政，享有管理国家和社会事务的权利，是马克思主义理论在中国新的历史条件下的发扬光大。哈尔滨解放区正是在这一理论思想的指引下，建立民主政权，召开临时参议会，并通过民主、法治的方式制定、颁布立法，民主施政的。

　　对于新民主主义的经济，毛泽东在新民主主义理论中明确指出：在新民主主义社会，并不禁止"不能操纵国民生计"的资本主义生产的发展。③ 1941年，他在中央政治局会议上又明确表示："今后要投资数百万元于民营的工、农、商业。发展经济的原则，主要民营，部分公营。"④ 这里的"民营"，指的就是"让自由资本主义经济得着发展的机会"⑤。这样的新民主主义理论主张很快体现在了哈尔滨解放区民主政权颁布的具体法规和政策上。哈尔滨解放区民主政权颁布了大量的保护工商业的法规，同时出现了国营经济、合作社经济、私有经济和个体经济等多种经济形式，逐步完成了恢复和发展经济的目标，保障了前线战事的物资供应和后方基地的人民生活。

　　对于新民主主义的文化，在毛泽东看来，它是"民族的科学的大众的文化"⑥。1946年《哈尔滨市施政纲领》第17条规定："提倡民族、民主、科学、大众的新民主主义文化，扶助文化团体成长与发展，彻底肃清法西斯文化的残余。"⑦ 在新民主主义文化的影响下，哈尔滨解放区改造旧思想，取缔烟馆、妓院等旧行业，整顿娱乐业，倡导新文化。

（二）建立民主的、法治的社会秩序

　　抗战胜利后，中国共产党发表《中共中央对目前时局的宣言》，阐明其以和平、民主和团结为基础，建立独立、民主和富强的新中国的政治主张。⑧ 这一主张得到了全国各阶层人民的拥护，该主张确立的方针也成为东北解放区

---

① 张太原. 毛泽东新民主主义社会构想演变历程考察：基于理想追求和历史变动视角. 党的文献，2020（3）.
② 毛泽东文集：第3卷. 北京：人民出版社，1996：168.
③ 毛泽东选集：第2卷. 2版. 北京：人民出版社，1991：678.
④ 中共中央文献研究室. 毛泽东年谱（1893—1949）：中卷. 修订本. 北京：中央文献出版社，2013：320.
⑤ 毛泽东选集：第3卷. 2版. 北京：人民出版社，1991：793.
⑥ 同③706.
⑦ 哈尔滨市档案局（馆）. 哈尔滨解放. 北京：中国文史出版社，2017：269 - 270.
⑧ 参见1945年8月25日发表的《中共中央对目前时局的宣言》。

政权和法制建设的指导方针。解放战争中，随着东北战场不断取得胜利，一些地区和城市相继解放，经过短暂军管，在局势基本稳定之后，陆续召开了人民代表会议，选举产生了政权机构，进行民主立法。

哈尔滨城市法制的建立以民主为旗帜。抗战胜利后，经过长达 14 年殖民奴役生活的东北人民，殷切期待祖国的独立和复兴，期待和平民主地建立新中国，但国民党却蓄谋发动内战。在中国共产党的"联合政府"的治国理论的指导下和哈尔滨各阶层对民主自由的呼吁下，哈尔滨市临时参议会召开。

1946 年 7 月 16 日，松江省政府主席冯仲云在哈尔滨市临时参议会成立大会上的致辞中指出：

> 我热烈的希望，在此次临参会会议上的参议员，能热烈的发言，提出自己的意见，热烈的讨论，真正发扬民主精神，得出集体共同的决议，选举出民主的政府。……把哈尔滨解放区作为争取民主的中心，实现哈尔滨市的民主，进而实现北满的民主、东北的民主以至最终实现全中国的民主。①

哈尔滨市临时参议会的程序和内容，都充分体现了民主的特征。其一，参加人员成分广泛，显示了其民主性。此次会议被认为是"哈尔滨市各阶级各阶层团聚一堂共商国家大事的大会"②。其二，在民主协商的基础上通过了《哈尔滨市施政纲领》等法律法规，规定了民主的内容。如《哈尔滨市施政纲领》明确提出了"民主政治"的治国模式，即：

> 一、建立民主政治。实行普遍、平等、直接的选举制度，自下而上的改造各级政权机关并选举市参议员与市长。
> 二、建立民主的法治的社会秩序……③

从哈尔滨市第一届临时参议会正式参议员的组成上，我们就可以看到其民主性，如图 4-1 所示。

哈尔滨市临时参议会最大的成果是在充分发扬民主的基础上通过了具有哈尔滨解放区根本法性质的《哈尔滨市施政纲领》以及《哈尔滨市人民政治经济清算暂行办法》、《惩治贪污暂行条例》、《哈尔滨市政府敌伪财产处理纲要》等法规。其中，《哈尔滨市施政纲领》是中国共产党在新民主主义革命阶段为建立国家政权积累经验，在中心大城市实行民主政治、建设管理政权的

---

① 哈尔滨市档案馆馆藏革命历史档案，全宗号 3，目录号 1，案卷号 9。
② 哈尔滨市档案馆．哈尔滨解放．内部发行，2006：42.
③ 孙光妍．新民主主义宪政立法的有益尝试：1946 年《哈尔滨市施政纲领》考察．法学研究，2006（5）.

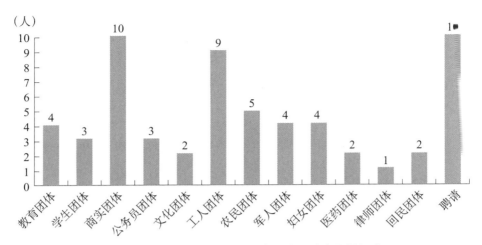

图 4-1　哈尔滨市第一届临时参议会正式参议员组成

初次尝试，是对毛泽东提出的新民主主义理论的最早实践。上述法规都是在广泛的民主参与和协商的基础上制定的，具有浓重的民主色彩。

　　哈尔滨解放区的民主立法经验对人民代表会议制度具有重要的影响。1949 年 3 月，在七届二中全会上刘少奇指出，人民代表会议是"民主的形式，是由上而下与由下而上相结合的、行政命令与群众运动相结合的一种主要的经常普遍运用的形式"[①]。实际上，华北解放区的人民代表会议无论是其代表成分还是其组织形式、程序及决议过程都高度体现着这种人民民主的精神，因此成为新中国人民代表大会制度的雏形。

（三）"着手建立正规法治"

　　法治是与人治相对应的概念，其蕴含着丰富的内涵，如人民主权、法律至上、依法行政等。现代法治，还包括自由、平等、正义、人权等精神品质，是价值理性与程序理性的统一。早在 1946 年《哈尔滨市施政纲领》中提出的"建立民主的法治的社会秩序"的构想，就概括性地诠释了城市民主政权以民主为基础、以法治为路径建设"新哈尔滨"的城市建设蓝图，"法治"成为城市秩序建立的核心词。以"法治"为指导思想，哈尔滨解放区制定了大量的法规，内容涉及宪制、建政、刑事、民事、经济、公安、司法，以及交通、卫生、支援前线。

　　哈尔滨解放区的"法治"探索为中国革命法制提供了从农村到城市转型的样本，而且逐步探索了向"法治"转向的路径，对其后解放的城市解放区建设有重要的影响。在 1948 年 5 月酝酿成立华北人民政府的时候，刘少奇在

---

① 刘少奇选集：上卷·北京：人民出版社，1981：425.

与谢觉哉、陈瑾昆的谈话中也提出了"法治"的设想，他说：

> 华北大部分地区已没有敌人，可以着手建立正规法治……刑法和民法先就旧的改一下施行，边做边改，有总比无好。①

该设想得到了大家广泛的认同。1949 年，谢觉哉阐明了民主与法制的关系。② 1948 年 10 月，董必武在讲话中表达了新政权应制定并实行新法的想法和应按新法律制度办事的思想。③ 在"法治"思想的指引下，华北解放区在短短 13 个月的时间里，"先后制定、颁行了 200 多项法令、法规，涵盖了建政、支援前线、经济建设、民政、公安司法、金融、财政税务、工商贸易、交通、农林水利、教育科技、文化卫生等诸多方面"④。

华北人民政府"法治"的基本特征包括了依法行政和政府运行的程序化两方面。首先，华北人民政府的成立建立在严格的民主程序之上。在政府成立的程序上，严格贯彻了法治的要求，实现了党的领导、人民民主与法治的统一。其次，运用法律来规范政府运作。1948 年 9 月 26 日，董必武在华北人民政府委员会会议上强调，正规的政府，就应该有正规的制度和方法，手续很要紧。⑤

因此，可以说，中国革命法制在完成从农村到城市的重大转折的过程中，也完成了立法指导思想的重新定位，这一重新定位不仅蕴含了"民主""法治"等先进思想，而且直接影响着哈尔滨解放区以及其后的解放区的建政、施政和立法活动。

二、以人民为中心

（一）体现工农劳苦民众的意愿

工农民主专政是对人民的民主。苏维埃政府的立法，始终坚持群众路线，通过积极宣传使群众了解法律并积极参与，因此其立法体现了工农的意愿，有一定的民主性。⑥ 但在工农民主政权的立法中，"人民"主要指"工农劳苦民众"。如《中华苏维埃共和国宪法大纲》第 2 条中明确规定："中国苏维埃政权所建设的是工人和农民的民主专政的国家……在苏维埃政权下，所有工

---

① 中共中央文献研究室. 刘少奇年谱（1898—1969）：下卷. 北京：中央文献出版社，1996：148.

② 谢觉哉说："民主和法制，是不可分离的。没有法制，就谈不上什么民主。因此，对于破坏法制的现象，必须严肃对待。这对于一个新生的国家来说，尤其重要。"（谢觉哉文集. 北京：人民出版社，1989：650.）

③ 董必武政治法律文集. 北京：法律出版社，1986：41.

④ 中国法学会董必武法学思想研究会. 依法行政的先河：华北人民政府法令研究. 北京：中国社会科学出版社，2011：4.

⑤ 同③31.

⑥ 参见 1933 年 12 月 12 日《中华苏维埃共和国地方苏维埃暂行组织法（草案）》。（韩延龙，常兆儒. 革命根据地法制文献选编：上卷. 北京：中国社会科学出版社，2013：287.）

人、农民、红军兵士及一切劳苦民众都有权选派代表掌握政权的管理"①. 这一时期的法制建设以"工农劳苦民众"为主体，在新建立的农村革命根据地探索形成了一系列惩治反革命条例、土地法规和劳动法规。

总体上看，处于新民主主义初创阶段的苏区法制虽然存在战时性、临时性等问题，但其适应了革命形势发展的需要，有效地巩固了农村革命根据地，为新民主主义法制的延续发展奠定了基础。

（二）保护"抗日人民"利益

全民族抗日战争时期，中华民族同日本帝国主义的矛盾上升为主要矛盾，中国共产党为联合最广泛的各阶层人民共同抗日，将"人民"的范围扩展为"抗日人民"。毛泽东在《抗日根据地的政权问题》中指出："抗日统一战线政权的施政方针，应以反对日本帝国主义，保护抗日的人民，调节各抗日阶层的利益，改良工农的生活和镇压汉奸、反动派为基本出发点。"② 这一方针成为各抗日根据地民主政权制定施政纲领的指导思想和总原则，较为典型的有1940 年《晋察冀边区目前施政纲领》、1941 年《晋冀鲁豫边区政府施政纲领》、1941 年《陕甘宁边区施政纲领》等，这些宪法性文件中都明确规定了一切"抗日人民"在法律面前人人平等。③

全民族抗战时期的边区法制以"抗日人民"为主体，在农村革命根据地探索形成了具有本土化特色、较为成型的法制经验，如民主普选、精兵简政、"三三制"原则、减租减息条例、马锡五审判方式等，有效地保障了土地改革、恢复生产和支前参战顺利进行。

（三）保障"城市人民"生命财产安全

解放战争时期，随着革命形势的发展，革命根据地逐渐由乡村转向城市。哈尔滨作为解放战争时期中国共产党解放的第一个大城市，与之前革命政权掌控的农村革命根据地不同。④ 哈尔滨解放区民主政权根据城市特点和政权建设需要，扩大了"统一战线"，将民主政权可依靠的力量统称为"城市人民"，即"城市政权的成分应包括工人、农民、独立劳动者、自由职业者、知识分子、自由资产阶级及一切爱国人士。但因城市的阶级结构和农村不一样，必须以工人为骨干，团结知识分子和独立劳动者，联合自由资产阶级，反对封建地主和官僚资本家的残余"⑤。

---

① 张希坡，韩延龙. 中国革命法制史. 北京：中国社会科学出版社，1987：30.

② 毛泽东选集：第 2 卷. 2 版. 北京：人民出版社，1991：743.

③ 同①38.

④ 参见 1949 年 8 月 22 日《哈尔滨市人民政府关于街组织变更的几个问题的指示》中所附材料"关于街组织变更的几个问题"。（哈尔滨市档案局（馆）. 哈尔滨解放. 北京：中国文史出版社，2017：176.）

⑤ 中共哈尔滨市委、哈尔滨特别市政府关于政权建设及试选工作的指示（草案）//哈尔滨市档案局（馆）. 哈尔滨解放. 北京：中国文史出版社，2017：161.

在哈尔滨解放区，建立巩固的城市解放区，恢复和发展经济以支援前线成为中心任务，中国共产党要联合最广泛的各阶层人民，尤其是工商业者，共同建设新城市，因此，将"人民"称为"城市人民"，其范畴不仅包括工农、贫苦市民、知识分子，还包括工商业者，甚至包括在这里生活的各国侨民。毛泽东在1941年中央政治局会议上明确表示："今后要投资数百万元于民营的工、农、商业。发展经济的原则，主要民营，部分公营。"① 毛泽东提出的保护和发展工商业，"公私兼顾、劳资两利"的方针在哈尔滨解放区得到贯彻执行，首先体现在对广泛的城市各阶层人民的权益保护上。1946年4月松江省人民自卫军应哈尔滨市80万市民邀请进驻哈尔滨市时，在报纸上发表了《为进驻哈尔滨告哈市同胞书》，提道：

> 决派主力一部来哈驻防，以便彻底的肃清土匪、特务及日寇法西斯残余势力，协助哈市的和平民主运动，保障各阶层的人权、政权、财权及言论、出版、集会、结社、信仰的自由，彻底推行民主政治，真正按照人民的公意选举代表树立民主政权，管理自己政事。协助工商业的发展，改善工人、店员、教员、职员的生活待遇，提高妇女政治经济地位，兴办教育，救济失学青年，赈济灾难民，建设众生，防止疾病流传，帮助哈市同胞从事一切政治、经济、文化改革，建设繁荣幸福的新哈尔滨！②

这里提到了广泛的城市阶层和群体，保护这些阶层是进驻哈尔滨市建立民主政权的初衷，1946年《哈尔滨市施政纲领》第16条还规定，"保护各友邦侨民生命财产之安全"。可以说，哈尔滨解放区"人民"的范畴进一步扩大，哈尔滨解放区民主政权在继承苏区、边区建立广泛"统一战线"的基础上，结合城市需要，界定了"城市人民"保护范畴的阶级划分标准，对哈尔滨解放区民主政权立法具有重要的指导意义。针对需要广泛保护的市民人权、财权，哈尔滨解放区制定和发布了大量镇压反革命活动的法规和布告；针对扶助工商业恢复和发展，制定了工商管理法规和战时工商业保护专门条例；针对职工、店员劳动权利保护，制定了大量的劳动法规；针对外侨权益保护，制定了外侨管理法规。

哈尔滨解放区在保障"城市人民"生命财产安全的总体思想的指引下完成了城市人民权利保障立法的重要探索，这些立法虽然还存在简陋、粗糙、缺乏系统性等问题，但其是人民民主专政理念下新中国法律体系建设的重要

---

① 中共中央文献研究室．毛泽东年谱（1893—1949）：中卷．修订本．北京：中央文献出版社，2013：320．

② 哈尔滨市档案局（馆）．哈尔滨解放．北京：中国文史出版社，2017：91-92．

试验，为新中国立法提供了多方面的经验。

三、以"一切从实际出发"为宗旨

（一）建设农村根据地逐渐与中国国情相结合

革命根据地时期的法制受苏联法影响程度最深的是土地革命战争时期的工农民主政权的法制。它摧毁旧法创建新法，奠定了新民主主义法律的基本精神和主要制度。但由于在创建过程中主要模仿苏联法制，某些方面存在严重不适合国情的问题。抗日根据地的法制建设，继承并发扬了苏区法制建设的成就，纠正了"左"倾错误，对苏联法兼有吸收和改造，把苏联法制建设经验创造性地同中国革命实践相结合。

工农民主政权在建制上有明显的仿照苏联国家政权的痕迹，其名称"苏维埃"一词就是直接从俄文"COBET"的译音照搬来的。在政权组织方面和施政立法方面也必然受到苏联的影响：

第一，党的领导原则。无产阶级政党作为俄国苏维埃政权的缔造者，对苏维埃政权的所有工作负有绝对的领导责任。列宁曾说过，"党的代表大会所通过的决定，对于整个共和国都是必须遵守的"①。1919 年俄共（布）第八次代表大会就曾提出应"把最坚强、最忠实的共产党员提拔到苏维埃中去工作，以此在苏维埃中夺取绝对的政治统治，确立对苏维埃活动的真正监督"②。中国共产党也提出："党随时随地都应作苏维埃思想上的领导者，而不应限制自己的影响。"③

第二，集体领导和个人分工负责的领导原则。受列宁思想的影响④，土地革命战争时期，《第二次全国苏维埃代表大会苏维埃建设决议案》中明确提出："在苏维埃的机关内必须实行集体的讨论、明确的分工，并建立个人负责制。"⑤ 抗日战争时期，各根据地在坚持集体领导的同时，更加注意建立个人负责制，从而在新的历史条件下，充实和发展了集体领导和个人分工负责这

---

① 列宁选集：第 4 卷 . 3 版修订版 . 北京：人民出版社，2012：499.

② A. A. 别祖格洛夫 . 苏维埃建设学 . 刘家辉，马国泉，等译 . 北京：中国人民大学出版社，1983：246.

③ 中共中央文献研究室，中央档案馆 . 建党以来重要文献选编（1921—1949）：第 5 册 . 北京：中央文献出版社，2011：465.

④ 列宁在谈及俄国苏维埃国家机关的领导原则时，曾强调把集体领导和个人分工负责有机结合起来。列宁说："我们既需要委员会来讨论一些基本问题，也需要个人负责制和个人领导制来避免拖拉现象和推卸责任的现象。"（列宁全集：第 30 卷 . 北京：人民出版社，1957：213.）"任何时候，在任何情况下，实行集体领导都要最明确地规定每个人对一定事情所负的责任。"（列宁全集：第 29 卷 . 北京：人民出版社，1956：398.）

⑤ 中共中央文献研究室，中央档案馆 . 建党以来重要文献选编（1921—1949）：第 11 册 . 北京：中央文献出版社，2011：180.

一重要的领导原则。

第三，议行合一原则。广州、武汉国民政府也曾试行这一原则，即由国家权力机关统一行使立法权和行政权，使二者不相分离。它是民主集中制原则在国家机关间工作关系上的体现。根据这一原则，各级政权机关既是议事机关，又是工作机关。它将议会制的长处和直接民主制的优点结合起来，以保证由工农大众选出的各级代表大会，能够具有充分的权威，这就形成了苏维埃新式民主制度。

第四，代表大会制。1917年苏俄建立最高权力机关——全俄苏维埃代表大会，并规定在其闭会期间由全俄苏维埃中央执行委员会代行其职责。《中华苏维埃共和国中央苏维埃组织法》也规定："全国苏维埃代表大会是中华苏维埃共和国的最高政权机关。""中央执行委员会是全国苏维埃代表大会闭幕期间的最高政权机关。"① 苏维埃工农兵代表大会制度是中华苏维埃共和国的基本政治制度，它保证了千百万工农大众参加国家管理，便于工人阶级及其政党的领导。这是吸取苏俄的历史经验和总结红色政权建设经验所创制的一种崭新的政治制度，并被新中国所沿用。其他中央政权的机构设置、政治职能乃至机构的名称，也与苏联中央政权极为相似，如设立人民委员会、工农监察委员会、革命军事委员会、国家政治保卫局等。

根据上述基本原则，农村根据地时期中国共产党领导下的民主政权制定了大量移植和借鉴苏联法的法规和政策，但也从"以俄为师"照搬苏联法逐渐转向了与中国具体实际相结合的思路。

(二) 城市解放区深入实践马克思主义中国化

苏区时期和边区时期的法制建设都以农村革命根据地为主，对苏联法的移植和借鉴主要是在党的建设和农村革命根据地法制建设方面；而解放战争时期，随着大城市的陆续解放，中国共产党开始了在城市建立法制的历程。农村根据地的法制建设经验不能被直接适用到城市法制建设之中，因为城市的特点不同于农村。此时，为建设城市法制，中国共产党开始借鉴苏联法中有关经济建设和城市管理的法律制度。与之前不同的是，此时已经不是简单地照搬照抄，而是将苏联法的经验与中国城市的特点和实际情况相结合，开始了苏联法的城市创新。

哈尔滨是最早解放的大城市，哈尔滨解放区的城市法制建设就成为城市法制创新的开端。哈尔滨解放区在立法时，既受到苏联法的影响，又结合以往的经验和城市建设的实际和特点，走出了一条创新的法制道路。因此，可以说，苏联法的"中国化"是指导哈尔滨解放区民主政权立法的重要指南，

---

① 韩延龙，常兆儒. 中国新民主主义革命时期根据地法制文献选编：第2卷. 北京：中国社会科学出版社，1987：86.

如 1948 年《哈尔滨特别市战时暂行劳动条例》在立法宗旨、对特殊群体的保护、职工会的设置、劳动争议解决方式及计件工资的规定等方面，基本上与 1922 年《苏俄劳动法典》相同，但在对工人利益及资方利益的保护、职工会的权利、对童工的保护、考验期的规定等诸多方面又明显有别于苏俄的劳动法。① 这种差别主要是基于哈尔滨城市实际与苏联实际的不同而产生的。

事实上，在中国的法制现代化进程中，苏联法对中国法制建设的影响时间最长，程度最深。哈尔滨解放区的法制建设是连接苏区、边区和其他解放区法制建设进而影响新中国法制建设的重要一环，它是中国共产党由农村革命根据地法制建设转向城市法制建设的起点。哈尔滨解放区法制建设既受到了苏联法的深刻影响，又体现了中国共产党人一切从实际出发的原则，是中国共产党人将马克思列宁主义基本原理与中国革命法制建设相结合的中国化实践，也是中国共产党法制建设历程中的一次重要转型。

四、以"巩固政权、支援战争"为目的

（一）"耕者有其田"

中国共产党在革命之初是以土地革命为突破口的，这是革命成功的重要经验。从 1928 年 12 月制定的《井冈山土地法》、1929 年 4 月颁布的《兴国土地法》、1931 年 12 月发布的《中华苏维埃共和国土地法》，到 1947 年 10 月实行的《中国土地法大纲》及 1950 年 6 月颁布的《中华人民共和国土地改革法》，构成了土地改革的基本框架。②

哈尔滨解放后，郊区农民特别是贫雇农迫切地希望取得属于自己的土地，维持基本的生活。针对农民的这种需求，党中央在 1946 年 5 月 4 日发出了《关于清算减租及土地问题的指示》，即"五四指示"，将党在抗战时期实行的削弱封建剥削的减租减息政策，改变为消灭封建剥削实行"耕者有其田"的政策。该指示明确宣布："坚决拥护群众在反奸、清算、减租、减息、退租、退息等斗争中，从地主手中获得土地，实现'耕者有其田'。"指示要求"各地党委必须明确认识，解决解放区的土地问题是我党目前最基本的历史任务，是目前一切工作的最基本的环节"③。

1946 年 9 月 5 日，中共中央发出《关于放手发动群众解决土地问题给东北局的指示》，指出解决东北土地问题的方针是：根据"五四指示"，放手发动群众，除没收敌伪、大汉奸目前土地外，应普遍动员群众进行反奸、清算

---

　　① 孙光妍，孔令秋. 苏联法对哈尔滨解放区劳动法规的影响：以 1948 年《哈尔滨特别市战时暂行劳动条例》为例. 学习与探索，2009（2）.

　　② 朱道林. 近代中国农村土地制度演变及其启示. 毛泽东研究，2020（3）.

　　③ 农业部农村经济研究中心，当代农业史研究室. 中国土地改革研究. 北京：中国农业出版社，2000：320.

运动，使农民从地主手中得到土地。根据党中央关于土地问题的指示，1946年《哈尔滨市施政纲领》中明确规定："无代价的分配敌伪土地及市有土地，给市郊无地或少地之农民，提高农民之生产积极性。以繁荣国民经济。"这是哈尔滨解放区制定土地法规的指导思想，此后制定的一系列土地法规以此为中心，从不同角度、在不同阶段保证了土地改革的顺利进行。土地制度变革，满足了农民对土地的要求，实现了城郊农民"耕者有其田"的愿望，并以颁发地照等方式保护了农民分得的权益。

从农村革命根据地的"打土豪，分田地"到城市革命根据地的"耕者有其田"，都是中国共产党在面对中国农业人口基数大的问题时，为了满足农民对土地的民生需求，为了建立巩固、稳定的根据地政权，实行的土地政策。这些政策在中国革命发展历程中既有传承又有发展，在城市解放区，不仅农村问题需要解决，城市问题更是亟待解决。因此，"耕者有其田"的指导思想仅适用于农村地区，在城市大部分地区不能采取简单的土地政策，需要对城市土地及房屋加以区别保护，以发展经济、支援前线。

（二）"发展城市经济"

解放战争时期，东北解放区是中国共产党及其革命队伍解放全中国最重要的后方基地，其法制建设的首要目的是巩固和发展地方政权、维护经济和社会秩序、发展生产支援解放战争。中共哈尔滨市委、市政府就明确提出城市工作的中心任务是：恢复经济，发展生产，安定民生，稳定社会，支援解放战争。

首先，为建立和巩固政权、恢复和发展城市工商业，1946年7月颁布的宪法性文件《哈尔滨市施政纲领》17条中有以下4个条款直接明确"发展经济"的目标：

四、恢复与发展工商业，以繁荣市面，除囤积居奇扰乱金融之营业须受取缔外，工商业家享有正当营业之充分自由，并由政府予以保护，对于极关民生之工商业应予以可能之帮助。

·············

七、采取有效办法，促进与协助尚未开工之公私工厂复业，以减轻失业，繁荣经济。

八、采取公私合作办法，增进哈市与各县的粮食燃料及日用品之贸易，以平抑物价，改善市民生活。

·············

十、在劳资双方自愿原则下实行分红制度，以促进劳资合作发展生产。合理的实行增加工资改善待遇，以稳定工人生活。

其次，确立了发展城市经济的立法指导思想。1947年2月，中共哈尔滨市委书记钟子云在给东北局及彭真的《哈市经济情况及对工商业的态度、政策》的报告中指出：

> 我们的政策是发动工人、店员改善他们的生活，提高他们的政治地位，但也必须扶助发展私人的工商业。如无这个条件，想改善基本群众的生活和建设一个有秩序的城市，在现在的情况下是不可能的。
>
> ……我们干部长期在贫困的农村中，以及在与敌人的阶级斗争中所遗留下来的那套旧办法，这在东北这种新的环境中是不适合的。东北的经济情况与以往任何根据地的情况都有所不同，东北过去是一个比较现代化的经济地区，所以，应通过扶助工商业来恢复这个大部分被破坏的经济体系。

哈尔滨解放区发展城市经济的立法指导思想的确立为恢复经济、保护工商业、支援前线提供了法律保障。

最后，依据施政纲领制定的一系列经济法规，如1946年7月的《关于商业登记的布告》等，也起到了保护工商业健康发展、促进哈尔滨解放区经济繁荣的作用。为稳定社会秩序，哈尔滨解放区颁布了一系列镇压反革命破坏、维护社会秩序的法律，如1946年5月18日的《关于肃清匪徒安定秩序维持保护人民的布告》、1946年12月30日的《关于肃清土匪加强冬防的通令》、1947年5月9日的《禁止一切军队私自贩卖粮食平抑粮价的布告》等。

哈尔滨解放区在不到四年的时间里，制定了大量法令、法规，不论是军事治安法规维护社会秩序，还是民生法规保护人权、财权，其目的和宗旨作主要是为巩固政权和支援解放战争服务。哈尔滨解放区民主政权制定的法规虽然较为简陋，还缺乏一定的系统性，但从效果上看，这些法规共同解决了当时法制和实践中各方面的实际问题，尤其是保证了巩固政权、发展经济、支援前线的根本任务。

第五章　城市解放区刑事治安法规的探索

东北民主联军进驻哈尔滨后，人民民主政权随即建立。当时正处在蒋介石发动内战的前夜，各种反动势力在哈尔滨市盘踞，斗争的形势极为复杂、尖锐。日伪残余不甘心退出政治舞台，极力寻找靠山；国民党派遣了一大批党、政、军、特人员加入党部、三青团、中央先遣军、东北救国军、保安军参与破坏活动；土匪、盗窃分子趁乱打家劫舍、杀人越货；赌徒、恶棍、地痞、游民、乞丐三五成群乘机在市面上哄抢捣乱。① 一时间，哈尔滨市社会秩序极度混乱，新生的民主政权受到严重威胁。为了确保人民生命财产的安全，严厉打击刑事犯罪活动，维护城市治安秩序，哈尔滨解放区民主政权采取了一系列的措施，出台了大量的以"清算"为途径、以"肃清"为目标的刑事治安政策和法规，进行了坚决的斗争。

一、刑事治安任务的变化

（一）"既要肃清敌伪残余与封建势力，又要保护工商业"

根据中共中央东北局 1946 年 4 月 19 日 "五条指示"中"加紧发动群众，进行减租减息，分配敌伪土地，深入清算运动，肃清敌伪残余，特别是迅速肃清土匪"② 的指示要求，哈尔滨解放区民主政权建立后就着手开展"深入清算运动，肃清敌伪残余"的工作。1946 年 6 月，中共中央东北局和东北民主联军总司令部联合发布《关于剿匪工作的决定》重申剿匪工作要"争取在最短的时期内，坚决彻底的肃清土匪"③，这样才能争取社会秩序的稳定和民主政权的稳固。彭真在 1946 年 7 月 14 日的《当前形势和哈尔滨市工作的基本方针》④ 中具体提出哈尔滨解放区要迅速地肃清盗匪，保证市民生命安全。

---

① 中共哈尔滨市委党史研究室. 城市的接管与社会改造：哈尔滨卷. 哈尔滨：黑龙江人民出版社, 1999：244.

② 同①66.

③ 黑龙江省档案馆. 剿匪斗争. 内部资料, 1982：5.

④ 哈尔滨市档案馆. 哈尔滨解放：上. 北京：中国档案出版社, 2010：133-135.

　　为了迅速与各种反动势力展开斗争,哈尔滨解放区民主政权制定了大量的刑事治安法规,其中以"清算"为途径、以"肃清"为目标的与"锄奸保卫"直接相关的法规就有 55 部之多,占全部 115 部刑事治安法规的 47.8%。哈尔滨解放区以此为基础集中开展城市保卫工作。

　　哈尔滨解放区的"锄奸保卫"工作任务与以往的农村根据地的"锄奸保卫"不同:以往农村根据地"锄奸保卫"工作中的清算运动主要集中于土地清算,人民群众也容易发动,而城市的清算运动,要带领群众对除土地以外的房屋、工厂、粮食等财产进行清算、处理,在清算的同时还要注意保护工商业,保证城市生活秩序的正常运行,这就需要对民主政权的性质、清算工作的方针和具体措施、法规进行系统、深入的领会和贯彻;以往农村根据地的汉奸特务,是容易被人民群众发现的,因为农村简单的社会关系和群众的拥护对"锄奸保卫"工作来说具有天然的优越性,而在城市复杂的社会关系下,失业人口多,流动人口数量大,敌伪特务往往通过伪装潜藏在社会中,夹杂在市民中间,不容易被发现,并且日本人在投降时焚毁了哈尔滨市的户口档案,给敌伪军警宪特、国民党建军土匪等的活动以可乘之机,这就需要民主政权在发动群众的基础上利用各种方法(如普查登记身份、建立户口等)确定身份,各个击破。

　　虽然中国共产党在农村根据地有一定的清算运动与肃清敌伪的工作经验,但是城市保卫任务的复杂性超乎想象,民主政权尚缺乏成型的经验。在哈尔滨解放初期的肃反工作中,尤其是在土改的"砍挖"运动中,城市中的工商业者被进城"砍挖"浮财的农民殴打的情况时有发生,工商业不同程度地受到了破坏,这是农村土改工作的延续,却不适合城市的发展。为了保护工商业发展,中共哈尔滨市委于 1948 年 1 月 24 日发布的《关于肃清封建敌伪残余势力和保护工商业的方针及具体办法》中提出"既要肃清敌伪残余与封建势力,又要保护工商业",同时还明确指出:

　　　　市委准备动员最大的力量,消灭封建势力最后在城市里的基础,使城市面貌为之改观,并将广大的劳动群众发动起来,在政治上扫清民主建设道路上的障碍……更进一步支援前线。在经济上能达到保护工商业,并使其得以发展……在领导这个运动发展的过程中,应以明确消灭封建保护工商业的方针政策……这样才能达到我们这个运动中所要达到的目的。①

　　哈尔滨解放区在肃清敌伪残余的工作中总结了城市经验:首先,在工作

---

　　① 中共哈尔滨市委党史研究室. 城市的接管与社会改造:哈尔滨卷. 哈尔滨:黑龙江人民出版社,1999:452-455.

中贯彻群众路线取得了显著成效，这是对农村革命根据地红色基因的传承；其次，在城市中对待要被肃清的对象的态度及政策是既要对其进行政治上的肃清，又要对拥有工商业的工商业者进行保护，这是与以往农村根据地的刑事治安工作任务截然不同的。可以说，城市解放区的保卫工作是在摸索中前进的，既要有传承又要有创新。

（二）"建立法治的秩序，保障人民之人权、财权与政权"

哈尔滨解放初期，中共哈尔滨市委会议提出，"党在哈尔滨市目前的任务"是"建立法治社会，保障社会秩序"。1946 年 7 月 12 日，中共哈尔滨市委在《关于哈市的工作方针》中再次指出："目前党在哈市总的任务是：发动市区群众起来争取改善自己的生活并联合工商业自由资产阶级，彻底摧毁敌为与封建残余势力和制度，实行民主政治，建立法治的秩序，安定人心，恢复与发展工商业，整理市政，并设法解决部分失业工人贫民之生活。"同时，在"几项具体任务与工作"部分还明确提出哈尔滨解放区的一个重要工作就是"动员群众起来实现民主政治，建立法治的秩序，保障人民之人权、财权与政权"。1946 年 7 月 19 日，哈尔滨市临时参议会通过了《哈尔滨市施政纲领》这一宪法性文件，其中第 2 条规定："建立民主的法治的社会秩序，以保障人权，保障市民集会、结社、出版、言论、信仰、居住之自由，除公安机关依法拘捕外，任何机关不得捕人，以保障人身之自由。"

"建立民主的法治的社会秩序"，目的是"保障人权"，这不仅与民主思想契合，而且将人权作为法治的目的放在宪法性文件的重要位置上，使人权保障更具现实意义。在哈尔滨过去的自治性法律文件中从来未有对市民权利的广泛保护的内容，而中国共产党领导的政权首次将新民主主义保障人权的内容在宪法性文件中写明，具有显著的先进性。可以说，"保障人权"是中国共产党领导下的人民政权对广泛的人民权利的重视，这种做法体现了新民主主义人权观，是对农村革命根据地时期"以人民为中心"红色基因的传承，而"建立民主的法治的社会秩序"则是城市解放区实现人权保障的现实需要，是哈尔滨解放区为了真正实现民主政治的新探索。这种探索不仅体现在宪法性文件中，还体现在民主政权施政及立法的方方面面，在刑事治安立法中尤为突出。人权保障与建立法治秩序成为城市解放区刑事治安任务的重要组成部分。

（三）"公安行政与锄奸保卫工作密切结合"

城市保卫与人权保障是刑事治安工作的两大中心任务，这两项任务在农村根据地是可以通过依靠群众完成的，但是在社会关系复杂的城市中却很难通过仅依靠群众来完成，必须将行政工作与之相结合才能完成。1947 年 2 月 17 日，《中共哈尔滨市委关于 1947 年保卫工作的决定》中提道：

　　一、根据市委 1947 年发动群众、组织生产、清除坏人、改造政权、节衣缩食、支援前线的中心任务，锄奸保卫工作必须与各种工作密切配合，群众工作及政权工作必须与锄奸工作结合，各区委要负责领导侦卫工作，组织指导群众起来并与保卫机关配合清除坏人，镇压反动分子，保证街政权之改造建立与巩固，建立人民政权与人民武装，以公开的街政权、公民小组、自卫队进行户口统治，巡逻放哨盘查坏人，利用各种合法及使用各种可以使用的群众组织与力量，防止与镇压敌探奸细的一切破坏活动。

…………

三、单纯警察行政观点与孤立的保卫工作观点都是不正确的，必须使行政管制与锄奸保卫工作密切的结合起来。为此，应颁布各种法令，适当管理户口、摊贩、旅店、公共娱乐场所及交通工作，并且建立侦查工作。在群众已发动政权彻底改造的地区，以群众力量进行公民审查，并制发公民证。①

哈尔滨解放区保卫工作通过发动群众清除敌伪特务等反动分子，显然未能达到彻底清除的目标，因此，中共哈尔滨市委结合城市工作实际，在依靠群众的基础上，要求公安行政与保卫工作相结合。具体措施包括：一是清查、管理户口，逐户进户排查隐患；二是改造旧社会陋习，取缔赌博、娼妓等场所，管理旅店业和流动摊贩等鱼龙混杂的行业；三是管理交通，掌控人口流动信息；四是在战时情况下对刑事犯罪较轻的以公安机关行政管制的方式进行处罚。上述措施让敌伪残余势力无处藏身，有利于通过行政手段争取保卫工作的主动权。有了公安行政各项工作（尤其是户籍工作、行政管制）的配合，城市保卫工作不仅屡见成效，打击了各种犯罪，使治安状况明显好转，而且对较轻的反革命犯罪的认罪和改造开拓了新思路。

二、主要刑事犯罪规制

（一）打击反革命犯罪：镇压土匪、反动党团特务与取缔封建会道门

解放战争时期，国民党利用土匪、封建会道门等进行频繁的破坏活动。为了确保人民生活安定，民主政权开始镇压一切反革命分子，取缔反革命组织。这是一场刻不容缓、尖锐复杂的斗争。

1. 打击土匪的刑事法规

哈尔滨解放区适用的与肃清土匪有关的法规主要是中共松江省委在 1946 年 8 月和 10 月颁布的两条剿匪指示：《中共松江省委关于抓紧时间迅速剿灭土匪的指示》（1946 年 8 月 25 日）和《中共松江省委关于剿匪工作的指示》②

---

① 哈尔滨市档案局（馆）. 哈尔滨解放. 北京：中国文史出版社，2017：133 - 134.
② 参见哈尔滨市档案馆馆藏革命历史档案，全宗号 2，目录号 1，案卷号 3。

（1946 年 10 月 2 日）。这两条指示是中国共产党在进行了一段时间的剿匪工作、总结了经验教训后作出的具有一定刑事法规性质的指示。

《中共松江省委关于剿匪工作的指示》通过对当时剿匪形势的分析，得出了"顽匪的活动范围缩小，土匪面临的境遇困难"的结论，规定了剿匪工作的具体政策和办法。其中对于"悔过交枪"的土匪，"一律赦免无罪"，并且"酌量发钱帮助他们安家立业、寻找职业和其他出路"，而对于"不主动自首缴枪又没有争取回来"者、"顽固不归"者、"组织武装叛变、坚决反共的国特惯匪"，作出具有刑事处罚性质的处罚。

其一，对于主动自首缴枪的，发放统一的"自新证"。该指示的第 1 条就规定，对于投降土匪，不论罪恶大小，只要他们主动自首缴枪，政府发放"自新证"，"一律赦免无罪"，并且"酌量发钱帮助他们安家立业、寻找职业和其他出路"。另外，第 3 条也强调，"对插枪不干自动回家者，当地政府及农工会应号召人民欢迎其向政府坦白自新，并将武器交出"，坦白自新后发放"自新证"。

其二，对于不主动自首缴枪的，应争取其"改过自新"。该指示第 2 条规定，"各地应动员应有的力量，广泛的调查土匪的家属、亲戚、朋友……解释政府的宽大政策"，只要他们"改过自新"，政府"不仅保证其生命，并酌其情形分配一定数量之土地，使其参加生产"。

其三，对于不主动自首缴枪，又没有争取回来的土匪，应"予以逮捕处罚"。该指示第 3 条规定，政府欢迎坦白自新，"否则予以逮捕处罚，使将武器交出为止，以免他们乘机再起，而免后患"。

其四，对于"顽固不归"者，应当在逮捕处罚的基础之上"并没收其财产，甚至处罚其家属"。该指示第 2 条中规定："如顽固不归，经抓住之后严重处罚，并没收其财产，甚至处罚其家属"。

其五，对于"组织武装叛变、坚决反共的国特惯匪"，必须坚决"镇压和消灭"。

2. 镇压反动党团特务分子的刑事法规

哈尔滨解放区针对反动党团特务组织登记和处理所制定的法规有 5 个，包括 1949 年 2 月颁布的《东北局社会部关于执行中共中央对国民党三青团及特务机关组织处理办法的指示》、1949 年 3 月 19 日颁布的《关于执行对反动党团特务分子登记工作的指示》、1949 年 3 月 24 日颁布的《对登记反动党团特工作中几个问题及计划实施办法》、1949 年 7 月 12 日颁布的《东北局关于对反动党团特务人员登记后的处理办法》、1949 年 9 月颁布的《关于执行东北局对反动党团特务人员登记后处理办法几个问题》。其中，《关于执行对反动党团特务分子登记工作的指示》、《关于执行东北局对反动党团特务人员登记后处理办法几个问题》和《对登记反动党团特工作中几个问题及计划实施办法》主要是对反动党团特务的基本情况进行了分析，对其登记工作作了详细的部署，不涉及刑事内容。但这三部法规为《东北局关于对反动党团特务人员登记后的处理办法》和《东北局社会部关于执行中共中央对国民党三青团及特务机关组织处理办法的指示》这两个刑事法规的实施奠定了基础。在对反动党团特务人员进行登记后，哈尔滨解放区对反动党团特务人员进行了分析归类，针对不同性质、不同罪恶程度的反动党团特务人员作出了相应的处罚规定。

《东北局关于对反动党团特务人员登记后的处理办法》首先将反动党团特务人员按照其所属组织、从事的反动行为的活动内容，及其在反动组织中的职务、地位等进行了分类。按所属组织将反动党团特务人员分成三类：国民党特务；国民党、三青团；青年党、民社党。按照反动党团特务人员在反动组织中担任的职务及从事反动行为的活动内容，将反动党团特务人员又作了如下具体分类：

一是国民党特务——其中第一种是以特务工作为专门职业，以领取特务薪水为其主要生活来源，而从事情报、破坏活动，如敌国防部保密局、国防部第二厅、中统局、绥靖第二大队、剿总第二处、各企业中的稽查组、随军督察组及其所领导的谍报队等职业特务。第二种是敌在其公开机关组织和社会团体中，以行政职业为主，负有特务机关使命，领有特务机关津贴，负有情报及监视我地下工作人员和进步分子从事侦察活动的一般特务。第三种是以职业特务所领导组织的工作组、学运组，从事监视进步工人学生，防止工运学潮，但其参加人员，多系员工学生，活动范围均在企业学校内部，不以特工为主要职业的特务外围组织。第四种是敌特以威胁、利诱、欺骗、直接和间接利用，从事短时期的特务工作或做一、二件事情，这种人员，虽未参加特务组织，但为特务利用作了工作。最后是蒋占时期，敌人在边沿区及其机关、企业、学校内部所建立的（防谍保密组），和在社会上所建立之半公开性的情报网，虽带特务性，但为敌人以行政命令所建立又系普遍的群众性的组织。还有，特务机关的会计、总务、经济等人员及雇用的员工夫役，虽在特务机关服务，但不作特务工作。

二是国民党、三青团——其中首先是蒋占时期大量发展的（包括流亡和解放后还乡的）普通党团员。这些党团员多系盲目正统观念和为了生活、职业、求学等而参加的，但有少数是很反动做过一些坏事的。这些普通的党团员大至占登记总人数百分之八十，其职业多为下级职工教职学员等。其次是国民党区分部委员以上、三青团分队长以上的党团干部。多是实际负责党务团务工作，其思想为反动；尤其是有些流亡党团干部，还积极向我区组织还乡团，派遣特务，进行骚扰破坏；但有个别虽为委员，并不参与党务团务实际工作，这种人员多为大学教授、技术人员和所谓社会名流等。再次是国民党、三青团地下的党团组织人员。在新区是蒋匪溃败前布置长期潜伏的；在老区是秘密建立的。他们的工作除了进行发展组织外，主要的是从事情报、造谣、爆破、暗杀和勾结封建会门、被斗地主进行反把等破坏工作。这种地下党团组织，是做特务工作的，不同于一般的普通党团组织。

三是青年党、民社党——是依附于国民党的反动党派，反对我们，同时与国民党也有矛盾。但其中有国民党的特务以民社党面目出现，组织与控制的民社党，如保密局东特组长吕忠愆所领导的一部分人员，这一部分人员，不是一般民社党员、青年党员，而是特务分子。①

根据中共中央东北局的指示，哈尔滨解放区处理党团特务人员的原则是："除个别罪大恶极，予以逮捕追究外，采取争取、改造、清洗、调动等宽大方针。"另外，还要"区别职业特务与一般特务；核心特务与外围分子；党团干部与普通党团员；地下组织与公开组织；在我内部与外部；以及登记自新的彻底程度"，进行分别对待和处理：

属于"以特务工作为专门职业"的"组长、队长、主任以上重要职业特务"者，"如是依令自动登记，交出组织或证件登记彻底与材料证明确实真实者，在我内部加以清洗可根据其参加特务工作时间长短、职务高低、危害的轻重、转变的好坏褫夺公民权一年到五年，可免加逮捕"。但是有"将功赎罪重新作人"和"自找正当职业生活"两种情况的，"由地方公安机关予以管制考察"。同时对于"个别罪大恶极的而又登记不彻底、或以假登记取得合法而继续进行特务活动而查有实据、或有意破坏登记者"，则"由公安机关逮捕追究，依法处理"。

属于"以特务工作为专门职业"的"一般组员、情报员、通讯员、队员、电台技术人员"者，"如交出组织或证件登记彻底者，在我内部转变较好，不占重要工作岗位者，令其戴罪立功不要清洗，继续改造教育"。但对于"登记不彻底、变不好者"，则要"清洗，令其从事劳动生产，免除褫夺公民权利"；对于"以假登记取得合法而继续进行特务活动而查有实据者、或有意抗拒破坏登记者"，则要严惩，即"由公安机关逮捕追讯，弄清问题后，根据情节轻重放或不放，并褫夺公民权一年至二年"。

属于"一般特务分子"者，"如交出组织或证件登记彻底者，在我内部加以清洗，可不褫夺公民权，由地方公安机关管制考察，从事正当职业"。而

① 哈尔滨市档案馆馆藏革命历史档案，全宗号1，目录号5，案卷号127。

"对登记不彻底、或假登记、或有意抗拒破坏登记而查有实据者",要"由公安机关逮捕追讯,弄清问题后再放,褫夺公民权一年,并加以管制考察"。

属于"蒋占时没作过情报破坏工作,没受过特务训练者",不以特务论,"登记但不加追究处罚,不褫夺公民权,就地留用"。

属于"普通国民党员、三青团员、民社党员、青年党员","履行登记后不给处罚,教育改造"。但是"在我内部占据重要部门且又表现不好者",或"个别曾任国民党中上级官吏而又无特殊技能为我服务者",可以"清洗"。

属于具有一定职务级别的国民党干部、三青团干部、民社党干部、青年党干部的,则详细按照其职务级别区别对待:其一,对"国民党党部委员以下区分部委员以上、三青团是分团股长以下区分队长以上之党团干部",应"登记彻底后,褫夺公民权一年",如果"在我内部而无特殊技术能为我服务者",则令其"自谋生业,或介绍转入生产劳动,由地方公安机关管制考察"。但是"对登记不彻底、或假登记、或有意抗拒破坏登记"的,"由公安机关逮捕追讯,弄清问题后再放,并褫夺公民权一年到二年";对"罪大恶极的流亡党团干部","送回原地公安机关按情节轻重依法分别处理之"。其二,对"国民党是党部书记长、三青团是分团主任以上之党团干部",应"登记彻底后褫夺公民权二年到三年,在我内部而无特殊技能者予以清洗,由地方公安机关管制考察";对"罪大恶极或登记不彻底、或假登记取得合法继续活动、或有意抗拒破坏登记者",则"由公安机关逮捕追究,依法整治"。其三,对"省党部书记以上者",应报告东北局另行处理。其四,对"民社党、青年党干部",应"登记后不褫夺公民权,在我内部而无技能为我服务者予以清洗,由公安机关考察之;但对其中特务分子,按特务分子论处。

3. 取缔封建会道门的刑事法规

哈尔滨解放区打击封建会道门的刑事法规有:中共哈尔滨市委于 1949 年 8 月 4 日制定的《关于执行东北局对一贯道等封建迷信会道门处理指示实施计划》和哈尔滨市公安局于 1949 年 10 月 3 日制定的《对处理一贯道工作补充计划》。

中共哈尔滨市委针对哈尔滨市一贯道等反动封建会道门规模大、人数多、涉及面广、危害大等特点制定并实施了《关于执行东北局对一贯道等封建迷信会道门处理指示实施计划》。实施计划中明确规定,对一贯道等封建迷信会道门的基本政策是"依靠群众打击头子,争取被骗群众,瓦解其组织"。实施计划共分为四个部分:前三个部分主要是对工作的部署,提出了工作方法及工作当中的负责机关;第四部分规定了在刑事处罚中需要重点注意的问题,是实施计划的重点部分。

第一,区别"一贯道等封建迷信会道门"与"一般的宗教团体",根本在于"是否反对人民和革命事业"。《关于执行东北局对一贯道等封建迷信会道门处理指示实施计划》中规定：

> 我们对一贯道等封建迷信会道门的处理，并不是一般地反宗教，而耶稣基督、天主、回教、喇嘛等宗教团体，在目前的解放区，只要他不反对人民和革命事业，遵守人民政府法令，是允许其存在的，我们这次主要是处理反动的一贯道等封建迷信会道门，并不是进行反宗教斗争，但其中个别敌探奸细，则以反革命分子论处。①

第二，区别"封建迷信会道门"与"反动党团特务组织"，尤其注意其在群众中的影响。《关于执行东北局对一贯道等封建迷信会道门处理指示实施计划》中规定：

> 对一贯道等封建迷信会道门的处理，要区别于反动党团特登记工作。二者虽同为严肃的阶级斗争，但前者必须区别于后者。前者历史很长，群众很多，又加群众中存在着传统的迷信思想，一贯道等封建会道门头子思想上很顽固。我们对其处理需要更慎重。一定要深入群众中耐心的进行教育说服，争取其下层群众，孤立打击头子。对一般道徒不能用简单的术语，反动、落后、特务等来给他们戴帽子。这样一定会使我们脱离群众，造成群众恐慌，便于敌特利用造谣。②

第三，区分危害程度，主要打击反革命活动危害大的反动组织。《关于执行东北局对一贯道等封建迷信会道门处理指示实施计划》中规定：

> 对一贯道等封建迷信会道门的处理，应分清主次，这次主要是消灭一贯道等反动组织，对家理教在目前尚未发现其反革命活动，其对我们危害还不太大，且参加群众更广泛，因此暂不用处理一贯道等反动封建迷信会道门方法同样对待，其中个别反革命分子，则以反革命论处。③

第四，区分恶性程度与悔罪表现，按照情节轻重定罪量刑。《关于执行东北局对一贯道等封建迷信会道门处理指示实施计划》中规定：

> 对少数抗拒悔过登记的头子，各分局应先将材料送报市公安局经市府批准，逮捕审讯，对个别罪大恶极头子或与国特勾结的重要分子，按其情节轻重，经市府批准，另行处理。对已捕获的该犯，严禁打骂刑讯，详细研究材料，寻找弱点，利用矛盾有步骤的进行审讯。④

---

① 哈尔滨市档案馆.哈尔滨解放：上.北京：中国档案出版社，2010：162.
② 同①.
③ 同①.
④ 同①163.

《关于执行东北局对一贯道等封建迷信会道门处理指示实施计划》实施后，哈尔滨市公安局及时对处理反动封建会道门的工作进行了总结，于1949年10月3日制定了《对处理一贯道工作补充计划》。补充计划中规定，对有政治嫌疑的在押案犯，一律不释放，进行调查侦查审讯，补充证据材料。

（二）打击破坏经济秩序犯罪：禁止流通假币与哄抬物价行为

为了确保经济法规能够在哈尔滨解放初期几乎瘫痪的经济市场上有效施行，哈尔滨解放区民主政权出台了一些保障经济运行的刑事法规。

1. 运输、持有、使用假币罪

哈尔滨市政府针对一些不法商贩拒收解放区规定之法定流通币东北流通券、故意破坏政府法令、乘机扰乱金融秩序的行为，于1946年6月8日发布了《不得拒收东北流通券及严禁暗中哄抬物价的布告》。此布告确定了东北流通券为哈尔滨解放区法定流通币的地位，对拒收东北流通券的行为实施严厉的打击。布告原文为：

> 所有公私一切交易以及缴纳公款一律通用北方银行地方流通券。而一切契约帐簿亦须以此为法定货币，不得违抗拒用等情，业经本府会同松江省政府以联字第一号布告周知。有案近闻本市经由少数不良分子时中高抬物价或拒绝使用，此等行为显示有意破坏政府法令，乘机扰乱金融，今后如再发现此等行为，定当从严惩办，决不姑宽。商民各界如有发现上项行为者亦可立时报告就近军警机关，切实究办，切切此布。①

东北行政委员会针对"国民党反动派伪造我东北银行地方流通券，密运我区行使，企图紊乱金融，陷害人民"②的现象，于1946年12月28日颁布《为禁止伪票流通由》，规定了对"使用、运输伪票"等行为的处罚标准及处罚办法。由于当时特殊的社会环境和政治背景，政治斗争比较激烈，伪票多是由国民党印制、运输的，意在破坏解放区的金融环境，以达到其政治阴谋，所以对运输使用较大数额伪票的行为，东北行政委员会规定了较为严厉的处罚，达到一定数额即处以极刑。同时为了更好地发动群众打击运输、持有、使用假币的行为，法规中还规定了具体明确的举报上述犯罪行为的奖励措施。

第一，针对运输假币的犯罪行为，明确规定了两种刑罚：死刑和没收财产。"如发现密运假票"犯罪数额为"一万元以上"，"处死刑"（第1条）；犯罪数额为"千元以上"，"没收其所携之财物"（第2条）。

第二，为了发动广大人民群众的力量共同打击使用、运输伪票的行为，针对检查、举报使用、运输假币行为者，法规区分数额规定了奖励措施。法

---

① 哈尔滨市档案馆馆藏革命历史档案，全宗号2，目录号1，案卷号3。
② 同①.

规中具体规定了按照面额比例奖励方法与一次性大额奖励方法："检查出伪票并查获使用人者，按票面额百分之十给奖"（第 4 条第 1 款）；"特别出力人员（如捕获密运大宗假票或破获使用假票线索等）另给特别奖金五万元至十万元"（第 4 条第 2 款）。

为了更好地贯彻执行东北行政委员会颁布的《为禁止伪票流通由》，哈尔滨市政府在此法规颁布不久，于 1947 年 1 月 4 日制定颁布了哈尔滨特别市政府通令秘字第一号《为奉东北行政委员会通令严禁伪票流通暂令遵照由》。法规内容同东北行政委员会颁布的《为禁止伪票流通由》的内容一致。

2. 违犯政策扰乱市场阻碍粮食工作罪

哈尔滨解放区为了打击哄抬物价、囤积居奇的犯罪行为，规定了"违犯政策扰乱市场阻碍粮食工作罪"。

在哈尔滨市政府发布布告确定东北流通券为法定流通币后，哈尔滨市出现了一些反动分子造谣哄抬物价的现象，导致一些商店拒收东北流通券，一时市面物价飞涨。哈尔滨市政府针对此种情况，及时发布布告勒令所有商店不得拒收东北流通券，不许囤积居奇，并且明确规定限令在规定日期内所有商店必须恢复到物价飞涨前的水平，对巩固东北流通券法定流通币地位和稳定物价起到了关键作用。

哈尔滨市政府 1946 年 9 月 23 日发布社实字第四三号《哈尔滨市政府关于严禁抬高物价的布告》：

> 查近来由于少数反动分子造谣及一部分商店故意高抬物价，以致百货腾贵，甚至拒用东北银行地方流通券，对市民影响甚大。政府除以大批粮低价出售外，用特布告全市各商店于三日内恢复五日前物价标准，并不得囤积居奇及拒用东北银行地方流通券。倘有故违，政府定从严处。切切。①

哈尔滨解放区政权机关还针对特定主体制定了专门的刑事法规，用以禁止囤积粮食等生活必需品，稳定物价，保障哈尔滨解放区人民能够正常地生活。1947 年上半年，一些机关部队利用其职务之便囤积粮食，非法外运以谋私利，致使粮价上涨，扰乱市场经济秩序，影响了哈尔滨解放区市民的正常生活。1947 年 5 月 9 日哈尔滨卫戍司令部同哈尔滨市政府针对这一现象联合发布《禁止一切军队私自贩卖粮食平抑粮价的布告》。布告原文为：

> 近日本市粮价上涨，影（响）民生甚巨，粮源不畅，因为重要原因，而少数机关部队，仅为本位利益着想，在哈市购粮非法外运，亦为其中

----

① 哈尔滨市档案馆. 哈尔滨解放：上. 北京：中国档案出版社，2010：298.

原因之一。若没有有效措施将产生严重后果，除由有关部门畅通粮源、平稳粮价外各公营商店及机关部队直接购买或通过私商购买者，一律限自布告之日起，五日内将存粮种类数目及囤积地点报告卫戍司令部听候处理，其有隐匿不报，或以后仍作贩运粮谷生意之公营商店及机关部队，一经查出，除没收其粮谷外并将其主营负责人依违犯政策扰乱市场阻碍粮食工作论罪，私商代为存粮者亦严加惩处，仰各周知，切切此布。

布告中严格制止各机关部队私自从哈尔滨解放区内购买粮食外运销售的行为，并规定原已私自购买但未销往外地的粮食要在规定期限内如实上报数量及囤积地点，听候处理。若有违反，一经查出除没收其粮谷外，对其主营负责人以"违犯政策扰乱市场阻碍粮食工作论罪"。同时对私人商贩代其存粮者"严加惩处"。

（三）打击破坏公共设施犯罪：打击破坏公共基础设施、公共资源行为

哈尔滨解放区为了恢复秩序、保障经济发展，对一些破坏公共基础设施、公共资源的行为作出了刑事处罚的规定。

1. 惩治破坏公共基础设施的法规

哈尔滨市政府 1947 年 12 月 21 日颁布的《哈尔滨特别市上下水道管理条例》和 1949 年 10 月 28 日颁布的《道路、桥梁、河川暂行保护条例》，是典型的保护公共基础设施的法规。这两个法规先对保护对象作了详细的界定，对保护方法作了详细的规定，然后对违反法规破坏公共基础设施的行为作出了具体的刑事处罚规定。

《哈尔滨特别市上下水道管理条例》① 共 11 条，规定了立法宗旨、禁止性规定、违反法规的处罚办法以及补充条款和生效时间。该条例的立法宗旨是："为保证全市市民饮水正常供给及沟渠宣泄便利起见，特制定哈尔滨市上下水道管理条例。"条例的第 3～8 条规定了关于保护上下水道的硬件设施、保护水质、保障水流畅通的具体措施。按照条例的规定，如果违反了上述具体措施中的禁止性规定，"定予严惩不贷"。

《道路、桥梁、河川暂行保护条例》② 共 14 条，规定了对道路、桥梁、河川等的保护规则及违反规则的处罚办法。该条例制定是为了保护市内的道路、桥梁、河川及其附属物。第 3～10 条详细规定了对道路、桥梁与河川保护的具体方法和禁止性条款。如果违反条例中的禁止性规定，处罚方法为：罚"二十斤以上二百斤以下高粱米（以当日市价折合计算之）"。这一处罚方式可

---

① 参见哈尔滨市档案馆馆藏革命历史档案，全宗号 2，目录号 1，案卷号 63。
② 参见哈尔滨市档案馆馆藏革命历史档案，全宗号 2，目录号 1，案卷号 167。

谓是独具特色的时代产物，在当时的社会、经济条件下，以粮食为一般等价物的参照物，进行当日对价换算的办法是最为务实可行的。此条罚款规定是适应当时哈尔滨市场物价不稳定的现实而作出的有特色的规定，可见当时哈尔滨民主政权立法的务实性和可操作性。

另外，对破坏公共设施的行为也有处以极刑的规定。1948 年 4 月 13 日哈尔滨市政府针对不法分子盗窃破坏路灯的现象，发布《保护路灯禁止破坏盗窃的布告》，同时颁布了《路灯保护办法》。由于该法规对路灯的保护是基于保障城市秩序及繁荣城市工商业的初衷，所以对盗窃及故意破坏路灯者的惩罚比较严重，即一律处以极刑。布告原文如下：

　　各区政府各公安分局所执法大队：查路灯保护办法公布在案。为保护此公共设施不受损害兹特决定由各区政府各公安分局所执法大队负责保护，令针对偷盗破坏以及影响路灯安全者应严加惩处，按路灯保护办法经常派员巡逻转饬所属及街道组长一体大力彻底保护为要，此令，附路灯保护办法布告一份。

路灯保护办法

　　查本市电力业已整顿就绪，为繁荣城市工商业及便利市民，令电业局将各主要街道路灯逐渐修理恢复。为保护此公共设施不被偷盗损害，特颁布路灯保护办法：

　　（一）凡本市各机关部队及全体市民均有保护路灯之义务，如发现不良分子偷盗或破坏路灯时应立即报告附近区政府或公安分局。

　　（二）路灯所在之街道组长均有保护路灯之职责，如发现有在路灯附近做有妨碍路灯安全之行为应加以干预制止并经常检查路灯有无损害情况。如查有路灯被偷盗或破坏时应随时通知公安局。

　　（三）凡偷盗及故意破坏路灯者处以极刑和死刑。以上各款自布告之日起施行。①

2. 惩治破坏公共资源的法规

东北行政委员会 1947 年 12 月 21 日颁布了《东北解放区森林管理暂行条例》，对森林的所有权进行了规定，对森林的种类进行划分，并根据不同的种类施行不同的保护措施；对违反法规的行为，根据其破坏对象的不同，制定了不同的刑事处罚措施。

条例中规定了东北解放区森林的所有权，即："东北解放区之森林（包括林区林地及林木）均归国有，其依据解放区土地法取得林木所有权者除外。"（第 1 条）条例中根据森林的作用和所处时期以及树木的用途，将森林分为保

---

　　① 哈尔滨市档案馆馆藏革命历史档案，全宗号 2，目录号 1，案卷号 167。

安林、风景林、培育林和薪柴林,对于不同的林区施行不同的保护方法:"凡属保安林、风景林及培育林之林木无论其属于国有或私有,均应加以保护,并严禁采伐毁坏。"(第 3 条)"薪柴林区之林木可以自由采伐。"(第 4 条)另外,对已砍伐的林地以及林区副产物也进行了保护规定:"已经采伐之林地,应育林造林,一般不得开垦;其有特殊必要经林业主管机关之批准者不在此限。"(第 5 条)"凡林区之副产物,在不损害或危及该区林木之限度内经林业主管机关或当地政府之许可得自由采集或猎取。"(第 6 条)

条例中还规定了对不法破坏森林资源者的惩罚办法。根据不法行为的破坏程度的不同,对其惩罚的原则亦有差别:"林区和林区附近严禁放火、烧山,违者重罚。"(第 7 条)"森林严禁盗伐、滥伐和损害,违者按情节轻重予以处罚。"(第 8 条)同时,对给予护林造林者奖励作了规定:"凡护林及造林有显著成绩者,得斟酌情形予以奖励。"(第 10 条)

(四)打击侵犯人身权利犯罪:禁止非法拘禁、刑讯逼供

保障人身安全是哈尔滨解放区建立民主秩序的主要目标之一。刚刚解放的哈尔滨,民主秩序还未能建立起来,不仅出于政治暗杀目的的杀人伤害事件频发,而且其他侵害人身安全之死伤事件(如滥捕、滥罚的情况)也屡有发生。为了制止这些违法现象,中共哈尔滨市委于 1947 年 1 月发布了《关于禁止乱杀人、乱捕人的决定》,规定捕杀权应由公安机关及法院统一行使,绝不可滥捕、滥收、滥罚;1948 年 4 月,哈尔滨市人民政府发布《禁止非法拘捕审讯及侵犯他人人权等行为的布告》,进一步明确了司法权的行使主体,严禁公务员的职务违法行为。

在《禁止非法拘捕审讯及侵犯他人人权等行为的布告》公布不久后,哈尔滨市人民法院审理了一件有影响的案件。1948 年 6 月,东北航务局造船所负责干部韩友三,因该所丢失财物,怀疑工人刘、孙、邱三人偷窃,擅自将三人扣押,并用皮带拷打。此案被揭发后,由公安局提起公诉,哈尔滨市人民法院于 7 月 23 日,以"非法刑讯侵害人权罪"判处韩友三有期徒刑三个月。《东北日报》为此专门发表了《巩固民主秩序制止违法行为》的社论,指出"造船所的偷窃嫌疑案件,既无确凿人证物证,又不依法处理,私立公堂,擅用肉刑,这种侵犯人权、目无法纪行为,政府绳之以法,治以应得之罪,是公正无私并获得社会的同情和舆论的赞助的"[①]。

(五)打击侵犯财产权利犯罪:打击私占敌产、擅自清算及盗贼

1. 严惩私占敌伪财产

哈尔滨解放后,民主政权面临接收与改造两大政治任务,接收任务迫在

---

① 张希坡,韩延龙. 中国革命法制史. 北京:中国社会科学出版社,2007:324.

眉睫，因此，哈尔滨卫戍司令部于 1946 年 5 月 18 日颁布《关于肃清匪徒安定秩序维持保护人民的布告》。布告中除了规定肃清匪患的内容，还宣布了民主政府建立后对一切敌伪财产的接收由市政府统一进行的要求，明确了对私自占有敌伪财产者以"盗匪"论罪。《关于肃清匪徒安定秩序维持保护人民的布告》第 4 条规定：

> 一切敌伪资产统一由市政府接收处理所有……此处任何人不论持有任何根据或任何理由均不可私自收集。违者即以盗匪论罪。凡有人向商民以清查敌伪财产为名，借而勒索者不问其假当事，商民先应与来人同去政府证明其职务。如来人拒不□者，显系假冒。当事商民可即用电话向本市卫戍司令部军警联合稽查之。警备电话（七五零三号）报告稽查处当立即派汽车部队前往逮捕法办。如有隐匿不报或以财物私自授予者除其财物没收充公外，并按情节轻重给以适当的处分。

上述布告内容只是临时性的规范，缺乏立法的稳定性。为此，1946 年 7 月召开的哈尔滨市第一届临时参议会在第一次民主议事过程中通过了《哈尔滨市政府敌伪财产处理纲要》。《哈尔滨市政府敌伪财产处理纲要》虽然不是严格意义上的刑事法规，但是其初步明确了"私自占有敌伪财产"的具体情形，与前述《关于肃清匪徒安定秩序维持保护人民的布告》相结合，基本形成了犯罪构成的轮廓。根据《哈尔滨市政府敌伪财产处理纲要》的规定，敌伪财产共有两大类：直接属于敌伪的各种财产和间接属于敌伪财产的各种财物。直接属于敌伪的财产是指"所有一切原属于日本关东军、日本政府、日本私人、伪满政府、伪满军队以及罪大恶极汉奸特务之工厂、房产、会社、仓库、商店等"（第 2 条第 1 款），及"所有本国人与日人共营之事业及财产其日人所有之部分"（第 2 条第 6 款）；间接属于敌伪财产的财物是指"所有一切敌伪军事、行政、经济及其他各部门，交付各工厂加工之原料制品半制品，于八·一五光复前，未收回者"（第 2 条第 2 款）、"存于工厂、商店、仓库中之成批物资，于八·一五光复后，非法转入私人手中者"（第 2 条第 3 款）、"交付各会社、商店配给，而于八·一五光复前，未配给完毕者"（第 2 条第 4 款）和"所有各商店、组合代替敌伪收买之各种物资，于八·一五光复前未交清者"（第 2 条第 5 款）。上述敌伪财产统一归市政府所有，任何个人和组织在没有经过市政府授权时无权私自处理敌伪财产，违者即以"盗匪"论罪。

但是《关于肃清匪徒安定秩序维持保护人民的布告》与《哈尔滨市政府敌伪财产处理纲要》并没有完全遏制不法分子侵占敌伪财产的现象。为了有效控制敌伪财产，哈尔滨市政府针对不同情况相继发布了 8 个关于处理敌伪财产的布告①，规定隐匿敌伪财产者"加重处罚"。这些布告主要是对三个不同主体的私占敌伪财产的行为加以控制：

第一，对敌伪财产的接收权力机关及人员进行监督、控制。1946 年 8 月 3 日哈尔滨市政府针对哈尔滨市敌伪财产授权并移交给敌伪财产处理委员会处理后，出现"各军政机关、人民团体、外国侨民，多有自行使用"的情况，为了能够彻底清查敌伪财产，要求所有占有使用敌伪财产的机关、团体及个人，不论是否取得合法手续，都要限期进行重新登记，即"均应具修正式公文"，如果逾期未登记②，"即时派员，强制接收"。1946 年 8 月 23 日哈尔滨市政府与卫戍司令部联合发布的《关于封禁离境日人之一切房产禁止私占的布告》针对个别机关部队及公安人员违令暗自迁入离境日人房屋的现象，为保护公私财产，规定对所有原离境日人的房屋"统予封禁，任何机关部队团体及个人不得擅自迁入或搬走"。1947 年 3 月 11 日哈尔滨市政府发布通告，"各机关部队在本市房屋不论公产私产，均须于三月底以前向本府登记（用纸由市政府公产科发给），由本府发给正式占用证，过期未能登记者一律安私自占用论"。

第二，对敌伪财产原占有者进行监督、控制。1946 年 8 月 12 日，哈尔滨市政府发布布告鼓励人民揭发敌伪财产原占有者，同时鼓励敌伪财产原占有者自首，揭发与自首奖励办法基本相同。布告中指出："查八一五光复以来，日本人工厂、房屋、地产及动产等多以本市市民或外侨名义改换牌号，伪制契约，隐蔽经营，近日东北民主联军总司令部公布遣送日侨俘回国后据报日本人现存物资更通过市民与外侨关系，实行隐匿。"针对此种情况，哈尔滨市政府分别对密告或自首敌伪动产、不动产制定了不同的奖惩办法：

一、八一五后日本人一切工厂、房产、地产及动产证券等除依法另有规定外，均为敌产，应由本府没收。

二、凡日本人民财产，假用市民或外侨名义经营、保管，自布告之日始奖励当事人自首或由他人密告。

三、双方当事人一方面备文向本府自首者，除动产照章提取百分之

---

① 这些布告包括：1946 年 7 月 27 日发布的《关于防范、查处冒充军事机关人员私占敌伪财产的布告》；1946 年 8 月 3 日发布的《关于令所有军政机关、人民团体及外国侨民（日侨除外）所占有之敌伪财产到市政府登记的布告》；1946 年 8 月 12 日发布的《关于查处日伪隐匿敌产的布告》；1946 年 8 月 18 日发布的《关于禁止违法强占日人房屋财产的布告》；1946 年 8 月 23 日与哈尔滨卫戍司令部联合发布的《关于封禁离境日人之一切房产禁止私占的布告》；1946 年 9 月 7 日发布的《关于返还原租用日人房屋给原主及登记、发放执照的布告》；1946 年 9 月 17 日发布的《关于确定日人所留房产所有权及令所有者登记发予执照的布告》；1947 年 3 月 11 日发布的《关于各机关部队占有房屋需经哈市政府批准，不得随意占用的布告》。

② 1946 年 8 月 10 日为布告中规定的限期登记的最后期限。

十提成外，不动产可酌予奖金。

四、市民自首或密告上项敌性财产，查属实，在□，即授予自首人或密告人经营或让予之优先权、特惠权。

五、与本人合谋隐匿敌伪财产，经查出证实后除奖事没收外，将治以应得之罪刑。

六、凡密告隐蔽敌伪财产者，不得本人同意本府必不代为宣布，而严守秘密。

第三，对非法占有敌伪财产、破坏敌伪财产者进行处罚。1946 年 8 月 18 日哈尔滨市政府针对非法占有敌伪财产的现象，规定了禁止事由和违反的处罚办法。布告内容如下：

为布告事，查留哈日人，遣送在即。本市已经发生下列现象，如：不良分子乘机以饯行勒购日人物品，强占日人住宅，串通日人假造证据或以其他方式强行或私购日人动产和不动产似此，紊乱社会秩序，本府应根据情节从严惩处；但日人如乘回国之前，私将房产、门窗、家具出售及破坏，沟通不良分子将其隐匿和转移，一经查觉或有人告发，亦当严惩不贷。此布。

另外，在遣送日人回国完成之际，哈尔滨市政府为了既能有效地控制敌伪财产又能保障合法占有的房产不受侵害，于 1946 年 9 月 17 日对原日人占有之房产作了相关规定："前经办事处及工作队新处理之房产，自应继续有效。惟必须向本府声请登记，以便发给执照。其未经处理之房产，本府为应各机关团体及人民之要，必加以公正合理之分配。关于取得许可之手续，仍须到本府申请办理，如不经过此种手续私自迁入，一经查出时，定必从严惩办，决不宽宥，自布告之日起凡一经私自侵占者，赶速自动迁出，否则一旦查觉，绝对依法惩处。"

2. 严惩擅自清算

哈尔滨市政府通过制定政治经济清算法规，明确规定可以进行政治经济清算的范围、可以进行政治经济清算的权力机构，不在清算范围的财产不可侵犯，严惩清算权力机构以外的任何团体和个人无权擅自清算的犯罪行为。其中最具代表性的为 1946 年 7 月哈尔滨市政府颁布的《哈尔滨市人民政治经济清算暂行办法》。暂行办法首先在第 1 条中规定了可以进行政治经济清算的五种情形，即：

甲，曾杀害抗日人民或破坏抗日团体与抗日武装确有证据者。

乙，隐匿与侵吞公共财产确有证据者。

丙，曾依敌伪势力霸占人民土地房屋工厂商店确有证据者。

　　　　丁，专门代替敌人配给各种物品从中侵吞苛扣大量物资（如已领之配给品不分给群众而自行侵吞者）确有证据者。

　　　　戊，曾将工人店员之配给品苛扣未发确有证据者。①

　　由上述条文可见，为避免有人借政治经济清算之名，侵害人民群众的合法权益，在五种可进行政治经济清算的情形中，每一种都有"确有证据者"的必要条件作为强调。同时，暂行办法中明确规定了"一般工商业家若无直接危害人民行为者不得清算"（第 4 条），保护了一般工商业者的基本权利。

　　另外，暂行办法第 3 条规定，对以政治经济清算为名侵犯人权、财权及政权等合法私权的行为要予以严惩，即：

　　　　对于各界人民之人权、财权与政权等，非经政府依法判决，任作个人、机关、部队或团体均不得侵犯，违者定予严惩。②

　　暂行办法明确规定了政治经济清算对象和清算的权力主体，制定了打击以政治经济清算为名侵犯人民群众合法权益行为的条款，保障了人民群众的合法财产免受侵犯，防止不法分子趁乱浑水摸鱼、扰乱社会秩序。

　　3. 严惩盗贼

　　严惩侵犯私有财产犯罪行为的典型法规是 1947 年 3 月 11 日哈尔滨市政府发布的《关于严惩盗贼的布告》。布告针对当时盗窃行为猖獗的现象，规定了对盗窃等侵犯私有财产的行为进行严厉惩罚。布告中明确规定，不论其出身及贫富，不论其侵害财产数量大小，一律进行严惩。布告原文如下：

　　　　查近有少数不良分子以"穷人翻身"为借口，肆行盗窃□破坏社会秩序之行为，此显系不良分子曲解政府扶助劳动群众政策，借以造成社会之不安，本府特郑重布告，凡有一切偷盗行为者，不论其出身及贫富均作依法严惩不贷，对于私人财产无论巨细，政府均作依法保护。通令各区政府、公安分局、街公所切实执行保护私人财产严惩盗贼。特此布告同知，切切此布。

　　此布告虽然字数不多，但是其中能够体现出哈尔滨解放区刑事法规在惩治侵犯私有财产犯罪时的平等与务实。布告中的两个"均"字表明了当时哈尔滨市政府制定法律的两个平等：其一，对违法者的态度是法律面前人人平等，即"凡有一切偷盗行为者，不论其出身及贫富，均作依法严惩不贷"。其二，对私人财产的保护态度平等，即"对于私人财产无论巨细，政府均作依法保护"。

　　此布告中还通过两个"严惩"表明了立法者的态度和立场：切实、有力

---

　　① 哈尔滨市档案馆藏革命历史档案，全宗号 2，目录号 1，案卷号 3。
　　② 同①.

地保护私有财产不受侵害，同时对盗窃行为的惩罚态度是严厉的。即对"一切偷盗行为者""依法严惩不贷"，令各区政府、公安分局、街公所"切实执行保护私人财产严惩盗贼"。

（六）打击职务犯罪：惩治贪污、浪费行为

东北人民代表会议于 1948 年 1 月 23 日发布《关于厉行节约反对浪费贪污损失藉以克服困难积累资本以利经济建设支援全国的决议》，作出了军民上下例行节约、反对浪费、惩治贪污的规定。规定中指出："由于敌伪长期统治榨取，对于恢复经济困难尚多，为克服恢复时期的困难，亟应号召全东北人民及一切机关部队大力进行节约，节衣缩食，反对任何浪费、损失、贪污、破坏，以便积累资金，恢复工业，支援全国的战争与建设。"为了贯彻执行这一政策，此决议中对节约物资、反对贪污作出了强制性规定：

（一）由各级人民政府加强领导动员全体人民及机关部队开展讨论，实行自下而上的民主检举，造成一个广泛的运动；

（二）机关部队发起节食，机关每人每天节省粮食一两至二两，部队半两至一两。发动机关部队人员少领单衣、棉衣，少领鞋袜、日用品；

（三）一切国营公营企业，严格管理制度，加强经济核算，防火防奸防盗，全力消减损失、破坏与浪费；

（四）厉行机关精简整编运动，坚决裁减重叠机关与勤杂人员，提倡义务劳动，停止房舍修建，节约水、电、汽油消耗，严禁请客送礼；

（五）急筹救赈济水灾、旱灾、风灾严重地区，并领导当地人民互助互济，收集储藏副食品、代食品、旧棉衣等备荒渡荒；

（六）奖励节约积蓄，严惩贪污、损失、破坏，厉行自下而上的民主检举及人民检察制度。①

哈尔滨解放区贯彻东北人民代表会议的决议，哈尔滨市政府于 1948 年公布施行《哈尔滨市政府公务员贪污惩戒条例》，对贪污行为的具体表现进行了详细的说明，并列举出 15 种应受惩戒的贪污行为："一、谋取个人私利，破坏人民大众利益者。二、利用职权要求期约，或收受贿赂或其他不正利益者。三、以恐吓欺诈刁难等手段向他人索受财物者。四、侵占公有物品者。五、侵占及横领公款者。六、经营或合办与职权有联系之营业者。七、未经长官许可，兼任其他职务者。八、利用职权或机会，向部下收受财物者。九、为公务滥行使用私人，或为私事滥行使用部下者。十、对于租税及各项入款，明知不应征收而征收者。十一、泄露或交付外人关于市政之秘密文书、图画、消息或物品以收取代价者。十二、有审判职务之公务员或公断人，对于处理

---

① 哈尔滨市档案馆馆藏革命历史档案，全宗号 2，目录号 1，案卷号 140。

或审判之法律事件要求期约，或收受贿赂或其他不正利益者。十三、明知为无罪之人，而使其受追诉处罚。十四、诱惑或唆使部下违犯本章者。一五、假借职务之权力机会或方法故意违犯本章以外各罪者。"《哈尔滨市政府公务员贪污惩戒条例》规定，凡"惩戒事件，认为有刑事嫌疑者，依法查办之"，对贯彻执行严惩贪污起到了重要的作用。

三、主要治安规范

哈尔滨作为最早解放的大城市，是我党工作重心由农村转移到城市、开城市治安建设先河的典范。随着解放战争的顺利进行，相继解放的城市自治安建设就被提到日程上来。

（一）对城市的军事管制：维护治安、保障人民生命财产安全的一、二号布告

为了有效控制哈尔滨市的局面，尽快稳定社会秩序，保障人民的基本生活，在民主联军解放哈尔滨的第二天，哈尔滨市卫戍司令部就仿照苏联军管模式发布了进驻哈尔滨市维护治安的布告，但是其内容与苏军军管命令有较大不同。苏军军管命令的强制色彩浓郁，其中保护人民基本权利的内容仅涉及宗教自由和工商业营业的权利，而中国共产党领导的民主政权首先以一号布告赋予了人民基本权利，依靠人民群众的力量铲除余孽维护治安。该布告的具体内容如下①

哈尔滨市卫戍司令部关于维护治安、进驻哈市的布告
（卫字第一号）
（一九四六年四月二十九日）

为布告事，照得苏联红军撤退之后，哈市伪匪骚动，治安不保，本军应人民邀请，进驻哈尔滨。当此驻防之始，特以下列各项，公告我哈市各界同胞。

一、本军愿与一切主张和平民主人士合作，实现松哈人民和平民主要求，反对内战。

二、保护人民言论、出版、集会、结社、信仰自由，保护人民生命财产，保护工商业，保护宗教庙宇，保护外侨。

三、各机关照常办公，各学校照常上课，各商店照常营业。

四、本军军纪严明，倘有不法军人或假借本军名义残害人民者，各界同胞均得密告，或扭送前来，一经查实，定予严惩。

司令员　聂鹤亭

政委　钟子云

中华民国三十五年四月二十九日

---

① 哈尔滨市档案馆．哈尔滨解放：上．北京：中国档案出版社，2010：86.

布告首先对市民的政治权利、人身权利、财产权利、宗教自由进行了保障，由于哈尔滨市有多国侨民旅居于此，外侨的合法权利也受到保护。基于权利保障的需要，必须铲除敌伪势力，因此民主政权着重强调了市民有检举、揭发、扭送的权利。在权利保障的基础上，哈尔滨市卫戍司令部发布了第二号布告①：

哈尔滨市卫戍司令部关于保障本市人民生命财产安全的布告
（卫字第二号）
（一九四六年四月二十九日）

为严防敌伪残余、特务匪类，破坏本市治安，扰乱社会秩序，以保障本市人民生命财产之安全起见，特规定以下数项。仰我市人民一起遵照执行。

一、自即日起，每日自下午九时，至翌日晨上午五时为戒严时间。在此时间内，如无特别通行证，任何人不得通行（戒严条令另行发布）。

二、市内一切水源电气、学校工厂、交通设施、公共建筑、仓库物资等任何人不得窃取破坏，违者即以军法论罪。

三、一切非法武器均须迅速向本部缴械投诚，本部皆按宽大政策予以自新之路。倘再执迷不悟继续扰乱治安，甘与本市人民为敌者，本部定予严惩不贷。

四、非经本部允许，任何人不得私自携带武器弹药，违者除没收武器外，并按军法论罪。

司令员　聂鹤亭

政委　钟子云

中华民国三十五年四月二十九日

这则布告第 1 条为强制戒严令，第 2 条是对窃取破坏公共设施的行为的罚则，第 3 条为强制收缴武器条款，第 4 条为携带武器的罚则。四条中有两条的罚则为以"军法论罪"，这明显具有战时的军事管制特征。另外，进城后卫戍司令部还发布过多个布告，如 1946 年 5 月 18 日《关于肃清匪徒安定秩序维持保护人民的布告》、1946 年 8 月 23 日《关于封禁离境日人之一切房产禁止私占的布告》、1946 年 12 月 30 日《关于肃清土匪加强冬防的通令》、1947 年 5 月 9 日《禁止一切军队私自贩卖粮食平抑粮价的布告》等，均具有明显的军事管制痕迹，总体上发挥着治安法规的功能。

（二）对旧社会的改造：铲除鸦片、妓院等毒瘤

哈尔滨解放后，人民政府即着手改造旧城市、建立新型城市的工作，取

---

① 哈尔滨市档案馆．哈尔滨解放：上．北京：中国档案出版社，2010：86.

缔赌博、卖淫嫖娼、毒品等就是铲除旧社会毒瘤的重要任务。哈尔滨解放区取缔制毒、储毒、贩毒机构，取缔烟馆，捕获贩毒集团首要分子，同时普遍登记烟民，开展戒烟禁烟运动；取缔妓院，将妓女中的绝大多数教育改造成为自食其力的劳动妇女；成立教养院，收容乞丐、游民、流氓分子，给他们创造生产劳动条件，使他们在劳动中被改造成为自食其力的劳动者。

第一，禁毒工作。1946 年东北民主联军进驻哈尔滨后，就明令取缔烟馆，禁止鸦片贩卖活动，对贩卖鸦片的犯罪行为以"贩卖鸦片罪"论处。但社会陋习一时难以消除。1947 年对流浪街头的"大烟鬼""吗啡客"进行收容改造，吸毒者逐渐减少，但仍未从根本上肃清烟毒。1948 年 3 月 6 日，中共松江省委、松江军区、松江省政府联合发布了《关于不准私种大烟的联合训令》，训令中指出："……如有种者，马上铲除，如有不执行此项规定，私种大烟没机者，从严处罚为要。"① 禁毒工作是在刑事规制、治安规范和行政管理相互配合下进行的，可以说基本达到了铲除旧社会毒瘤、改造旧社会陋习的目的。

第二，取缔妓院和改造娼妓工作。妓院是中国半殖民地半封建社会的毒瘤，是性病滋生地，是腐蚀人们灵魂的精神鸦片，是藏污纳垢、掩藏犯罪的场所。经常出入妓院的除了达官贵人，就是地痞流氓、土匪盗贼、赌棍毒贩等。在日伪统治时期，许多妓院本身就是日本特务机关的据点，一些妓女被训练成为日伪特务。因此，妓院对社会危害极大。哈尔滨解放后，取缔妓院、改造娼妓，一些妓女逃往外地，但多数妓女潜散在市内，变为暗娼继续卖淫。1946 年 9 月 8 日，哈尔滨市公安局发出调查妓女的训令，对妓女的情况展开了普遍调查，为以后的教育改造和取缔工作创造了条件。1947 年 10 月，全市进行妓女登记。1948 年 1 与 18 日，成立了"哈市妓女自救会"，由区工作队和公安分局派人担当领导工作。自救会制定了妓女的学习教育、请假等规章制度，筹备开设工厂，建立医院，为就业劳动做好了准备。1948 年 12 月 22 日，为了集中整顿妓院集中的区域道外区荟芳里，中共道外区委员会颁布了《关于处理妓女决定草案》②，草案确定了"自上而下的管理他们，再进一步的消灭他们"的方针。为实现这一方针，要求"组织妓女自救会"，"对零星妓女逐步集中，以便管理"。1949 年 4 月，经上级批准，市公安局、公安总队、市民政局与东北金矿局协商，将 40 岁以下，没有重大吸毒嗜好、没有严重性病、没有直系亲属和没有丈夫的妓女送到矿山参加劳动。许多人同当地矿工以双方自愿的方式缔结了婚姻，组建了家庭，成为自食其力的劳动者，过上了正常人的生活，对稳定社会治安秩序、清除旧社会遗留问题都具有重大的意义。

---

① 哈尔滨市档案局（馆）.哈尔滨解放.北京：中国文史出版社，2017：439-440.
② 同①440-441.

另外，公安机关还对"特种行业"进行了特殊管理。"特种行业"是指营业的性质容易被不法分子利用、从业人员易受腐蚀、容易发生治安事故的行业，如旅馆业、旧货业等。① 为了防患于未然，解放区颁布了相关法规，对这些行业进行严格管理，从源头上杜绝了治安的隐患。经过以上改造，清除了旧社会遗留的污泥浊水，整顿了市容，加强了治安及对特种行业的管理工作，基本消除了旧城市的特征和痕迹，哈尔滨展现出一座新型城市的崭新面貌。

（三）对妨害交通的处罚：拘留、劳作、罚金等治安处罚

公共交通是城市市民出行必备的基本条件，公共交通场所是流动人口最密集、物资最集中的公共场所，也是治安问题反应最敏感的场所之一，往往是敌对势力进行破坏活动的主要目标，容易发生火灾、爆炸、撞车等治安灾害事故。在哈尔滨解放区社会日常管理法规中有关城市交通的法规较多，形式也相对规范。有关交通管理的法规主要有：

（1）《哈尔滨特别市陆上交通管理暂行办法》（1947 年 8 月 10 日），哈尔滨市政府发布；

（2）《哈尔滨特别市水上交通管理暂行办法》（1947 年 8 月 10 日），哈尔滨市政府发布；

（3）《哈尔滨特别市妨害交通之暂行罚法》（1947 年 8 月 10 日），哈尔滨市政府发布；

（4）《交通整理实施计划》（1947 年 8 月 8 日），哈尔滨市公安局发布；

（5）《哈尔滨市水上秩序暂行管理规则》（1949 年 7 月），哈尔滨市政府发布；

（6）《哈尔滨市江岸秩序暂行管理规则》（1949 年 7 月），哈尔滨市政府发布；

（7）《陆上交通管理暂行规则》（1949 年 3 月 1 日），哈尔滨市公安局发布；

（8）《陆上交通管理暂行办法》（1949 年 9 月），哈尔滨市公安局发布；

（9）《妨害交通之罚法（水上交通管理暂行办法）》（1949 年 9 月），哈尔滨市公安局发布。

上述法规中，1947 年 8 月 10 日哈尔滨市政府颁布的《哈尔滨特别市妨害交通之暂行罚法》具有明显的治安处罚法规特征。该法规共 8 条，全文如下：

　　　　一、盗窃、贩卖、出租政府所发之车牌、船牌或行车行船执照情节轻微者，处十日以下五日以上拘留或八十小时以下四十小时以上劳作或五千元以下罚金；其购买、承租者，处三日以上拘留或二十四小时以下

---

① 哈尔滨市档案局（馆）. 哈尔滨解放. 北京：中国文史出版社，2017：133 - 134.

八小时以上劳作或两千元以下罚金。

販卖、出租者并没收其所得金额。

二、有左列情形之一者，处七日以下三日以上拘留或五十六小时以下二十四小时以上劳作或四千元以下罚金。

1. 各种车船不依法令规定手续领有牌照，擅在市内行驶者；

2. 各种车船冒名顶替使用车船牌号坎行车行船执照者；

3. 各种车船业者当发现乘客有违法行为或行迹显著有违法之嫌疑，不向公安机关或公安员报告者；

4. 有毁损道路、桥梁、标志或其他危害行人车辆安全之行为者。

三、有左列情形之一者，处五日以下二日以上拘留或四十小时以下十六小时以上劳作或三千元以下罚金。

1. 不依照交通管理规则行车、停车且不听禁止劝告者；

2. 各种车辆行驶速度超过规定者；

3. 于戒严时间内擅自行驶车船者；

4. 各种车船载重超过规定数量或载物超出车身一定之限制，不听禁止者；

5. 车辆肇事时不立即停驶者；

6. 车辆行驶、停止不遵照交通岗之指挥或信号指示者；

7. 各种车辆不按规定设置或损坏，故不修理应有之音号、标志及灯光等物者；

8. 未领有司机执照，擅自驾驶汽车及其他机器运转之车辆者；

9. 于人烟稠密、弯曲小巷或交通繁杂地带，车马加速或争道竞行，不听禁止劝告者。

四、有左列情形之一者，处三日以下一日以上拘留或二十四小时以下八小时以上劳作或两千元以下罚金。

1. 车辆于夜间行驶不设备灯火者；

2. 各种车船故意于禁止通行道路上或境内擅自通行者；

3. 各种车船故意违反规则载货揽坐者；

4. 不遵禁令、劝告于路旁或河岸等处摆设摊床或有碍交通设置者；

5. 车马于道路中间任意停放、行驶妨碍交通者；

6. 不遵规定紊乱交通秩序且不听禁止者；

7. 婚丧仗仪不依规定行走有碍交通不听禁止者；

8. 车船于检验后再行改装机器构造时不按规定报告检验机关者。

五、有左列情形之一者，处一日拘留或八小时以下四小时以上劳作或一千元以下罚金或告诫。

1. 行人或候车人不遵规定妨碍行车或紊乱秩序且不听禁止劝告者；

2. 汽车行驶于人烟稠密处所故意泄放巨音或含有烟雾之气体者；

3. 乘客违反规则坐立于车船危险之处不听禁止劝告者；

4. 各种车船业者对乘客违反规则及有危险之乘降坐立，不加禁止劝告者；

5. 各种车船业者除本罚法规定者外，有故意不遵守交通规则内所规定之其他事项者。

六、以上各项因车船行驶而违警者，所处之劳作得与车船人夫并罚之。

七、本罚法罚金之核算标准，以高粱米每斤按流通券一百元计算之。

八、本罚法自中华民国三十六年八月十日施行。①

上述法规条文中涉及五大类交通违法行为的处罚情形，处罚方式包括"拘留"、"劳作"、"罚金"和"告诫"。"拘留"从轻则一日到重则十日不等，"劳作"从轻则四小时到重则八十小时不等，"罚金"从轻则一千元到重则五千元不等，同时因战时物价频繁波动，还规定了相对稳定的粮食核算标准。这几种处罚方式显然具有治安处罚的性质，与刑事处罚方式相比较轻。与当今的《治安管理处罚法》中规定的"警告""罚款""行政拘留""吊销公安机关发放的许可证"四种处罚中的前三种相类似，具有一定的打击妨害治安管理行为的功能，同时也体现出治安处罚与事实、性质、情节以及社会危害程度相当的基本原则，具有一定的先进性。

（四）对危险物品的管控：取缔枪支与禁放烟花

哈尔滨解放区规定的战时危险物品主要是指武器及易燃易爆物品，对此类物品管理的法规主要由哈尔滨市卫戍司令部和哈尔滨市公安局制定颁布。具体法规颁布情况如下：

（1）《关于武器弹药管理的布告》（1946 年 5 月 1 日），哈尔滨市卫戍司令部发布；

（2）《严禁无故鸣枪及对无故鸣枪者的处分》（1946 年 8 月 19 日），哈尔滨市卫戍司令部发布；

（3）《关于对无故鸣枪加以惩罚的训令》（1946 年 10 月 20 日），哈尔滨市卫戍司令部发布；

（4）《关于禁止贩卖、燃放炮竹的布告》（1946 年 12 月），哈尔滨市卫戍司令部发布；

（5）《关于批准"暂行枪械取缔办法"的指示》（1947 年 1 月 8 日），哈尔

---

① 哈尔滨市档案局（馆）. 哈尔滨解放. 北京：中国文史出版社，2017：395 - 397.

滨市公安局发布。

由上可见，哈尔滨市卫戍司令部和哈尔滨市公安局针对危险物品的管理主要颁布了以下两类法规：其一，针对枪支、弹药等军事武器的管理：1946年5月1日颁布的《关于武器弹药管理的布告》、1946年8月19日颁布的《严禁无故鸣枪及对无故鸣枪者的处分》、1946年10月20日颁布的《关于对无故鸣枪加以惩罚的训令》和1947年1月8日颁布的《关于批准"暂行枪械取缔办法"的指示》。其二，针对易燃易爆等可被制作成武器的物品的管理：1946年12月颁布的《关于禁止贩卖、燃放炮竹的布告》，此布告是针对当时临近新春，人们有放炮的习俗，为了维护社会治安、防止特务分子趁机搞破坏活动而制定的。危险物品管理法规有效地防止了武器、易燃易爆物品等危险物品对社会治安造成的危害。

哈尔滨解放区治安保卫工作卓有成效，并将其工作经验上升为理论，为其他解放区接管后的治安保卫工作提供了借鉴。哈尔滨解放区治安保卫工作的经验主要有以下几条：第一，建立城市公安行政管制是镇压反革命、肃清匪盗、建立革命秩序的先决条件；第二，城市锄奸要走群众路线；第三，不能用农村的观点来管理城市；第四，认真实行革命法制；第五，把户口管理作为管理城市的重要工作之一；第六，改造游民、流氓、小偷、赌徒，组织他们参加生产，是巩固治安、安定社会秩序的重要条件之一。① 这些经验，可以说有别于传统的农村治安建设，在"清除敌特、肃清盗匪、建立革命秩序"等方面，为新解放城市提供了相当详尽的路线方法。中共中央社会部还曾对此进行专门总结，特通报各地作为典范。

四、户籍制度的产生

哈尔滨解放区通过建立户籍制度，肃清了反动党团特、封建会道门等反动组织人员。以户籍管理法规为依据，哈尔滨解放区完成了户口清查与户口建立两个阶段的任务。在第一阶段哈尔滨市进行了两次大规模的户口清查，完成了全市户口的清查登记工作。第二阶段建立和健全了户口管理制度，通过统一户口管理手续及户口档案管理制度，对市内人口及流动人口加以控制和管理，特别是对特殊人口进行管理，有力地配合了刑事和治安保卫工作，肃清了反动组织，为城市民主、法治秩序的建立打下了基础。

（一）户口清查运动：解决"黑人入户"的安全隐患

日本投降时，焚毁了哈尔滨市的户口档案，这给当时的城市管理工作造成了极大困难。1946年4月28日东北民主联军进驻哈尔滨市时，社会秩序十

---

① 哈尔滨市公安局. 哈尔滨公安历史编年. 内部发行，1992：34.

分混乱，敌伪军警宪特、国民党建军土匪活动猖獗；失业人口众多，流动人口数字颇大，根本无法控制。因此，搞清全市人口数字，摸清全市户口情况，掌握人口动向，是打击敌人破坏活动、安定社会秩序的中心环节。经过了必要的准备工作之后，1946 年 10 月，中共哈尔滨市委、市政府颁发了《清查登记户口的布告》，开始了城市户口清查工作。户口清查工作分为两个阶段进行。

第一阶段的户口清查工作于 1946 年 10—11 月开展，历时一个月。1946 年 10 月，市公安局根据市委、市政府的《开展户口调查布告》的精神，从公安干校中抽调了 83 名学员，在人口稠密成分又较为复杂的道外北七道街进行试点工作，他们主要做了些编写清查人口宣传提纲、制定表格与登记内容、进行户口申报及划分户口类别等基础工作。由于公安局留用的旧人员多数对清查户口持消极态度，有些干部便持怀疑反对态度，认为多此一举，部分群众对此也不关心、怕麻烦，特别是少数坏人极力造谣破坏，采取不报、伪报、私刻印信、制造假证明或威吓利诱组长等手段，对抗户口登记，增加了工作的难度。基于此，登记户口改为市民自动申报。① 随后又从公安系统中抽出干警 200 名，经过短期业务培训后，以街公安分驻所为单位，进行了全市的户口申报工作。历时半个多月，全市共计申报人口 568 948 人。但是由于当时从事这一工作的人手不足，宣传工作做得十分粗糙。群众当中的许多人认为"户口申报，无非是要兵派工"，因而当时漏报的人很多。即便是清查登记人员，对此也存在着一些模糊的认识，认为这是"徒费工夫的多此一举"。加之坏人伪报户口，这次的户口申报工作，在内容上有出入，在数字上存在着伪报、漏报等情况，并不能为所要开展的各项工作提供可靠的依据。②

第二阶段的户口清查工作自 1947 年 1 月开始，历时近一年。1947 年 1 月，市委为了彻底把全市的人口数字搞清楚，决定重新进行清查登记户口工作，并把这项工作列为市、区两级政府的主要工作任务之一。为此，市委、市政府在公安系统抽调 200 名干警，在市一、二、四中及女中抽调一部分学生，还在工商企业中抽调了部分工人、店员，共计 700 人，组成了户口清查大队，在道里区搞试点。所有的抽调人员先集中在哈一中集训，学习、讨论了有关文件及人口登记的技术方法，7 天后便在道里区以街公安分驻所为单位，挨门逐户填报、登记，进行户口清查工作。一个月以后，道里区的清查登记户口试点工作结束。这一工作提高了一些同志对清查户口必要性的认识，帮助党和政府了解和掌握了社会情况，并在实践中解决了清查登记户口工作的难题，为以后全市普遍清查登记户口打下了基础。在试点的基础上，1947

① 哈尔滨市人民政府地方志办公室. 哈尔滨市志·公安志. 哈尔滨：黑龙江人民出版社，1996：202.

② 李士良，石方，高凌. 哈尔滨史略. 哈尔滨：黑龙江人民出版社，1994：368.

年 9 月，在市委、市政府的统一领导和部署下，全市性的清查登记户口工作开始开展。为了动员群众参加户口清查登记，市政府专门颁发了动员令，市委宣传部拟发了宣传要点。9 月 3 日，《哈尔滨日报》发表了题为《清除坏人确保安全，在全市即进行户口清查》的报道。此时原有的 700 人户口清查大队已经成为骨干力量，又从全市的各机关、工厂、学校抽调了 4 000 余人，组成了约有 5 000 人参加的清查登记户口工作队伍，以区为单位划分成大队、中队、小队，大队包区，中队包委组，小队包街道，开始了全市范围内声势浩大的清查登记户口工作。由于有了前阶段工作的基础和道里区试点工作的经验，这次工作进行得比较顺利，仅仅用了一个多月的时间，便完成了全市的清查登记户口工作，基本上查清了人数，了解了社会面貌和大致的阶级关系，为党和政府政策的制定提供了依据。1947 年 10 月的《哈尔滨特别市现状统计表》中反映出来的《户口调查的统计数字》[①] 显示，哈尔滨市城市区域的中国人总计 614 657 人，其中男 336 556 人、女 278 101 人，汉族 601 617 人、回族 8 045 人、满族 4 944 人、蒙古族 51 人，除以上外还有近郊农村区域 78 627 人和清查户口登记的黑人 35 901 人；哈尔滨市外侨总计 38 134 人，其中苏联人 31 809 人、朝鲜人 3 039 人、日本人 2 111 人、其他外侨 1 175 人（见表 5-1）。

表 5-1 1947 年哈尔滨特别市人口统计表

单位：人

类别	民族/国籍	男	女	计	说明
城市区域中国人	汉	329 778	271 839	601 617	1. 人口数字仅是已登记户口的统计数字，其中三个郊外农村区的人口和外侨人口（日本、朝鲜侨民除外）是 1946 年底的统计数字。 2. 人口数字内不包括本市军政机关、学校团体及公营企业的人口，因为他们尚未登记户口。
	回	4 359	3 686	8 045	
	满	2 392	2 552	4 944	
	蒙	27	24	51	
	计	336 556	278 101	614 657	
城市区域外侨	苏联人	13 778	18 031	31 809	
	朝鲜人	1 448	1 591	3 039	
	日本人	838	1 273	2 111	
	其他外侨	465	710	1 175	
	计	16 529	21 605	38 134	
近郊农村区域（顾乡、香坊、松浦）		42 008	36 619	78 627	
清查户口登记的黑人		20 609	15 292	35 901	
总计		415 702	351 617	767 319	

资料来源：哈尔滨市档案馆馆藏革命历史档案，全宗号 5，目录号 1，案卷号 5。

---

① 参见哈尔滨市档案馆馆藏革命历史档案，全宗号 5，目录号 1，案卷号 5。

　　值得注意的是，通过户口清查，逐渐建立了"黑人入户"制度。上述表格中出现的黑人，是指在本市没有户籍登记，由外地流浪至本市，居无定所的人。"黑人入户"是哈尔滨解放区户籍制度档案中使用的专门用语，是主要针对欲定居于本市的黑人住户，给其发放居民证件，并登记入册的户籍管理制度。① 处理黑人是从 1947 年 5 月开始的，经过事先登记整理，确定处理办法后，各区开始按照审查来历、查验入户证件、无证件取保等手续进行处理，至 5 月末全部处理了 3 700 余名黑人，由于这些黑人取得了户籍或返回原籍，减去了管理上很大的负担。在治安管理上，限制了黑人的市内流窜与坏人混装黑人的投机活动。在经济上，黑人住户领得了政府配粮，也稳定了黑市物价。在政治上，在审查来历与查验证件中，新发现了部分特殊住户，如过去的建军盗匪分子、逃亡地主、蒋区返回之敌伪残余、流散的蒋军俘虏等。

　　通过户口清查，限制了敌伪分子的反革命活动。在清查中发现国民党特务、建军、土匪、反革命嫌疑、日伪残余、地主恶霸、盗贼、小偷、烟鬼、妓女等 1 777 人，发现并登记 39 869 名逃往敌区未归人员，提供了侦查线索，限制了反坏分子的活动。特别是施用"路条"，限制了敌特分子的往来。许多黑人到处不敢居留，走投无路，不得不钻高粱地、蹲垃圾箱。在调查户口中，还直接破获了国民党吉林保安队情报员胡海军案，西傅家区破获了国特建军手枪队案（缴获短枪 2 支），香坊区捕获了土匪，松浦区搜出了枪支，还查获了伪新阳区区长靳太温、伪依安警察署署长杨佩林等案犯 30 人。1947 年 12 月 20 日，马家区分部街公所通过查户口擒获了惯盗姜景文、魏兴久、孙广昌以及其他烟赌罪犯，西傅家区擒获各类案犯 69 人，这些都对维护治安、加强城市管理起了积极作用。②

　　通过户口管理，限制了地主逃亡。马家区从迁往敌区的张明哲处，查出绥化县有 3 000 晌土地的大地主郑礼及其大量浮财，打击了地主的不法活动，配合了群众的土改斗争。在土地改革高潮中，还通过户口管理协助外县抓捕了地主恶霸、敌伪残余及有劣迹的坏人等 7 000 余人，起出大批浮动财物。同时配合了移民工作，限制了游民流窜，有些无户口的人自动报名下乡生产，减轻了城市负担。

　　通过户口清查，整顿了街道门牌户号。解放前哈尔滨部分街道门牌户号残缺零乱、重复不齐，特别是东傅家区、西傅家区、顾乡、太平几个建筑杂乱区域更为突出，给敌伪分子逃窜以可乘之机。市公安局以较大的力量，沿街按户进行了一次整顿与重新编排，给邮电、通信、自来水、电业等单位的

---

　　① 　参见哈尔滨市档案馆馆藏革命历史档案，全宗号 1，目录号 1，案卷号 225。

　　② 　哈尔滨市人民政府地方志办公室. 哈尔滨市志·公安志. 哈尔滨：黑龙江人民出版社，1996：202.

工作提供了便利条件。通过整顿街道门牌户号，建立了两套完整的户口簿册，统一了户口管理及档案管理等制度，并在工作中培养了83名新的管理工作人员，为以后的户口管理工作打下了基础。

通过户口清查，增强了群众对户口工作的认识，使其转变了态度。群众看到清查户口中发现的多种问题后，认识到了户口登记的重要性，纷纷要求入户。有些干部说："没有户口，坏人就无法管理。"居民过去随便留宿外人，现在怕牵连，不留无户口人员住宿。马家区文化街贫民会员赵广德、南岗区邮政街妇女会员孙贵英等积极分子，主动向政府报告黑人，检举坏人。安静街从长春（敌占区）来了一人，群众立即报告。许多无户口人员主动要求登记，坏人被迫自首。间、组长也注意了解管内人口移动情况。

在全面清查登记户口工作的基础上，哈尔滨市开始逐步建立和健全户口管理制度。如何进行户口管理工作，还是一个全新的课题。但在户口清查登记的过程中，公安和区街政权已经积累了一定的经验，为以后的刑事治安保卫任务的完成打下了坚实的基础。

（二）普通居民户籍制度：居民旅行证与居民证

哈尔滨解放区初步建立并完善了户口及身份证件制度，制定了一系列法规推行居民旅行证制度、居民证制度，这些针对普通城市人口的户籍管理制度在当时与刑事治安政策、法规相互配合，起到了巩固政权、维护治安的良好效果。

1. 居民旅行证制度

为了东北解放区的安全稳定，1947年6月4日东北公安总处通令各地区统一旅行证制度。5日，哈尔滨特别市政府张贴布告，规定了市民迁出迁入、出生、死亡、临时外宿、临时居住旅行、事项变更等申报制度。同时，哈尔滨市公安局制定户口移动手续制度，市民外出需携带证明身份的路条、旅行证等证件。①

然而，旅行证的使用，虽然给敌特、土匪、坏人的活动带来了一定限制，但仍有不少地区并没有严格执行。城市村屯长、群众团体及少数机关部队生产人员等，仍滥发旅行过境出口护照；或者私卖路条，从中牟利；或者包庇走私，私自放走坏人；或者涂改日期，仍然使用已经过期的旅行证；更有甚者，为敌人或不肖之徒伪造路条、印信，进行破坏性活动，为其逃往蒋区提供方便，为了牟利而串通贩卖。为此，1947年9月24日东北公安总处再次颁布通令，作出了5条规定：

---

① 哈尔滨市人民政府地方志办公室．哈尔滨市志·公安志．哈尔滨：黑龙江人民出版社，1996：203．

一、居民、商旅使用之旅行证，一律按本处以前规定执行，统一由公安机关制发，城、村屯长、民众团体、生产机关等等不准滥发，如再发现与规定不符者，各地哨站、关卡得将其人员扣留，查究发给人员，据情节轻重以处罚。

二、各哨站必须切实负责，严予检查，不得松懈，以识别旅行证之真伪，如查获伪造者，得将其人员扣留，交直属上级公安机关追究来源，对伪造或者贩卖人员，公布罪状，给予镇压。

三、机关部队人员出卖护照，或徇情私开路条包庇走私者，经查觉后，得扣留其人员，并将经过情形，报告其上级机关，请示处理。

四、凡发现商民使用机关部队护照或涂改过期使用者，一律不准通行，得将其人员扣留，追求原因，分别处理。

五、凡因护照、路条事故被扣者，伙食均由被扣人员自付，公安机关不予供给。①

该通令规定了滥发和伪造旅行证的法律后果，以及出卖机关部队特殊护照、徇私舞弊一经发现对于机关部队人员和使用者的处罚后果。可以说，该通令以法律强制性的方式对核发旅行证中产生的伪造、变卖、使用过期证件蒙混过关等情况进行了规制，对旅行证的顺利发放以及旅行证的有效使用起到了积极的作用，同时也为在当时新政权建立的情况下稳定政权、限制人口、维护社会治安、控制敌特分子破坏政权打下了坚实的基础。

2. 居民证制度

1948 年 4 月 26 日，东北行政委员会颁布命令，东北全境废除旅行证制度，实行居民证制度。哈尔滨市先于 1948 年 7 月下旬以马家区为试点取得初步经验后，于 8 月初开始全市发放居民证工作。② 除以分局、分驻所人员作为基本力量外，市委还动员小学教员、学生共计 400 余人参与配合。从宣传、户口审查对照、抄写卡片、居民审查、照相、填写居民证至发放，该项历时 5 个月，全市共计发放正式居民证 412 922 份，临时居民证 8 948 份，于 12 月发放完毕。③ 这是一项庞大复杂的组织工作，其中宣传、户口审查对照及居民审查尤其重要。

第一阶段——宣传。因为持有居民证者均可在东北解放区内自由通行，一般市民都亟待获得此证，可以不受旅行证的限制，所以在发放之前工作人员首先向居民阐明了发放居民证条件和应办手续、正式与临时居民证间之区

---

① 哈尔滨市档案馆馆藏革命历史档案，全宗号 1，目录号 1，案卷号 58。
② 哈尔滨市人民政府地方志办公室. 哈尔滨市志·公安志. 哈尔滨：黑龙江人民出版社，1996：203.
③ 同②172.

别与关系，以及居民证使用的方法和检查的办法，并且从居民本身利益出发，强调如何正确报告户口，才不至于影响居民使用居民证的权利。宣传取得了一定效果，使居民认识到只有这样才能真正达到发放居民证的目的，才能顺利进行居民审查和迅速发放，以及避免或减少发放后的一些问题。

第二阶段——户口审查对照。由于过去调查中有许多与实际情况不相符合之处①，在这次居民证发放过程中进行了切实的复查对照，正确填写居民证。由于已有的宣传工作比较仔细，此项复查纠正了不少错误。据西傅家区不完全统计，有 804 人的错误在户口审查对照时得以纠正。户口审查对照工作采取了与抄写卡片统一、随时复查、随时抄写的工作方法，这样能使卡片抄写得比较符合实际情况，可以随时与实际对照。

第三阶段——居民审查。这是发放居民证工作中的重要一环。因客观条件的限制，加上主观上对群众条件估计不足，以及工作的粗糙，哈尔滨市有许多区都由公安机关单独决定，有些区仅形式上交由群众审查，用了所谓"团结""拉手"的办法②，结果与发放居民证条件相差甚远。只有少数地区如顾乡做得很好，这些地区群众条件较好，酝酿较成熟且由分局局长亲自领导，审查比较切实，对住户起了教育作用并从审查中发现了一些特殊住户及一些新的问题。在此过程中，建立了卡片制度，对不符合居民证发放条件者发放了临时居民证，这样就使户籍管理部门有了长期掌管居民证的健全底册，使司法锄奸也有了查找线索的可能，便于对不符合居民证发放条件者进行管理。

总之，哈尔滨解放区建立居民证制度后，基本上达到了每个 16 岁以上居民都有了标记和底册的目标，将坏人及无正当职业者、不法分子彻底地暴露于群众面前，限制了这些人的自由旅行，教育他们悔悟或谋取正当职业。居民证制度的建立使哈尔滨市重新更切实地整理了一次户口，奠定了以后正规科学管理户口的基础，同时也为以后的建政工作作了准备。

（三）外侨户籍制度：居留证与入境、入籍管理

1946 年哈尔滨解放时，哈尔滨市共有 28 个国家及无国籍外国侨民 13.6 万余人，占当时东北外国侨民总数的一半以上。因此，管理外侨人口是哈尔滨市新政权人口管理的一项重要内容，也是排查特务、保护侨民的重要途径。

1. 外侨居留证制度

1945 年日本投降时将哈尔滨市户口登记簿册全部焚毁以致哈尔滨市的外侨人数无从查考，公安机关对外侨的保护等工作也无法开展。为了彻底统计哈尔滨市外侨人数、确保外侨人身财产安全，1946 年 10 月 11 日哈尔滨市政

---

① 有的因工作马虎，有的因户口调查时住户故意错报。

② 参见哈尔滨市档案馆馆藏革命历史档案，全宗号 1，目录号 1，案卷号 172。这是档案中出现的档案用语，解释为"不经对每个人的讨论提意见，简单地只要有人将之拉出来就好"。

府发布秘外字第五二号《关于办理外侨居留登记及发给外侨居留证事宜的布告》，内容如下：

> 查哈市侨居外侨由警察机关发给外侨居留证，自光复后是项工作，即行停顿致使本市外侨数目无从查考，以致我治安机关对于侨民保护一事，殊感束手。兹维彻底统计外人数目及确保侨民安宁计，本府自十月廿一日起开始办理外侨居留登记及发给外侨居留证事宜，兹特将办理手续分列于后，希本市外侨按期前来本府外事科办理，如逾期不报，定当依法究办恐未周知，特此布告。①

布告另附规定："满十四岁以上的外侨，持外侨本国护照、生辰证书、旧居留证明书（如旧居留证遗失或无有者，须出具详细情形一并提交），同时上交照片两张，填写呈请书一份（朝鲜人照片三张，呈请书二份）于 1946 年 10 月 21 日起开始在市政府外事科办理外侨居留登记及发给外侨居留证，并附有办理手续。如逾期不报，定当依法究办。"②

此布告在《东北日报》从 1946 年 10 月 12 日起至 14 日止连续登载了三日，但自动登记的外侨只有 50%。为了全面登记外侨居留人口，1947 年 5 月，哈尔滨市公安局制定并颁布了《哈尔滨特别市外侨户口登记暂行办法和细则》③，并印制了"外侨户口调查表"，先后开展两次外侨户口调查登记工作。经哈尔滨市公安局汇总统计，哈尔滨市共有 26 个国家及无国籍侨民 38 134 人。④

在外侨户口调查登记中，由于日侨遣送回国人数较多，留住哈尔滨市的日侨人数哈尔滨市政府无法掌握，因此，哈尔滨市政府对日侨作出了户籍登记与管理的特殊规定。1946 年 9 月 27 日，哈尔滨市政府发布秘外字第四五号布告，内容如下：

> 查哈市日人，业于九月廿日遣送完毕，但尚有少数技术人员及与其他国籍公民结婚者，仍继续留居。本府为统一整理计，凡在哈之日人，自十月一日起至十月十五日止，均须亲赴本府外事科呈报登记，领取临时日人留用证明书，如有逾期不报，或故意隐匿者，决依法严惩不贷，仰留哈日人勿得自误，恐未周知，特此布告。⑤

---

① 哈尔滨市档案馆馆藏革命历史档案，全宗号 2，目录号 10，案卷号 25。
② 关于办理外侨居留登记及发给外侨居留证事宜的布告. 东北日报，1946 - 10 - 12.
③ 哈尔滨市人民政府地方志办公室. 哈尔滨市志·人口志. 哈尔滨：黑龙江人民出版社，1999：154.
④ 参见哈尔滨市档案馆馆藏革命历史档案，全宗号 5，目录号 1，案卷号 5。
⑤ 哈尔滨市档案馆馆藏革命历史档案，全宗号 2，目录号 10，案卷号 24。

　　1946 年 10 月 28 日，针对前布告，哈尔滨市政府再发布秘外字第五八号布告敦促日侨到市政府外事科登记，内容如下：

　　　　查当遣送日侨俘归国之际，曾经许可少数日侨在哈留用，为彻底保护起见，曾于九月廿七日以秘外字第四五号布告，对各留用日侨悉于登记并发给留用证明书在案。然限期已过，遵章申请者固然不少，而徘徊不前者亦不乏其人。兹政府本宽大政策，重申前令，特展期至十一月四日俾得无漏完成，望各自留用日侨，务须依限呈请，勿得观望，更希中外市民一体协助。倘仍不登记，自甘玩忽，除对该日侨，处以应得之罪外，其使用或留用日侨者，亦加严惩不贷，决不再延宽容（仰中外市民一体协助），除转饬所属，严加取缔外，合再布告周知。①

　　通过以上的外侨户籍登记制度，政府初步掌握了外侨的基本情况，由于外侨社会关系复杂，证明书的发放也使得想要以外侨社会关系混入搞破坏的分子没有了可乘之机，稳定了社会秩序，巩固了刚刚建立的民主政权。

　　2. 外侨出入境管理制度

　　1949 年 7 月 14 日东北行政委员会建外字第五号通令发布《外侨出入境办法》②，松江省公安厅、哈尔滨市人民政府遵照执行该办法，于 1949 年 8 月22 日下达松江省人民政府第一六一七号通知，另附《外侨出境办法》，共三条。第 1 条首先规定了外侨出境的原则，"外侨请求出境返国，原则上只要没有刑事案件，及债务纠纷者，均可批准出境"。第 2 条规定了外侨出境证的制定机关、批准机关以及发放机关，即"外侨出境证由政委会外事处统一制定，由各地公安机关审查批准代发，兹指定各省公安厅，沈阳、长春、哈尔滨、吉林、齐齐哈尔、安东、锦州、承德各市公安局为代发机关"。第 3 条规定了报告制度，"出境外侨登记表和出境人数的统计数字，每月向政委会报告一次"。

　　外侨出境要经过严格的批准程序，这是对本国公民的负责，同时从一个侧面体现出了民主新政权已经消除了近代外侨在司法上拥有特权的痕迹。这样的规定也是新中国成立后《中华人民共和国外国人入境出境管理条例》的重要渊源，具有一定的先进性。

　　3. 外侨"入籍"制度

　　哈尔滨解放区的外侨人口数量大、国籍多，其中还有一部分是无国籍人。为确定外国人或无国籍人之国籍，以便审定公民资格，进行选举，1948 年东北行政委员会颁布了《东北解放区外国人加入中国国籍及取得公民资格暂行

---

①　哈尔滨市档案馆馆藏革命历史档案，全宗号 2，目录号 10，案卷号 26。
②　参见哈尔滨市档案馆馆藏革命历史档案，全宗号 2，目录号 2，案卷号 272。

办法草案》。草案第 2 条规定了直接取得中国国籍的三种情形：

　　（1）生时父为中国人者。

　　（2）父无可考或无国籍，其母为中国人者。

　　（3）生于中国，父母均无可考，或均无国籍者。①

　　草案第 3 条还规定了可以加入中国国籍的三种情形：

　　（1）外国女人与中国男人结婚，而自愿加入中国国籍者。

　　（2）外国男人与中国女人结婚，而自愿加入中国国籍者。

　　（3）自愿加入中国国籍者。②

　　另外，草案第 4 条对自愿加入中国国籍者规定了严格的条件，必须同时具备以下条件：

　　（1）在中国继续居住三年以上者。

　　（2）年满十八岁以上者。

　　（3）品行端正，无反动破坏行为者。

　　（4）有一定技能或职业足以自生者。③

　　对加入中国国籍者的未成年子女的国籍取得，草案第 5 条规定"须随同其父母取得中国国籍"。草案对于取得国籍的手续也有相当严格的程序规定，在第 6 条中明确规定："一、合于本办法第二条之规定者，不再履行入籍手续。二、合于本办法第三条第一、二款及第五条之规定者，须由本人或者其父母声请经县政府核明批准，发给许可证书，并转报东北行政委员会备案。三、根据本办法第三条第三款之规定自愿加入中国国籍者，须由本人出具声请书，和居住地方公民二人以上之证明，呈报当地政府，经当地政府核明转报东北行政委员会批准后，发给许可证书。"对于已加入中国国籍者，草案第 8 条中规定："可依东北解放区县区村人民代表选举条例之规定取得公民资格。"该草案颁布后，哈尔滨市政府对在哈外侨的人口数量、职业情况、教育程度等都有了详细的掌握，便于以后工作的开展。

　　哈尔滨解放区外侨户籍管理法规是在彻底废除旧中国的不平等条约的基础上制定的。彻底废除了领事裁判权，改变了以往外侨行为不受我国法律约束、外侨案件不由我国司法机关审理的状态。哈尔滨解放区根据主权独立、民族平等的原则来制定外侨户籍管理法规，外侨成为城市市民的组成部分。

---

①　哈尔滨市档案馆馆藏革命历史档案，全宗号 2，目录号 5，案卷号 166。

②　同①.

③　同①.

（四）"特殊住户"户籍制度：对反动党团特务与妓女暗娼的管理

"特殊住户"是档案中出现的特殊用语，1947 年 10 月《哈尔滨特别市现状统计表》中反映出来的《特殊住户统计表》等数据表格显示，"特殊住户"包括政治嫌疑、匪盗、偷盗、吸贩毒品、伪满汉奸警察官吏、地流赌徒拐骗手、逃亡地主、其他不能判明之各种嫌疑者八类。如表 5-2 所示，政治嫌疑是指国特建军及有其他反动嫌疑的住户，有 559 人；匪盗是指有土匪强抢嫌疑的住户，有 67 人；偷盗是指有偷盗嫌疑的住户，有 148 人；吸贩毒品是指吸卖大烟、吗啡、白面等物的住户，有 1 370 人；伪满汉奸警察官吏是指在伪满的大汉奸或当过警察宪兵特务的其他官吏等，有 939 人；地流赌徒拐骗手是指不事生产的地痞流氓赌棍（设赌者在内）及依靠各种诱诈拐骗为生者，有 111 人；逃亡地主是指外县地主来哈潜居者，有 409 人；其他不能判明之各种嫌疑者有 813 人。另外还有妓女等 903 人。

表 5-2　哈尔滨市特殊住户统计表

类别	人数			具体所指
	男	女	总计	
政治嫌疑	487	72	559	指国特建军及有其他反动嫌疑的住户
匪盗	65	2	67	指有土匪强抢嫌疑的住户
偷盗	140	8	148	指有偷盗嫌疑的住户
吸贩毒品	873	497	1 370	指吸卖大烟、吗啡、白面等物的住户
伪满汉奸警察官吏	866	73	939	指在伪满的大汉奸或当过警察宪兵特务的其他官吏等
地流赌徒拐骗手	39	72	111	指不事生产的地痞流氓赌棍（设赌者在内）及依靠各种诱诈拐骗为生者
逃亡地主	350	59	409	指外县地主来哈潜居者
其他不能判明之各种嫌疑者	658	155	813	
合计	3 478	938	4 416	

资料来源：哈尔滨市档案馆馆藏革命历史档案，全宗号 5，目录号 1，案卷号 5。

对上述八类"特殊住户"中反动党团特务人员与妓女暗娼的登记与管理最具代表性，对反动党团特务人员的登记和管理对刑事、治安法规的实施起到了至关重要的作用，对妓女暗娼的登记与管理则反映了民主政权对旧社会的革故鼎新。

1. 对反动党团特务人员的登记与管理制度

1948 年底东北全境解放，公开的战争已经结束，国民党在东北的反动统治已完全被摧毁，但残余的国民党、三青团及特务等反动组织成员，仍在秘密潜伏，进行着阴谋破坏活动。特别是哈尔滨这个北满最大的城市，曾多次接收长春、沈阳以及北平、天津的来哈人员，其中既有大中学生，又有国民党解放官兵，人员成分十分复杂。这种新情况给哈尔滨市的安全保卫工作提出了新课题。为了达到进一步巩固解放区的目标，彻底摧毁敌特组织，保护大规模生产建设，东北行政委员会于 1949 年 3 月 5 日发出了《关于反动党团特务组织限期登记的命令》①，规定了反动党团特务人员的登记与管理的具体办法：

其一，规定了反动党团特务组织的登记主体范围，"凡中国国民党、三民主义青年团、民主社会党及一切反动党派团体组织、中国国民党党员通讯局（原名国民党中央党部调查统计局）、伪中央政府国防部二厅、伪中央政府国防部保密局（原名军委员会调查统计局）及各该所属系统的区、站、组等残害人民的反动特务组织，宣布一律解散封闭，没收其公产档案，严禁其进行任何活动"（第 1 条）。

其二，规定了反动党团特务组织人员报告登记的具体事项，"各种反动党派团体和特务机关的每个人员，自 1949 年 3 月 5 日起，限在一个半月内，向市、县公安机关进行报告登记，交出全部证件、证章、组织名册、档案文卷、武器、枪支弹药、电台密码以及机关各项公产公物等"（第 2 条）。

其三，规定了对反动党团特务组织人员的处理措施，"凡依令报告，真实登记，彻底悔悟者，给以宽大。自动缴出武器电台及重要文件档案或真实报告反动秘密组织及潜伏分子，协助人民政府破获敌人有功者，酌情给以奖励"（第 3 条）。"凡抗拒或有破坏登记行为或在登记时隐匿与破坏武器、电台及重要证件、文件者，一经查获依法严惩。凡履行登记手续后，仍进行反革命活动者，不论其首要协从，均予法律制裁"（第 4 条）。

命令发布后，收到了很好的效果，东北解放区掌握了反动党团特务分子的分布情况，缴获了一批罪证和枪支弹药，发现了一批对敌斗争的新线索，建立健全了保卫制度。对反动党团特务分子的处理，还要防止推出去不管。为此，1949 年 7 月 12 日的《东北局关于对反动党团特务人员登记后的处理办法》中明确指出，"由于登记人数众多，且绝大部分系依令自动向我登记的。其中很多又是随着我们接收转入我机关、学校、工厂、企业内部，也有少数混入的。为了慎重、严肃的进行处理，需要有一个统一的处理的标准"②。随即，中共哈尔滨市委、市政府针对东北局的处理办法提出了《关于执行东北

---

①　参见哈尔滨市档案馆馆藏革命历史档案，全宗号 1，目录号 1，案卷号 5。

②　反动党团特的登记工作//哈市公安局史志科．哈尔滨党史资料：第 2 辑，1987：203．

局对反动党团特务人员登记处理办法几个问题》，确定了处理的原则："除个别罪大恶极，予以逮捕追究外，采取争取、改造、清洗、调动等宽大方针。"①至此，哈尔滨市反动党团特务人员的登记工作胜利完成。

事实上，哈尔滨解放区对反动党团特务分子的排查工作自进城后就已展开，1946年、1947年两次人口清查已经对反动党团特务分子、土匪、伪满汉奸警察官吏、逃亡地主等特殊人群进行了登记和管理，这种户籍行政配合保卫工作的方式，不仅在工作总结中被提及，而且作为一种成功经验推广亘东北解放区，因此，1949年东北解放区的反动党团特务人员的登记、处理工作是借鉴了哈尔滨解放区的成功经验。可以说，对反动党团特务人员的登记管理对于加强解放区的治安管理、锄奸反特、巩固新生的民主政权起到了至关重要的作用。同时，这一成功经验为新中国成立后开展的镇压反革命工作奠定了基础。

2. 对妓女暗娼的登记与改造制度

与反动党团特务人员不同，妓女暗娼是旧社会遗留陋习形成的，哈尔滨解放后，不少原来公开露面的妓女已流窜市内各地变为暗娼，混杂于人民群众中，虽然她们思想觉悟低，有吸食鸦片、好吃懒做的恶习，没有正当职业就业的积极性，甚至经常容留各色人员给新生民主政权造成严重危害，但是对待妓女暗娼这样的旧社会遗留问题，不能像对待反动党团特务人员一样通过登记、清洗、刑事处罚、改造的程序进行处理，需要耐心细致地调查、登记管理、教育，甚至安排就业。

第一阶段——调查。1946年6月8日，哈尔滨市公安局发出了《调查妓女的训令》，布置各公安分局将下列各项详细调查："1. 光复前，有许可之妓馆数及妓女数。2. 现在暗营妓馆营业者之姓名、处所及妓女姓名。3. 妓女转职及失业者人数。4. 其他暗娼之状况。"② 哈尔滨市公安局在进城之初便已掌握了妓女暗娼的具体情况，但由于无法直接安置其就业便没有采取进一步措施。

第二阶段——登记并集中管理。1947年10月实行妓女登记制度，为以后取缔妓院安置妓女作了充分准备。1948年9月《妓女调查总结》提道：

> 哈市现在有登记妓女及无登记妓女共计一千余名，百分之六十有鸦片嗜好及养成好吃懒做的怠习，一时难以改造，如立即取消散在各住户之间恐其与好人结成一团，好坏不分，暗娼到处都有，对哈市的风纪治安都有影响。要想彻底取消必先集中管理，采取引弱缩小办法，必先将

---

① 哈尔滨市档案馆馆藏革命历史档案，全宗号1，目录号1，案卷号5。
② 对娼妓的改造//哈市公安局史志科. 哈尔滨党史资料：第2辑，1987.

与妓女有密切关系之暗娼及饭馆女招待，加强行政管理，使其不能相互转换。对女招待也实行登记，发给证明书，不登记无证明书者，不准其做（登记者只限现有人数），新来者不予登记。对女招待规定出条例，如不许陪客吃饭、强要小费或与客人勾勾搭搭，作风要正派，如违反者按条例规定处罚，决不宽恕。对暗娼之处理，让其登记变成半公开，使其集中以便管理，如不登记仍操暗娼，发现后予以处罚。对妓女本身的处理，让其登记（登记是有限制的，从前做过妓女者，现在除做妓女无其他办法生活者，得有二人以上之证明将予登记），除此以外欲新当妓女或以前做过妓女者，现有其他办法生活者，不准许登记。妓女的营业地址必须集中，分出等级一、二、三等，晚上住局者，必须有外宿登记证、外县路条，要在妓院中住下，也得到指定地点登记，方准予住宿，否则一概不许。①

第三阶段——教育、就业与改造。在建立登记管理制度的同时，为了便于对她们进行改造教育，使她们早日参加生产劳动，1948 年 1 月 18 日成立了"哈市妓女自救会"。自救会制定了妓女的学习教育、请假等项规章制度，筹备开设工厂，建立医院，为将来全部转业安置妓女参加生产劳动创造条件。1949 年 4 月，经请示上级批准，当时的市公安局、公安总队、市民政局同东北金矿局商妥，将 40 岁以下、没有重大吸毒嗜好、没有严重性病、没有直系亲属和没有丈夫的妓女送到矿山参加劳动生产。除移送的大部分妓女外，其余的妓女也分情况作了处理。1949 年 4 月 24 日，《哈尔滨日报》还刊载了题为《北傅家区五百名妓女参加生产》的文章，全国震动很大。

在中国延续了上千年的娼妓制度，最先在哈尔滨这个全国解放最早的大城市中被彻底铲除，其取缔、安置、改造娼妓的做法，为京、津、宁、沪、杭等大中城市的禁娼活动，提供了成功的经验。当时哈尔滨市进行的这项工作，对解放初期人民政权的巩固、社会治安的整顿都起到了一定的作用，对铲除妓院解放妓女、摧毁封建势力，以及移风易俗、改造社会、改造人，都有政治意义。

五、刑事治安处罚的新发展

（一）处罚原则："统一标准、区别对待"的镇压与宽大相结合

1934 年 4 月 8 日颁布的《中华苏维埃共和国惩治反革命条例》规定，对反革命分子要狠狠打击，对胁从分子、自首和自新分子要酌情减刑或免刑。1940 年 12 月 25 日，毛泽东在《论政策》一文中指出："应该坚决地镇压那些

---

① 哈尔滨市档案馆馆藏革命历史档案，全宗号 1，目录号 2，案卷号 147。

坚决的汉奸分子和坚决的反共分子……对于反动派中的动摇分子和胁从分子，应有宽大的处理。"① 这种"镇压与宽大相结合"的政策一直被运用到镇压反革命分子的刑事审判中。哈尔滨解放区在法律原则上也贯彻了这一政策。对顽固者依法严惩，同时也给予悔改者适当的宽大和保护。

镇压与宽大是对立统一的两个方面，只有在标准统一的前提下才能够区别情况分别采取镇压和宽大的政策。哈尔滨解放区民主政权本着"统一标准、区别对待"的方针，明确提出了"要有一个统一的处理的标准"和"打击少数首恶分子，争取多数受骗群众"的要求。事实上，这两项政策是对毛泽东提出的"镇压与宽大相结合"政策的具体实践阐释。

第一，"要有一个统一的处理的标准"。1949 年 7 月 12 日，中共中央东北局在发布的《东北局关于对反动党团特务人员登记后的处理办法》中指出："由于登记人数众多，且绝大部分系依令自动向我登记的。其中很多又是随着我们接收转入我机关、学校、工厂、企业内部，也有少数混入的。为了慎重、严肃的进行处理，需要有一个统一的处理的标准"②。这是对哈尔滨解放初期亟待解决的肃反工作的经验总结，"统一的处理的标准"是法律面前人人平等的具体要求，是"打击少数首恶分子，争取多数受骗群众"的关键前提。"统一的处理的标准"其实是在区分罪恶程度的基础上，不论其工作单位和职务类型，一律按照统一的处理标准进行处理。

第二，"打击少数首恶分子，争取多数受骗群众"。根据中央和东北局的指示，哈尔滨解放区处理反革命分子（尤其是反动党团特务人员）的原则是："除个别罪大恶极，予以逮捕追究外，采取争取、改造、清洗、调动等宽大方针。"③ 同时还要"区别职业特务与一般特务；核心特务与外围分子；党团干部与普通党团员；地下组织与公开组织；在我内部与外部；以及登记自新的彻底程度"④ 进行处理。例如，1946 年 10 月 2 日发布的《中共松江省委关于剿匪工作的指示》中对不同性质的土匪规定了非常详细的处罚政策。总体上来看，土匪被分为五大类，每一大类又分为若干小类，分别规定了处罚的办法。有的一类中处罚方法就包括逮捕、褫夺公民权、管制考察、免除处罚教育改造、留用考察、登记监督、加重处罚等 7 种。可以说，哈尔滨解放区刑事治安法规中对反动党团特务人员的处理规定充分体现了区别对待的刑事政策，是具体情况具体分析、镇压与宽大相结合的典型代表。

历史实践证明，以"统一标准、区别对待"为核心的镇压与宽大相结合

---

① 毛泽东选集：第 2 卷 . 2 版 . 北京：人民出版社，1991：767.
② 反动党团特的登记工作 // 哈市公安局史料科 . 哈尔滨党史资料：第 2 辑，1987：203.
③ 哈尔滨市档案馆馆藏革命历史档案，全宗号 1，目录号 1，案卷号 5。
④ 同③.

的基本方针是完全正确的。通过这一方针，哈尔滨解放区民主政权打击、分化、瓦解了敌人，最后达到完全消灭敌人的目标，在镇压的同时，对那些胁从分子或罪恶较轻以及愿意悔改的分子给以宽大处理，并且对立功者给以一定奖励，进一步促进了敌人的分化，扩大了敌人的矛盾，最后达到了各个击破的目的。

（二）处罚方式：管制等新刑种的出现

哈尔滨解放区并没有一部法律统一规定具体的刑罚种类。综合哈尔滨民主政权颁布的与刑事、治安相关的立法和司法案卷中判处刑罚的情况，其刑罚大体上有以下几种：（1）死刑；（2）有期徒刑；（3）拘役；（4）管制；（5）罚金；（6）褫夺公民权；（7）没收财产；（8）训诫。此外，交由公安机关"登记监督""教育""改造""强迫劳动"等处理方式，从性质上看也具有刑事处罚的色彩。以下主要阐述哈尔滨解放区出现的新刑种和刑罚执行中的新变化。

1. 新刑种——管制

法学界一致认为，管制刑产生于 1948 年 11 月发布的《中共中央关于军事管制问题的指示》，该指示提出的"对登记后的少数反动分子实行管制"标志着管制作为一项新的刑种在全国推行实施。但对管制在上升为全国刑种之前是如何产生的，少有学者追本溯源。事实上，通过对哈尔滨市档案馆馆藏革命历史档案的挖掘和整理，笔者认为管制刑最早产生于 1946 年 10 月 2 日发布的《中共松江省委关于剿匪工作的指示》中。

《中共松江省委关于剿匪工作的指示》第 3 条规定，对于通过家属争取回来的匪患，解除其武装后要分别处理：对于重要分子集中地点进行训练教育，对于一般分子则由当地政府（城市）或农工会（市郊农村）监督教育。在该指示的条文中，虽然没有把这种地方政府监督教育的方式直接称为"管制"，但是在《中共哈尔滨市委关于 1947 年保卫工作的决定》和哈尔滨市公安局的工作总结中均提到并把该处罚措施称作"管制"。这是管制作为刑罚方式首次出现在法律规范中。

《中共松江省委关于剿匪工作的指示》中提到的对已争取回来的土匪"介绍当地政府或农工会监督、教育，集中适当地点教育感化"的做法，在 1947 年 2 月 17 日《中共哈尔滨市委关于 1947 年保卫工作的决定》中被表述为"单纯警察行政观点与孤立的保卫工作观点都是不正确的，必须使行政管制与锄奸保卫工作密切的结合起来"，这在后来的 1947 年 7 月 21 日《中共松江省委哈尔滨市委关于逮捕人犯与没收底产的联合决定》中也得到了印证。《中共松江省委哈尔滨市委关于逮捕人犯与没收底产的联合决定》的第 6 条规定："哈市最近拟将松江各县迁来之地主及罪犯大批押送回籍，各县应立即着手准备接收安置分别处理，或置于农村群众监督管制之下进行或编成生产队强迫劳动。"据此可以认为，哈尔滨解放区不论是城市还是市郊农村都已经在处理罪犯时实行管制，这种管制措施因战时的时代特征被赋予了刑事处罚的功能。而笔者大胆将哈尔滨对待土匪的管制措施与军事管制制度以及 1948 年 1 月《中共中央关于军事管制问题的指示》中被首次作为刑罚提到的"对登记后的少数反动分子实行管制"上挂下联，形成一种经验链条的逻辑，即"军事管制—行政管制—刑事管制"。在这一链条中，哈尔滨首次尝试了军事管制制度，总结了城市接管经验并将其推广到东北甚至全中国，这经验中必定包括锄奸反特的关键步骤，对已经争取回来的匪特施行管制处罚更是无法回避的话题，针对反动分子的管制刑罚也就由此产生。①

　　事实上，对敌特反动分子施行管制刑罚的实践是从东北开始的。1949 年 7 月 12 日《东北局关于对反动党团特务人员登记后的处理办法》基于"宽大方针"和"区别对待"的原则，确定了如下的刑事处罚办法：其一，对重要特务分子，"自动登记"的根据不同情况"褫夺公民权一年至五年"，"可免加逮捕"（第 1 条）；自动登记后"将功赎罪重新作人""自找正当职业生活"的，"由地方公安机关予以管制考察"；"个别罪大恶极"而又登记不彻底、不真实的，"由公安机关逮捕追究，依法处理"。其二，对"一般特务分子"，登记彻底的"可不褫夺公民权，由地方公安机关管制考察"，并"从事正当职业"；对登记不彻底、不真实者，"由公安机关逮捕追讯"，弄清问题后再放，褫夺公民权一年，并加以"管制考察"。其三，对"特务外围和利用分子"，"如登记彻底进行考察，不彻底进行清洗，但不褫夺公民权"。这里的"考察"应指"管制考察"。其四，对"没作过情报破坏工作，没受过特务训练者"，不以特务对待，登记但不加追究处罚，"不褫夺公民权"，就地"留用"。其五，对普通国民党党员，履行登记后"不给处罚，教育改造"。其六，对国民党党团干部，登记彻底的，"褫夺公民权一年"，"自谋生业"或"介绍转入生产劳动"，"由地方公安机关管制考察"；登记不彻底的，"褫夺公民权一年到二年"；"少数特务分子，见分晓以特务分子论处"。其七，对国民党地下党员，"登记彻底者不褫夺公民权"，"遣令谋生，由地方公安机关管制考察"，登记不彻底的，按第 1 条处理。

　　上述条文中多处涉及由地方公安机关实行管制的刑罚，皆是针对登记彻底、不予以限制自由的刑事处罚的罪犯进行的，并且《东北局社会部关于执行中共中央对国民党三青团及特务机关组织处理办法的指示》中明确要求"应督促其（管制人员——引者）按期向公安机关报本人行动"，这已经与新

---

① 邓齐滨．"管制"刑罚再探源．中国社会科学报，2018－05－09．

中国成立后的管制刑在性质上无异。另外，中共哈尔滨市委、市政府《关于执行东北局对反动党团特务人员登记处理办法几个问题》中还提到"已经采取什么管制办法、今后有何改进和敌特分子反映如何"等问题，进一步证实了哈尔滨管制特务分子的经验与新中国管制刑之间的链条关系。

由于 1946 年中共中央东北局及东北行政委员会所在地均是哈尔滨，因此，可以认为管制这一刑罚最早出现在哈尔滨解放区的刑事政策中。哈尔滨解放区采用管制方式处罚和管理解除武装的敌特和土匪，体现了民主政权"宽严相济"的刑事政策，为城市接管、解放与新中国成立后的锄奸反特保卫工作作了有益探索。

2. 为了保护工商业的刑罚新变化——没收财产与罚金

由于在土改运动中，"松江各县来哈（哈尔滨）逮捕人犯与没收底产"①，哈尔滨市一些工商业遭到破坏，这严重影响了城市经济恢复和支援前线。为此，1947 年 7 月 21 日中共松江省委、中共哈尔滨市委作出了《中共松江省委哈尔滨市委关于逮捕人犯与没收底产的联合决定》②，决定中对没收财产与罚金如何执行的问题进行了细致的分析和规定。

首先，没收财产刑罚的执行需要经过合法程序，不能随意进行。决定中提道，"凡各县来哈逮捕人犯，没收底产，事先必须经各县委统一，加以郑重审查，写成确实简明罪状并附介绍信，交由逮捕人携带来哈，协同各县驻哈人员，共同来省委最后审查办理"，并且强调"不得马虎从事"，否则"概予拒办"。

其次，对两种刑罚如何选择适用的问题作了说明。"对工厂主商人兼地主，凡基本上依靠工商业，乡下有一部分土地，一般的没收其土地不动浮物；土地工商业各占相当数量，可采取清算罚款不没收工商业；如确系罪大恶极须没收其工商业者，则应交哈市办理，归哈市没收"。另外，对于"八一五光复"后逃到哈尔滨的地主，"将外县之土地卖掉投入哈市之工商业者"，"则采取抽股或转移主权的方式，而不采取拍卖拆走，以免停业，影响工人生计"。

在以往农村根据地，没收财产不仅包括土地及其定着物等不动产，也包括不动产外之动产。③ 但是在城市解放区，由于不动产涉及土地，动产涉及工商业，工商业的发展又直接关系到城市民生与支援前线的方方面面，因此，对于工商业者较少适用没收财产的刑罚，而以罚金形式替代的较多。这也体现了城市解放区复杂的经济关系作用下的刑罚适用的新发展。

① 哈尔滨市档案馆．哈尔滨解放：上．北京：中国档案出版社，2010：157.
② 同①157 - 158.
③ 张希坡，韩延龙．中国革命法制史．北京：中国社会科学出版社，2007：327.

3. 适用程序明确的刑罚的发展——褫夺公民权

对于褫夺公民权的范围和适用方法，1946 年 7 月 7 日哈尔滨市第一届临时参议会筹备委员会会议上通过的《哈尔滨市临时参议会参议员选举规程》中第一次提道，"曾被各地民主政府司法机关褫夺公权尚未恢复者"不具有"选举权与被选举权"①，而后 1948 年 9 月 23 日《哈尔滨市街人民代表会议代表选举条例（草案）》中亦同样规定，"经民主政府判决褫夺公（民）权者"无选举权与被选举权。② 这说明对犯罪者褫夺公民权的范围首先应包括各级民主政权（包括市级和区街）参议员、人民代表的选举权与被选举权，甚至包括罢免权、不被"留用"（相当于剥夺了公职人员资格）等政治权利的行使。褫夺公民权的适用程序是民主政府判决，1948 年《哈尔滨特别市街人民代表会议选举条例施行细则》中规定：

> 经民主政府判决褫夺公（民）权者，包括下列各项：
> 甲、经法院判决者。
> 乙、经军法判决者。
> 丙、经选举委员会提出于法院判决者。
> 丁、在监狱或拘留所拘禁中或审判中者。③

从上述规定可以看出，哈尔滨解放区与农村根据地相比④，对褫夺公民权的适用程序作了比较明确的规定，这与哈尔滨解放区民主政权重视人权保障、重视民主和法治有着重要的关系。

然而，不得不承认的是，哈尔滨解放区刑事法规中除一些重要的法规规定了详细的处罚方法外，普遍存在规定空泛、可操作性差的问题，多是"如逾期不报，定当依法究办""今后如再发现此等行为，定当从严惩办，决不姑宽""除防疫人员外任何人不得通过，违者予以严重处罚""倘敢窃取，定当严惩不贷"等词句，空泛模糊，实践中可操作性不强。刑罚也未能形成统一的体系。这是由当时战时的历史条件决定的，但上述刑罚的新发展对于新中国成立后刑罚体系的建立具有重要的借鉴价值和意义。

---

① 哈尔滨市档案馆. 哈尔滨解放：上. 北京：中国档案出版社，2010：252.

② 同①260.

③ 同①262.

④ 《中国革命法制史》中对"褫夺公权"的表述是："过去多无明确规定，各地执行也不统一，1947 年 4 月 29 日《山东省胶东区行政公署司法处关于'褫夺公权'的几个问题》，规定得相对具体，但对于适用程序，也仅规定一般须经司法机关宣告。群众为了保卫公共利益，对于坏分子，认为有限制其公权之必要时，得呈请县政府单独宣告褫夺公权。"与之相比，哈尔滨解放区规定的适用程序更具体、明确，更体现法治色彩。（张希坡，韩延龙. 中国革命法制史. 北京：中国社会科学出版社，2007：326.）

第六章　城市解放区民生法规的探索

中国共产党自诞生之日起，就把反对帝国主义和封建主义的民主革命作为自己的纲领。在反对封建主义的革命任务中，农村的土地问题是其中的中心内容。因此，在中国共产党领导下的农村革命根据地，民生保障主要围绕着土地、劳动、婚姻关系展开，农村革命根据地的革命法制建设内容除刑事立法外，也主要是土地立法、劳动立法、婚姻立法。然而，城市革命根据地的人民诉求与农村革命根据地的人民诉求不同，保障城市民生需要考虑经济发展、工商业保护、私人财产权保护、劳资关系等诸多方面内容，即便是婚姻关系也有城市市民的特殊需要。因此，哈尔滨解放区民主政权赋予了城市民生保障更多的内涵和立法保护。

一、城市保障重心的变化

（一）保护城市人民的私人财产权

在解放战争时期，随着革命形势的发展，革命根据地逐渐由乡村进入城市。哈尔滨作为解放战争时期中国共产党解放的第一个大城市，具有复杂的政治形态、多元的经济模式及特殊的人口构成，这些都与之前革命政权掌控的农村革命根据地不同。[①] "因城市的阶级结构和农村不一样，必须以工人为骨干，团结知识分子和独立劳动者，联合自由资产阶级，反对封建地主和官僚资本家的残余。"[②] 哈尔滨解放区民主政权根据城市特点和政权建设需要，扩大了统一战线，将民主政权可依靠的力量统称为"城市人民"，即"城市政权的成分应包括工人、农民、独立劳动者、自由职业者、知识分子、自由资产阶级及一切爱国人士"[③]。同时，民主政权对一切反革命阶级实施专政，坚

---

① 参见 1949 年 8 月 22 日《哈尔滨市人民政府关于街组织变更的几个问题的指示》中所附材料"关于街组织变更的几个问题"。（哈尔滨市档案局（馆）. 哈尔滨解放 . 北京：中国文史出版社，2017：176.）

② 中共哈尔滨市委、哈尔滨特别市政府关于政权建设及试选工作的指示（草案）//哈尔滨市档案局（馆）. 哈尔滨解放 . 北京：中国文史出版社，2017：161.

③ 同②.

决肃清敌伪及封建残余。这种对于城市人民的划分标准、对于敌我矛盾的处理方式,是人民民主专政及新中国成立后敌我矛盾认定标准的开端及有益尝试。

对"城市人民"的界定,与农村革命根据地时期对"人民"的界定相比,发生了重大的转变。

在工农民主政权时期制定的法规中,"人民"主要指"工农劳苦民众"。如1931年11月制定通过的《中华苏维埃共和国宪法大纲》第2条中明确规定:"中国苏维埃政权所建设的是工人和农民的民主专政的国家……在苏维埃政权下,所有工人、农民、红军兵士及一切劳苦民众都有权选派代表掌握政权的管理"①。这一时期的法制建设以工农劳苦民众为主体,适应了革命形势发展的需要,有效地巩固了农村革命根据地,在新建立的农村革命根据地探索形成了一系列惩治反革命条例、土地法规和劳动法规,为新民主主义法制的延续发展奠定了基础。

在全民族抗日战争时期,中华民族同日本帝国主义的矛盾上升为主要矛盾,中国共产党为联合最广泛的各阶层人民共同抗日,将人民的范围扩展为"抗日人民"。毛泽东在《抗日根据地的政权问题》中指出:"抗日统一战线政权的施政方针,应以反对日本帝国主义,保护抗日的人民,调节各抗日阶层的利益,改良工农的生活和镇压汉奸、反动派为基本出发点。"② 这一时期法制建设以抗日人民为主体,在农村革命根据地探索形成了具有本土化特色、较为成型的法制经验,如民主普选、精兵简政、"三三制"原则、减租减息条例、马锡五审判方式等,有效地保障了土地改革、恢复生产和支前参战顺利进行。

哈尔滨解放区民主政权不仅将"城市人民"的阶级定位为包括"工人、店员、学生、贫民、农民"等在内的无产者③,还明确地认识到"城市政权仅仅是工人贫民的政权,或者认为在一定时期中只能是工人和贫民的政权,忽视政权中统一战线应当比农村政权中还要广泛的区别是错误的"④,必须将

---

① 张希坡,韩延龙.中国革命法制史.北京:中国社会科学出版社,2007:30.

② 毛泽东选集:第2卷.2版.北京:人民出版社,1991:743.

③ 彭真在1946年7月14日中共哈尔滨市委机关干部会议上的讲话中指出:"在哈尔滨的各阶层中,我们的基本群众是工人、店员、学生、贫民、农民,这是我们的依靠。我们要眼睛向着他们,屁股坐在他们方面。要联合民族资产阶级(工商业资本家),他们是我们在新民主主义革命中的朋友。要打击敌伪残余、封建残余,先打罪大恶极、人民最痛恨的,以利用矛盾,争取多数,各个击破。"(中共哈尔滨市委党史研究室.城市的接管与社会改造:哈尔滨卷.哈尔滨:黑龙江人民出版社,1999:436.)

④ 中共哈尔滨市委、哈尔滨特别市政府关于政权建设及试选工作的指示(草案)//哈尔滨市档案局(馆).哈尔滨解放.北京:中国文史出版社,2017:161.

"民族资产阶级（工商业资本家）"及"一切爱国人士"纳入"城市人民"进行保护。

根据 1946 年 7 月 19 日《哈尔滨市施政纲领》，城市人民享有人权和私人财产权，即：

> 二、建立民主的法治的社会秩序，以保障人权，保障市民集会、结社、出版、言论、信仰、居住之自由，除公安机关依法拘捕外，任何机关不得捕人，以保障人身之自由。
>
> 三、保护私人财产所有权。除国税地方税及市政建设费外，任何机关或团体不得向市民征集金钱及物质。
>
> ⋯⋯⋯⋯⋯
>
> 五、人民有申诉清算十四年所受敌伪、汉奸、恶霸政治经济压迫之权利。但侵犯到人权财权时，必须由政府处理。①

施政纲领中将人权保障的主体直接规定为"市民"②，即城市人民，明确规定了"保护私人财产所有权"，体现出新民主主义法制从农村到城市的转折性实践。事实上，在施政纲领颁布前后，哈尔滨解放区已经基本明确了私人财产权保护范围的广泛性。

彭真在 1946 年 7 月 14 日中共哈尔滨市委机关干部会议上的讲话中便提出：

> 工商业问题。这是城市政策中的一个焦点。现在是保护与恢复工商业，将来是发展工商业。只有工商业恢复和发展了，工人生活才能改善，一定要使工人知道这一点⋯⋯对工商业资本家的方针，是要使他有利可图，又要改善工人生活，劳资合作，发展生产。要反对两种倾向，一是只照顾资本家，使工人积极性不能发挥。一是只照顾工人，使工商业无利可图而垮台。
>
> 恢复工商业怎样着手？一是保护资本家的人权、财权。二是适当订立劳资合同，建立生产分红制。三是恢复交通。四是废除苛捐杂税，决不要以对待地主的态度对待工商业资本家。③

1946 年 7 月 19 日哈尔滨市第一届临时参议会通过的《哈尔滨市人民政治经济清算暂行办法》正式提出：

---

① 哈尔滨市档案馆馆藏革命历史档案，全宗号 3，目录号 1，案卷号 9。

② 邓齐滨.法制建设的转折性实践：哈尔滨解放区法制实践的先行展开.中国社会科学报，2019-09-18（5）.

③ 中共哈尔滨市委党史研究室.城市的接管与社会改造：哈尔滨卷.哈尔滨：黑龙江人民出版社，1999：437.

　　　　对于各界人民之人权、财权与政权等，非经政府依法判决，任何个
人、机关、部队或团体均不得侵犯，违者定予严惩。①

　　1946 年 8 月 11 日颁布的《东北各省市（特别市）民主政府共同施政纲
领》中，更加具体、全面地提出了对各阶层人民、各民族人民以及外侨的合
法权益的保障。如：分配土地的同时"保障地主的生活"（第 3 条），"改善工
人、职员与技术人员的生活，安置、救济失业工人……保障资本家的正当利
润"（第 4 条），"保证残废军人的生活，优待死难烈士的家属与军人家属"
（第 5 条），"保障教职员与贫苦学生生活，优待科学家、艺术家、各种专家与
文化工作者，并奖励特殊的发明与创造"（第 6 条），"提高妇女地位，保护妇
孺生活"（第 7 条），"东北各民族一律平等。积极赞助蒙民、回民的民主自
治，尊重蒙回等各民族语言、文字、文化、宗教、信仰与风俗习惯。对入籍
与侨居的韩国人民予以合理的保护"（第 8 条）。②

　　这些均表明我民主政府保障各阶层人民利益的决心。哈尔滨解放区民主
政权切实地"兼顾各阶层利益"，将人权、财权、政权的主体定义为城市的
"各界人民"，与建立广泛的爱国统一战线的任务目标相统一。

（二）发展工商业安定民生

　　1946 年 4 月 28 日，东北民主联军接管哈尔滨并建立新民主主义政权，哈
尔滨作为中国共产党领导下最早解放的大城市，自然成为解放战争的后方基
地，成为中国共产党在东北的政治、军事、经济、文化中心和重要的交通枢
纽。但是，由于日伪近十四年的反动统治，哈尔滨的经济情况已濒于崩溃，
民族工商业处于瘫痪状态，广大人民群众的生活十分艰难。面对这样的情况，
松江省人民自卫军司令部和政治部在 1946 年 4 月 29 日共同发布的《为进驻
哈尔滨告哈市同胞书》中决定派主力部队来哈尔滨市驻防，以便彻底地肃清
土匪特务及日寇法西斯残余势力，并协助哈尔滨市的和平民主运动，保障各
阶层的人权、政权、财权，协助工商业发展，改善工人、店员、教员、职员
的生活待遇，提高妇女的政治经济地位，并鼓舞全市人民：

　　　　在目前国民党反动派发动内战条件下，虽然在一个时期中经济上将
　　给予我们许多困难和阻碍，但我们与全市同胞，发展工商业安定民生。③

　　1946 年《哈尔滨市施政纲领》第 4 条规定：

　　　　恢复与发展工商业，以繁荣市面，除囤积居奇扰乱金融之营业须受

---

① 哈尔滨市档案馆馆藏革命历史档案，全宗号 2，目录号 1，案卷号 3。
② 张希坡. 革命根据地法律文献：第四辑：第二卷. 北京：中国人民大学出版社，2017：4.
③ 为进驻哈尔滨告哈市同胞书. 北光日报，1946 - 04 - 29.

取缔外，工商业家享有正当营业之充分自由，并由政府予以保护，对于极关民生之工商业应予以可能之帮助。

事实上，民主政权不仅在宪法性文件中直接规定了"发展工商业安定民生"的总原则，而且在各类、各级讲话中不断明确"发展工商业安定民生"的任务和基本政策。1947年2月《哈市经济情况及对工商业的态度、政策》的报告指出：

> 我们的政策是发动工人、店员改善他们的生活，提高他们的政治地位，但也必须扶助发展私人的工商业。如无这个条件，想改善基本群众的生活和建设一个有秩序的城市，在现在的情况下是不可能的。
>
> ……党的既定政策是扶助发展工商业，但有些同志的实际行动是相反的，到处实行统治、封锁。不许自由买卖，税目繁杂，税卡林立。这些同志盲目的怕商人赚钱，一切要统治包办。这种思想的主要来源，一方面是由于单纯的阶级仇恨；另方面是由于我们干部长期在那种贫困的农村中，以至在与敌人的经济斗争中所遗留下来的那套旧的办法，在东北这种新的环境中是不适当的。①

1948年1月24日中共哈尔滨市委《关于肃清敌伪残余势力和保护工商业的方针及具体方法》进一步指出：

> 消灭与打击的对象——主要的是城市内的封建势力和敌伪残余（如过去的旧官僚军阀、伪满时代的伪军政官吏、地方恶霸头子等）和外县逃来之地主、汉奸及一切罪大恶极的警察、特务。如上述对象其罪恶并不显著，而又经营工商业者，对他们一般的在政治上予以打击，而不没收其工商业或其他财产。②

上述方针、政策是在面对城市问题时有针对性地提出的解决方案，其总的原则和任务没有变，仍然是保护工商业。同时在进一步明确工商业受保护的范围时，明确地表明了即便是"消灭与打击的对象"，也只对其进行政治上的打击，而不没收工商业的态度，保护工商业就是保障市民生活、保障前线的物资供应。

（三）公私兼顾、劳资两利

所谓"劳资两利"，是指在处理劳资关系的过程中，既要维护劳动者的应得权益，又要承认资方在经营过程中依据其生产资料所有权占有剩余价值的正当性。1946年4月19日，毛泽东在致彭真、林彪的电报中提出：

---

① 哈尔滨市档案局（馆）.哈尔滨解放.北京：中国文史出版社，2017：275.
② 同①269.

　　　　工人工资及其他劳动条件切不可提得过高，必须采取劳资合作。发展生产、繁荣经济、劳资两利的政策，决不可只顾工人暂时片面利益，结果害了自己。①

　　这是毛泽东第一次使用"劳资两利"的表述。

　　从 1947 年 6 月底开始，中国人民解放军转入战略进攻，面对迅速发展的革命形势，为争取解放战争的彻底胜利，党中央及时提出了发展解放区经济的总方针："发展生产、繁荣经济、公私兼顾、劳资两利"。1947 年 12 月，毛泽东在《目前形势和我们的任务》的报告中明确指出：

　　　　新民主主义国民经济的指导方针，必须紧紧地追随着发展生产、繁荣经济、公私兼顾、劳资两利这个总目标。一切离开这个总目标的方针、政策、办法，都是错误的。②

　　这里毛泽东把"劳资两利"作为新民主主义国家经济建设的指导方针完整地提了出来，使之成为解放战争时期各解放区发展经济、保护工商业和劳动立法总的指导方针。

　　1948 年 8 月，第六次全国劳动大会在解放区哈尔滨召开，大会通过了《关于中国职工运动当前任务的决议》，明确规定了中国工人阶级的首要任务，就是要尽一切的努力，紧密地团结全国人民，在各方面坚决地支援人民解放军，尽可能迅速地在全国范围内战胜美帝国主义及国民党反动派，解放全中国的人民，统一全中国。③ 解放区职工要遵循"发展生产、繁荣经济、公私兼顾、劳资两利"的方针，振兴工业，巩固解放区政权，支援前线，保证革命战争的最后胜利。全国劳动大会在哈尔滨的召开对于 1948 年 1 月哈尔滨解放区颁布的过于简单的《战时劳动法大纲》的修改具有促进作用，同时它赋予了《哈尔滨特别市战时暂行劳动条例》和一系列新颁布劳动法规新的精神即"公私兼顾、劳资两利"的思想，更有利于在战时情况下作为战略后方的哈尔滨完成保障民生、发展生产、繁荣经济、支援前线的任务。

二、民事权利保障的主要法规

　　在城市中，市民对于安居乐业之本的房产与工作的需求如同农民对于土地的渴望一样迫切。1946 年 4 月 28 日东北民主联军进驻哈尔滨市时，大批工业停产，众多工人失业，市民居无定所，生活艰难。因此，为了安定民生、分配房产、保护支持工商业、改善人民生活、保障工人权利、稳定社会秩序，

①　毛泽东文集：第 4 卷 . 北京：人民出版社，1996：108 - 109.
②　毛泽东选集：第 4 卷 . 2 版 . 北京：人民出版社，1991：1256.
③　张希坡，韩延龙 . 中国革命法制史 . 北京：中国社会科学出版社，2007：661.

是中国共产党城市执政面临的重大考验。哈尔滨解放区民事法规以"保护私人财产所有权"为指导思想，从房产、借贷、婚姻、继承四个方面制定了保护民事权利的法规，发挥着改善民生的巨大作用。

（一）对市郊土地与城市房权的保护

从古至今，中国百姓的民生首先离不开土地。在城市中，土地包括城市土地和市郊土地，城市土地多为工商业经营用地，市郊土地则为农业用地，供应城市的生活必需。哈尔滨解放区作为中国共产党领导解放的第一个中心大城市，在保护农民土地权利和保障城市居民房产权利的实践中，把握市郊农民"耕者有其田"、充分保护城市工商业的原则，逐步明确了法律保护的路径，探索出了法治的成功经验。

1. 土地法规的适用

在哈尔滨解放区内施行的保障农民土地所有权的法规主要是中共中央发布的指示、决议和大纲（见表6-1）。随着具有纲领性的《中国土地法大纲》的出台，哈尔滨解放区对市郊农民土地所有权的保障便有了具体的法规依据。

表6-1　哈尔滨解放区适用的土地法规一览表

法规名称	颁布时间	颁布机关
《关于清算减租及土地问题的指示》	1946年5月4日	中共中央
《关于放手发动群众解决土地问题给东北局的指示》	1946年9月5日	中共中央
《关于公布中国土地法大纲的决议》	1947年10月10日	中共中央
《中国土地法大纲》	1947年10月10日	中共中央
《关于立即纠正土地改革中打击面过大给东北局的指示》	1948年	中共中央
《东北解放区实行〈中国土地法大纲〉补充办法》	1947年12月1日	东北行政委员会

第一，适用党中央颁布的土地法规。

"九一八"以前及日伪统治时期，东北农村的土地都集中于地主，农民濒于饥饿死亡。日伪政府将一部分好地强占，变为开拓地和满拓地及日本人的私有地，这样的耕地占东北土地的10%～15%，其余的则仍操在地主的手里。广大没有土地或少地的农民，则只能被迫成为佣农。地主的大肆剥削、巧取豪夺，使得农民终年过着衣不蔽体、食不果腹的悲惨生活。因此，中共中央在1946年5月4日就颁布了《关于清算减租及土地问题的指示》（也称"五四指示"），根据"五四指示"的要求，哈尔滨解放区开始了土地改革运动，将土地进行重新分配。"五四指示"的发布标志着中共的土地政策由减租减息、减轻农民经济生活负担到没收地主土地分配给农民、保障农民财产权益的重要转变。在"五四指示"的指导下，哈尔滨解放区于 1946 年 5 月开始了土地改革运动。在此阶段，刘少奇为中央起草的党内文件《关于土地问题的指示》中指出：

（二）坚决用一切方法吸收中农参加运动，并使其获得利益，决不可侵犯中农土地……

（三）一般不变动富农的土地……应使富农和地主有所区别，对富农应着重减租而保存其自耕部分……

…………

（五）对于中小地主的生活应给以相当照顾，对待中小地主的态度应与对待大地主、豪绅、恶霸的态度有所区别，应多采取调解仲裁方式解决他们与农民的纠纷。

（六）集中注意于向汉奸、豪绅、恶霸作坚决的斗争，使他们完全孤立，并拿出土地来。但仍应给他们留下维持生活所必需的土地，即给他们饭吃……

（七）除罪大恶极的汉奸分子的矿山、工厂、商店应当没收外，凡富农及地主开设的商店、作坊、工厂、矿山，不要侵犯，应予以保全……①

该指示对不同阶层区分对待，这是当时巩固政权的要求。与此同时，该指示保障了广泛的各阶级的土地所有权，即使对汉奸、恶霸、豪绅，也并未剥夺其生存的权利。另外，为了实现工商业的发展，对富农和地主的工厂、商店的所有权给予了充分的保护。

1947 年 10 月 10 日，中共中央公布了具有纲领性和指导性作用的《中国土地法大纲》。《中国土地法大纲》明确提出要将地主的土地所有权废除，并且没收地主和富农的农具、粮食及其他财产，分给贫民和地主同样的份额，明确规定政府承认人民因分配而得到的土地的所有权，并且允许其自由经营和买卖，在特定条件下还可以出租。除此之外，中国共产党保证工商业者的财产权利不受侵犯，保护工商业者合法的经营权利等其他民事权利。《中国土地法大纲》的公布和实施是面向各解放区的，主要解决广大农村的土地问题，对各解放区土地改革运动的深入发展产生了强大的推动力，广大农民群众的革命积极性也被调动起来，更加奠定了取得全国解放战争胜利的坚实基础。但是，《中国土地法大纲》仍然存在着许多不足，它规定的将一切土地平均分配的办法过于理想化，这便使得各地在实际执行中屡次出现侵犯中农利益的情形。这些缺陷在其后建立的新区和全国范围内的土改中不得不加以纠正，

---

① 中共中央文献研究室，中央档案馆.建党以来重要文献选编（1921—1949）：第 23 册.北京：中央文献出版社，2011：246 - 247.

尤其是在城市解放区导致出现了土改中的错误做法影响城市工商业恢复的现象，中共中央甚至对此点名批评并予以纠正。①

第二，适用东北行政委员会颁布的土地法规。

为了贯彻落实党中央关于土地问题的指示，东北行政委员会在 1947 年 12 月 1 日颁布了《东北解放区实行〈中国土地法大纲〉补充办法》②，其中除了对《中国土地法大纲》相关规定的解释，还有在东北解放区施行《中国土地法大纲》的补充规定，要求坚决做到保障各阶级的土地所有权，其中相关具体规定如下：

> 四、民国卅六年所开之生荒地应属于开荒主所有，不在平分之列。所开之二荒地属于地主富农者，应在平分之列；属于雇农、贫农、中农者，不在平分之列。
>
> 五、……政府保证农业经营之财产不受侵害。
>
> 六、……征收富农多余部分之规定，系指一般富农的粮食、房屋，以该家庭留下种籽后，吃了有余、住了有余的，为多余部分；牲口、农具以超过该村农民所有的平均数，为多余部分；家底及其他财产全部交出后仍分给他一份。小富农（家庭主要人员全部参加劳动，剥削半个以上至一个劳动的）除粮食、房屋、牲口、农具照上述办法处理外，家底及其他财产不动。③

2. 房产法规的制定

无论是过去还是当今，对于城市居民来说，改善居住条件、保障居住权利都是头等大事。哈尔滨解放区的城市房产分公有和私有：公有房屋属于人民政府，供给市民居住使用，是市民福利事业的一部分，公有房屋虽然也收取租金，但并非为了获利，租金主要用于公有房屋的整理和修缮；私有房屋是市民的私有财产，受到法律法规的保障，同时，利用房屋投机倒把或收取过高租金是被禁止的。由于哈尔滨解放初期房屋的供求关系失调，关于房屋租赁和房屋迁让纠纷的案件特别多，哈尔滨解放区民主政权制定和颁布了多部房产法规（见表 6-2），不仅改善了城市人民的居住条件，还在保护私有财产权的同时使私人房屋得到合理利用。

---

① 1948 年中共中央颁布的《关于立即纠正土地改革中打击面过大给东北局的指示》中就作出要对土改中的错误做法立即给予纠正的指示。（中央档案馆. 解放战争时期土地改革文件选编. 北京：中共中央党校出版社，1981：125.）

② 张希坡. 革命根据地法律文献：第四辑：第二卷. 北京：中国人民大学出版社，2017：182，183.

③ 同②.

表6-2　哈尔滨解放区制定的房产法规一览表

法规名称	颁布时间	颁布机关
《哈尔滨市政府敌伪财产处理纲要》	1946年7月19日	哈尔滨市政府
《关于严禁破坏建筑强占私人住房的通令》	1947年	哈尔滨卫戍司令部
《关于房租情况及意见》	1947年11月21日	中共哈尔滨市委
《为保护公私房产禁止强占民房由》	1948年4月11日	哈尔滨市政府
《关于颁布公私房产管理保护暂行条例》	1948年	哈尔滨市政府
《处理房产纠纷暂行办法（草案）》	1948年	哈尔滨市法院
《哈尔滨特别市政府关于城市房权问题及处理意见》	1949年	哈尔滨市房地产管理局

第一，对房屋所有权的保护——不得非法占用和拆毁。

自1905年哈尔滨开埠后，先后有19个国家在哈尔滨市建立领事馆，有30多个国家的侨民涌入市区，外资房产因历史原因逐年增加，这些外资房产的产权属于外国政府、社会团体、教会或侨民。据1947年4月的调查，全市有24个国家的外资房产（含无国籍和国籍不详的外资房产）建筑面积近110万平方米，占市房产总面积的22.6％。按隶属国家分，以苏联最多，95.5万平方米，接下来依次为英国10.1万平方米，美国4.2万平方米，捷克3.8万平方米，波兰3.2万平方米，以色列3万平方米。①

哈尔滨解放后，根据1946年7月19日颁布的《哈尔滨市政府敌伪财产处理纲要》②，接收了敌伪的房产产权，"由市政府酌量情形分给或租给贫苦市民居住"或"按市有房产出租办法租与私人"③。针对外国侨民的合法房产，东北行政委员会于1947年11月1日颁布了《关于处理侨民房产暂行办法》。具体内容如下：

一、凡各机关部队及群众团体没收或占用侨民房产时，必须有法律根据，经过当地省、市批准，方准施行。

二、凡租用或借用侨民房产，必须经双方同意签订合同，向所在地政府主管外侨事务部门备案。

三、凡征用或拆毁侨民房产只限于军事目标，如建筑碉堡、战壕阵地、修筑飞机场、公路等，经政府明令征用，方准施行。

四、凡取得外侨房产无法律根据或根据不足的，予以没收或占用，

---

① 哈尔滨市人民政府地方志办公室. 哈尔滨市志·房产志. 哈尔滨：黑龙江人民出版社，1999：55.

② 哈尔滨市档案局（馆）. 哈尔滨解放. 北京：中国文史出版社，2017：110-112.

③ 同②.

但须向政府提供充分证据，由政府批准后执行。①

上述暂行办法的制定对于没收、占用和租借侨民房产的行为起到了规范作用，从而在一定程度上保障了侨民的房屋所有权，与《哈尔滨市施政纲领》中"保护各友邦侨民生命财产之安全"的原则相一致。但是，在哈尔滨解放区也出现了少数机关、部队对公共建筑及外侨房产强行拆毁、强占居住的现象。下面就是一个军人强行占用外侨房屋的案例：

> 1947 年 9 月 22 日至 10 月 27 日，驻扎在南岗区河沟街附近的部队，前后九次对苏联领事馆所有气象台附近之六一三、六一五、六一六、六三七、二一四二、二一四五号房舍擅自实施拆毁行为，并且对更夫进行殴打，鸣枪威吓。同年 8 月 29 日，苏联侨民羊得月结夫在南岗区工程师街十八号的住宅，也被军人破门而入，并且将住宅内的物品扔出后强行占住。②

如果政府不采取严厉的手段制止这种影响恶劣的破坏行为，军民亲密团结的关系将遭受不利影响，因此，哈尔滨市政府于 1948 年 4 月 11 日制定了《为保护公私房产禁止强占民房由》来规范占用和租赁公私房产的行为，具体内容如下：

> 本市工商业日益发展，市面日见繁荣，原有房屋已不敷居住，但个别机关团体仍有强占民房、强租私宅，甚至勒令居民搬家等现象。市府为保护人民财产所有权及居住之自由，如有违者，房产所有人或居住当事人可报告市府处理。又规定公有及私有房屋的居住人有保护及修理之义务，不得任意损坏。已住用之私有房屋，如尚未与房主签订租用契约者，须一律与房主签订租用契约，房主有检查修理之权。机关部队租用私人房屋，须按自愿原则，不得强租，并须签订契约给以公平租金。另禁止占用学校房屋，如放假期间借用，须经市府批准。③

与此同时，哈尔滨卫戍司令部于 1947 年颁布《关于严禁破坏建筑强占私人住房的通令》，不仅规定不准任意拆毁公私建筑，而且规定无论该建筑物是否完好均不得私自强占。如果机关部队有住房的需要，应该由该机关领导书面请求市政府统一分配。另外，《关于严禁破坏建筑强占私人住房的通令》还赋予各机关部队制止不法行为的权力，并且规定了对现行犯的处罚方法：

> 各机关部队在发现有破坏公私建筑物或强占私人房产等违法行为时，

---

① 哈尔滨市档案馆馆藏革命历史档案，全宗号 2，目录号 1，案卷号 35。

② 同①.

③ 同①.

均有权制止，对现行犯除了有权直接逮捕，还可通知卫戍司令部及执法大队予以逮捕，被逮捕的违法者将被军法处审判，其中情节严重者经过公审后执行枪决。①

除此之外，哈尔滨市房地产管理局在 1949 年发出了《哈尔滨特别市政府关于城市房权问题及处理意见》②，此意见中详细规定了根据不同身份情况确定房屋所有权。③

其一，区分光复前后购买的敌逆房产产权，规定"凡在光复前购买敌逆之土地及房产而未更名换照经调查属实者应承认其所有，如在光复后买敌逆之房产及土地者，无论其情况如何，均应没收归政府所有"④。

其二，区分敌国房产和其他国家外侨房产，规定"凡敌国之房产（包括日、德、意）不论属于国家或私人的均应一律没收，其他的外侨房产应一律进行登记，并禁止其买卖。凡已取得中国国籍并有公民权的外国人其房产应承认其所有"⑤。

其三，区分抵押房产的两种情形分别处理，规定"经抵押之房权问题：有些房主在敌伪时期将其房产抵押给敌伪金融机关，光复时尚未还清，此项债权应肯定归政府所有，但其偿还倍数尚未决定，未进行清偿，我们意见：其倍数应根据在抵押当时房产之所值与目前房产之所值成正比，偿还后该房产应承认其所有"⑥。

哈尔滨市房地产管理局对外侨房产产权处理的意见，不仅充分达到了确

---

①　哈尔滨市档案馆馆藏革命历史档案，全宗号 2，目录号 1，案卷号 35。

②　哈尔滨市档案局（馆）. 哈尔滨解放. 北京：中国文史出版社，2017：416 - 417.

③　"请求返还需要确定产权的房产：（一）伪满配给店的；（二）伪官吏的；（三）伪警宪的；（四）伪区、班长的；（五）建军的；（六）包工及把头的；（七）地富的；（八）恶霸坏蛋的；（九）房主不在无人管理的；（十）旧官僚的。以上这些人的房产在光复后，有的被斗争当时宣布没收，有的恐斗争自行逃跑，有的很早本人就不在哈市。我们的处理意见如下：1. 城市中一般的房主，过去因畏惧土改或对政府不了解而逃亡他乡，现返哈申请返还房产时，经调查属实证件符合者应予返还；2. 农村中的中农在哈市的房屋，申请返还时经当地地区政府证明属实者，亦应返还；3. 农村中一般的地富在哈市之房产（不是作工商业用的）应如何处理请上级指示；4. 汉奸、特务、伪警宪及建军头子之房产应予以没收，但对其家属住房问题给以适当照顾；5. 伪区长、分区长、班长之房产系利用职权，借助敌人势力欺榨人民血汗而来的，应没收；6. 房主畏斗逃亡，或房主不在无人管理的房产，经现地调查确实且无正式管理人者，由政府接收代管；7. 旧官僚如原黑龙江省督军吴俊升、张作霖秘书常荫槐、滨江县警察厅长高齐栋、旅长李成林等之房产应没收；8. 伪满开配给店的房产，系剥削来的，应予以没收，其家属给以照顾；9. 恶霸、大包工及大把头的房产，应予以没收，其家属酌情给以照顾；10. 伪官吏的房产，凡属伪县长伪局长以上的官吏房产应该没收，其家属酌情给以照顾。"（哈尔滨市档案局（馆）. 哈尔滨解放. 北京：中国文史出版社，2017：416 - 417.）

④　同②.

⑤　同②.

⑥　同②.

定产权、稳定社会秩序的目的，而且保证了市民对房产的迫切需求，保障了市民对房产的所有权和使用权。

第二，对市民住用权的保护——规范租赁关系。

为了发挥住用权的保障功能，哈尔滨特别市政府 1948 年制定了解放后的第一部房产管理法规——《哈尔滨特别市公私房产管理保护暂行条例》①，该条例共 6 章 43 条，规定了政府公有房产、市民私有房产和外侨私有房产的管理、修缮、负担以及租金等内容。除此之外，哈尔滨市法院在 1948 年颁布了"为保护房产所有权及照顾市民住用权特制定"的《处理房产纠纷暂行办法（草案）》，该办法规定：

> 除了为国家利益且经本市政府依法征收房产外，其他任何人（公家或私人）不得侵害私人房产所有权。如有未经房主同意而迁入居住、改修或损毁者，本办法赋予房主行使如下权利，即随时请求其迁让或恢复原状或赔偿因此所受之损失，对于该违法者按侵权论罪。②

《处理房产纠纷暂行办法（草案）》共 10 条，其主要内容可归纳为三个方面：

其一，规定了出租人的权利和义务。

首先是出租人有请求承租人迁让的权利。这种权利仅在两种情形下才可以行使，即"房主在为自己营业使用或同一经济生活之亲属居住之时"可行使和"房主在房户连续三期以上无故拖欠房屋租金时"可行使。③

其次是出租人有房屋修缮的义务。房屋的修缮"概由房主负责"，"如为保全房屋经通知后房主不为或怠于修理时，房户得自行修理时，请求房主偿还其必要之修理费或由租金内扣除之，但因房户本身之故意或过失致房屋损坏者不在此限"④。

最后是出租人有续租提前通知的义务。在租赁合同期满前，出租人或承租人一方欲继续合同，则应向另一方通知。"一般居住房户应于期满前六个月，工商业房户应于期满前一年，向对方通知"。如果在规定期限内没有先行通知，租赁合同期限按原租期延长。⑤

其二，规定了承租人的权利和义务。

首先是承租人不得擅自转租、转借、转兑房屋，违者与承租、承借、承兑人并处没收兑金或科处罚金的处罚。但是为了保护工商营业的发展，

---

① 哈尔滨市档案局（馆）. 哈尔滨解放. 北京：中国文史出版社，2017：402 - 405.
② 哈尔滨市档案馆馆藏革命历史档案，全宗号 5，目录号 1，案卷号 7。
③ 同②.
④ 同②.
⑤ 同②.

法规另有规定："房户为扩大营业添股增资而营业主体未变更者，不得视为兑房。"①

其次是承租人有优先购买权和优先承租权。出租人欲将房屋出卖、出典或出租时，"房户则享有以同一价格优先购买之权利"。如果出租人有两所以上房屋，其因正当理由需要迁入承租人所租房屋内，则承租人对另外一所房屋也有优先承租权。

再次是"买卖不破租赁"，也即"房产主权转让后新房主如无本法规定之正常理由，不得撵房户。新房主得与房户另订新约，但其租期不得短于原契约残余租期"②。

最后是承租人有赔偿请求权。出租人如果借口自用而将房屋另租他人或者单纯以房屋作为股份转让给他人营业使用，承租人有权请求出租人恢复其对房屋的住用权，并且有请求出租人赔偿其因此所受损失的权利。③

其三，规定了不定期租赁。

按照出租人有请求迁让权的规定，出租人提前六个月（一般居住房户）或一年（工商业房户），为收回自己营业或同一经济生活的亲属居住，可以依法请求承租人迁让房屋。"如房主和房户之间未定租期，则房主除须依照前项规定先行通知房户外，还须保证一般居住房户的租期不得短于二年，工商业房户的租期不得短于三年。"④

哈尔滨市法院于 1948 年颁布的《处理房产纠纷暂行办法（草案）》中的相关精神及规定，如"买卖不破租赁"原则、承租人的优先购买权等，在现今的民事法律中仍有体现，不仅解决了当时的房屋纠纷问题，还具有一定的先进性。

3. 对"兼营土地之工商业者"的特殊规定

城市土地不仅有商业用地，也有市郊农业用地，因此，城市人民赖以生存的主要是土地和工商业，城市中不乏地主兼营工商业者或工商业者兼营土地，这就不是单纯的土地法规和单纯的房产法规能够调整的。为了能够在推行土地改革运动的同时保护工商业发展，保障市民基本生活，哈尔滨解放区制定和颁布了保护工商业的特殊规定。

1948 年哈尔滨特别市政府制定的《哈尔滨特别市清除封建保护民族工商业暂行条例（草案）》对从事工商业者进行了严格的划分："兼营工商业之地主、富农"和"兼营土地之工商业者"。前者并未被视为工商业者，后者才被

---

①　哈尔滨市档案馆馆藏革命历史档案，全宗号 5，目录号 1，案卷号 7。

②　同①.

③　同①.

④　同①.

视为真正的工商业者，对他们的政策分别为：

> 凡在本市兼营工商业之地主、富农，其工商业概由本市政府没收，但其家庭之浮产得留一部作其家属之生活费用。凡本市兼营土地之工商业者，其在农村之土地、房屋、牲畜、农具等封建性剥削之产业概交所在村支农会没收，但本人及其经营之工商业与浮产均不得清算。①

1948 年哈尔滨特别市政府还制定和颁布了《哈尔滨特别市战时工商业保护和管理暂行条例》，条例第 3 条规定：

> 承认公营、公私合营、私营、合作社经营之工厂商店均为合法营业，政府保护其财产所有权及经营之自由权，在遵守政府法令的条件下，任何人不得加以干涉及侵犯。

条例第 7 条中还规定：

> 工人与工会应承认工商业者之经营权，不干涉其业务。②

与此同时，1948 年《工商业保护和管理条例细则草案》中承认"房主之财权、经营房权亦为工商业之一种，不得侵犯"③。1948 年 3 月 14 日，哈尔滨特别市政府发布了《哈尔滨特别市关于保护工商业问题的布告》，布告中明确提出：

> 一、凡原在本市之工商业者兼地主，或地主兼工商业者，除其在农村之土地财产已由当地农民处理外，其在本市之工商业，一律予以保护，不得侵犯。④
>
> 二、在"八一五"日寇投降后至我民主政府成立之过渡期间内，本市工商业之财产曾有许多变动，今后概以此次工商业登记为标准发给执照⑤，承认其所有权。并自即日起，任何人不得侵犯其财权……
>
> 三、……工商业者之自由营业受到保护，但不得阴谋破坏，资金逃

---

①　哈尔滨市档案馆馆藏革命历史档案，全宗号 2，目录号 1，案卷号 16。

②　哈尔滨市档案局（馆）. 哈尔滨解放. 北京：中国文史出版社，2017：289.

③　哈尔滨市档案馆馆藏革命历史档案，全宗号 2，目录号 1，案卷号 16。

④　此处的"凡原在本市之工商业者兼地主，或地主兼工商业者，除其在农村之土地财产已由当地农民处理外，其在本市之工商业，一律予以保护，不得侵犯"，与《哈尔滨特别市清除封建保护民族工商业暂行条例（草案）》中"凡在本市兼营工商业之地主、富农，其工商业概由本市政府没收，但其家庭之浮产得留一部作其家属之生活费用"的规定有所不同。笔者认为，其原因在于布告为旧法，暂行条例为新法，新法比旧法规定得更为细致、明确。

⑤　"此次工商业登记"系指在 1948 年《哈尔滨特别市战时工商业保护和管理暂行条例》规定对工商业施行登记管理制度后实行的登记。

亡，消极怠工，投机捣乱……①

其后，哈尔滨特别市政府发布的《关于贯彻执行战时工商业保护和管理暂行条例的决定（草案）》中再次强调：

> 停止对合法经营之工商业者之经济清算；凡原在本市之工商业者兼地主，或地主兼工商业者，除其在农村之土地财产由当地农民处理外，其在本市经营之工商业，一律予以保护。因政治罪行而须没收之工商业须经本市政府之批准。其他任何机关团体均无罚款没收之权力。在此次工商业登记中，凡已登记之工商业财产，除蒋特及前记之化形逃亡地主外，统予以承认其合法财权，并加以保护。②

从上述法规的具体保护内容中可以看出，从保护"兼营土地之工商业者"而不保护"兼营工商业之地主、富农"到对"凡原在本市之工商业者兼地主，或地主兼工商业者"一律予以保护，从没收地主、富农兼营的工商业到对工商业一律加以保护，不仅体现了民主政权实事求是、求真务实的以人民为中心保障民生的态度，而且展现了中国共产党人的博大胸怀，为其后解放的城市解决此类问题积累了丰富的法治经验。

（二）对私人借贷与契约的限制与保护

1. 私人借贷

私人借贷是自然人之间、自然人与非金融组织之间直接进行的货币借贷。私人借贷能够满足人民群众日常生活调剂小额资金的需要，具有及时、简便、灵活的特点，对银行信用起着一定的补充作用。哈尔滨解放后，无论城市工商业者还是农民，都需要资金恢复并发展生产，于是私人之间的借贷较解放前更为普遍。东北行政委员会为了活跃经济、规范私人借贷关系，于1948年7月13日制定发布了《关于私人借贷问题之规定的指示》，规定了受法律保护的借贷关系必须满足三个条件：其一，借贷关系是经双方自愿达成的；其二，双方订有书面或口头契约；其三，不违反政府法令和政策。只要借贷关系满足上述条件，无论其发生在城市还是农村，也不论借贷双方的阶级成分如何，借贷关系就当然受到法律保护。③

与土地和房产物权关系相比较，借贷债权关系不用区分城市与农村，不

---

① 哈尔滨市档案局（馆）.哈尔滨解放.北京：中国文史出版社，2017：290.

② 哈尔滨市档案馆馆藏革命历史档案，全宗号2，目录号1，案卷号16。

③ 参见东北行政委员会1948年7月13日《关于私人借贷问题之规定的指示》第7条之规定："今后不问城市农村不分阶级成分，凡经双方自愿发生借贷关系，订有书面或口头契约者，在不违反政府法令政策条件下，概受法律之保护。"（哈尔滨市档案馆馆藏革命历史档案，全宗号2，目录号1，案卷号19。）

用区分阶级成分，因为借贷关系的发生能够为恢复和发展生产助力，因此，该指示未作出过多的限制性规定，仅在宽泛保护的基础上对借贷利息进行了灵活的政策性指引：

> 允许私人互相借贷，无论城市及乡村，凡以金钱或物品贷与他人者，依双方之约定，得规定一定数额之利息，于期满时由债务人履行本利清偿之义务。（第1条）

> 对于私人借贷之利率，因各地情况不同，暂不作统一规定，各地方政府得视实际需要适当处理，以使放款人肯于贷出，借款人得借入为原则；但对于高利贷剥削应绝对禁止。（第2条）①

禁止高利贷，是中国共产党的一贯主张。在全民族抗日战争时期，陕甘宁革命根据地就严厉禁止高利贷，取消一切封建债务。《关于私人借贷问题之规定的指示》禁止高利贷行为，是与农村革命根据地法制传统一脉相承的。

在自愿、保护的原则基础上，《关于私人借贷问题之规定的指示》还对农村中存在的工农贫民债务和城市中存在的商店货账作出了具体规定：

第一，对工农贫民债务的规定。土改中已经宣布废除的债务不得再行追索，但是工农贫民存于地主富农家的金钱物品应物归原主。工农贫民之间的债务由双方自行处理，政府给予适当帮助。即：

> 在土地改革中，业经宣布废除之债务，一律不得追索；但工农贫民存于地主富农家中之金钱物品在土改时未被分配者，得由原主取回。（第3条）

> 工农贫民互相间所有土改以前之旧债，由借贷双方自行处理，如双方不能决定时，由民主政府决定之。（第4条）

> ···········

> 农村中换工搭具及借粮借草等项得按私人借贷关系处理，双方约定办法如期折算偿还。（第6条）②

第二，对商店货账的规定。基于党中央保护工商业、发展经济的精神，该指示规定对于商店货账必须一律归还，负有利息的，清偿办法由双方商榷，政府给予适当指导，并且规定了借贷关系的诉讼须先经过调解，调解无效时，才可向司法机关提起民事诉讼。即：

> 关于商店货账不作一般债务论，必须一律归还，如系积年陈欠且负有利息时，其清偿办法由双方决定，如双方不能决定时由民主政府决定

---

① 哈尔滨市档案馆馆藏革命历史档案，全宗号2，目录号1，案卷号19。
② 同①.

之。(第 5 条)

∙∙∙∙∙∙∙∙∙∙∙

凡各地发生债权债务纠纷经调解无效时,得由当事人向司法机关起诉,由各级司法机关审理之。(第 8 条)①

2. 私有建筑物契约

哈尔滨作为全国第一个解放的大城市、国际化的大都市,其民事活动纷繁复杂,签订契约已经成为城市生活交易的惯例。为了保障市民合同交易的安全,哈尔滨特别市政府公布了一定数量的合同文本,以规范当事人之间的交易。以私有建筑物的出租为例,为保护市民的居住权益,哈尔滨特别市政府 1947 年 3 月 31 日发布了"私有建筑物出租契约书"(原始档案中的契约书照片见图 6-1)。

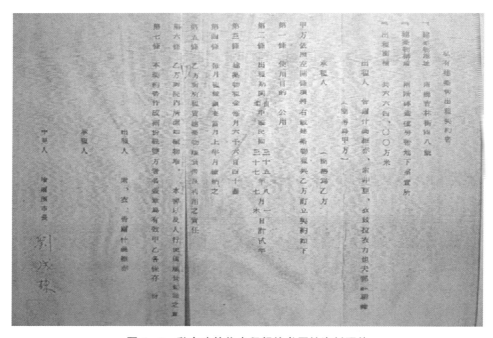

图 6-1　私有建筑物出租契约书原始资料照片

注:"中见人"刘成栋时任哈尔滨市市长。

资料来源:哈尔滨市档案馆馆藏革命历史档案,全宗号 2,目录号 1,案卷号 63。

其一,契约要对标的物(建筑物)的地址、构造、面积等作详细说明,如:

---

① 哈尔滨市档案馆馆藏革命历史档案,全宗号 2,目录号 1,案卷号 19。

建筑物地址：南岗吉林街四八号；

建筑物构造：两阶砖造楼房带地下室一所；

出租面积：共六六四．〇〇方米。

其二，契约要写明当事人双方的基本情况，即甲方和乙方的名称或姓名、国籍，如：

出租人：皆而什阔维赤·索菲亚·衣兹拉衣力也夫那　苏联籍（简称为甲方）；

承租人：××（简称为乙方）。

其三，契约内容主要包括出租期限、缴纳租金的标准、生效时间，并且明确了当事人双方的权利义务关系，如：

第一条　适用目的：公用；

第二条　出租期间自中华民国三十五年八月一日至中华民国三十七年七月末日计贰年；

第三条　建筑物租金每月六千六百四十元；

第四条　每月租金须在当月上半月缴纳之；

第五条　乙方对所租赁建筑物应负善良利用之责任；

第六条　乙方对院内清洁如积物堆、水窖以及人行便道应负整理之责；

第七条　本契约书作成两份经双方署名盖章为有效甲乙各保存一份。

从上述借贷之债和契约之债的法律关系规定中可以看出，哈尔滨解放区并未在债权法律关系领域颁布大量的法规、作出详细的规定或限制，出于恢复和发展经济的总体目标，仅在债权领域出台了原则性规定，相对规范了借贷和契约的行为。

（三）体现"自愿"与"平等"的婚姻法规

哈尔滨解放区婚姻法规的适用来源主要包括：农村革命根据地的婚姻法规、东北解放区制定的婚姻法规、经过民主议事通过的婚姻原则和制定的相关法规，以及法院在处理婚姻问题过程中提出的处理办法等。

1. 哈尔滨市临时参议会的"妇女"提案

解放战争时期妇女的思想逐步得到了解放，由于教育与文化程度较高，城市中的很多妇女具有进步的思想。哈尔滨市第一届临时参议会中有相当数额的妇女代表行使参政议政的权利。① 哈尔滨市第一届临时参议会的妇女代表

---

① 孙光妍．新民主主义宪政立法的有益尝试：1946 年《哈尔滨市施政纲领》考察．法学研究，2006（5）．

有 5 人，占总参议员人数 75 人的 6.7%；第二届临时参议会参议员中妇女代表仍为 5 人，占总人数 74 人的 6.8%。[①] 尽管人数较少，但这已经是向男女平等、保护妇女合法权益迈出的关键的一步，这说明在当时的哈尔滨，妇女已经有一定的社会地位，这也为哈尔滨解放区施行新民主主义婚姻制度奠定了基础。

1946 年 7 月哈尔滨市第一届临时参议会是在城市刚刚解放、很多棘手问题亟待解决的背景下召开的，会议共收到提案 116 件，合并后为 77 件，经审议通过 59 件，撤销 13 件，否决 5 件。其中关于妇女的提案为 6 件，合并后为 2 件，经审议 2 件全部通过。

关于妇女的提案的内容主要涉及"严格执行一夫一妻制"、"婚姻自主"、"禁止买卖包办婚姻及取消童养媳"[②] 和"要求妇女在社会上与男人同样享有政治、经济、文化、教育等各种权利，期彻底达到妇女解放的目的"[③]。笔者在考察参议员提案资料的过程中，搜集到 1946 年哈尔滨市第一届临时参议会"妇女"提案中的《为提倡女权，为期达到社会上男女真正平等案》。档案原件（见图 6 - 2）及内容如下：

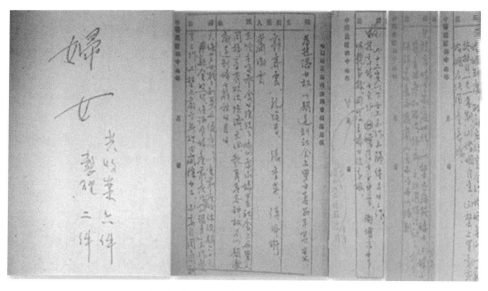

图 6 - 2　"妇女"提案档案原件照片

---

① 孙光妍，隋丽丽. 新民主主义民主政治的可贵探索：以哈尔滨解放区 1946 年参议员选举制度为例. 法学家，2007（4）.

② 哈尔滨市档案馆馆藏革命历史档案，全宗号 3，目录号 3，案卷号 9。

③ 同②.

妇女

案文：为提倡女权，为期达到社会上男女真正平等案

提案人：郭霄云　萧淑云等

理由：在哈市临参会的组织下，要求妇女在社会上与男人同样享有政治、经济、文化、教育等各种权利，期彻底达到妇女解放的目的。

办法：

一、女职工利益健康：1. 产前产后休假 60 天，薪金照付，保证孕妇产前产后（一个月）不做繁重工作。2. 禁止厂房无理由开除女工。3. 同工同酬。4. 十二岁以下女工不做不胜体力的工作。

二、提高妇女文化，根据妇女觉悟增强度。

三、妇女参政问题：各政府提拔女干部。

四、提高妇女家庭地位：1. 禁止虐待妇女。2. 成年妇女有自由参加政治、经济、文化团体活动的权利，任何家长与有关人员不得限制。

五、婚姻制度：政府规定合理婚姻条例：

1. 严格执行一夫一妻制；2. 婚姻自主；3. 禁止买卖包办婚姻及取消童养媳。①

1947 年 5 月哈尔滨市第二届临时参议会是在城市政权基本稳定、着力发展民生事业的背景下召开的，会议收到提案共计 48 件，通过 38 件，撤销 9 件，否决 1 件。② 其中"妇女"提案为 4 件，通过 4 件。4 件"妇女"提案分别是《为请求政府补助妇女团体经费案》、《为要求政府认真检查和执行上次妇女议案》、《为妇女保健提案》和《为妇婴保健提案》。③ 这些提案，进一步提高了妇女地位、保障了妇女权益。

哈尔滨市临时参议会作为哈尔滨当时的最高议事权力机关，在民主建政的基础上解决了解放后哈尔滨的民生保障、经济恢复等诸多问题。哈尔滨解放区民主政权在当时面临社会矛盾错综复杂、新旧问题混乱丛生、法律多元的境遇，婚姻法规又处于由封建传统向新的婚姻制度转变的过程中，立法工作步履维艰。哈尔滨市临时参议会确立的婚姻法规原则，虽然语言简短、涉及面有限，但为保障妇女合法权益、提高妇女社会和法律地位奠定了基础，也为后续立法的出台和适用作好了铺垫。

2. 1948 年《东北解放区婚姻条例（草案）》的适用

哈尔滨市临时参议会从 1946 年 7 月 16 日才开始提出婚姻方面的立法议

---

① 哈尔滨市档案馆馆藏革命历史档案，全宗号 3，目录号 3，案卷号 9。

② 参见哈尔滨市档案馆馆藏革命历史档案，全宗号 3，目录号 1，案卷号 13。

③ 同②.

案，东北解放区 1948 年才正式颁布婚姻条例并在哈尔滨解放区直接适用，在此之前，法院主要依据中央苏区 1934 年 4 月 8 日颁布的《中华苏维埃共和国婚姻法》① 来处理婚姻案件。《中华苏维埃共和国婚姻法》共 6 章 21 条，确立了男女婚姻"以自由为原则"及一夫一妻制，增加了对军婚的保护，规定了离婚后的财产处理和子女抚养问题。

1948 年 1 月至 11 月，哈尔滨市政府转发了《东北行政委员会关于民政、公安、司法工作的通令、指示、通知及有关材料》，其中第二部分为《东北解放区婚姻条例（草案）》。从此开始，哈尔滨解放区的婚姻关系便适用《东北解放区婚姻条例（草案）》。

《东北解放区婚姻条例（草案）》包括"总纲"、"结婚"、"夫妻之权利义务及财产"、"离婚"和"附则"共 5 章。② 主要内容可以归纳为四个方面：

第一，强调结婚和离婚的自愿原则。在总纲部分明确了男女婚姻自由，即"婚姻之缔结以男女平等双方自愿自主为原则"，禁止一切封建结婚，包括"禁止买卖婚姻、包办婚姻、早婚及童养媳制度"（第 2 条），"禁止重婚、纳妾、兼祧（一子两不绝）及其他违反一夫一妻制之婚姻"（第 3 条）。同时，尊重少数民族的婚姻风俗习惯，"少数民族婚姻之缔结，如其风俗习惯与本条例不相抵触者，从其风俗习惯"（第 4 条）。另外，强调离婚自愿，在条例中表述为"夫妻两愿离婚者得自行离婚"。

第二，强调婚姻登记制度。条例中规定了结婚登记、离婚登记以及事实婚姻的补充登记，即"结婚应公开声明并向当地区以上政府请求登记，领取结婚证书"（第 8 条），"夫妻两愿离婚者得自行离婚，但须向当地区以上政府请求登记公开声明"（第 15 条），"男女双方共同生活经补行登记领取结婚证书者即认为正式夫妻"（第 11 条）。

第三，强调对妇女权益的保护。条例中规定，"在女方怀孕及生育期间男方不得提出离婚，且具有离婚之条件者亦需于分娩满三个月后始得提出，但有十六条一、二、三、七、八、九各款情形者不在此限"（第 18 条），"夫妻两愿离婚者，关于子女抚养教育责任之负担应于离婚时约定之。但从约定女方负担，而女方生活困难者在未与他人结婚前男方仍应给予抚养教育费之全部或一部"（第 19 条）。在当时的社会，妇女属于弱势群体，如果男方在妇女怀孕和生育期离婚，那么妇女的生活很难维持；在离婚后关于子女抚养费的责任安排上，除自愿外也重点依靠男方，这是对妇女进行保护的体现。

第四，规定离婚财产的分配原则。"夫妻共同生活及子女抚养教育所需之费用以及家务之处理等由双方共同负责"（第 13 条），"夫妻未结婚前之自由

---

① 哈尔滨市人民政府地方志办公室. 哈尔滨市志·政权. 哈尔滨：黑龙江人民出版社，2000：612.
② 参见哈尔滨市档案馆馆藏革命历史档案，全宗号 2，目录号 27，案卷号 137。

财产到结婚后仍归个人所有，结婚后共同经营劳动所得之财产归共同所有"
（第 14 条）。

　　3. 关于军人、干部婚姻问题的指示

　　《东北解放区婚姻条例（草案）》颁布前后，哈尔滨解放区通过民主议事已经确定了婚姻自由、平等的总基调。军人、干部婚姻问题是当时中国共产党内部关系生活的重要问题，有些军人、干部曾在农村根据地有过封建包办婚姻，到了城市解放区基于婚姻自愿原则欲缔结革命婚姻，对这一问题处理的效果关系到政府形象，更涉及民生。

　　1947 年，东北行政委员会、哈尔滨市政府社会局等单位《关于民政工作的令、指示、章程、条例、决定等材料》中提到关于军人家属的问题，其第 7 条提到了"关于军人配偶的问题：包括教育、婚姻、离婚等几个问题"①。

　　1948 年，中共哈尔滨市委组织部传达了东北局组织部转发中央组织部的《关于干部婚姻的问题》，对军人和党内干部的婚姻问题作出了明确指示。原文内容如下：

　　各委、总支：

　　　　兹东北局组织部转发中央组织部关于干部婚姻问题的新规定全文如下：

　　　　一、过去有些地区关于党员干部之婚姻问题规定要有一定工作年限、一定年龄和等级（如二十六岁、五年党龄、八年军龄、区营级干部等）方准结婚，此种规定已不适应今天的情况，应予取消。

　　　　二、任何党员干部之结婚或离婚，其批准权与登记手续属于政府。而党的干部的责任是：

　　　　（1）必须告诉党员干部不允许与来历不明、历史不清、政治上有问题的分子结婚。

　　　　（2）告诉党员干部务须遵守政府婚姻法令。

　　　　（3）告诉党员干部在婚姻问题之不正确观点与做法，要及时予以纠正。

　　　　三、结婚之后生活一般应由其个人资给。对于长期供给制的老干部本身已无力自给者，经批准后公家得解决之。

　　　　四、现役军人之结婚问题，应先经该部队政治机关批准后，再向政府登记手续。

　　　　各单位在今后干部婚姻问题上均应按照上面规定处理之。②

---

① 哈尔滨市档案馆馆藏革命历史档案，全宗号 12，目录号 3，案卷号 72。
② 哈尔滨市档案馆馆藏革命历史档案，全宗号 2，目录号 12，案卷号 18。

文件中指示要求党员干部婚姻的缔结与取消要在政府进行批准和登记，一方面要求配偶政治上清白，另一方面要求党员干部必须严格遵守婚姻法令，体现了党员干部婚姻政治上的严格和遵纪守法。同时，第 4 条还指出，现役军人结婚需要先行经过部队政治机关批准，体现了军人结婚的纪律性。也就是说，军人、党员干部婚姻必须以符合婚姻法令为前提条件，同时还要经有关机关进行政治上的审查，为新的婚姻原则的贯彻作出了表率。

4. 外侨婚姻的习俗及处理

哈尔滨常住人口中有大量的外侨，外侨的婚姻风俗习惯与中国的有所不同。对外侨婚姻问题需另行看待，因此，哈尔滨解放区在处理外侨婚姻问题时总结了以下几条处理原则：

第一，外侨结婚登记需征求外事处意见。在哈尔滨市人民法院的工作总结中，对涉外婚姻的处理意见和做法是："结婚的国籍问题——两个国籍的人婚姻，与一般的婚姻同。但我们给登记时，事先征求一下外事处的意见。"①

第二，承认外侨婚姻仪式的法律效力。各个国家对婚姻缔结方式的规定各有不同，有些国家的婚姻缔结以登记为准，有些国家则以仪式为准。哈尔滨解放区的外侨结婚更多的是要"先行通过本宗教的教堂进行登记"②，教堂结婚成为哈尔滨解放区外侨婚姻缔结的重要习俗。哈尔滨解放区法院在审理婚姻案件时亦承认以教堂仪式为外侨婚姻缔结成立的方式，确认其婚姻法律效力。

第三，承认外侨的事实婚姻。苏联法中有承认事实婚姻的规定，1926 年《苏俄婚姻家庭和监护法典》中规定，"未进行登记的婚姻，法律以其相互同居之事实、个人的通信或其他书面为夫妻关系的表示、相互的物质上的经济帮助、子女的共同养育等事实，确认其婚姻关系之存在，承认事实婚的效力"。另外，根据苏联法的规定，事实婚姻其后如果经合法登记，婚姻效力从事实婚姻开始时计算。对于哈尔滨解放区婚姻案件中外侨的事实婚姻，法院基本承认其婚姻效力。

第四，外侨离婚应"到市政府外事科或苏联侨民会、基督教堂办理协议离婚手续"③，之后"仍要到法院办理正式离婚法律文书"④，经过两方面的确认才可离婚。不同国籍或是不同民族的外侨，由于风俗习惯、宗教信仰、生活工作方式等方面的不同请求离婚或者无法出境离婚的，法院准予离婚。

---

①　张希坡. 中国婚姻立法史. 北京：人民出版社，2004：399 - 400.

②　哈尔滨市人民政府地方志办公室. 哈尔滨市志·政权. 哈尔滨：黑龙江人民出版社，2000：633.

③　同②.

④　同②.

在这种情况下，外侨需要在市政府的外事科、各侨民的侨民会、教堂办理协议离婚手续，同时也要在哈尔滨的法院办理正式的离婚法律文书，但是不得与中国法律相抵触。笔者在研究中还了解到，解放前有些无国籍人曾为日本帝国主义效劳，1945 年 8 月苏联红军对日本宣战进驻东北后，将其中一部分人逮捕，他们的妻子多以其夫失踪为由请求离婚。"市法院对凡能证明被告确实被逮捕或失踪多年的，即采取缺席判决离婚。"①

综上所述，苏区婚姻法基本原则的确立为之后各解放区婚姻法规的制定和实施奠定了基础。苏区婚姻法提倡的婚姻自由、反对买卖婚姻、禁止童养媳等原则冲破了封建枷锁的束缚，给广大妇女带来了解放的希望，但是立法并不能立刻改变扎根于中国人心中几千年的封建思想，很多在当今看来理所应当的事情在当时的百姓心中却是无法逾越的鸿沟。因此，苏区婚姻法规真正奏效并开始大规模地被人们接受是在解放战争时期。在哈尔滨解放区婚姻诉讼实践中，我们首先看到了对苏区婚姻法规的继承和沿用、对东北解放区婚姻条例的适用，这是一种革命道路继承的具体表现，这种继承对中国共产党如何领导城市建立人民政权、提高妇女地位、实行妇女解放和婚姻自由有了更新的诠释；同时，还可以看到在哈尔滨解放区民主政权的领导下民主议事对提高妇女地位、保护妇女权益、树立新的婚姻原则工作的推进，可以看到人民法院在军人干部婚姻、外侨婚姻的问题上的处理为新中国成立后军人干部婚姻、外侨婚姻的处理积累了经验，这些都值得格外珍视。

（四）外侨与普通市民有别的财产继承法规

继承权依附于人身权利，却以财产性权利而体现，因此，对继承权的保障既是对人身权利的保障，也是对财产权利的保障。哈尔滨解放区不但制定了普遍适用于哈尔滨市民的继承办法，还出台了专门处理外侨财产继承的办法。

1. 1948 年《关于外侨财产及继承处理办法》

哈尔滨解放区建立以后，哈尔滨市法院在处理外侨财产纠纷的过程中发现，由于外侨具有较大的流动性，外侨财产的管理和继承问题相当复杂。而且哈尔滨市法院所处理的案件纠纷中许多是以往农村根据地法院从没有涉及过的新问题，如在国外居住的继承人是否有权利继承中国的财产、外国人是否有权继承中国人的不动产等。哈尔滨市法院②为解决这些问题，于 1948 年

---

① 哈尔滨市人民政府地方志办公室.哈尔滨市志·政权.哈尔滨：黑龙江人民出版社，2000：633.

② 1948 年 9 月 15 日，哈尔滨特别市法院改称哈尔滨特别市人民法院，院长王怀安、副院长张士侠。此处"哈尔滨市法院"为哈尔滨特别市法院及哈尔滨特别市人民法院的简称。

6 月有针对性地制定了《关于外侨财产及继承处理办法》，经中共哈尔滨市委讨论通过于 1948 年 6 月公布。

1948 年《关于外侨财产及继承处理办法》共有 15 条，其中首先确定了处理外侨财产继承的一般原则："外侨一般地不得取得土地及房屋或其他建筑物所有权"。外侨取得所有权的例外情形是：过去已经取得国有土地长期租用权的外侨，对其自行修筑的房屋等建筑物有占用、租赁和继承的权利，即：

> 基于领土完整和土地保全的精神，外侨一般地不得取得土地及房屋或其他建筑物所有权，但因过去已取得国有土地长期租权，并自修筑房屋或其他建筑物者，承认其房屋或其他建筑物有占用、租赁和继承之权利。①

该办法还规定了外侨不动产权利的归属、财产管理人的相关规定、继承人的范围及开始继承的条件、遗嘱继承和遗产收归国有的情形。

第一，外侨之不动产权利归属问题。办法第 2 条规定，外侨土地租用权随不动产所有权转移而丧失，即：

> 已取得土地长期租权及房屋或其他建筑物所有权之外侨（以下简称有不动产的外侨）出卖其房屋或其他建筑物时即丧失其土地租权。②

在上述情形下，政府对外侨所出卖的房屋或其他建筑物有优先收买的权利。如果对于以上房屋或建筑物，政府不予收买，则其他人可以承租或收买该土地、房屋或其他建筑物。

第二，外侨的财产管理人问题。外侨的财产管理人有两种产生方式：一是自行委任，二是法院选任。无论是自行委任，还是由法院选任，不动产管理人产生后都必须经过登记，未经登记，不产生法律效力。即：

> 有不动产的外侨，离开不动产所在地时，须对于其不动产选任管理人管理。此项管理人之选任，非经登记，不生效力。有不动产的外侨，已离开不动产所在地，而未选任管理人者或虽曾选任管理人，而其管理人死亡或因其他事由不能执行其职务者法院得因利害关系人之申请，为该不在人选任财产管理人。③

该办法严格规定外侨财产管理人的产生方式，是因为登记具有公示的效力，能够对该不动产今后的交易行为起到保障作用，避免财产管理人等假以不动产所有人的身份欺骗进行交易的第三人。除此之外，对于外侨财产管理

---

① 哈尔滨市档案馆馆藏革命历史档案，全宗号 5，目录号 1，案卷号 7。
② 同①.
③ 同①.

人所享有的权利和应尽的义务，该办法也作了明确规定：

　　1. 对于财产应妥为管理不得为处理行为。

　　2. 须设账簿，记载其所管理财产之收支状况，并于一定时期向政府呈报，受其检查。

　　3. 应随时向政府报告不在人之行踪，管理人怠于此项义务时，对于该不在人之行踪视为不明，得依第十条第一项之规定处理该不在人之财产。

　　4. 管理人有请求报酬之权利，该项报酬由不在人之财产收入中支出之。

　　5. 不在人对于管理人有扶养之义务者，管理人得经政府之许可，处分不在人财产之全部或一部。①

第三，外侨财产继承人问题。该办法对继承人范围的确定采用了属人原则，即继承人的范围依被继承人所属国家的法律确定。拥有中国国籍的人才有对中国人的不动产之继承权，但与中国人有配偶或亲子关系的非中国籍人，可以得到生活上的必要照顾，即：

　　依该被继承人之本国法之规定，但继承人经常在外国居住者无继承之权利。被继承人为无国籍者依中国法处理。外侨或丧失中国国籍的人，无权继承中国人的不动产所有权。取得所有权而后丧失中国国籍者，亦同时丧失其权利，但与中国人有配偶或亲子关系者，得酌予生活上的必要照顾。②

外侨财产继承的条件除被继承人死亡之外，还有三种情况是针对离开不动产所在地的外侨的，分别是：离开满三年且杳无音信，离开且在中国境内其他地方居住已满三年，虽有音信但在外国居住满七年。

第四，外侨遗嘱继承问题。该办法主要对无效的遗嘱继承进行了规定，遗嘱继承无效的条件有三：外侨不动产的继承人经常在国外居住；继承人或遗嘱执行人要向法院申请确认遗嘱有效，申请期限为开始继承后的三个月，逾期则无效；所继承的不动产还要向政府登记更名才能完成继承，提出登记的期限为开始继承后一年内，逾期则遗产收归国有。③

第五，外侨遗产收归国有问题。外侨遗产收归国有的情况具体有二：一是第12条所规定的继承开始后，继承人所在不明时，法院得因利害关系人之

---

① 哈尔滨市档案馆馆藏革命历史档案，全宗号5，目录号1，案卷号7。

② 同①.

③ 同①.

申请，为被继承人选任财产管理人，并以一年的公告期间催促继承，逾期仍不呈报继承或继承人经常在外国居住者，其遗产收归国库。二是第 11 条所规定的已故外侨设立了遗嘱，其继承人或遗嘱执行人在继承开始后三个月内，应当向法院申请确认此已故外侨设立遗嘱的有效性，继承人应当在继承开始后一年内向政府登记更名以完成继承，逾期不能完成继承的，遗产收归国库所有。①

2. 1949 年《哈尔滨市处理继承办法草案》

除哈尔滨市法院于 1948 年 6 月出台的《关于外侨财产及继承处理办法》之外，还有一个继承法规是普遍适用于哈尔滨解放区的，即 1949 年哈尔滨市人民法院制定的《哈尔滨市处理继承办法草案》，该办法草案的制定和实施切实地解决了当时解放区普遍存在的财产继承纠纷。其主要内容可归纳为五方面：

第一，对法定继承进行了详细规定。法定继承是以继承人与被继承人之间的婚姻关系和血缘关系为基础而确定的。如果被继承人没有遗嘱，则法律推定为把遗产留给他最亲近的亲属。办法草案规定：

> 配偶（包括同居三年以上的姘居关系人）、直系卑亲属（包括养子女）、无劳动力的父母、在被继承人临死之前曾连续受被继承人抚养一年以上丧失劳动力者；与被继承人在同一经济生活单位，而又为其生活所必需者。同一顺序的继承人有数人时，原则上按人数平均继承。但同时有规定法院可参照各继承人的经济情况，按其需要分配遗产。②

该办法草案还确认了代位继承的效力，即："在被继承人之前死亡的继承人，其应继承的部分由该继承人的继承人代位继承。"③

第二，对遗嘱继承作出了规定。设立遗嘱是被继承人在其生前对自己所有的财产所作出的处分行为。该办法草案规定了遗嘱继承的前提条件和遗嘱继承人的范围：

> 须是在财产所有人未侵害未成年人或丧失劳动力的人的前提下，得以遗嘱将其财产，赠与国家机关、社会公益团体（不是封建迷信团体）或经济地位显然低于继承人的个人。④

遗嘱继承以保证不侵害未成年人或丧失劳动力的人的利益为前提，遗嘱继承人可以是国家机关、社会公益团体和个人。但如果是"个人"，他的经济

---

① 参见哈尔滨市档案馆馆藏革命历史档案，全宗号 5，目录号 1，案卷号 7。
② 同①.
③ 同①.
④ 同①.

地位要显然低于继承人，否则要考虑继承人的继承权。

第三，对于继承中可能发生的特殊情况作出了规定，如宣告失踪、宣告死亡等情况。具体内容如下：

> 当失踪人失踪满 5 年时法院得宣告其为死亡人。但失踪人遭遇特别灾难者满 3 年即可宣告死亡。自死亡宣告时起，其继承人开始继承。继承人不知其被继承人死亡或受死亡宣告，或继承人所在不明时，法院应通知或公示催告，限期呈报承认继承，逾期不呈报视为放弃继承权。①

第四，对女子享有与男子平等的继承权利予以确认。女子继承权并不因女子出嫁而受影响，哈尔滨市法院还明确规定了寡妇有代位继承的权利。

第五，区分继承人的国籍分别处理。社会主义国家和新民主主义国家的公民可以继承中国人的动产及不动产的使用收益权（非所有权），不仅如此，继承权的确定也依照其本国习惯；而对其他外国人仅仅赋予其继承中国人动产之权益。具体内容如下：

> 当继承人为其他社会主义国家或新民主主义国家的公民时，他有权继承中国人的动产或不动产的使用收益权，而其他外国人仅能继承中国人之动产。被继承人为社会主义国家或新民主主义国家的公民，其继承权的确定依本国习惯。②

除此之外，该办法草案还规定无人继承的财产应被收归国库所有。但是，如果被继承人是除中国以外的其他社会主义国家或新民主主义国家的公民，被继承人的财产归该国国库所有。

三、工商税收管理的主要法规

（一）战时保护工商业：以 1948 年《哈尔滨特别市战时工商业保护和管理暂行条例》为代表

1947 年夏，农村开展土地改革运动，大批农民揪斗在农村有土地的工商业者，工商业者惶恐万分，无心生产。在这种形势下，中共哈尔滨市委及时在《关于哈市的工作方针》③的第二部分明确提出，目前党在哈尔滨市的总的任务之一是恢复与发展工商业，并要求在一切方面，必须十分注意保护工商业之发展，否则将自己毁灭自己。在此方针指导下，哈尔滨特别市政府先后于 1948 年 1 月 27 日和 1948 年 3 月 14 日制定和出台了《哈尔滨特别市战时工

---

① 哈尔滨市档案馆馆藏革命历史档案，全宗号 5，目录号 1，案卷号 7。

② 同①.

③ 哈尔滨市档案馆. 解放战争时期哈尔滨经济资料文集. 哈尔滨：哈尔滨工业大学出版社，1994：21.

商业保护和管理暂行条例》和《哈尔滨特别市关于保护工商业问题的布告》。

1. 1948 年《哈尔滨特别市战时工商业保护和管理暂行条例》

《哈尔滨特别市战时工商业保护和管理暂行条例》首先明确了制定的目的为有计划地发展战时经济，支援前线，安定民生，并"保护工商业者的财权及其合法的经营不受侵犯"①；同时指出本条例的适用范围是：凡在本市之公营、公私合营、私营、合作社经营之工厂、商店均适用。

《哈尔滨特别市战时工商业保护和管理暂行条例》承认公营、公私合营、私营、合作社经营之工厂、商店均为合法营业，政府保护其财产所有权及经营之自由权，在其遵守政府法令的条件下，任何人不得加以干涉及侵犯。对支援战争及群众生活有重要贡献之工厂，政府可给以支持，其所需动力原料及成品推销，政府给以可能的帮助。在工业生产方面确有创造发明，经考核属实，政府酌情予以减税、免税或一定时期专利等特权，以示奖励。

必要的限制是为了更好的保护。在对工商业加以保护的同时，《哈尔滨特别市战时工商业保护和管理暂行条例》也作出了相应的限制性规定。工商业经理人必须承认工会为工人店员之代表组织，必须执行政府颁布之劳动法令及本企业与工会签订之集体合同。公营、公私合营、私营、合作社经营之各工厂、商店，必须按照市政府工商管理局所发之工商业登记表切实填报，不得隐匿或假报；不得无故停业废业，其转业废业迁移及缩小经营范围，均须事先呈报工商管理局批准；不得投机倒把、囤积居奇，不得冻结资金或逃亡资金，违者均为犯法行为，应当依法严惩。

2. 1948 年《哈尔滨特别市关于保护工商业问题的布告》

1948 年初，哈尔滨解放区土地改革接近完成，同时，本市工商业登记也已经结束，在此形势下，除已经制定的《哈尔滨特别市战时工商业保护和管理暂行条例》外，哈尔滨特别市政府又发布了《哈尔滨特别市关于保护工商业问题的布告》。布告首先强调："保护工商业者财产及合法的营业不受侵犯""发展生产、繁荣经济、公私兼顾、劳资两利"仍然是新民主主义经济既定不移之方针。原文如下：

　　一、凡原在本市之工商业者兼地主，或地主兼工商业者，除其在农村之土地财产已由当地农民处理外，其在本市之工商业，一律予以保护，不得侵犯。

　　二、在"八一五"日寇投降后至我民主政府成立之过渡期间内，本市工商业之财产曾有许多变动，今后概以此次工商业登记为标准发给执照，承认其所有权。并自即日起，任何人不得侵犯其财权；凡此次登记

---

① 哈尔滨市档案馆馆藏革命历史档案. 全宗号 2，目录号 1，案卷号 1。

中尚有漏报者，自布告之日起于两星期内补报，过期无效。

　　三、工商业者必须遵守民主政府之法令，发展生产，支援战争。工商业者之自由营业受到保护，但不得阴谋破坏，资金逃亡，消极怠工，投机捣乱。如果有犯罪行为时，其处理须经市政府之直接处理或批准。其他任何机关团体，均无没收罚款之权力。①

《哈尔滨特别市战时工商业保护和管理暂行条例》和《哈尔滨特别市关于保护工商业问题的布告》的颁布，消除了工商业者的各种顾虑，吸引了一批工商业者投资办厂，活跃了劳资双方市场，同时，加上一系列扶植措施，哈尔滨解放区的工商业迅速得到恢复。

（二）战时维护市场秩序：摊贩管理与移民政策

　　日伪统治时期，日本侵略者在哈尔滨颁布了一整套的经济"统制"法规，对重要物资和生活必需品都实行专卖、配给和垄断。这种"统制"造成哈尔滨市物资奇缺、市场畸形、物价飞涨，人民生活困难。哈尔滨解放后，为整顿和加强市场管理，恢复哈尔滨市经济，民主政权发布了战时维护市场秩序的法规，与战时移民政策相配合，满足了市民生活基本需求。

　　1. 摊贩管理

　　哈尔滨解放初期，由于物资匮乏，零星物品不便开设商店，职工就业困难，生活水平低下，造成市面上摊贩大增，遍布大街小巷，而政府过去长期对摊贩市场没有明确的政策，使得市场混乱。为此，哈尔滨市政府颁布法令加强工商管理，清理整顿摊贩营业，首先于 1947 年 11 月 12 日发布布告②，指定经营摊贩的地点和市场：道里区 5 处、西傅家区 8 处、东傅家区 3 处、南岗区 2 处、马家区 2 处、新阳区 2 处、太平区 1 处、香坊区 2 处和顾乡区 1 处。同时规定，凡在非指定区的摊贩，除按摊贩税额加倍罚款外，取消其营业。

　　规范了摊贩经营地点后，哈尔滨特别市政府又于 1948 年 4 月 3 日颁布《哈尔滨特别市摊贩初步管理办法》，经过一段时间的实行后，于 1948 年 7 月 22 日颁布《哈尔滨特别市摊贩管理条例》③，进一步对摊贩加以限制和管理。

　　为清理整顿摊贩，《哈尔滨特别市摊贩管理条例》明确规定："凡经营摊贩业者，除真正老弱残疾，或未成年之幼童，而不能参加劳动生产及经营市民需要之营业时，经呈请登记，领有许可者外，一概不许经营摊贩。"并要求摊贩必须佩戴政府所发给之证章于左胸部，并须妥为保管，不得转借，如有丢失概不补发。

---

①　哈尔滨市档案局（馆）. 哈尔滨解放 . 北京：中国文史出版社，2017：290.

②　参见哈尔滨市图书馆藏《东北日报》，1947 年 11 月 19 日第 673 期。

③　同①290－292.

摊贩必须在指定的地点营业，不得随意迁移或游动贩卖，指定地点分为：（1）指定市场：兴业市场、南新市场、东市场、花纱布早市、南三道街早市、延爽街早市、西市场、承德粮米市场、承德食盐市场、南岗市场、马家市场、香坊市场、贫民市场、新华市场；（2）指定集中摊贩地点：安定街、工部街、马街、东八道街、庐家街、北三道街、富锦二道街、太古南六道街、东莱街、西南阳巷早市、北马路、太安大街、南十五道街、中和胡同、夹树街、保障街。

《哈尔滨特别市摊贩管理条例》还以列举方式规定了许可摊贩经营的行业，并"严禁摊贩贩卖有碍卫生的物品"，以及严禁从事"带有赌博性、投机性或有碍社会秩序及其他违反政府法令规则之营业"，"严禁卖死病肉类、吹糖人、摊营西药、挑担理发、抽签、抓彩、游动买卖钞票、银圆、钟表、耍大院、修理灯泡"。同时，还规定不得投机倒把、欺行霸市、高抬物价、贩卖假货、少给分量、强买强卖、欺骗拐诈及有其他不正当的行为。

这些法规的颁布和实施，有效地清理了市场上的不良分子，整顿了哈尔滨市的摊贩市场，对哈尔滨解放区市场秩序的恢复起到了重要的作用。

2. 移民政策

仅通过摊贩管理，扶助那些可以靠摊贩营业生活的市民还是远远不够的。据哈尔滨革命历史档案中的人口职业数字统计，1947 年哈尔滨无职业及失业人口数字为 19 558 人①，仅通过规范管理摊贩，让游动贩卖、营业无定所、无稳定收入的小商贩能够自给自足尚不能达到民生保障的目标。为了让更多人的生活得到保障，减轻城市消费，解决城市失业与半失业贫苦群众的生活困难，中共哈尔滨市委于 1947 年决定向外移民②一万五千户到两万户。动员移民的对象主要是："失业半失业工人、贫苦市民，如跑小市、蹬三轮、赶斗车，及其他无经常职业者。"同时要求在移民的后期要用一切力量将"黑人、黑户、逃亡地主、汉奸特务、地痞流氓等坏分子"迁移到农村去参加生产。

为了保障移民的顺利进行，哈尔滨特别市政府于 1947 年 11 月 25 日公布《哈尔滨特别市政府移民暂行条例》。条例明确提出通过移民的方式来解决城市失业与半失业贫苦群众生活的困难，使他们在土地改革中可以分得土地，在安家立业的基础上也能够增加农业生产。通过移民动员、登记和编组，哈尔滨市社保局安排发放了免费的乘车证和移民证明，移民采取自愿选择的方式前往或由市政府派员护送到指定的接收移民县区。不通铁路的地区，则以汽车或者马车运送到指定地点进行交接，再由接收移民的县用大车、爬犁

---

① 参见哈尔滨市档案馆馆藏革命历史档案，全宗号 5，目录号 1，案卷号 5。

② 这里的移民指的是将城市中失业与半失业的贫苦群众转移到农村，分给其土地，使其参加农业生产。

来接。

为了提高移民工作的效率，使移民工作有计划地进行，《哈尔滨特别市政府移民暂行条例》规定移民只能携带衣服、被褥、锅碗瓢盆等日常生活用品，以及少量的箱柜和农具，但每户总重量不得超过八百斤。他们在城市里的房屋可以自由出租或者出卖。对于真正困难的基本群众，发动间组互助，帮助他们出卖家具、补充衣物、解决债务。政府还视情况发放了一定的补助费。

关于移民的接收问题，负责接收移民的各个区县政府都要负责对每户移民进行住房安置、土地分配，帮助他们解决冬季生活问题和组织冬季生产。在第二年春耕时政府和农会帮助移民解决牛犋、种子和农贷问题。

移民工作的顺利开展，有效地缓解了城市压力，增加了农业产量，对于哈尔滨解放区社会秩序的恢复和社会矛盾的缓解起到了至关重要的作用。配合城市摊贩管理制度，移民工作既解决了哈尔滨解放区城市中失业人口过多的问题，同时有利于改善民生、促进经济的恢复发展。

（三）战时保证物资供应：一系列与粮食管控有关的布告、法规

1. 平抑粮价

哈尔滨解放初期，已被严重破坏的经济基础短期内无法恢复，国民党政府又在经济上实行封锁，造成哈尔滨市市场上商品短缺，物价波动严重。因此，平抑物价是解决民生问题的头等大事。哈尔滨市政府为平抑物价于1946年9月23日发布布告①，原文如下：

哈尔滨市政府关于严禁抬高物价的布告

社实字第四三号

查近来由于少数反动分子造谣及一部分商店故意高抬物价，以致百货腾贵，甚至拒用东北银行地方流通券，对市民影响甚大。政府除以大批粮食低价出售外，用特布告全市各商店于三日内恢复五日前物价标准，并不得囤积居奇及拒用东北银行地方流通券，倘有故违，政府定从严惩处。切切此布。

市长：刘成栋

此布告的发布，对平抑哈尔滨市物价起到了重要的作用。物价波动，粮价带头，为保证哈尔滨市物价稳定，哈尔滨市政府又对直接关系军需民用的粮食、布匹、食盐等主要农副产品进行了管制，尤其是粮食。

为保障哈尔滨市市民生活，防止奸商图谋暴利将粮食外运，哈尔滨特别市政府于1947年3月19日发布布告②，原文如下：

---

① 参见哈尔滨市图书馆藏《东北日报》，1946年9月24日第262期。
② 参见哈尔滨市图书馆藏《东北日报》，1947年3月22日第436期。

哈尔滨特别市政府布告

　　查本市食粮悉赖外埠内运，现外埠来粮减少，本府为保证市民其给起见，请由公营贸易机关随时加以调剂，年来虽物价波动不一，但冬能维持我市八十余万市民之正常需要，惟近来少数奸商竟有将市食粮向外运销，以图高利而满私欲，影响于民食，自布告之日起所有食粮一律不准向外运销，倘有故违，一经查出，即行全部没收，并酌情予以相当之罚金。此布。

市长：刘成栋

　　1947 年 4 月 5 日，哈尔滨特别市政府再发布告①，限制粮食的使用和加工，原文如下：

哈尔滨特别市政府布告

　　为了减少粮食浪费，保证市民食粮供给，自即日起所有本市各大小烧锅一律停用粮食烧酒，仰各烧锅业一体知照此布。

市长：刘成栋

　　1947 年 6 月 20 日，哈尔滨特别市政府又针对少数不良分子故意抬高市价、捣乱市场的行为发布布告②，规定各指定粮食代卖店应按东兴公司③定价出卖粮食，各小贩贩卖粮食的利润不得超过 15%，不得故意提高粮价。其后，哈尔滨特别市政府为了解本市存粮情况，于 1947 年 6 月 25 日发布布告④，原文如下：

哈尔滨特别市政府布告

　　本府为了解本市存粮情况，以便有计划供给市民食粮，保障民食，决定登记现有存粮（包括米、面及一切粗细杂粮），凡我市民不问是否为粮食贩卖业、工厂、商店或住户，如存粮超过本厂、本店、本户食用四个月以上者（每人每月以四十五斤计算），均应于七月十日以前向市政府工商管理局工商科办理登记，领取存粮许可，否则，一经查出即以囤积粮食，扰乱物价，严予处罚！切切此布。

市长：刘成栋

　　通过上述一系列政策性规范的发布和执行，有效地减少了粮食浪费，稳定了物价，基本保证了军民的粮食供应。

---

① 参见哈尔滨市图书馆藏《东北日报》，1947 年 4 月 9 日第 454 期。
② 参见哈尔滨市图书馆藏《东北日报》，1947 年 6 月 21 日第 525 期。
③ 东兴公司为东北财委决定在东北贸易总公司内设立的以粮油为主、兼营其他人民生活必需品的国营商业机构，成立后为解决哈尔滨市军民用粮、控制粮食市场和粮价做了很多工作。
④ 参见哈尔滨市图书馆藏《东北日报》，1947 年 6 月 28 日第 532 期。

2. 烟酒专卖

为确保解放区的经济利益，限制无益消耗，保障粮食供应，哈尔滨解放区对烟酒实行了专卖制度。1947 年 11 月 6 日，哈尔滨特别市政府发布了《哈尔滨特别市政府管理烧酒业暂行条例》[①]，规定哈尔滨市内除哈尔滨市政府得经营烧酒公卖外，其余不论公私经营之烧锅，均应一律停止营业。各烧锅、曲房应在限期内将其所存制酒原料、名称、数量等报告工商管理局，不得私自移动。

1947 年 12 月 27 日，依据《哈尔滨特别市政府管理烧酒业暂行条例》第 8 条，哈尔滨特别市政府又发布《哈尔滨特别市政府烧酒公卖暂行条例》[②]，明确由财政局专门掌管烧酒之公卖，并规定：凡在工商管理局登记之酒精、烧酒及烧酒原料、半制成品或成品由本府斟酌其品质、度数核价收买，其未登记在案之百斤以上者，限自公布日起十日内来市府财政局登记，逾期经察觉后或经人告发属实者，按其情节轻重予以处罚或没收其物品。凡由市外运入或由市内运出之烧酒、酒精、曲子应于事先将运来或运往地点、数量、度数、品质等报告本府，请得本府之许可执照然后起运，唯运入之烧酒、酒精、曲子，运到时经本府检查后，按照本市当时市价之八折予以收买之。凡各酒精工厂应于每月末将其当月所制数量、度数连同上月之存额与当月数量、度数及已卖出之累计，造表送交本府登记，但非请得本府之许可执照，不得发卖（另有规定者不在此限）。条例还规定，政府有权随时派人到各酒精工厂检查其制造情况及账簿，或调问其经理人，如发现有违犯者，除没收外处以罚金。

针对部分不良分子不遵守法令的情况，1948 年 8 月 10 日，哈尔滨特别市政府又发布布告，强调所有烧酒贩卖业者必须遵守政府所颁布之《哈尔滨特别市政府烧酒公卖暂行条例》，如有违犯，定予严惩。

后东北解放区为增加国家收入，限制无益消耗，实行烟酒专卖，并于 1949 年 2 月 19 日发布布告[③]成立东北专卖总局，于 1949 年 2 月 20 日颁布《东北解放区烟酒专卖暂行条例》及其施行细则。《东北解放区烟酒专卖暂行条例》规定，卷烟和酒类由政府专卖机关专卖。烧酒由国家专烧，不得私制。凡东北解放区以外之烟酒，非经东北专卖总局许可，不得输入。并严格规定，制造厂所制造之烟酒只限交卖专卖机关，不得私自出售。制造厂内之烟酒及其原料，概由制造厂负责保管，非经专卖机关许可，不得运出转让或抵押。

---

① 参见哈尔滨市图书馆藏《东北日报》，1947 年 11 月 8 日第 662 期。
② 参见哈尔滨市图书馆藏《东北日报》，1947 年 12 月 31 日第 715 期。
③ 参见哈尔滨市图书馆藏《东北日报》，1949 年 2 月 19 日第 1118 期。

（四）战时行业调整：税收法规的杠杆调整

税收调整对行业的影响是巨大的，哈尔滨解放区为了尽快使民族工商业从停工停产的状况中复苏，在 1946 年至 1949 年制定的四部税法中规定了营业税的征收问题。哈尔滨解放区营业税法律制度经历了从"废除苛杂"到"负担合理"的税收原则的转变，经历了从比例税率到比例税率与差额累进税率并用的税率变化，经历了从简单区分工商业分别征税到细致划分行业分别征税的转变，体现了营业税的发展变化对行业调整的重要影响。哈尔滨解放区营业税法律制度不仅是当时社会条件下的必然选择，也为新中国的营业税发展奠定了基础。

1. 解放初期：以"废除苛杂"为目标

1946 年哈尔滨解放初期，物价飞涨，工厂停产，商店停业。哈尔滨解放区民主政权为了改善贫苦市民生活，唤起广大市民群众积极生产的热情，建设民主的哈尔滨市，特于 1946 年 5 月 14 日发布市政府公告，"修改本年（1946 年——引者）2 月 9 日国民党市政府所通过之哈尔滨市税捐征收规则，取消其中苛杂部分"①。在这一精神指导下，哈尔滨解放区民主政权颁布了新的《哈尔滨市税捐征收规则》（1946 年）②，将原定征收税捐共计九种中的电气捐、犬捐两种废止，条文由原先的 71 条减为 63 条。修改后的《哈尔滨市税捐征收规则》突出了战时情况下"废除苛杂、统一征税"的税收目标。因此，在七个税种当中并没有出现营业税这一税种，而是以营业牌照税替代。

第一，征税对象。新的《哈尔滨市税捐征收规则》第 24 条规定：

> 凡在本市区内经营左（下）列各营业者，除应履行商业登记外并应依照营业牌照税法第十一条之规定征收营业牌照税。戏院、电影院、书场、溜冰场、杂耍场、餐食业、茶馆业、冰店、甜食业、咖啡店、旅店、堆栈、仓库、转运业、屠宰业（包括屠户、汤房肉案等）、牙行、拍卖行、旧衣售卖行、典当业、理发业、海味干菜业、糖食果品业、珠宝首饰、古玩品、玩具乐器、金银器业、化妆品业、镶牙、照相、西式木器业、中西服装业、迷信品业、婚丧仪仗、爆竹业、烟酒售卖业、参茸燕桂银耳业、杂货品业、油漆五金业、茶叶店、皮店山行业、磁铁锅席业、粮谷贩卖业、彩画业、赁贷业、建筑绘图业、洗染织补业、中西药品业、印刷业、书店业、鱼类蔬菜业、金属加工业、编织业、鞋帽业、电料行业、砖瓦窑业、制售木材业、证券业、孵育业、铁木工业、制售面粉米谷业、皮革业、制花业、居间业、油坊业、砂石石灰贩卖业、薪炭燃料

---

① 哈尔滨市档案馆. 哈尔滨解放：上. 北京：中国档案出版社，2010：369.
② 参见哈尔滨市档案馆馆藏革命历史档案，全宗号 1，目录号 1，案卷号 37。

业、制胶业、制酱业、淀粉粉条制造业、制糖业、球场、浴室，以上计七十二种。①

从征税的对象来看，哈尔滨解放区工商业营业范围较广，作为国际化大都市，哈尔滨市具备繁荣经济、支援前线的基础。因此，该税收规则旨在将这些工商业者组织起来，开展生产活动，仅对开业时营业牌照征税，待经济运转起来后再考虑营业税的问题。

第二，税率。"营业牌照税税率，为其资本额千分之五。资本不足二千元者免税。"（第 26 条）营业牌照税的征收税率为有免征点的比例税率，征收税率较低，有效地促进了各商户、工厂积极开业营业，达到了哈尔滨解放区废除苛捐杂税的目标，鼓励和扶持了民族工商业的发展。

第三，征收办法。"营业牌照税，于每年 6 月 1 日至 30 日一次征收。其在 7 月 1 日以后开业者，减半征收。"（第 27 条）"凡在本市区内新开设前条各款之营业者，均应填报营业种类及场所、商号名称、经理人姓名、资本额各项，经核定税额，交纳税款，请领牌照后，方准开业。"（第 25 条）该征收办法不仅促进了大量的工商业者迅速恢复生产，而且对于政权及时、迅速地核查现有能够开工开业的工商业的状况起到了重要的作用，因此，该税种具有重要的战时税收的性质。

2. 经济恢复期：以"负担合理"为原则

经过了肃清敌伪势力、稳定民主政权的哈尔滨解放初期，哈尔滨市的工商业逐渐开业，恢复了生产，此时摆在中国共产党面前的是如何快速地恢复经济来支援前线的问题。于是，哈尔滨特别市政府于 1947 年 4 月 9 日颁布了《哈尔滨特别市营业税暂行条例》②，同时还颁布了《哈尔滨特别市营业税暂行条例施行细则》。③ 但为了照顾当时各工商业者资金周转的需要，以利于发展工商业、繁荣经济，营业税一直延迟到年底都没有征收。出于人民解放战争的需要，以及建设后方经济文化事业的需要，哈尔滨市政府补征 1947 年下半年营业税，以"负担合理"为基本原则，于 1947 年 12 月 20 日颁布了《哈尔滨特别市对民国三十六年下半年营业税补征办法》，确定了差额累进征收税率、工业税率低于商业税率、行业税率分高低的规则，有效地发挥了税收的调整作用，为战时经济的迅速恢复奠定了基础。

第一，以"战时负担合理"为税收原则。《哈尔滨特别市对民国三十六年下半年营业税补征办法》第 1 条即明确了"为发展工业繁荣商业，并依战时

---

① 哈尔滨市档案馆馆藏革命历史档案，全宗号 1，目录号 1，案卷号 37。
② 哈尔滨市档案局（馆）. 哈尔滨解放. 北京：中国文史出版社，2017：342 - 345.
③ 同①.

负担合理之原则"。战时负担的依据是在不影响发展生产、繁荣经济的前提下，照顾战争的需要及各种事业的建设需要，不是单纯地为财政收入而影响经济发展，因此分别规定了各行业的差额累进税率，同时规定"凡利于国计民生之工商业及合作事业，分别课以轻税或免税"（第3条）。针对物价涨幅较快的情况，也对税负作了适当、合理的调整，"因物价变动悬殊，将一段工商业者应纳之去年税款数，按物价指数提高十倍补征之。但超过十倍以上之行业，得按其物价变动之倍数补征之"（第5条）。同时，在办法后还附有各行业物价变动情况调查表。

第二，以差额累进税率为计算方法。按差额累进税率征收营业税，照顾了大中小业主的负担合理问题，即多获利者多负担、少获利者少负担，这样才能达到合理税负、公平税负的目标。如铁工业利润额170万元，税率为9.2%，而若利润额170.001万元，税率则为10%，这样利润仅差10元，而税率悬殊，负担不合理。因此要采取差额累进税率，"不论多大的利润，都由第一级算出按其利润额合于那一级之部分，就用那一级税率，然后将各级算出来的税额加在一起，就是应纳的税额"。公式为：

第一级最高利润额 × 第一级税率＋（第二级最高利润额—第一级最高利润额）× 第二级税率＋（第三级最高利润额—第二级最高利润额）× 第三级税率＋……（总利润额—合于总利润额三级的上一级最高利润额）× 总利润额级之税率 ＝ 应征税额

第三，以行业税率为征收标准。哈尔滨市政府按营业性质区分了行业，依照各行业所获利润额的不同进行差额累进税率的征收，并将分类税率表附于其后。其中工业利润额使用第一种税率表，将工业分为18种行业，起征税率为2%，止征税率为17%，其中铁工业、化学原料工业、木材采伐业的税率最低，迷信品的税率最高；而商业利润额使用第二种税率表，将商业分为14类，起征税率为4.5%，止征税率为32%，其中农具、铁器等生产、生活用品行业税率最低，租赁、堆栈、代理介绍业税率较高。[①] 对比工业税率和商业税率可以发现：首先，工业税率远低于商业税率，这是出于当时工业尚未能全部恢复、某些物资甚为缺乏的考虑，这种区分工商业轻重税率的办法，不但有利于经济发展，也有利于商业繁荣。其次，在工商业中各个行业的征收税率也不同，如铁工业能制造军火，对战争贡献很大，并可制造工业机器、农业工具等，对发展生产作用很大，当然税率低；而迷信品不但对社会贡献无利，相反有害，当然税率高。

---

① 辽宁、吉林、黑龙江省税务局、档案馆. 东北解放区工商税收史料选编（1945—1949）：第2册. 哈尔滨：黑龙江人民出版社，1988：157-162.

3. 快速发展期：以"发展新民主主义经济"为方向

1949 年上半年解放战争取得了阶段性的胜利，哈尔滨支援前线的历史重任基本上完成。在新中国即将成立之际，哈尔滨市政府以"发展新民主主义经济"为方向，根据哈尔滨市工商业的具体情况，力求负担合理，于 1949 年 6 月 10 日制定了《哈尔滨市民国三十七年度营业税征收办法》。

第一，按经济性质不同分别征收。该营业税征收办法根据不同的经济性质进一步划分了工业、商业的种类，分为公营企业、真正群众性且不以营利为目的的合作社、公私合营企业、为政府加工而获利的营业企业、供公营企业订货而获利的营业企业、为公营企业代销或采购成品原料而获利的营业企业、私人资本经营的工业、私人资本经营的商业，制定了不同的税率分别征收。

第二，比例税率和差额累进税率并用。基于哈尔滨解放区经济模式多样、企业经济性质复杂的状况，针对上述经济性质不同的企业分别适用比例税率和差额累进税率。公营企业，使用 10％的比例税率；真正群众性且不以营利为目的的合作社按私人工商业差额累进税率计算后减半征收；公私合营企业（私人出资部分使用差额累进税率征收）、为政府加工而获利的营业企业、供公营企业订货而获利的营业企业、为公营企业代销或采购成品原料而获利的营业企业，经政府核准者，使用工业 12％、商业 15％ 的比例税率；私人资本经营的工业，使用最低 5％、最高 26％的差额累进税率；私人资本经营的商业，使用最低 5％、最高 35％的差额累进税率。①

哈尔滨解放区营业税的征收，从营业牌照税的征收，到按营业额征收营业税，再到按利润征收营业税，从按比例税率征收，到按差额累进税率征收，再到按比例税率与差额累进税率分别征收，从分工商业征收，到分行业征收，再到分不同性质的企业征收，体现了哈尔滨解放区从调查统计营业企业状况，到发展生产支援前线，再到鼓励、扶持新民主主义多种经济形式并存的经济发展的历史脉络。哈尔滨解放区营业税法的制定和完善有效地调节了各行业间的均衡发展，有效地恢复了新民主主义经济，是当时历史条件下的必然选择。

四、劳资双方权益保护的主要法规

（一）劳动工资：以实物为标准的计时、计件、奖励工薪制度

为了发展生产、繁荣经济、支援解放战争、充分调动劳资双方的积极性，1948 年 1 月 20 日中共哈尔滨特别市委员会制定并颁布了《战时暂行劳动法

---

① 辽宁、吉林、黑龙江省税务局、档案馆. 东北解放区工商税收史料选编（1945—1949）：第 2 册. 哈尔滨：黑龙江人民出版社，1988：157-162.

（草案）》。该法虽然是为了改善工人的劳动条件、提高工人战士劳动热忱而制定，是哈尔滨解放后最早颁布的地方性劳动法规，但是由于当时处于战争环境，有的条款内容过于死板，对资本家发展生产的积极性产生了一定的负面影响，因此，未及实行就为《哈尔滨特别市战时暂行劳动条例》[1] 所取代

1948 年 8 月 17 日哈尔滨特别市政府颁布的《哈尔滨特别市战时暂行劳动条例》使工人的基本权益得到了保护，资方的利益在条例中也得到了充分考虑，调动了劳资双方的生产积极性，最大限度地繁荣了哈尔滨的经济。

关于工薪标准，《哈尔滨特别市战时暂行劳动条例》规定了一般原则，即根据第六次全国劳动大会所通过的《关于中国职工运动当前任务的决议》中工资部分的一般原则，并以东北行政委员会工薪标准为基础，参照哈尔滨市具体情况执行。同时《哈尔滨特别市战时暂行劳动条例》规定了"工资形式计时或计件及其运用"问题，以及超额奖励工资制，"无论公营私营企业，于一定条件下均可逐渐实行超额奖励工资制，在超额奖励工资制度下，工人每月所得不受工资标准中最高工资之限制"。这样的规定在提高工人工资的基础上，激发了工人生产的积极性。

根据这一规定，哈尔滨解放区颁布了一系列关于工薪标准的劳动法规，有《哈市战时工薪标准（草案）》《公营企业机关学校战时工资标准实施细则（草案）》《战时工资标准在军供军需加工业中执行办法（草案）》等。1948 年哈尔滨市政府颁布的《哈市战时工薪标准（草案）》[2] 就以四部分 19 条全面、详细地规定了工薪标准类别、计件工薪制与奖励工薪制、工薪奖励与考核制以及评等的具体程序和规则，为保证工人的基本生活，"实物计算概以二等高粱米、解放布、豆油、粒盐、中等煤和木柈子为标准，但为计算方便起见其计算单位确定为'分'，每分之值等于米 1.6 斤、布 0.06 尺、油 0.025 斤、盐 0.025 斤、煤 2.4 斤、木柈子 1.0 斤"。

在具体的工薪标准类别方面，哈尔滨解放区民主政权对轻工业、重工业、公教人员和技术人员的评分等级有不同的规定；在工薪制度方面，哈尔滨解放区采取多种工薪制并存的方式[3]，以激励工人的工作积极性；在工薪支付方

---

[1]　参见哈尔滨市档案馆藏革命历史档案，全宗号 1，目录号 1，案卷号 181。

[2]　同[1].

[3]　一是计件工支付，"按件计算不仅注意其所出产货品之数量且应注意其质量，分别其数量之多寡与质量之高低计算之"；二是按质量等级计算工薪制，"按等计算须在双方规定之质量基础上按节省原料成本之多寡或质量之高低计算之"；三是计时工薪制，"按计时计算须在双方规定之时间内按增加每小时的成绩计算之，但额外增加之时间不得超过规定时间外四小时"。除此之外，哈尔滨解放区按照东北行政委员会颁布的《关于统一公营企业及机关学校战时工薪标准的指示》，结合哈尔滨解放区的具体情况，还在《公营企业机关学校战时工资标准实施细则（草案）》《战时工资标准在军供军需加工业中执行办法（草案）》中规定了实物工薪制、奖励工薪制和民主评议工薪制。

式方面，哈尔滨解放区民主政权明确地提出了"半工资半实物的工薪实物制"①，保证了基本物资的供应，稳定了粮价；在工薪实物支付方面，哈尔滨解放区规定了工薪实物券和伪造工薪实物券"以伪造货币论处"②的后果，为工薪实物制的实行提供了程序的保障。

（二）劳动保险：工人、职员、店员广泛享有劳动保险权利

中国共产党一直重视和关心职工的生活保障问题，因此，哈尔滨解放区的劳动法规中规定了较为完善的劳动保险制度。1948年8月17日哈尔滨特别市政府在第六次全国劳动大会上正式颁布的《哈尔滨特别市战时暂行劳动条例》第34条首先明确规定了"劳动保险适用于公私企业中工人与职员本身"，随后，同年11月哈尔滨特别市政府制定的《哈尔滨市劳动保险暂行条例（草案）》第2条具体规定了条例的适用对象："甲、适用于本市内之公营、私营、工厂商店的工人与职员；乙、适用于机关雇员、公众团体、公立学校及医院受雇佣之工人职员；丙、本条例适用之范围限于甲、乙项工人职员中之职工会会员并取得会员证件可资查核者及缴纳劳动保险金者；丁、凡季候工人、无一定雇主之手工业工人、家庭雇工、独立劳动者及雇佣三人以下之小作坊小商店之职工均不适用本条例；戊、凡一切企业及机关中之供给制人员不适用本条例。"③

由此可见，《哈尔滨特别市战时暂行劳动条例》适用对象的范围较广，包括公营、私营、工厂商店、机关雇员、公众团体、公立学校及医院受雇佣之工人职员。另外，《哈尔滨特别市战时暂行劳动条例》中所排除的公务人员在

---

①　依照东北行政委员会的指示，《为〈公营企业工薪标准关于支付办法的补充指示〉由》中指出，工薪的"支付方法按职工所得分数，以百分之五十支付货币，百分之五十支付工薪实物券，不直接支付任何实物"，即"半工资半实物的工薪实物制"。同时，1949年6月24日的《东北行政委员会商业部指示——关于东北地区国营企业六月份起全面实行工薪实物工分券问题》中也明确提出了半工资半实物的工薪实物制，"根据东北行政委员会规定，各企业部门发给职工全部工薪百分之五十的实物，以工薪实物工分券代替实物发给职工，国营商店用实物把工分券收回来"。职工持发给的工薪实物券，到该地区国营商店和职工合作社内，购买粮、布、油、盐、煤五种实物，或折合价购买其他实物。"支付百分之五十的实物中，一半（即全部工薪的百分之二十五）支付四种实物（粮、油、盐、煤），一半（全部工薪的百分之二十五）支付杂品，杂品中包括大米、白面、布匹，但大米白面不得少于杂品总数的五分之二（如职工不要小米，而要调剂大米者，可用工薪实物券购买大米，大米价按国营商店，或合作社公价，余类推）。"（哈尔滨市档案馆馆藏革命历史档案，全宗号1，目录号1，案卷号364。）

②　"伪造工薪实物券，以伪造货币论处，如有持假工薪实物券向国营商店或职工合作社购买货物之人员，该商店及合作社人员有权直接追问假券来源，持假券人必须详细回答，否则该商店或职工合作社人员应负责将持假券之人员送交该人员之主管企业机关，转交司法部门讯办。"（《为〈公营企业工薪标准关于支付办法的补充指示〉由》第6条第13款）工薪实物券虽不具有流通性，但是其换购实物的经济特性不可否认，伪造工薪实物券按规定以伪造货币论处。（哈尔滨市档案馆馆藏革命历史档案，全宗号1，目录号1，案卷号364。）

③　哈尔滨市档案馆馆藏革命历史档案，全宗号1，目录号1，案卷号181。

其后颁布的《哈尔滨市人民政府公务人员因公伤亡抚恤以及因病与死亡之补助暂行办法》中予以调整，而季候工人及小作坊中的工人的保险问题在《劳动保险座谈会上工人提出的意见》中得到解决，即：

1. 小作坊中之雇佣劳动者（参加工会者）可以享受到保护的权利，但有股份之工人不得参加；

2. 小作坊如果是经常性的（经工商管理局认可者非季候性），其口受雇佣的工人得以享受到保险的权利；

3. 凡一切被雇佣的劳动者，参加工会后都可以享受到保险的权利；

4. 凡季候工人及季候营业中的工人都不能参加，因为他不是固定的劳动者，恐无法征收费用故不得参加；

5. 如果是小作坊或者是小商店，其中被雇佣之工人，如果若是超过五名，或者六名，同时他们还参加了联合组织，并且其营业无经工商管理局认可者，这时其中的工人是可以参加受到保险权利的；

6. 雇佣三名以上之小作坊，其中的组织经常到工会取得联系者，并且能按期缴纳一切费用，这时可以参加的，如中途失去了联系时，可以随时停止之。①

至此，哈尔滨解放区在听取了工人职工意见的基础上，解决了大部分工人职工享受保险权利的问题，除无法缴纳和无法征收的对象外，其他被雇佣的工人、职员、店员也均得以享受劳动保险的权利。

《哈尔滨特别市战时暂行劳动条例》在规定适用对象的同时，还规定了劳动保险基金征集的标准："1. 国营、公营与私营企业，须缴纳等于全部工资支出百分之三的劳动保险基金；2. 职工缴纳等于工资百分之零点五的劳动保险基金。"（第 35 条）②《哈尔滨市劳动保险暂行条例（草案）》中还以两章的篇幅规定了劳动保险基金的征集与保管方法、劳动保险金的支配和使用方法。

考虑到在当时的历史情况下，因参战和参加生产的伤亡较大，哈尔滨解放区在《哈尔滨特别市战时暂行劳动条例》第八章劳动保险中，规定了"因公负伤之全部医疗费，和治疗时期六个月以内之全部工资，因公死亡之全部丧葬费，和职工疾病伤残之医药费，和一定时间的工资，应由公营企业管理机关与私营企业主负责，不在劳动保险金项下开支"（第 35 条）③。根据《哈尔滨特别市战时暂行劳动条例》的要求，哈尔滨解放区制定了一系列关于职工抚恤的法规，对劳动者意外伤害进行抚恤和补助，如《战勤民工抚恤暂行

---

① 哈尔滨市档案馆馆藏革命历史档案，全宗号 1，目录号 1，案卷号 181。

② 同①.

③ 同①.

办法》《哈尔滨市人民政府公务人员因公伤亡抚恤以及因病与死亡之补助暂行办法》《新东建筑公司员工工伤暂行办理规程》等。《战勤民工抚恤暂行办法》中规定了参战伤亡民工的抚恤办法："因参战死亡之每一民工，由政府发给抚恤金一次，高粱米三千斤可分两次发给；残废抚恤由政府发给抚恤金一次，以高粱米做标准：一等高粱米九百斤，二等高粱米六百斤，三等高粱米三百斤；因重残废而丧失劳动能力之民工，除抚恤外得由地方政府采取互助、代耕或其他办法以补足其本人丧失之劳动力。"①《哈尔滨市人民政府公务人员因公伤亡抚恤以及因病与死亡之补助暂行办法》中规定了对政府各局院处与附属机关学校"因捕缉盗匪奸徒而致伤亡者、防卫巡哨交通勤务中遇害而致伤亡者、因防火（火警与水上救护）而致伤亡者、因公外出遇害而致伤亡者、其他在工作中发生意外而致伤亡者"② 予以优抚。

上述规定虽然还比较粗糙，但充分体现了中共哈尔滨市委和市政府对于哈尔滨市职工生活的关心，并对以后的劳动保险法规的制定具有重要的影响。此后，东北行政委员会在《东北公营企业战时暂行劳动保险条例》中明确规定，从 1949 年 4 月 1 日起在国营的铁路、矿山、军工、军需、邮电、电气、纺织等企业试办保险，并对条例的适用范围、保险金的征集和保管、举办的各项保险事业、保险金的监督和审查等内容进行了非常详细的规定。

（三）劳动合同：战时集体合同的试行

劳动合同是在"劳资两利"思想指导下劳资双方订立的法律文件，集体合同作为劳动合同的一种，在新民主主义时期最为常见。哈尔滨解放区时期，由于各公营、私营企业面临调动工人积极性、恢复生产、发展生产以支援前线的政治形势，需要订立劳动合同，一方面保护工人的基本劳动权利，另一方面也要稳定劳动关系，使工人能够最大限度地发展生产。因此，《哈尔滨特别市战时暂行劳动条例》中规定了订立集体合同的企业和工人的基本权利和义务，即：

> 集体合同为代表工人职工之职工会与公营企业管理人或私营企业主根据劳动条例原则订立。关于职工劳动条件，职工之任用，解雇与奖罚，劳动保护与职工福利，厂规要点内容，一经双方协议成立集体契约并经市劳动局登记备案后，双方均有遵守之义务。（第 32 条）③

集体合同由于其特殊性，其效力是及于该企业全体职工的，因此，集体合同条件适用于所有工作于该企业之工人和职员。"不论其是否参与合同签订，亦不论其是否为职工会会员，均须一律遵守。"（第 33 条）也就是说，双

① 哈尔滨市档案馆馆藏革命历史档案，全宗号 1，目录号 1，案卷号 269。
② 哈尔滨市档案馆馆藏革命历史档案，全宗号 1，目录号 1，案卷号 262。
③ 哈尔滨市档案馆馆藏革命历史档案，全宗号 1，目录号 1，案卷号 181。

方均具有自由订立的权利也有必须遵守的义务。劳资双方在订立集体合司时对所规定的各事项在法律规定的范围内均有自由设定的权利，双方协商一致才可签订，一旦签订，法律即认为双方均接受了合同中各事项的要求，劳动者应按照承诺进行劳动，而资方也应根据合同内容兑现其在劳动条件、劳动工资、福利待遇等方面的承诺。

根据 1948 年《哈尔滨特别市战时暂行劳动条例》中关于集体合同的规定，哈尔滨解放区制定了《哈市战时集体合同试行办法（草案）》。《哈市战时集体合同试行办法（草案）》以 9 章 40 条详细规定了订立集体合同中需要遵守的各个事项，规定集体合同的基本内容应当包括企业内部劳动者之权利义务问题、工作时间问题、假日问题、工资问题、女工与童工问题、雇佣与解雇问题、各种制度问题。这些事项有的需要在集体订立的劳动合同中加以体现，如劳动工资；有的是对集体合同内容的限制性规定，如工作时间和假日问题；有的则涉及基本的权利与义务，是蕴含在集体合同各条款和整个订立过程中的，如劳动者的权利与义务问题。总结起来，集体合同订立的重要事项有以下方面：

第一，关于劳动者的权利义务，《哈市战时集体合同试行办法（草案）》规定了四项权利：自由契约的权利①、交涉条件的权利②、参加组织的权利③、参与企业民主管理的权利④；两项义务：遵守纪律的义务⑤、监督报告的义务⑥。第二，关于工作时间与休息，《哈尔滨特别市战时暂行劳动条例》在工

---

① "劳动者之代表与其组织（职工会）有代表职工店员与公营企业管理人，及私营企业主签订集体合同及有与临时雇主（建筑工程码头装卸搬运等）签订劳动契约之权利。"（第 3 条）（哈尔滨市档案馆馆藏革命历史档案，全宗号 1，目录号 1，案卷号 354。）

② "劳动者有与公营企业管理人及私营企业主，交涉劳动条件生活待遇、卫生安全之设备、劳动者之保护及工资、奖励等各种条件之权利。"（第 4 条）这些条件是劳资双方在集体合同中共同协商确定的，因此，劳动者具有交涉劳动条件的基本权利。（哈尔滨市档案馆馆藏革命历史档案，全宗号 1，目录号 1，案卷号 354。）

③ "劳动者除了参加工会组织外"，还"有参加企业管理委员会及其他各种生产组织之权利"（第 5 条）。（哈尔滨市档案馆馆藏革命历史档案，全宗号 1，目录号 1，案卷号 354。）

④ 企业的管理、决策是由企业管理者进行的，但是工人是企业的重要组成人员，工人在企业的管理中应当发挥重要的作用，"企业内之生产会议、生产管理制度之改进、生产过程之组织、劳动纪律、劳动条件、工资评议、赏罚事项、职工福利等各种会议，劳动者有适当人数参加讨论之权利"（第 6 条）。"在私营企业试行之企业管理委员会，劳动者有适当人数参加之权利。"（第 7 条）也就是说，劳动者有参与讨论重要会议和参加企业管理委员会的权利，享有作为企业成员进行企业管理的基本权利。（哈尔滨市档案馆馆藏革命历史档案，全宗号 1，目录号 1，案卷号 354。）

⑤ "劳动者有创造发明、积极生产、爱护机器、节省原料及遵守劳动纪律企业内部规则等之义务。"（第 9 条）（哈尔滨市档案馆馆藏革命历史档案，全宗号 1，目录号 1，案卷号 354。）

⑥ "劳动者如私营企业主消极怠工、破坏生产、投机倒把、囤积居奇或其他遵纪守法令情事，有向政府报告执行监督之义务。"（第 10 条）（哈尔滨市档案馆馆藏革命历史档案，全宗号 1，目录号 1，案卷号 354。）

作时间方面规定"在战争时期一般规定为八小时至十小时"（第 12 条）。在《哈市战时集体合同试行办法（草案）》中，哈尔滨市政府对工作时间作出了具体的规定："1. 甲项①之生产部门，每日额外加工，不得超过 2 小时；2. 乙、丙项②每日额外加工不得超过 1 小时；3. 加工连续不得超过 4 天，全月最多不得超过四十八小时。"（第 12 条）③ 第三，关于雇佣与解雇，《哈市战时集体合同试行办法（草案）》规定，解雇分"因职工过失的解雇"与"非因职工过失的解雇"，公营企业雇佣职工，需要"由工会介绍，经企业管理委员会或等于管委会之组织通过后方得采用"，而私营企业主雇佣职工，"工会介绍有优先权，非工会介绍之职工须经工会考核后方得采用"④。

可以说，哈尔滨解放区劳动法规的制定体现了稳定劳资关系、劳资两利、发展生产的最终目标，集体合同规定的多重限制，使劳动关系更加稳定，有利于经济的恢复和发展。

（四）劳动争议处理：厂内协商、厂外调解与劳动局调解、仲裁相结合

劳资双方之间产生的争议，可以通过劳动局劳资争议仲裁委员会进行调解、仲裁，但是何种争议为劳资争议，劳动局劳资争议仲裁委员会受理的案件范围如何，程序如何操作，需要法规进行界定。1948 年《哈尔滨特别市战时暂行劳动条例》规定了劳动争议的解决程序，具体分为两个步骤。第一个步骤为厂内调解，具体为："1. 公营、合作社经营之企业内的争议，经过工厂管理委员会解决之，其不能解决者得提交劳动局处理之。2. 私营企业之争议，经本企业中职工会与资方协商不能解决时，得由职工会与资方之同业公会组织双方同等人数之劳动争议委员会解决之。"（第 39 条）⑤ 对于厂内调解不服，可进入第二个步骤"市劳动局之调解与仲裁。如遇重大事件，当事人之一方再有不服时，得向法院上诉之"。

为了贯彻 1948 年《哈尔滨特别市战时暂行劳动条例》，明确劳动争议的处理，哈尔滨市政府又于 1948 年公布了《哈尔滨市劳动争议处理暂行办法（草案）》⑥，明确了"劳动争议解决之第一步骤为厂内协商，第二步骤为厂外

---

①　"甲、在一般企业（邮电、自来水、铁工、印刷、纺织、制材、制粉、皮革、造纸及大中商店等）工作时间规定为十小时。"（第 11 条）（哈尔滨市档案馆馆藏革命历史档案，全宗号 1，目录号 1，案卷号 354。）

②　"乙、工作紧张、劳动强度过高微有侵害身体健康（油坊大工、扛工、猪鬃马尾、火柴、硫化碱、毛织、蔗织等行业或带有尘土之生产部门），暂定为八小时。丙、有害身体健康之气体化学工业，暂规定为八小时。"（第 11 条）（哈尔滨市档案馆馆藏革命历史档案，全宗号 1，目录号 1，案卷号 354。）

③　哈尔滨市档案馆馆藏革命历史档案，全宗号 1，目录号 1，案卷号 354。

④　同③.

⑤　哈尔滨市档案馆馆藏革命历史档案，全宗号 1，目录号 1，案卷号 181。

⑥　参见哈尔滨市档案馆馆藏革命历史档案，全宗号 1，目录号 1，案卷号 356。

调解，第三步骤为劳动局之调解与仲裁"（第 5 条），并且分别对公营、私营和合作社经营企业的劳动争议的解决步骤进行了特殊规定。公营企业内的劳动争议，"经过工会与企业管理人协商，或由工厂管理委员会协商解决之。不能解决时，得提请劳动局调解与仲裁"；合作社经营企业内的劳动争议，"经过全厂职工民主选举之工厂管理委员会，或类似之组织协商解决之，其不能解决时，得提请上级工会调解，调解不成立时，得提请劳动局调解与仲裁之"；私营企业内的劳动争议，"首由本企业内之职工会（或尚无职工会组织之职工代表）与业主双方协商，协商不成立，由上级职工会进行调解，调解不成立时，可向劳动局控诉，要求调解与仲裁"。劳动局仲裁后，发给双方仲裁书，双方都应遵守。无论公营、私营、合作社经营企业的劳动争议，在经过了劳动局的调解与仲裁后，在重大事件上当事人一方不服的，"得向人民法院上诉，请求判决，必要时，劳动局有到庭申诉与辩护之权利"（第 8 条）。向法院提起诉讼是劳动争议解决的最后程序，而调解和仲裁可以说是诉讼的必经程序。

无论经过什么程序，在协商、调解、仲裁未成立之时，双方均应维持生产原状，资方不得有停厂、停资、停伙及其他减低待遇的处置，劳方也不得有消极怠工或其他妨碍生产及破坏劳动纪律的举动。劳资双方的一方对仲裁不服时，得依司法程序向法院提出控诉，由法院判决，在法院未判决之时，双方均应遵照劳动局仲裁的决定办理。

关于劳动争议的范围，1948 年哈尔滨市政府颁布的《哈尔滨市劳动争议处理暂行办法（草案）》第 3 条规定：

> 所指劳动争议之范围系：1. 关于职工劳动条件事项（包括工资、工时、生活待遇等）；2. 关于职工之任用、解雇、奖罚事项；3. 关于劳动保护事项（包括劳动保险、安全卫生等）；4. 企业内部规则事项（劳动纪律、厂规、生产计划等）；5. 其他战时劳动条例及公营企业管理人、私营企业主与职工间所订集体合同契约事项；6. 一切企业之开设、停业、暂歇、转业、缩小等等事宜，由工业局或商业局处理，如涉及劳动争议，其劳动争议部分，得按本办法处理之；7. 一切企业所发生之偷工减料、囤积投机，及其他违犯政府法令行为应由有关局、院依法处理，如涉及劳动争议事项，其争议部分，亦得按本办法处理之。

该条款全面地说明了劳动争议的范围，并且在 6、7 两项中较明确地区分了其他违法行为和企业行政行为的管辖机关，明确了劳动局的职责和劳动争议的具体范围。该规定被后来的《中华全国总工会关于处理劳资关系问题的三个文件的通知》中的文件继承，其列出劳动争议范围时去掉了 6、7 两项，其他内容全部一致。

对于以上属于劳动争议范围的内容，一切企业中的职工及工会代表机关、公营企业管理人、私营企业主中的任何一方如认为对方有违反战时暂行劳动条例或集体合同的行为时，均有依法进行控诉的权利，任何人不得侵犯。

关于劳动争议解决机构，1949 年哈尔滨市劳动局还特别颁布了《哈尔滨市劳动局劳资争议仲裁委员会暂行组织工作办法》①，将劳动争议解决机构定名为"劳动局劳资争议仲裁委员会"，并规定该委员会设主席 1 人、委员 5 人、秘书 1 人（外籍劳资争议须邀请外侨民会代表及有关方面另行组织），委员会有对调解无效之劳资争议进行传讯与仲裁等职权。

---

① 参见哈尔滨市档案馆馆藏革命历史档案，全宗号 1，目录号 1，案卷号 356。

第七章　城市解放区司法建设的探索

　　任何社会的法律都是为了维护并巩固其社会制度和社会秩序而制定的，它反映某一时期、某一社会的社会结构，与社会的关系极为密切。① 回顾中国革命法制的司法历程可以发现，从工农民主政权的司法建设到抗日民主政权的司法建设，从司法便民理念到马锡五审判方式，中国共产党在司法实践中逐渐形成了与农村自给自足的单一农业经济相适应的司法传统，满足了苏区、边区农村根据地农民的利益诉求。随着 1946 年哈尔滨的解放，城市复杂的市民群体、多元的利益诉求使得这种农村根据地的司法经验已不能适应城市社会的需要，哈尔滨这个第一个解放的大城市由此开始了中国革命法制的首次城市司法建设实践。作为新民主主义政权司法建设的城市实践的主要代表，哈尔滨解放区司法建设既继承了以往农村根据地便民司法的成功经验，又融入了鲜明的城市特点，形成了以规范性、国际性为特色的司法制度，实现了司法建设"从农村到城市"的重大转折，完成了城市司法工作的任务，对新中国司法制度建设产生了深远影响。

一、城市司法工作任务的转换

（一）稳定城市治安秩序

　　哈尔滨解放初期，社会治安相当混乱，各种反动势力盘踞，斗争形势尖锐，抢劫、偷盗横行，赌博、烟毒、娼妓泛滥，所以肃清各种敌伪势力，打击各种刑事犯罪，清除各种社会丑恶现象，稳定治安秩序，关系到民主政权的建立与巩固，也关系到人民群众的安居乐业。② 若没有一个良好的社会治安环境，城市的人民群众就会缺乏安全感，也会影响政权巩固、社会稳定。因此，哈尔滨解放区的司法机构自成立之时就把肃清敌伪、维护治安作为城市司法工作的首要任务。

　　中国共产党领导下的民主政权在接管哈尔滨后，随即于 1946 年 5 月 4 日

---

① 瞿同祖. 中国法律与中国社会. 北京：中华书局，1986：1.
② 中国人民大学中共党史系资料室. 中共党史教学参考资料（解放战争）. 北京：国防大学出版社，1998：464.

成立了哈尔滨市政府公安局，于 1946 年 8 月 23 日成立了哈尔滨地方法院，哈尔滨解放区的公安局和法院作为民主政权的司法机构拥有搜捕权和审判权。司法机构以肃清敌伪、维护治安为工作任务，逐步肃清了城市中的封建及敌伪残余，彻底粉碎了国民党潜伏特务的破坏阴谋，先后公审了伪满汉奸姜鹏飞①、国民党军统特务李明信②，围剿哈尔滨市周围大股土匪，收缴各类枪支弹药，从而使哈尔滨解放区的政治秩序日趋稳定，为社会秩序的稳定奠定了基础，实现了解放区民主政权的稳定和巩固。

《哈尔滨特别市公安总局一九四八年下半年工作总结》记载：

> 一年来共捕获盗匪八二名，窃盗二二七八名，军政违法一一六零名，共处理其他刑事案件八四六六名，总计一二九八六名。缴获长枪十八支，短枪一一零支，手榴弹二十六个，掷弹筒两个，各科子弹八四五七发，炸弹六七一六斤。这是一年来司法科、外侨科、执法队各分局在司法工作上的一项显著成绩。在保卫城市生产建设，保障人民生命财产，进一步维持社会秩序上起了一定作用。③

哈尔滨解放区法院也将审理危害社会治安案件作为其司法工作的重点。据统计，1946—1949 年，哈尔滨解放区法院共审理了强盗、窃盗④案 1 762 件，其数量居危害社会治安案件的首位⑤；1946—1949 年，哈尔滨解放区法

---

① 姜鹏飞（1907—1946），奉天金州（今辽宁省大连市金州区）人，1924 年毕业于辽宁省立第五师范。之后，入东三省陆军测量学校第二期、东北讲武堂第七期高等研究班和航空侦察班等军事学校学习。1931 年被派往黑龙江第二独立旅程志远部任团长。"九一八"事变后，随程志远投降日寇，1933 年被送入乙种军官学校和专科学校受训，毕业后被选派到日本陆军大学深造，曾受日本天皇接见。1945 年夏，见日本大势已去，改投蒋介石，被任命为冀东挺进军总指挥。日本投降后，被蒋介石委任为陆军新编二十七军军长。1946 年 2 月潜入哈尔滨，拟收编旧东北军及地下武装团体，同年 8 月 18 日，发布第十号命令，各部逐次向哈尔滨附近集结，对哈尔滨形成包围势态，并勾结黄枪会首领李明信，约定 8 月 28 日联合发起暴动。哈尔滨市政府已有察觉，在 8 月 26 日将姜鹏飞逮捕，9 月 9 日经法庭公开审判后，于 9 月 10 日在道外公园将其处决。

② 李明信（1927—1946），原名李中亮，河北内邱（今河北省内丘县）人。1946 年初，根据蒋介石的指示，国民党派了大批特务到东北。李明信随复兴建国军总司令姜护国、副总司令李玉亭到东北搞建军。1946 年 8 月 28 日被逮捕，9 月 9 日经法庭公开审判后，于 9 月 10 日在道外公园被处决。

③ 哈尔滨市档案馆馆藏革命历史档案，全宗号 1，目录号 2，案卷号 168。

④ 哈尔滨解放区法院曾对"窃盗"犯罪原因进行研究分析，并将其归结为三点："A. 不顾劳动，受社会环境熏染羡慕腐化生活（有技术习惯占多数）；B. 由于失业生活困难，加上主观不务正业（偶然盗窃但亦有发展惯窃的最大可能），其成分为城市贫民小贩等；C. 有鸦片嗜好，不能劳动只有依靠偷盗为生，有嗜好的窃盗在 546 件窃盗案件中为 150 件左右占 27.4%。"（哈尔滨市档案馆馆藏革命历史档案，全宗号 5，目录号 1，案卷号 45。）

⑤ "1948 年强盗、窃盗、诈欺全年处理 664 件，占整个危害个人财产犯罪 777 件的 85.5%，其中强盗 44 件（72 人）、窃盗 546 件（698 名）、诈欺 74 件（85 人），主要成分为贫民。"（哈尔滨市档案馆馆藏革命历史档案，全宗号 5，目录号 1，案卷号 45。）

院共审结一审杀人案件 165 件，占同期一审危害社会治安犯罪的刑事案件的3.4％；1946—1949 年，哈尔滨解放区法院共判处一审强奸案件 75 件，这些强奸案件的被害人多数是少女、幼女，人民法院在处理时均对被告人从严惩处；1946—1949 年，哈尔滨解放区法院共审理一审抢劫案件 375 件，占同期一审危害社会治安犯罪的刑事案件的 7.8％，在这些案件中，有的犯罪分子公开拆毁建筑物和抢夺仓库，有的公然拦路抢劫或入室抢劫，也有的结伙抢劫，这些犯罪分子的作案目标和对象多为工厂主、业主、外国侨民和物资仓库等。司法机构对这些犯罪的重点打击保护了城乡人民的生命财产安全，稳定了混乱的社会治安。

（二）维护城市人民利益

在哈尔滨解放之前，革命政权建立的苏区、边区根据地是农业区域，广大农民是社会阶层的主体，其利益诉求主要体现为对土地所有权的渴望。对此，民主政权多采取"打土豪，分田地"、减租减息等打击封建土地剥削制度的方式以满足农民对土地的需求。而哈尔滨是国际化的大城市，社会各阶层构成中包括"工人、职员、独立小生产者、知识分子、学生、工商业者、少数民族、市郊农民、贫民等"[1] 各个不同的利益群体，在城市人口构成中有苏联、日本、朝鲜、波兰等 40 余个国家和地区的侨民。[2] 外国侨民大多数为商人、工厂主、银行经理及外国企业的职员、技术人员，城市职业构成中工商业者占城市人口 60％以上，而农民人口仅占城市人口 26％。[3] 作为市民主体的工商业者，其利益诉求主要是工厂开工、商店开业，通过城市经济的恢复和发展来满足广大市民阶层最基本的生产生活需要，而城市经济恢复和市民生活保障都需要通过城市社会分工合作来实现，这是一种各利益阶层互相依存的复杂社会形态，也更需要法律来规范和制衡城市的信用体系。

在哈尔滨解放区建立后，民主政权面对城市复杂多样的社会形态与民众特殊的利益诉求，只有选择保障市民（包括资本家、工厂主）的基本权利、恢复城市经济、建立法律规范体系，才能满足广大市民的要求，稳定新生政权，建立巩固的大后方基地。农村与城市民众利益诉求上的差异导致了城市的司法案件类型和案件解决方式复杂多样。农村根据地是熟人社会、乡土社会，案件类型以土地、婚姻、继承等民事纠纷为主[4]，具备民事调解的基础土

---

① 孙光妍，隋丽丽 . 新民主主义民主政治的可贵探索：以哈尔滨解放区 1946 年参议员选举制度为例 . 法学家，2007（4）。

② 哈尔滨市人民政府地方志办公室 . 哈尔滨市志 · 人口志 . 哈尔滨：黑龙江人民出版社，1999：51.

③ 参见哈尔滨市档案馆馆藏革命历史档案，全宗号 2，目录号 1，案卷号 116。

④ 高海深，艾绍润 . 陕甘宁边区审判史 . 西安：陕西人民出版社，2007：120 - 123.

壤。因此，农村根据地各类民事纠纷多适合以调解的方式解决。① 而哈尔滨解放区工商业人口众多，诉讼类型多样②，涉案内容复杂，出现了劳资纠纷、外侨案件等以往农村根据地没有的案件类型。同时，城市商业社会中的人际关系以契约关系为主，这与农村根据地的人际关系以亲情血缘伦理关系为主完全不同。档案史料记载，哈尔滨解放区民主政权要求司法案件的解决"必须严格注意法治精神、用法治来具体体现民主政治"③。在司法实践中，哈尔滨解放区纠纷的解决多以判决为主，以调解为辅。以 1949 年哈尔滨解放区法院审判的外侨民事案件为例，1949 年审判外侨民事案件共 360 件，其中调解案件 120 件，调解案件仅占全部民事案件的 33％。④ 这种城市与农村案件解决方式的不同凸显了城市与农村民众利益诉求的冲突，而"法治精神"的重要地位的确立指明了城市中民事审判工作的基本思路和方向，促使新民主主义司法建设"一切从实际出发"，根据城市的特定情况选择司法模式。

（三）支援前线战争

农村根据地的经济模式是简单而传统的，而城市经济的构成是复杂多元的。解放初期的哈尔滨不仅有国营军工企业、被服厂等国营经济，还有消费合作社或职工合作社、加工型手工业生产合作社、独立手工业劳动者的产销合作社三种类型的合作经济，以及以加工制、出租制为主要类型的国家资本主义经济和大量的个体工商户形成的私人资本主义经济。⑤《哈尔滨市人民政府施政纪略》的统计数字显示，截至 1947 年底，哈尔滨市有商业企业 10 277 家，总资本为 23 亿元，职工总数为 31 270 人；有工业企业 12 482 家，总资本为 556 亿元，职工总数为 59 684 人。⑥ 多种经济形式并存、城市社会分工明确是哈尔滨解放初期的社会现实。哈尔滨解放区民主政权只有团结一切可

---

　　① 张希坡，韩延龙. 中国革命法制史. 北京：中国社会科学出版社，2007：446.

　　② 哈尔滨市中级人民法院档案室所藏革命历史档案以及《哈尔滨市人民法院工作总结》记载，1946 年哈尔滨市法院共审理刑事案件 649 件，民事案件 213 件；1947 年审理刑事案件 2 148 件，民事案件 1 080 件；1948 年审理刑事案件 1 827 件，民事案件 2 008 件；1949 年审理刑事案件 1 994 件，民事案件 3 057 件。虽然哈尔滨的面积远小于农村根据地，但是城市的纠纷远多于农村，这与城市特殊的工商业人口和发展有关。同时，以 1947 年、1948 年为例，离婚案件占 51％，迁让案件占 11％，返还财产占 10％，脱离姘度占 9％，清偿债务占 7％，损害赔偿占 5％，解除婚约占 3％，交付工资占 1％，确认所有权占 1％，脱离家庭关系占 1％，交付子女占 1％，由此可见民事案件类型复杂多样。（孙光妍，孔令秋. 哈尔滨解放区对外侨案件的审理. 法学研究，2012（2）.）按人口对比，外侨刑事案件占其人口比重相当于中国人案件占中国人口比重的 3.3 倍，外侨民事案件占其人口比重相当于中国人案件占中国人口比重的 6 倍，由此可见，外侨涉案率高。（邓齐滨，孙光妍. "司法能动"与现实修正：新民主主义外侨案件审理的司法经验. 求实，2012（Ⅱ）.）

　　③ 哈尔滨市档案馆馆藏革命历史档案，全宗号 5，目录号 1，案卷号 7.

　　④ 根据哈尔滨市中级人民法院藏案卷统计.

　　⑤ 参见哈尔滨市档案馆馆藏革命历史档案，全宗号 3，目录号 1，案卷号 94.

　　⑥ 哈尔滨市人民政府办公厅史志办. 哈尔滨市人民政府施政纪略，1994：25.

以团结的力量，不仅要发展国营经济，而且要注意保护和扶持私营经济。才能保证工人不失业、商店不关门，才能稳定政权、支援前线。

哈尔滨解放区司法工作为了尽快恢复经济发展、支援前线战事，针对哈尔滨工商业发达、经济形式多样的情况，探索经济类案件特殊的处理方式，注意保护资本家、私营业主的合法财产。以 1948 年哈尔滨解放区法院审理的 348 件经济类案件为例①，除贪污、行贿、受贿和不法工商业者侵吞资财、不法商人囤积居奇等危害经济秩序的案件外，更有在多元经济模式下产生的交付工资、劳资纠纷等农村根据地时期未处理过的案件。在对这些案件的审理中，有的通过公审的方式对资本家的剥削行为进行了公开审判和处罚，也有的在"劳资两利"的基本原则指导下平衡了劳资双方的利益，既保护了劳动者的权利，又保证了企业的正常运营。这是哈尔滨解放区司法制度建设注意保护私人财产权的重要体现，而私权受保护是包括民族资本家、小工商业主、劳动者在内的市民阶层应有的权利，反映了新民主主义的人权观。

（四）树立新的司法形象

中国传统法的和谐价值的体现是"息讼""无讼"，如果出现了争讼的苗头，则一般采取调解、教化等措施使双方尽量息讼，化解矛盾。陕甘宁边区创立的马锡五审判方式等司法手段，通过深入农村、依靠群众、教育群众、方便群众的方式宣传了党的政策方针，引导群众遵法守法，也迎合了中国民众传统的息讼心理，达到了良好的社会效果。

哈尔滨是东北亚地区经济、文化交流的中心，是国际化的大都市，与农村根据地相比，市民的文化程度普遍较高、法律意识较强，逐渐形成了以诉讼的方式来保护自身合法权益的法律氛围。与农村的熟人社会不同，城市是陌生人社会，为了通过社会分工来实现基本生活保障，市民更需要法律规范来维系相互间的基本信赖，诉讼则是通过公平裁断来维系信任的重要手段。

从档案史料来看，哈尔滨数量众多的侨民群体也对市民权利意识影响巨大。解放初期哈尔滨外侨人口占哈尔滨市居民总数的 26.15％，外侨刑事、民事案件分别占哈尔滨解放区法院受理刑事、民事案件总数的 8.3％ 和 14.7％②，占人口比重较大的外侨自然在与普通市民的交往中将注重合法权益保护的习惯充分渗透，促进了哈尔滨市民权利意识的兴起。以哈尔滨解放区法院 1948 年 1—3 月民、刑事案件为例，收案总计 4 496 件，最终有 4 405 件结案，只有 91 件没有结案（见表 7-1），大量的民、刑事案件迫切要求哈尔滨解放区法院在司法资源稀缺的困境下及时解决矛盾、化解纠纷。1948 年哈

---

① 哈尔滨市人民政府地方志办公室. 哈尔滨市志·司法行政志. 哈尔滨：黑龙江人民出版社，1999：95.

② 孙光妍，孔令秋. 哈尔滨解放区对外侨案件的审理. 法学研究，2012（2）.

尔滨市政府发布的《健全组织领导中的一些问题（草案）》中也记载，"城市人民反映问题很快，要求解决问题亦很快"①。面对市民争讼的习惯，哈尔滨解放区法院及时地解决了纠纷，审结了案件。在上述 1948 年 1—3 月的民事案件中有 77％是在三天内就结案的，需要一个月以上结案的只有 3％，而刑事案件 30 天内结案率达到 92.3％。②

表 7-1　哈尔滨解放区法院 1948 年 1—3 月案件统计

单位：件

案件类型	收案数			结案数			未结案数		
	中国案件	外侨案件	计	中国案件	外侨案件	计	中国案件	外侨案件	计
民事	1 375	303	1 678	1 362	296	1 658	13	7	20
刑事	2 679	139	2 818	2 616	131	2 747	63	8	71
总计	4 054	442	4 496	3 978	427	4 405	76	15	91

资料来源：哈尔滨市档案馆馆藏革命历史档案，全宗号 5，目录号 1，案卷号 5。

文化程度高、外侨人口多、城市矛盾和社会分工带来的信任危机的亟待解决使哈尔滨市民形成了通过诉讼维权的习惯，这是解放初期的哈尔滨作为民主的、开放的大城市与以往农村根据地在司法背景方面的鲜明差异，这要求哈尔滨解放区法院要树立新的司法形象。这种新的司法形象，一是要与旧社会、伪政权的司法相区别，要宣传中国共产党的政策方针，引导人民群众遵法守法，建立司法新秩序；二是在传承农村革命根据地时期的司法传统的基础上，又有一定的创制，使这种创制符合城市需求。

二、司法系统的组建

司法系统是由国家宪法所规定的享有国家司法权能、依法处理案件的专门组织机构。哈尔滨解放区的司法系统组建是于 1946 年 5 月 4 日开始的。哈尔滨解放后，于 1946 年 5 月 3 日正式成立了哈尔滨市政府，次日便进行了司法系统的组建，成立了哈尔滨市政府公安局，8 月 23 日成立了哈尔滨地方法院。而后，哈尔滨解放区的司法机构与人员便在中共哈尔滨市委发布的"改造旧政权机构，洗刷和改造旧职员，建立基层政权"的工作方针③以及东北行政委员会发布的《对建立改造公安机关的指示》④ 的指导下，在党和人民政府的领导下，开始着手构建以"改造"与"精简"为目标的哈尔滨解放区的司

① 哈尔滨市档案馆馆藏革命历史档案，全宗号 5，目录号 1，案卷号 8。
② 参见哈尔滨市档案馆馆藏革命历史档案，全宗号 5，目录号 1，案卷号 5。
③ 葛琳．试论哈尔滨解放初期的政权建设．哈尔滨市委党校学报，2006（3）．
④ 参见哈尔滨市档案馆馆藏革命历史档案，全宗号 1，目录号 1，案卷号 68。

法系统,"厉行了机关精简整编运动","以宁缺毋滥、短小精干为原则"① 配备了司法干部、改造了司法机构。

(一) 司法机构的建立:"改造政权"与"精简整编"

处于解放战争大环境下的哈尔滨解放区,所有的工作皆围绕"恢复经济、发展生产、支援前线"这个中心展开,哈尔滨解放区的司法机构建设自然也要围绕这个中心进行。哈尔滨解放初期,民主政权面临民生凋敝、物价飞涨、盗匪横行的社会状况,过于强调司法机构建设的正规化和系统化显然是不合时宜的,完全打破旧的司法机构、革除全部旧的司法人员而"另起炉灶"建立新的司法体系也是不具备条件的,因此,在接管旧司法机构的基础上,对旧机构和旧人员进行改造,因时、因地制宜地建立高效、精简的司法机构,成为无奈中的必然选择。

哈尔滨解放区司法机构的建立是"在敌伪政权的废墟上用新的血液长成的"②,是依靠"敌后长期农村政权中带来的经验"③ 建设而成的。民主政权为了区别于"一些旧的渣滓"和"农村分散的单纯的组织领导方式"④,适应"城市新的特点新的要求"⑤,始终以"改造政权"与"精简整编"为宗旨。

1. 侦检机关——哈尔滨市公安局

1946 年 4 月 28 日,东北民主联军进驻哈尔滨,5 月 3 日哈尔滨市人民政府成立。在中共北满分局社会部和中共哈尔滨市委领导下,哈尔滨市人民政府接管了国民党接收大员把持的哈尔滨市警察局,接收了旧警察人员,彻底砸碎了统治人民的旧警察机构,并于 1946 年 5 月 4 日建立了新型的人民公安机关——哈尔滨市公安局。⑥ 此时的哈尔滨市公安局根据中共哈尔滨市委提出的"改造政权""区别对待"的接收原则⑦,在接收旧警察机构的基础上临时组建起了新型的人民公安队伍。从组织机构来看,哈尔滨市公安局下设督察

---

① 哈尔滨市档案馆馆藏革命历史档案,全宗号 1,目录号 1,案卷号 68。
② 哈尔滨市档案馆馆藏革命历史档案,全宗号 5,目录号 1,案卷号 8。
③ 同②.
④ 同②.
⑤ 同②.
⑥ 哈尔滨市人民政府地方志办公室.哈尔滨市志·公安志.哈尔滨:黑龙江人民出版社,1996:107.
⑦ "如果我们入城后不是首先接收原有的一套而另起炉灶,事实上是不可能的。如果不暂时利用旧人员,在很多工作上将是很困难的。要改造旧的一套必须发动群众,依靠群众","新骨干新人员必须从发动群众中才能得到解决"。因此,哈尔滨解放区决定对市政府各部门的各类职员采取区别对待的政策。对工程技术人员予以重视并且继续任用,使他们相信中国共产党能够管好大城市,逐渐消除其犹豫动摇和对国民党的幻想,帮助他们树立为人民服务的思想;对各局、科、室的人员,除个别有严重劣迹者外,一般都予以留用,在实际工作中进行教育和改造。对有威望的上层技术人员则提拔任用;对特务分子、敌视共产党的顽固分子和没有办事能力的人员,坚决予以清洗。(哈尔滨市人民政府地方志办公室.哈尔滨市志·中共地方组织志.哈尔滨:黑龙江人民出版社,1999:17-18.)

处、秘书室、警务科（内设交通股）、治安科、司法科、外事科、侦缉大队、消防警察总队、警察训练所；下辖东傅家、西傅家、道里、新阳、顾乡、南岗、马家、太平、香坊、松浦等 10 个警务分局（后改称公安分局），各分局共下辖 89 个派出所，各分局内设秘书、警务、外勤、治安、司法、行政、总务、外事股以及交通驻在所和公安队警备班。① 可以说，辖区划分与组织建制基本上与旧警察机构相似，但机构性质却与旧警察机构完全不同。此时，哈尔滨市公安局的性质是"锄奸治安之执法机关，不是一般的警察行政机关"②，其承担的主要任务为：

　　　　一、彻底清除日寇法西斯侵略残余势力、汉奸、特务、土匪，以防止日本侵略势力及其合作者再度侵入东北。

　　　　二、防止与镇压实行阴谋破坏、暗杀恐怖、组织叛乱、破坏民主的反革命分子，以保护东北人民之民主权利。

　　　　三、动员与领导东北人民进行反奸翻身运动，教育提高群众防特防匪工作。

　　　　四、维护社会治安，保护市政交通，巩固民主秩序，保障公民生命财产之安全。③

为了彻底改造旧警察机构，建立精简、高效的新型人民公安队伍，1946 年 6 月 21 日，哈尔滨市公安局对部分机构进行了调整：警务科改为总务科，治安科改为行政科，侦缉大队改为侦缉队隶属司法科，消防警察总队改为消防警察大队，警察训练所改为公安干部训练所（同年 9 月改为公安干部学校）。此后，又设置研究室、《公安报》编辑部、供给部、司法大队（隶属司法科）、公安大队（1947 年撤销）。这次机构调整是根据新政权建立的公安机关的性质将原有机构中带有"警察"字样的机构改为"公安"，以示新政权之意。根据东北行政委员会于 1946 年 9 月 16 日发布的《东北各级公安机关组织暂行条例》中的相关规定，此时哈尔滨市公安局的职能得以扩大，即"负有锄奸治安之责任，凡地方锄奸治安工作统一于公安局领导；公安机关有侦查、搜查、逮捕人犯之权，但无处决人犯之权；各级公安机关首长对于所捕案犯与同级司法机关之特种刑事当然"④。同时，东北行政委员会根据哈尔滨市公安局接收旧警察机构的经验于 1946 年 9 月 18 日发布了《对建立改造公安机关的指示》，该指示要求：

　　　　各地应该根据政联行政委员会颁布之各级公安机关组织暂行条例，

---

① 哈尔滨市人民政府地方志办公室 . 哈尔滨市志 • 公安志 . 哈尔滨：黑龙江人民出版社，1996：73.

② 哈尔滨市档案馆馆藏革命历史档案，全宗号 1，目录号 1，案卷号 58

③ 同②.

④ 同②.

进行建立改造各级公安机关。省公安处未建立者，迅速建立，已建立者，充实加强，以统一对各县市公安局工作的领导。县公安局应该根据具体情况，采取重点注意有步骤地建立改造。凡与政联行政委员会之公安机关组织暂行条例相抵触的各种各样性质的公安机关及组织形式应一律取消以达统一。①

由此可见，哈尔滨市公安局机构调整是在接管旧机构一个月后迅速于展的，第一次调整范围虽大，但主要围绕着"公安机关性质和组织形式统一"展开。通过三次大的人员清洗，至 1947 年初哈尔滨市公安局减少了冗员，改造了留用的旧警察，为稳定秩序奠定了基础。

虽然机构人员的"精简整编"解决了暂时问题，但基于当时复杂的社会形势，新型人民公安队伍仍亟须充实以应对锄奸反特、侦查逮捕、维护治安、户籍普查等大量的工作。因此，1947 年 7 月，哈尔滨特别市公安总局②又进行了大规模的机构调整，下设秘书室、治安科、司法科、公安干部学校、游民教养院、消防大队、执法大队，后又增设社会调查科、外侨科。1948 年 5 月，哈尔滨特别市公安总局增设了干部科，恢复了总务科，1948 年 8 月，撤销执法大队，成立公安总队。1948 年 11 月 15 日，哈尔滨特别市公安局调整了机构级别，设秘书处、治安处、行政处、公安干部学校、消防大队、公安总队、游民教养院。至此，哈尔滨解放区公安局的机构设置基本定型，一直到新中国成立未作变动。这一阶段的公安局职能随着机构设置的定型也基本确定下来。哈尔滨解放区公安机关的职能被明确为"负责维持民主社会秩序、防止和镇压破坏民主的反动分子、防奸防匪、公安司法、公安行政事项、外侨公安司法事项、消防事项"。根据前一阶段斗争形势的需要，公安机关逮捕和公审了一批破坏新政权的敌伪、特务分子，在社会上引起了强烈反响，因此，司法职权被确定为公安机关的职权之一。根据 1948 年 10 月 24 日哈尔滨特别市法院制定的《哈尔滨特别市民事刑事诉讼暂行条例》，公安机关的司法职权被确定为侦捕权与检察权：

第二条　哈尔滨特别市人民法院（本条例以下简称人民法院）管辖本市初审、二审之民刑案件及非讼事件（说明一）。哈尔滨特别市公安局（本条例以下简称公安），包括局与分局为本市刑事检察机关，对刑事

---

① 哈尔滨市档案馆馆藏革命历史档案，全宗号 1，目录号 1，案卷号 58。
② 因哈尔滨市改为哈尔滨特别市，哈尔滨市公安局于 1946 年 11 月 18 日改为哈尔滨特别市公安局，1947 年 1 月 4 日，哈尔滨特别市公安局改称哈尔滨特别市政府公安局，1947 年 7 月 3 日，哈尔滨特别市政府公安局又改为哈尔滨特别市公安总局，1948 年 11 月 14 日又改为哈尔滨特别市公安局，1949 年 3 月 5 日，根据东北行政委员会关于取消特别市中的"特别"称谓的决定，哈尔滨特别市公安局改为哈尔滨市公安局，1949 年 4 月 21 日，根据中央指示又改称哈尔滨市人民政府公安局。

案件有检举职权。于侦查后如证据充足，应即连同证据物向人民法院提起公诉，如证据不充足，则予不起诉处分。一般民刑案件的审判、罚款与没收，统属人民法院处理。违警罚款统属公安局处理。

第三条　对本市一切人犯之逮捕权，统属公安局与人民法院……①

哈尔滨市公安局在 1946 年至 1949 年间经历了六次名称变更，经历了两次大规模的机构设置变化，按照"改造政权"与"精简整编"的方针路线，完成了稳定社会治安秩序、肃清匪患、支援前线的关键任务。可以说，哈尔滨市公安局从机构的接收到机构的改造，不仅体现了新政权面对复杂局面"一切从实际出发"大胆尝试的勇气与魄力，而且彰显了新政权人民公安的良好形象。

2. 审判机关——哈尔滨地方法院、人民法庭、军事法庭与特别法庭

哈尔滨解放后，1946 年 8 月 23 日，毕业于长春法政大学的中共党员邵天任②奉东北行政委员会"东法字第二号令"，孤身一人接收旧法院。同日，哈尔滨地方法院与哈尔滨高等法院③成立，邵天任为哈尔滨地方法院院长，马起④为哈尔滨高等法院院长。哈尔滨解放区人民法院正式宣告成立，它成为中国共产党领导下的人民民主政权第一次在中心大城市建立的人民法院。

1946 年 8 月 23 日，中共哈尔滨市委批准建立哈尔滨地方法院与哈尔滨高等法院。此时的哈尔滨地方法院下设刑事、民事审判庭和监狱⑤，负责民、刑事一审案件的审理；哈尔滨高等法院由东北行政委员会直接领导，管辖松江省和哈尔滨市的二审案件。由于人民法院刚刚成立，留用了旧司法人员庭长 1 人，推事（审判员）3 人，首席检察官 1 人，检察官 4 人，书记官 20 人，咨议 1 人（外籍），法警 17 人，录事 2 人，打字员 3 人。⑥ 这些留用的旧司法人员尚未经过彻底清洗和新民主主义的全面改造，因此，当时只负责审理刑事治安案件和民事案件，反革命案件由哈尔滨市公安局负责审理。

1946 年 10 月 15 日，东北行政委员会常委会决定，哈尔滨地方法院与哈尔滨高等法院合并，委任原高等法院院长马起为院长、原地方法院院长邵天

---

① 哈尔滨市档案馆馆藏革命历史档案，全宗号 5，目录号 1，案卷号 7。

② 邵天任（1914—2012），奉天凤城（今辽宁省凤城市）人。1938 年毕业于长春法政大学，1941 年入抗大学习，1946 年加入中国共产党。曾任延安俄文学校教员、哈尔滨地方法院院长、东北人民法院秘书处处长。

③ 参见哈尔滨市档案馆馆藏革命历史档案，全宗号 5，目录号 1，案卷号 1。

④ 马起（1904—1972），曾任辽宁省高等法院院长、哈尔滨高等法院院长、松江省法院院长、最高人民法院东北分院民庭庭长等职。

⑤ 参见哈尔滨市档案馆馆藏革命历史档案，全宗号 5，目录号 1，案卷号 75。

⑥ 同③.

任为副院长。① 合并后的法院挂"哈尔滨地方法院"与"哈尔滨高等法院'两块牌子，法院内部使用同一套人员进行办公，"哈尔滨地方法院是第一审法院，哈尔滨高等法院为二审法院"的审级设计成为理论上的存在，法院内部设有刑庭、民庭、书记庭、事务科（负责行政事务，后改称"行政科"）和监狱。人民法院负责民、刑事案件的审理，反革命案件仍由哈尔滨市公安局负责审理。

1948 年 1 月 6 日，"哈尔滨地方法院"因"哈尔滨市"改为"哈尔滨特别市"而改称"哈尔滨特别市法院"。哈尔滨市人民法院根据 1948 年哈尔滨市政府公布的《公安局与法院关于处理刑事、民事案件的分工与联系的决定》，进行了机构调整，公安局负责侦查、起诉，反革命案件交由人民法院审判。鉴于当时哈尔滨有 20 多个国家的侨民，每年发生涉外刑事和民事案件近 500 件，人民法院随后撤销了书记庭，增设秘书室、外事庭、法警队②，外事庭专门审理外侨案件。

1948 年 9 月，毛泽东在《在中共中央政治局会议上的报告和结论》中提出，"我们是人民民主专政，各级政府都要加上'人民'二字，各种政权机关都要加上'人民'二字，如法院叫人民法院，军队叫人民解放军，以示和蒋介石政权不同"③。1949 年 3 月，在党中央统一指示下，"哈尔滨特别市法院"改称"哈尔滨市人民法院"。1949 年，哈尔滨解放区人民法院为了适应工作的需要，在其他部门精简人员时，法院编制根据实际需要还有所增加。至 1949 年 9 月，哈尔滨市人民法院共有五个部门，分别为秘书室、民庭、刑庭、外事庭、监狱，共有编制 204 人，其中院长 1 人、秘书室 37 人、民庭 17 人、刑庭 11 人、外事庭 10 人、监狱 128 人。④ "精简"不是目的，"高效"才是目标。由于哈尔滨解放区建立后案件受理量逐年增加，审判人员的编制数比 1946 年成立哈尔滨地方法院时的人数大幅增加，这不仅没有违背"精简整编"的政权改造宗旨，而且从另一个侧面体现了人民民主政权"一切以保护人民利益"为中心的工作原则。

从接收旧法院到新中国成立前，哈尔滨解放区人民法院经历了三次名称变化和机构调整。⑤ 值得一提的是，虽然哈尔滨解放区人民法院在 1949 年才

---

① 哈尔滨市人民政府地方志办公室. 哈尔滨市志·大事记. 哈尔滨：黑龙江人民出版社，1999：19.

② 参见哈尔滨市档案馆馆藏革命历史档案，全宗号 5，目录号 1，案卷号 10。

③ 毛泽东文集：第 5 卷. 北京：人民出版社，1996：135 - 136.

④ 同②.

⑤ 哈尔滨解放区人民法院的名称经历了三个阶段的变化。1946 年 8 月 23 日，解放区民主政权接收旧法院时经民主政权批准，将法院命名为"哈尔滨地方法院"；1948 年 1 月 6 日，"哈尔滨地方法院"因"哈尔滨市"改称"哈尔滨特别市"而随之改称"哈尔滨特别市法院"；1949 年 3 月，"哈尔滨特别市法院"改称"哈尔滨市人民法院"。笔者在本书中将上述不同称谓统称为"哈尔滨解放区人民法院"。

被正式冠以"人民法院"的名称，但其民主政权领导下的人民法院的性质自哈尔滨解放区人民法院建立时就已经彰显。

除哈尔滨解放区人民法院的审判机构建置外，在开展土地改革的哈尔滨城郊地区，人民民主政权还设立了人民法庭，主要审理与土地改革有关的案件。土地改革运动中的人民法庭，以审判和制裁违抗土地法规、破坏土地改革的犯罪分子为主①，其组成人员与其他司法机关不同，不完全由上级政府任命或委派，而是由农民大会或农民代表会议推选代表，与上级政府任命或委派人员联合组成，从而更能代表农民的利益和要求。人民法庭可以对破坏土地改革的犯罪分子作出令其坦白、赔偿损失、罚款、劳役、褫夺公权、有期徒刑、无期徒刑直至死刑的判决，其中死刑判决主要针对破坏土地改革者、须经县人民政府批准的政治性案件，并须报省政府批准。② 哈尔滨解放区土地改革运动中的人民法庭同样也是由基层农会直接组织的、以贫雇农为骨干的、有政府代表参加的群众性临时审判机构，只负责审理与土地改革有关的案件，土地改革完成后即被撤销。

哈尔滨解放区还设有行使特殊审判职能的非常设机构——军事法庭和特别法庭。军事法庭是在东北解放战争初期设立的、以审理汉奸和日本战争罪犯为主要任务的、行使特殊审判职能的非常设机构，其诉讼程序不同于一般司法机关的诉讼程序；特别法庭是在东北解放战争后期，随着城市的解放和对其实行军事管制而设立的，主要任务是维护革命秩序、保护人民利益、镇压重大的反革命罪犯。③ 1946 年 9 月 9 日，哈尔滨市军政机关、群众团体组织特别法庭，公审了姜鹏飞、崔大刚、李明信。刘成栋市长、钟子云政委、冯仲云主席出席陪审。特别法庭判处姜鹏飞、崔大刚、李明信死刑（10 日执行枪决）。④

3. 狱政机关——哈尔滨监狱与哈尔滨市游民教养院

哈尔滨解放区时期，承担狱政管理职能的机构是哈尔滨地方法院管理下的哈尔滨监狱与哈尔滨市游民教养院。

哈尔滨监狱是哈尔滨解放后通过接管建立的第一所监狱，隶属于哈尔滨地方法院，原是"伪满哈尔滨监狱的八个分监之一——哈尔滨道里监狱（其他七个是双城、阿城、宾县、一面坡、肇东、肇州和肇源），再早原是东省特

---

① 宋四辈. 新民主主义革命时期的民主司法制度建设及启示. 中国社会科学院研究生院学报，2004（2）.

② 参见哈尔滨市档案馆馆藏革命历史档案，全宗号 1，目录号 1，案卷号 6。

③ 王金艳. 东北解放区的法制建设. 长白学刊，2001（6）.

④ 哈尔滨市人民政府地方志办公室. 哈尔滨市志·大事记. 哈尔滨：黑龙江人民出版社，1999：9.

别区监狱，专押俄国人，一九三五年后全东北欧侨、日鲜人等犯罪也全押在此，是一个涉外监狱，能容八百至一千人"①。人民民主政权接管了哈尔滨监狱后，在"改造教育"② 方针的指导下，开始着手"对旧的监狱管理人员和在押犯进行清理，迅速建立新的监狱管理机构，配备领导、充实干部，以适应关押任务的需要"③。同时，基于"改造教育"的方针，明确了监狱任务如下：

第一，监禁犯人，确保犯人在守法期间不致脱逃法外，重刑危害社会与人民，这是起码的任务。因此，对犯人必须实施行政管理。

第二，组织生产，发挥犯人劳动力，及以自给自足减轻人民负担和支援战争。

第三，教育犯人，改造犯人思想和错误，使其重入社会或恢复工作岗位后，成为一个好公民或好干部，不致再犯错误。④

哈尔滨解放初期，哈尔滨监狱由法院选派的张大学任典狱长，李延秋、张实为副典狱长。在典狱长下设专务与戒护两科，后增设了生产科和教育科。1947 年因干部缺乏又将戒护科与教育科合并为管教科。另外还设有一个警卫队。

1948 年，由于工作需要，哈尔滨监狱重设四科，分别为事务科、管理科、教育科、生产科，并设铁工、印刷、织布、猪鬃等工厂和一个以轻刑犯为主的改造队。具体分工为：

一、事务科负责总务、会计、修建、犯人供给、卫生和医疗；

二、生产科，向外交涉订货、组织与领导犯人生产、订定生产计划及管理工厂；

三、教育科，管理犯人思想、政治教育，组织犯法入监干部组成的

---

① 哈尔滨市档案馆馆藏革命历史档案，全宗号 5，目录号 1，案卷号 45。

② "恐怖与压榨就是敌人监狱的基本特点，在监狱的方针上古今中外监狱虽多，但由于新旧社会的不同，由于阶级的不同，归纳起来，基本上是有两个根本不同的方针，一个是恐怖，一个是改造。一是旧监狱的方针，归根到底是建立在一个字上——怕，由于反动统治阶级代表少数反动利益的非正义性，在监狱上不能不采用恐怖政策，企图用肉刑、痛苦黑暗与恐怖来摧毁与吓住群众，国民党更继续了中国封建残酷传统，加上法西斯集中的办法，监狱便成了可怕而黑暗的人间地狱。但历史证明这一恐怖方针实施的结果，既吓唬不了人民大众，也折服不了犯人。我们是人民政权下的监狱，是代表人民大众利益的，是正义的，对待人民大众上既根本无所谓恐怖政策，对犯人也就无所谓恐怖方针，因此，不靠怕来制服犯人。人民政权下，为了人民利益当然须要对罪犯分子加以审判和制裁，藉以保护法纪，但在监狱来说，对一经判处徒刑（不是判处极刑的罪犯），却不是监狱起来令苦受而是实行改造教育，对旧社会给我们遗留下来的流氓性的习惯犯，就更须用通过劳动以实行改造的方法。监狱是纠正错误和改造犯人的场所，这就是我们的方针。"（哈尔滨市档案馆馆藏革命历史档案，全宗号 5，目录号 1，案卷号 45。）

③ 同①.

④ 同①.

学委会，又名"教育组"，为自己进行教育工作的助手，并组织犯人俱乐部，以进行犯人中文娱活动；

四、管理科，靠管犯人由入监到出监过程事务，并负责戒护。另有警卫队专负责大门、围墙、岗楼的武装警戒，并作为发生意外事件时镇压武力，是由市执法大队派来（看守是市管理科领导，在监内服务，须一律徒手，带犯人外出可以带武器）。①

1948 年，民主人士李济深、郭沫若、史良、沈钧儒等到哈尔滨曾先后到哈尔滨监狱考察。至 1949 年中华人民共和国成立时，哈尔滨监狱已初具规模。

哈尔滨市游民教养院是 1947 年 9 月 1 日经哈尔滨特别市政府批准建立的避免游民由于无业而危害社会的劳动教养机构，主要收容教养社会上的游民和偷盗、抢劫、欺骗、赌博、贩毒、卖淫等违法人员。哈尔滨市游民教养院隶属哈尔滨特别市公安总局，属于科级建制，编制 33 人，实有 24 人。② 哈尔滨市游民教养院内设院长、政委、副院长，总务股、教育股、生产股、卫生院，下辖阎家岗农场、袁家屯农场、江北农场、暖窖菜地、马尾车间、布鞋车间、猪鬃车间、被服车间、草袋车间、合作社等十个单位。③ 通过十个单位的细致合作，让被收容人员接受思想教育、劳动生产和疾病医治。通过耐心细致的思想教育工作，深入浅出地讲解政治常识和党的方针政策，提高被收容人员的思想觉悟，坚定他们走新的生活道路的信心；通过组织他们参加生产，使其能够养活自己、管理自己，为社会创造财富，并在劳动中改正和戒除好逸恶劳的坏习惯；在他们劳动之余，还组织扫盲学文化，建立了"识字班"和"苏生剧团"。另外，游民教养院的管教部门还设有专人负责对其中的嫌疑分子进行调查清理，使一些混迹于游民之中企图逃避惩罚的犯罪分子得到了惩处。从 1947 年 9 月到新中国成立之初，哈尔滨市游民教养院共收容游民乞丐 5 153 名④，使其中的大部分人经过教育成了自食其力的新公民。

（二）司法人员的任用与培养："清洗"、"留用"与"大胆使用"

1. 对旧人员的清洗、留用与改造

哈尔滨解放初期，面临着"时局动荡，敌我斗争激烈""缺少能够管理大城市的干部"⑤ 的客观状况，为了适应解放战争迅猛发展的状况和维持社会秩

---

① 哈尔滨市档案馆馆藏革命历史档案，全宗号 5，目录号 1，案卷号 45。

② 哈尔滨市人民政府地方志办公室 . 哈尔滨市志·司法行政志 . 哈尔滨：黑龙江人民出版社，1999：600.

③ 同②.

④ 同②.

⑤ 同②.

序，哈尔滨解放区急需大批能够从事司法工作的干部。哈尔滨解放区对部分旧司法人员予以留用，在实践工作中亦重视对旧司法人员思想的改造与清洗，对"表现较好的业务骨干继续留用，对敌视人民政权的顽固分子和确实没有办事能力的人员，则坚决予以清洗或组织他们到基层接受锻炼和改造"①。

1946 年 5 月，哈尔滨市公安局成立后随即建立了警察训练所，6 月，改称公安干部训练所。1946 到 9 月中旬，经过讲习所和工作队审查，哈尔滨市公安局开始了对旧警察的清洗和改造。② 但是由于"在当时政府工作的任务是很繁重的，又加以当时情况的动荡不定……故对裁减旧职员执行是不彻底的"③，直到 1946 年 12 月，"政府及公安局的内部仍然存在着一些坏人，公安局的情况也大体如此"④。面对这种情况，东北行政委员会于 1946 年 9 月 18 日发布了《对建立改造公安机关的指示》，该指示中要求：

> 二、公安机关的组织，应以宁缺毋滥、短小精干为原则，去配备干部、改造机构，对原有公安局的人员，应加严格审查，坏人必须坚决淘汰。使之成为保护人民利益与对敌斗争的堡垒，不可因干部不足乱凑人数。
>
> 三、公安人员作风，必须坚决贯彻实事求是、调查研究、艰苦朴素、奉公守法、忠守职务、为老百姓办事的优良作风。去除贪污腐化、敲诈欺压人民的伪满警察官僚衙门作风。
>
> 四、公安机关应在群众反奸、清算、分地斗争中，大量吸收历史清白、品行端正的忠心为人民服务并机警勇敢、具有一定文化程度与发展前途之积极分子，开办训练班或在实际工作中采取以老干部为骨干的带徒弟办法，加以训练、培养大批东北地方优秀干部，充分建立公安机构，以使公安工作与群众更取得密切联系。⑤

遵照东北行政委员会《对建立改造公安机关的指示》，哈尔滨市公安局加速清理旧警察，精简整编，紧缩了开支，裁减了冗员，经三次大的清理，至"1947 年 1 月，哈尔滨市公安局已由 3 200 人减少为 1 400 人，其中旧警察不足五分之一，从老解放区调到哈尔滨的有 40 多人"。

由于人民法院接收时党组织没有多余的干部可以配备，留用旧人员并加

---

① 哈尔滨市人民政府地方志办公室. 哈尔滨市志·司法行政志. 哈尔滨：黑龙江人民出版社，1999：600.
② 哈尔滨市人民政府地方志办公室. 哈尔滨市志·大事记. 哈尔滨：黑龙江人民出版社，1999：13.
③ 哈尔滨市档案馆馆藏革命历史档案，全宗号 1，目录号 1，案卷号 58。
④ 同③.
⑤ 同③.

以清洗和改造成为司法队伍建设的关键。哈尔滨解放区法院初建的情况是：接收了日伪法院工作人员 148 名，包括 1 名俄籍翻译官，其余 147 名为中国人。由于他们没有经过甄别和清洗，政治是否清白尚未可知，但是他们确有城市司法审判工作经验。与此同时，大量的、复杂的、城市社会关系下的民事纠纷亟待解决，治安案件频发亟待震慑，大量的敌特案件也需审判。哈尔滨市中级人民法院的历史案卷记载，从 1946 年 8 月 23 日人民法院成立到 1946 年末，短短 4 个月，民、刑事案件已有 862 件①，日均 7 件的案件数量亟须有城市审判经验的人员尽快投入工作。选择留用旧人员还是启用新人员？这是组建审判队伍首要解决的问题。一方面，在"废旧立新"思想的主导下，根据马列主义关于"彻底砸碎旧的国家机器"的国家学说，中国共产党要建立新政权，必须依靠自身的力量，清退所有的旧人员是当时的主流观点；另一方面，由于组建人民法院时只有邵天任院长一人为中共党员，司法干部力量严重不足，加之缺乏城市司法工作的经验，中国共产党要保证城市的顺利接管和司法秩序的稳定，依靠旧人员是最便宜之计。如何甄别、留用旧人员？甄别后的留用人员如何清洗和改造？他们不了解民主政权司法政策又如何开展工作？他们审判什么类型的案件？中国共产党在没有城市司法经验的情况下如何能够迅速培养业务熟练、政治过硬、历史清白的新干部？在这些问题面前如何大胆尝试解决，在现实羁绊面前如何寻找突破从而打破困境，是哈尔滨解放区司法建设的历史使命，更是哈尔滨解放区法制建设成败的关键。鉴于此，哈尔滨解放区人民法院在接收的 148 名旧人员中清洗了包括原伪法院院长杨洁民在内的 89 人，留用了 59 人，在留用的旧司法人员中除 7 名工友外，任命了庭长 1 人、推事 3 人、首席检察官 1 人、检察官 4 人、书记官 20 人、咨议 1 人（俄籍）、法警 17 人、录事 2 人、打字员 3 人。由于留用人员还未接受新民主主义全面教育与改造，因此，当时哈尔滨解放区人民法院只审理刑事治安案件和民事案件，反革命案件由公安机关负责审理。

　　上述留用的旧警察、旧法院的司法工作人员，只有进行新民主主义理论的全面学习和改造，才能够适应新形势下民主政权司法工作的需要。但在哈尔滨解放初期，对留用人员的改造还仅仅停留在思想改造的层面。如为了根除旧警察作风的影响，对干警加强组织性、纪律性的教育，曾要求公安人员遵守"三大纪律八项注意"。1948 年后，哈尔滨解放区的司法人员仍旧"成分不齐，干部质量不强，仍产生着思想不纯作风不正的现象。在业务上也不够熟练"②。哈尔滨解放区政权因此意识到除政治学习外，业务培养是更为重要

---

①　根据哈尔滨市中级人民法院的历史案卷统计得出的数据。
②　哈尔滨市档案馆馆藏革命历史档案，全宗号 1，目录号 2，案卷号 168。

的，是决定工作成败的关键。《哈尔滨特别市公安总局一九四八年下半年工作总结》中就提道：

> 今后除应抓紧政治思想教育外，应随时总结工作经验，随时进行业务教育，以资继续提高……为了战胜敌人，不仅首先要求我们的干部有无限的忠诚而且要求我们的干部具备必要科学知识与技术。我们要学习国内知识而且要学习国际知识，因之不仅有各种专门的业务与技术学习，培养更多的真正的精通自己业务的专门人才，是一件迫切而又艰巨的长期工作，必须付出更大的努力。①

1948 年后，在政治思想改造方面，民主政权参照"三大纪律八项注意"、结合公安工作制定了《民警业务条例草案》，规定了八项要求，要求干警："奉公守法、忠于职守；立场坚定、大公无私；艰苦朴素、谦虚和蔼；服从指挥、团结同志；诚恳坦白、勇于悔过；爱护群众利益、不准危害人民；勇敢沉着、刚毅果敢；遵守制度、积极工作、努力学习"。在中共哈尔滨市委的领导下，组织哈尔滨两级法院全体干警学习了《社会发展史》《中国近代史》《中国革命史和中国共产党》《政治经济学》《树立正确的人生观》等著作②，对干警改造世界观、树立革命人生观、全心全意为人民服务，以及推动司法工作的开展起到了积极作用。在业务学习培训方面，《哈尔滨市公安局 1949年工作计划》中明确提出：

> 为适应今后工作的要求，和统一培养干部，坚持制度把业务学习与政治学习结合起来……业务专一，但必须给与政治上整训，确立为人民服务思想与决心，上半年政治教育占百分之六十业务占百分之四十，下半年业务课占百分之六十。③

通过采取业务学习与政治学习相结合的手段，哈尔滨解放区司法干部的思想作风有所转变，提高了民主作风，促进了司法人员的奉公守法，工作实践中涌现出许多"奉公守法、团结互助、密切群众、严守纪律"的"模范"④。

2. 对新人员的大胆使用与业务培养

诚如毛泽东所说："夺取全国政权的任务，要求我党迅速地有计划地训练大批的能够管理军事、政治、经济、党务、文化教育等项工作的干部。战争的第三年内，必须准备好三万至四万下级、中级和高级干部，以便第四年内

---

① 哈尔滨市档案馆馆藏革命历史档案，全宗号 1，目录号 1，案卷号 58。
② 哈尔滨市人民政府地方志办公室. 哈尔滨市志·司法行政志. 哈尔滨：黑龙江人民出版社，1999：121。
③ 哈尔滨市档案馆馆藏革命历史档案，全宗号 1，目录号 2，案卷号 168。
④ 同③.

军队前进的时候，这些干部能够随军前进，能够有秩序地管理大约五千万至一万万人口的新开辟的解放区。中国地方甚大，人口甚多，革命战争发展甚快，而我们的干部供应甚感不足，这是一个很大的困难。"①

1947 年以后，随着城市政权的稳定与经济的恢复，哈尔滨解放区人民法院审理案件的数量激增。哈尔滨解放区人民法院 1946 年共审理刑事、民事案件 862 件，1947 年 3 228 件，1949 年 5 051 件，1947 年案件审理量是 1946 年的 3.7 倍，1949 年甚至达到了 1946 年的 5.9 倍之多。② 案件激增与司法资源有限使"清洗旧人"和采用新人的问题再一次凸显。哈尔滨市档案馆馆藏革命历史档案《一九四七年工作总结与检讨》中记载：

> 清洗旧人问题。……应该强调坚持我们核心内部一定要保持纯洁……一年来，各单位基本是执行了以"宁缺毋滥"的原则集人，健全组织作的有成绩，但执行中也有不少的偏向。第一，有的洗刷的彻底，采用不慎重，一发现问题又添洗刷。第二是洗刷的不够彻底，采用不慎重。由于以上两种原因，造成人员的流动性大，业务不能熟练，领导也不敢放手，结果是工作效率低，限于少数人的忙乱，应该是洗刷要彻底，采用要慎重，当然要依靠党的组织供给干部工作人员，不应该自己在社会上采用，这是原则问题，但党委也是来源困难，今后力求党委帮助，不要随便采用。③

由此不难看出，从哈尔滨解放至 1947 年初这段时间，哈尔滨解放区司法机构面对审判工作量大的压力，仍然坚持以"宁缺毋滥"为用人原则，司法机构的运行仍然主要依靠留用旧人员和党委委派干部充实司法队伍，基本保持了原有队伍规模。但 1947 年以后，新的司法人员的选任与培养成为这一时期司法队伍建设的重点工作。

1948 年，哈尔滨解放区民主政权提出了在"教育""改造"旧司法干部的基础上"大胆使用"新司法干部与"审查""教育""管理"相结合的做法。

首先，随着对知识分子的政策、市政府干部工作方针的确定，旧司法人员经过政治学习、参加讲习所或训练班、"上大课"等思想改造，提高了思想觉悟和政治地位，去掉了"旧人员"或"伪人员"的帽子，承认"他们是新社会建设事业中的一部分力量"④，使旧司法人员在思想上打消了过去对共产党的怀疑观望以及一切消极的心理，工作更为积极，思想也更加进步。

---

① 毛泽东选集：第 4 卷 . 2 版 . 北京：人民出版社，1991：1347.
② 根据哈尔滨市中级人民法院档案室所藏革命历史档案的案卷得出的统计数字。
③ 哈尔滨市档案馆馆藏革命历史档案，全宗号 2，目录号 1，案卷号 56。
④ 中共哈尔滨市委关于加强在职干部教育的决定//哈尔滨市档案馆 . 哈尔滨解放：上 . 北京：中国档案出版社，2010：108 - 122.

其次，对新干部进行选拔和任用。中共哈尔滨市委提出：

> 目前东北今天这个局面，以老干部为骨干，应大胆放手培养和吏用新干部，在新干部的培养使用中可能有许多的问题，但不要怕，大家在精神上要有此准备。当然这些干部的来源主要的依靠由工人、学生和店员的运动中培养出来的积极分子，即或是这些成分。但在开始使用时必须很好的进行教育、管理和审查其来历、家庭环境和其他一切的社会关系，弄清之后，即应大胆使用，否则以我们现在的干部情况是无法完成目前所负担的这个任务的。希望所有的老同志都应该为党负起这个责任来，因此新干部应该向老干部学习他们的好处，以便于自己能够很快的进步。①

同时还强调了选任干部的标准：

　　（1）历史清楚（九一八前后，光复以后），成分好。
　　（2）年岁不要太老。
　　（3）社会关系单纯。
　　（4）作风踏实，群众关系好。②

新的司法人员主要在"历史清楚"、"成分好"、"社会关系单纯"、能够"为人民服务"③ 的干部、学生、工人、店员中选任。这种"大胆使用"新干部的做法是在大胆"留用"旧人员基础上的又一个尝试。

哈尔滨解放区人民法院以"成分好"为前提，以审查家庭环境、社会关系为基础，以对新干部采取必要的教育和管理为过程，从 1948 年开始逐步选任司法新干部。首批司法人员选任是在抗日战争时期参加工作的干部人员中选调了 3 名骨干，这 3 名干部由于是老革命，思想政治过硬，对旧留用人员的改造与带动也较有益处。第二批司法人员选任是在哈尔滨市第一中学和哈尔滨市青年干校的毕业生中选任了 4 名进步青年，这些青年干部是有知识、有文化的积极分子。这些从知识分子中培养的积极分子不仅政治素质过硬，而且能力尤佳，给哈尔滨解放区人民法院注入了新鲜血液。第三批司法人员选任是在公安局中选调了法警，这是由于随着哈尔滨解放区人民法院逐步壮大，增设了法警队。公安局干警不仅熟悉警察业务，而且经过党的教育和培养，具有较强的政治素质和业务素质。经过三批干部的选任，1949 年哈尔滨解放区人民法院的工作人员由原有的 59 人增加到 76 人，其中审判员和候补

---

① 哈尔滨市档案馆馆藏革命历史档案，全宗号 1，目录号 1，案卷号 97。
② 哈尔滨市档案馆馆藏革命历史档案，全宗号 2，目录号 1，案卷号 56。
③ 同②.

审判员由 3 人增加到 15 人①，大大补充了法院司法人员队伍。

　　哈尔滨解放区公安机关"大胆使用"、培训新干部的工作开展得更早。为了"大批培养与提拔地方干部，因此市郊各新建立区应尽可能开办训练班，训练积极分子"②，哈尔滨市公安局在 1946 年中共哈尔滨市委《对哈清剿近郊土匪与开展农村工作的决议》的指示下，成立公安干部学校，以培训班的方式招收学员 118 人。培训班开设基础、军事和业务三个部分的培训课程：基础课有抗战史、社会发展史、新人生观、政治常识和根据地介绍等；军事课有制式教育、战斗训练、游击战术等；业务课有公安业务、公安概要、治安、交通、司法、户籍等。结业的学员全部补充进了公安队伍。③ 1947 年 4 月，根据工作需要，哈尔滨市公安局各分局选择"有觉悟的社会青年"和"工会积极分子"，由区委调配，经过短期训练，担任公安员，10 个分局共充实近千人，此外还从公安总队选拔人输送到公安总局。④ 1948 年后，中共松江省委要求"各地要开办短期培训班，对干部和积极分子进行轮流训练"⑤。在省委号召下，哈尔滨解放区广泛举办了各种短期学习班和培训班，对司法干部进行为期一年以内的培训，对其进行法学教育，以快速提高司法干部的政治、业务素质。培训班的学习内容有东北施政方针、民主政府的各种法令政策、新民主主义法律的基本特点、典型案件的判决或调解笔录、旧刑民法、思想教育。⑥ 另《哈尔滨特别市公安总局一九四八年下半年工作总结》中记载：

　　　公安干校两期培训二四七名（包括专门除保初级干部八十名）、公安
　　总队五期培养三三五名，计五八二名。提拔新老干部科局长二十名，股
　　长级一五名，科员级包括分所长三一五名，队排级一零九名，计四五九
　　名。依靠上级派干部于当前形势要求精神是不符合的，亲自动手，积极
　　筹办学校，短期轮训与适当大胆的提拔是解决干部困难主要来源，在职
　　兼教员无专门教员自己学习及亲自教干部是解决实际工作需要的关键。⑦

　　哈尔滨解放区通过设立司法干部"训练班""培训班"的方式，在斗争中积极地培养和提拔了大批的本地干部，使成千上万新加入司法队伍的工农干部的政治素养、文化水平得到了一定的提高，司法队伍的整体素质也得到了加强。

---

　　① 　哈尔滨市人民政府地方志办公室 . 哈尔滨市志·司法行政志 . 哈尔滨：黑龙江人民出版社，1999：600.

　　② 　哈尔滨市档案馆馆藏革命历史档案，全宗号 1，目录号 4，案卷号 10。

　　③ 　哈尔滨市人民政府地方志办公室 . 哈尔滨市志·公安志 . 哈尔滨：黑龙江人民出版社，1996：99.

　　④ 　同③74，94.

　　⑤ 　张向凌 . 黑龙江四十年 . 哈尔滨：黑龙江人民出版社，1986：104.

　　⑥ 　同①403.

　　⑦ 　哈尔滨市档案馆馆藏革命历史档案，全宗号 1，目录号 2，案卷号 168。

哈尔滨解放区大胆"留用""教育""改造"旧司法人员,"大胆使用"新司法人员的做法,虽然在执行中也存在偏差①,但积累了丰富的干部选拔任用经验。这些经验被总结在东北解放区工作的经验中,被推广到了其他解放的城市。在如何看待"东北知识分子"的问题上,张闻天就对哈尔滨新政权在对旧司法人员改造的过程中积累的认识和经验进行过专门调查和细致总结,哈尔滨地方法院的旧司法人员虽然有的在日伪统治下工作了14年,但他们不都是敌对势力,多数是爱国的,"应该争取他们"②。张闻天也在报告中明确认为"东北知识分子绝大多数是爱国的,甘当亡国奴、汉奸、特务的是极少数"③,因此不能把东北的知识分子"都划到敌对势力那一边"④。在如何使用"东北知识分子"的问题上,张闻天在1947年8月4日发表在《合江日报》上的文章中对新干部的挑选、培养、教育标准——是否与人民群众保持密切联系,进行了深入阐述,认为"新干部与积极分子从群众中来,因此,他必须与群众密切联系,为群众服务时,才会生长、开花与结果。新干部与积极分子脱离了群众,为私而不为公时,就会退化、萎缩与淘汰。因此,我们也必须以此标准来挑选我们的新干部与积极分子,而且也必须以此标准来培养与教育我们的新干部与积极分子"⑤。因此,哈尔滨解放区大胆"留用"旧司法人员、大胆执行知识分子政策、大胆尝试"使用"新司法人员的做法不仅被东北解放区随后解放的大城市学习,也为新中国此类人员的使用积累了经验。

三、司法规范的创制

中国共产党在哈尔滨解放区政权建立之前,只有农村根据地的执政经验,而苏区、边区政权主要是围绕农村土地革命进行政权建设,与大城市相比,无论是在经济形式、民众利益诉求上,还是在民众的诉讼习惯上均有较大差异。因此,哈尔滨解放区人民法院在诉讼制度上并没有适合的程序法可以直接援用,必须通过司法规范的创制来解决"废旧立新"后的司法制度建设问题。然而,中国共产党领导的农村根据地的司法传统在强调深入农村的群众

① 档案记载:"在民主政府成立到1947年末的这一阶段里,应当采取以争取改造为主,清洗只能在必要的情况下相应的施行,但过去却恰恰相反,采取了以精简清洗为主的方针,这在当时造成了很不好的社会影响,对后来的改造教育上,解决干部问题上也形成很多困难,应当作为经验教训来检讨它。"档案中还总结了认为旧职员坏的"片面思想"和"左"的思想,这样的问题在1948年以后的改造中得到了纠正。(中共哈尔滨市委关于加强在职干部教育的决定//哈尔滨市档案馆.哈尔滨解放:上.北京:中国档案出版社,2010:108-122.)

② 哈尔滨市档案馆.哈尔滨解放:上.北京:中国档案出版社,2010:108-122.

③ 施松寒.张闻天思想研究:东北工作时期.北京:中共党史出版社,1993:79.

④ 同③.

⑤ 张闻天文集:第3卷.北京:中共党史出版社,1994:380.

路线时由于环境条件所限，一直未能将规范性与便民性相结合。① 因此，哈尔滨解放区司法制度不仅没有城市立法和城市经验，连革命根据地的程序立法依据也捉襟见肘。而哈尔滨特殊的历史环境使得市民对诉讼程序正规化的诉求远比农村根据地民众的此项诉求强烈得多，这迫使民主政权和人民法院必须尽快创制司法规范，完成城市解放区司法规范性与便民性的协调统一。

（一）诉讼法规的制定：以 1948 年《哈尔滨特别市民事刑事诉讼暂行条例》为中心

纵观农村革命根据地及哈尔滨解放区的诉讼程序立法，"便民"的立法观念在诉讼立法指导思想上可以说影响至深。农村根据地时期就已有"便于群众诉讼，便于法院审判"② 的诉讼程序立法思想，在此之后，诉讼"便民"的思想一直主导和决定着诉讼程序法规的构建和制定，并贯穿哈尔滨解放区司法规范制定的始终。

哈尔滨解放区时期司法规范制定对农村根据地时期"便于群众诉讼，便于法院审判"的思想加以传承和发扬，唯一不同之处便是哈尔滨解放区时期司法规范制定的指导思想更强调便利人民，而非便利法院审判。据《哈尔滨特别市人民法院一九四八年工作总结》之表述，哈尔滨解放区诉讼法规制定的指导思想是"简便诉讼手段，便利涉讼人民"③。《人民法院一九四八年"四二八"总结》及《哈尔滨特别市人民法院一九四八年工作总结》中详细说明了诉讼法规"便民"基本原则出台的主要缘由：

> 为了把特权阶级的统治工具变为人民大众用以保护自己的人民法院，我们在诉讼程序上进行了彻底改革，根据"便民"原则便利老百姓使用司法工具的原则初步建立起了诉讼手续……法院一成立即取消一切诉讼费和诉状手续，使贫苦和不识字的群众，没有任何讼费负担，也不用求人缮为诉状受人愚弄和剥削。不用等待任何时期便可直接到办案推事面前畅述心事要求法律保护。④

> 法院一成立我们即执行了政委会指示，取消原律师和讼费，并不用状纸，坚决禁止了打骂刑讯，初期还不用法台，这在便民诉讼上是有好处的。尤其是在建立人民法院初期，还有必要。正因为这样，法院之门，不再是"衙门八字开，有理无钱莫进来"。据十一、十二两月份民事监理人成分统

---

①　孙光妍，邓齐滨 . 中国革命法制"从农村到城市"的司法转折：以哈尔滨解放区司法实践为中心的考察 . 北方法学，2016（5）.

②　侯欣一 . 陕甘宁边区司法制度、理念及技术的形成与确立 . 法学家，2005（4）.

③　哈尔滨市档案馆馆藏革命历史档案，全宗号 5，目录号 1，案卷号 45。

④　哈尔滨市档案馆馆藏革命历史档案，全宗号 5，目录号 1，案卷号 5。

计，到法院诉讼的有百分之九十一以前是独立劳动者以下的群众。①

在"简便诉讼手段，便利涉讼人民"思想的指导下，在吸收农村根据地司法便民的诉讼传统的基础上，以 1948 年《哈尔滨特别市民事刑事诉讼暂行条例》② 为代表的系列新型诉讼法规的颁布，促进了哈尔滨解放区人民法院审判工作的顺利开展。

《哈尔滨特别市民事刑事诉讼暂行条例》由哈尔滨特别市法院制定，东北行政委员会批准后实施。条例制定以"建立法治制度，维护革命秩序"为宗旨，共 25 条③，明确规定了诉讼程序、机构职权、法庭审判、法庭纪律、死刑审核等内容。条例中的各条款，在表述上多使用法言法语，更讲究法律逻辑，而不单纯为了简单易懂而忽略法律的规范性；在内容上更注重可操作性，注重依靠群众路线，尊重各国人民的基本人权，不论中国公民还是外国人的诉讼权利都予以平等保护。这些创制的司法规范与农村根据地时期的司法规范相比较，具有法治化、国际化、规范化的特点，更体现了司法层面的法治精神。

---

① 哈尔滨市档案馆馆藏革命历史档案，全宗号 5，目录号 1，案卷号 45。

② 参见哈尔滨市档案馆馆藏革命历史档案，全宗号 5，目录号 1，案卷号 7。

③ 《哈尔滨特别市民事刑事诉讼暂行条例》条文节选如下：第一条　为建立法治制度，维护革命秩序，特制定本条例。第二条　哈尔滨特别市人民法院（本条例以下简称人民法院）管辖本市初审、二审之民刑案件及非讼事件（说明一）。哈尔滨特别市公安局（本条例以下简称公安局），包括局与分局为本市刑事检察机关，对刑事案件有检举职权。于侦查后如证据充足，应即连同证据物向人民法院提起公诉，如证据不足，则予不起诉处分。一般民刑案件之审判、罚款与没收，统属人民法院处理。违警罚款统属公安局处理。第三条　对本市一切人犯之逮捕权，统属公安局与人民法院。但对犯罪正在实施中或实施后即时发觉之现行犯及在追呼中或持有凶器赃物等显露痕迹之准现行犯，人人应进行逮捕并即时送交公安局或人民法院。第五条　民事纠纷，应尽先经街区政府根据双方自愿并在不违反政策法令下进行调解，减少讼争。但调解非诉讼必经程序，亦不得强迫。如一方不服，应将调解经过及意见送人民法院处理。第六条　民刑诉讼，政府均不收讼费。第七条　为防止滋长讼争及徒增群众负担，严禁未经政府审查登记之旧律师及旧司法代书，参与诉讼活动。第八条　不论民刑案件，不识字当事人可径向法庭口头告诉，由法庭人员直接笔录。在羁押中不识字被告，亦可向监狱或看守所人员口述笔录后，转人民法院或公安局。但能用文字者须用书面呈状。第九条　诉讼进行概用中国语言文字。但须保证不通晓中国语言文字之当事人，能经过翻译员明了案卷内容，且有权使用其本民族语言文字在法庭上陈述。第十六条　审判庭实行公开，对诉讼有关关系人及一般群众，均可到庭旁听，但有关国家秘密或有害风化案件，不在此限。第十七条　审判中对民刑当事人之有利与无利两方面，应同样予以注意，并保证其有充分辩护或主张之机会，对其有利事实或权利虽未为主张或请求，亦须启发之。第十八条　进行审判须凭证据，讲道理，对当事人或犯人均不准刑讯或虐待，违者以滥用职权，或侵害人权论罪。第十九条　对人民法院初审庭判决不服，刑事于五日内民事于十日内提起上诉，由人民法院二审庭受理之，对二审判决不服，得依法上诉于东北高级人民法院。第二十二条　对判决确定案件，如发现确实之证据或新事实足以推翻原判决所依据之基础者，当事人得向人民法院声请再审。法院发现所为判决确属错误，应不待当事人之声请，依职权进行再审。前第一项再审请求权，民事于知悉新的证据或事实后三十日内，或判决确定后二年内为之，但刑事不在此限。第二十三条　死刑案件，须经市政府审核后呈请，经东北行政委员会批准后执行。（哈尔滨市档案馆馆藏革命历史档案，全宗号 5，目录号 1，案卷号 7。）

　　形成于陕甘宁边区时期的以马锡五审判方式为核心的乡土司法传统虽然既强调深入农村的群众路线也提倡规范化，但是由于环境条件所限，一直未能将二者相结合。将农村根据地时期司法规范的典型代表《陕甘宁边区刑事诉讼条例草案》、《陕甘宁边区民事诉讼条例草案》与《哈尔滨特别市民事刑事诉讼暂行条例》相比较，可以看出哈尔滨解放区的司法建设在继承农村根据地时期"便民"司法实践经验的同时，结合自身特殊的法律传统在诸多方面向规范化、专业化、法治化的方向作出了重要尝试。

　　例如，陕甘宁边区的诉讼条例中虽明文规定了取消"讼费"，取消了"旧律师"和"旧司法代书"，但在诉讼实践中却并未明确诉讼代理人的范围、权限，给民众诉讼带来不便。而哈尔滨解放区的《哈尔滨特别市民事刑事诉讼暂行条例》在规定"民刑诉讼，政府均不收讼费"（第6条）的同时还在草案修订中规定了违反该规定的刑事责任，虽然在市委通过稿中为了简明删除了该内容，但其仍具体实行，即：

　　　　如有执法人员（人民法院及公安局）索取任何财物者，当事人应拒绝并控告之。如有当事人自愿给予或约定给予执法人员，或与执法人员有关之第三人以财物者，应分别以行贿受贿论罪。（第7条）①

　　解放初期的哈尔滨解放区人民法院针对司法实践中取消旧律师、没有人代理诉讼给司法审判带来不便的情况，还制定了关于诉讼代理人的条款，即：

　　　　当事人应尽量向司法人员直接陈述，解决问题，如确认为有选任诉讼（包括上诉）辅助人之必要时，得就下列人员中选任，呈准人民法院后做诉讼代理人、辩护人或辅助人。1. 配偶法定代理人、监护人，或共同经济生活之亲属。2. 有法律上利害关系之人。3. 基于正在经区以上政府机关团体证明确非别有私图之公正人士……（第11条）②

　　陕甘宁边区与哈尔滨解放区诉讼条例在相关方面的对比详见表7-2。

表7-2　陕甘宁边区与哈尔滨解放区诉讼条例对比（一）

对比项目	《陕甘宁边区民事诉讼条例草案》	《哈尔滨特别市民事刑事诉讼暂行条例》
诉讼费用	司法机关对于人民诉讼，不收讼费，不收送达费及草录费。（第8条）	民刑诉讼，政府均不收讼费。（第6条）

---

①　哈尔滨市档案馆馆藏革命历史档案，全宗号5，目录号1，案卷号7。
②　同①.

续表

对比项目	《陕甘宁边区民事诉讼条例草案》	《哈尔滨特别市民事刑事诉讼暂行条例》
取消旧律师制度	无	为防止滋长讼争以徒增群众负担,严禁未经政府审查登记之旧律师及旧司法代书,参与诉讼活动。(第7条)
	当事人之声诉,得以书面或口头为之。以口头声诉者,法庭应作讯问笔记,由当事人签名盖章或指印。(第12条)	不论民刑案件,不识字当事人可径向法庭口头告诉,由法庭人员直接笔录。在羁押中不识字被告,亦可向监狱或看守所人员口述笔录言,转人民法院或公安局。但能用文字者须用书面呈状。(第8条)
	当事人得委任代理人代理诉讼,明定代理权限。(第11条)	当事人应尽量向司法人员直接陈述,解决问题,如确认为有选任诉讼(包括上诉)辅助人之必要时,得就下列人员中选任,呈准人民法院言做诉讼代理人、辩护人或辅助人。1. 配偶去定代理人、监护人,或共同经济生活之亲属。2. 有法律上利害关系之人。3. 基于正在经区以上政府机关团体证明确非别有私图之公正人士……(第11条)

1948 年《哈尔滨特别市民事刑事诉讼暂行条例》所附"说明"中明确:

> 禁止未经政府登记核准之旧律师并和旧司法代书参与诉讼活动,是为了群众减轻诉讼负担或愚弄(在旧社会是常有的),不是根本取消律师制度。在缺乏人民律师的情况下,另有第九、十一条之规定应可作为补救。今后有合格的人民律师,经政府登记,仍是欢迎的。①

上述明文规定在《哈尔滨特别市民事刑事诉讼暂行条例》和"说明"中的条文是在司法实践的基础上确定下来的,是司法经验法治化、规范化的重要体现。

哈尔滨解放区还于 1948 年至 1949 年期间颁布了多部其他司法规范,分别有:1948 年哈尔滨特别市法院制定的《辩护人出庭辩护规则》、1948 年哈尔滨特别市法院制定的《关于诉讼程序上的规定》、1948 年哈尔滨特别市法院制定的《哈尔滨特别市人民法院法庭规则》、1949 年哈尔滨市人民法院制定的《哈尔滨市处理继承办法草案》② 等(见表 7-3)。

---

① 哈尔滨市档案馆馆藏革命历史档案,全宗号5,目录号1,案卷号7.
② 同①.

表7-3　哈尔滨解放区1948—1949年颁布的其他主要司法法规

发布时间	法规名称	制定机关
1948年	《辩护人出庭辩护规则》	哈尔滨特别市法院
1948年	《关于诉讼程序上的规定》	哈尔滨特别市法院
1948年	《哈尔滨特别市人民法院法庭规则》	哈尔滨特别市法院
1949年	《哈尔滨市处理继承办法草案》	哈尔滨市人民法院

这些诉讼规范的制定出台，标志着哈尔滨解放区人民法院司法规范体系的初步建立，在司法实践中保障了城市解放区人民法院审判工作的规范有序运行。

（二）司法秩序的规范：兼顾"便民"与规范化

在司法秩序的规范方面，哈尔滨解放区明确了裁判权的强制性。1948年《哈尔滨特别市民事刑事诉讼暂行条例》规定：

> 所谓审判民主不是我不同意即不得判决或不得暂时执行；
> …………
> 人民法院所为指令（如传唤当事人、证人、鉴定人或搜索、查封、逮捕等等）或所为之确定判决，是有强制性的。任何人（中外人民或群众干部）均不得违抗，为加强法治秩序特有本条及十三至十六等条之明文规定。①

这是法庭秩序规范化的重要表现，与农村根据地的就地审判和拒不到庭者缺席判决不同，哈尔滨解放区的诉讼条例规定，"刑事被告经合法传唤而无正当理由不到者，得予拘传"，逃亡、湮没证据、犯罪情节重大者，"得予逮捕或羁押"。陕甘宁边区与哈尔滨解放区诉讼条例在相关方面的对比详见表7-4。

表7-4　陕甘宁边区与哈尔滨解放区诉讼条例对比（二）

对比项目	《陕甘宁边区民事诉讼条例草案》	《哈尔滨特别市民事刑事诉讼暂行条例》
诉讼参与人拒不到庭的处理	司法机关得派审判人员流动赴事件发生之乡、市，就地审理……（第4条）	无
	当事人一造屡传不到法庭，得依到案之当事人一造主张而为缺席判决……（第19条）	刑事被告经合法传唤而无正当理由不到者，得予拘传。如犯罪嫌疑重大而左列情形之一者，得予逮捕或羁押：1. 逃亡或有逃亡之虞者。2. 有湮没证据之虞者。3. 犯罪情节重大者。（第12条）民事当事人受合法传唤，而无正当理由两次不到者，得视为撤销，或缺席判决，有必要时得科处罚款或拘传。（第14条）证人或鉴定人有到场据实陈述或鉴定之义务。如受合法传唤而无正当理由两次不到者，得科处罚款，对证人并得予拘传……（第15条）

---

① 哈尔滨市档案馆馆藏革命历史档案，全宗号5，目录号1，案卷号7。

哈尔滨解放区对审判形式、审判秩序提出了规范化的要求，改变了农村根据地法院习惯采取的"便民"及"不拘于形式"的诉讼方式。哈尔滨市法院针对"在哈外国侨民对审判形式非常注重"① 的情况，设置了"法台"② 等具有严肃的法庭形式的法庭设施，同时规定了严肃的司法程序，例如法院在开庭审理前会给被告送传票，被告收到传票后参加答辩，双方交换证据，等等，还规定：

> 传票要有回证……写传票要多给一天时限，书记官不要写草字及简体，凡有写草字、简字者法警可以不收。③

解放初期的哈尔滨市法院对违反法庭秩序行为的惩罚非常严格，法庭气氛非常严肃，这是与哈尔滨作为国际化大都市的浓厚的法治氛围相适应的，从而使哈尔滨解放区司法审判更具规范性和专业化特点。

在司法用语的规范性方面，哈尔滨解放区采用了通俗易懂的法律术语，并首次以法规的形式规范了司法用语。例如，1948 年《关于诉讼程序上的规定》所附的"说明"中即明确：

> 法律上"假执行"，因属专门术语不易为群众所了解，本条改为"暂时执行"，（其他各条中有专门用语处均暂避而不用）。④

1948 年《哈尔滨特别市民事刑事诉讼暂行条例》中亦规定：

> 暂时执行，属法律上所谓"假执行"，恐不通俗，故本条例改用"暂时执行"，是为特种情况下之必要……第十八条之"暂时扣押"、"暂时处分"，亦即"假扣押"、"假处分"。⑤

这种通过立法创设通俗性法律语词的做法"尽可能暂避用法律上专门术语，以求通俗"⑥，避免了晦涩难懂的法律专门用语给市民带来的诉讼烦恼，方便市民参与诉讼，消解了原本冷冰冰的法律术语造成的与群众的距离，有利于法律常识的普及与纠纷的解决，得到了多数市民的拥护。同时，规范化的语言使司法用语得到统一，解决了司法用语不专业导致的司法审判过于简单和随意，进而影响法制本身的问题。

---

① 哈尔滨市档案馆馆藏革命历史档案，全宗号 5，目录号 1，案卷号 9。
② 这里的"法台"是指法庭审判时用的桌子，相当于现在法院用的法官审判台。
③ 哈尔滨市档案馆馆藏革命历史档案，全宗号 5，目录号 1，案卷号 3。
④ 哈尔滨市档案馆馆藏革命历史档案，全宗号 5，目录号 1，案卷号 8。
⑤ 哈尔滨市档案馆馆藏革命历史档案，全宗号 5，目录号 1，案卷号 7。
⑥ 同③.

四、司法案件的审理

解放初期哈尔滨适用的法律，既有哈尔滨临时参议会制定发布的法律、法规和哈尔滨市政府发布的规章、政策、布告，也有尚未来得及废止的国民党政府颁布的《六法全书》，更有华洋杂居形成的风俗习惯，形成了没有统一法律体系可以援引适用的复杂局面，适用的法律具有渊源多元、形式多样、发布机关迥异的特殊性。① 哈尔滨地方法院成立后，为了妥善解决纠纷、惩治犯罪、稳定社会秩序，在尚无统一的法律体系的情况下，在民主政权的审判实践中以"主权独立、民族平等"②、"法律面前一律平等"③、"审判民主"④、"保障人权"⑤、"凭证据、讲道理"⑥ 为原则进行了多方面的探索与尝试，经历了从沿

---

① 孙光妍. 新民主主义宪政立法的有益尝试：1946 年《哈尔滨市施政纲领》考察. 法学研究，2006（5）.

② "主权独立、民族平等"原则记载于 1948 年哈尔滨法院的《哈市法院处理外侨诉讼中的经验与问题》中："我们在处理外侨诉讼中是根据主权独立、民族平等原则，对友邦采取友好政策，对各国侨民只是在遵守我民主政府法令下一律予以法律保护，保障其人权财产。"（哈尔滨市档案馆馆藏革命历史档案. 全宗号 5，目录号 1，案卷号 5。）

③ "法律面前一律平等"的原则在抗日根据地时期就已经提出了，在哈尔滨解放区，审判也贯彻了"法律面前一律平等"的原则。《人民法院一九四八年"四二八"总结》中记载，"在解放区没有特权阶级，党政军民一样奉公守法，如有违法行为也一样受人民法院的审判"。（哈尔滨市档案馆馆藏革命历史档案，全宗号 5，目录号 1，案卷号 45。）除中国人在法律面前平等地享有受法律保护的权利外，外国籍人也同样受到保护，"在民主政权下没有特权阶级，无论国籍都受我法院裁判，其权利也一样受到保护"。（哈尔滨市档案馆馆藏革命历史档案，全宗号 5，目录号 1，案卷号 7。）

④ "审判民主"这一重要的审判工作原则在 1948 年颁布的《哈尔滨特别市民事刑事诉讼暂行条例》所附的"说明"中得到了明确。"本规定是根据哈市多年来司法经验其中大部分是已实行之事实，只是无明文规定及目前工作必需而拟定。拟定原则第一是，人民法院是代表与保护人民利益的，是人民用以保护自己及国家的，因此在诉讼手续上必须给基本群众以方便条件并力求简便和迅速。第二是，审判民主的原则……"（哈尔滨市档案馆馆藏革命历史档案，全宗号 5，目录号 1，案卷号 7。）"审判民主"原则在审判实践中被当事人误解为"我不同意，就不得判决，判决确定了我也不执行"，甚至有当事人、证人、鉴定人经法院合法传唤故意不到庭，哈尔滨地方法院还在《审判工作的几点说明》中对"审判民主"原则予以了澄清，"审判是民主的，但民主也有一定法纪"。（哈尔滨市档案馆馆藏革命历史档案，全宗号 5，目录号 1，案卷号 7。）

⑤ "保障人权"原则多次在哈尔滨解放区法律法规中被明确指出，1946 年 7 月 19 日通过的《哈尔滨市施政纲领》第 2 条中规定了建立民主法治，保障人权和人身自由，这是第一次将"保障人权"原则作为司法审判基本原则在哈尔滨解放区民主政权制定的法律规范中明确。（哈尔滨市档案馆馆藏革命历史档案，全宗号 3，目录号 1，案卷号 9。）1946 年 7 月哈尔滨市政府颁布的《哈尔滨市人民政治经济清算暂行办法》中也出现了该原则，该办法第 3 条规定："对于各界人民之人权、财权与政权等，非经政府依法判决，任何个人、机关、部队或团体均不得侵犯，违者定予严惩。"（哈尔滨市档案馆馆藏革命历史档案，全宗号 2，目录号 1，案卷号 7。）

⑥ 哈尔滨解放区时期对抗日战争时期"重证据不轻信口供"的原则予以继承，并提出了审判"凭证据、讲道理"的原则。《哈尔滨特别市民事刑事诉讼暂行条例》第 18 条规定："进行审判须凭证据，讲道理，对当事人或犯人均不准刑讯或虐待，违者以滥用职权，或侵害人权论罪。"另外，《哈尔滨特别市人民法院一九四八年工作总结》中亦记载："在审判上我们提倡过凭证据、讲道理，反对任何刑讯。"（哈尔滨市档案馆馆藏革命历史档案，全宗号 5，目录号 1，案卷号 45。）

用旧法，到新法旧法并用，再到适用新法、新政策三个阶段，并逐渐形成了以哈尔滨解放区新制定的法规与政策为主体，包括以往革命根据地的法规与政策、国民党政府的法律、苏联法和外国侨民善良风俗在内的多元的法律适用体系，不仅突破了无统一法律体系适用的困境，而且探索出了一条多元并存的创新之路。

（一）审理的程序：有限制条件的"三级三审制"

1. 审级与管辖

在土地革命战争时期，各革命根据地的诉讼程序中就已设有上诉制度，即实行两审终审制。抗日战争时期的多数抗日根据地也沿用了两审终审制的上诉制度。① 但是，哈尔滨解放区并未继承抗日根据地两审终审的审级制度，而是在审级设计上展开积极的探索，另辟蹊径，并于 1948 年制定了《哈尔滨特别市民事刑事诉讼暂行条例》，当中明确规定在哈尔滨解放区实行"三级三审制"，即第一审和第二审法庭都设在哈尔滨法院内，第三审受理法院为东北高级人民法院。

从现代法治理念来看，哈尔滨解放区的"三级三审制"并不是绝对意义上的"三级三审终审制"，而是具有限制条件的"三级三审制"。即尽管在哈尔滨解放区以"三级三审"为原则，哈尔滨地方法院为一审，由哈尔滨市人民政府领导，管辖哈尔滨特别市的民刑第一审诉讼案件和非诉讼案件，哈尔滨高等法院为二审，由东北行政委员会直接领导，管辖松江省和哈尔滨特别市的不服第一审判决或裁定而上诉或抗告的民刑二审案件，最高法院东北分院为三审，管辖东北地区不服高等法院的判决而上诉的民刑案件、不服高等法院裁定而抗告的案件，以及非讼上告的三审案件；但是，同时规定了例外情形，即对于"科处了有期徒刑三年以下的刑事案件和诉讼标的在万元以下的民事案件，可以一审终结"②。

另外，由于 1946 年 10 月 15 日哈尔滨高等法院与哈尔滨地方法院合并，法院内部使用同一套人员进行办公，因此，实际上 1946 年 10 月 15 日后在哈尔滨解放区并无实际意义上的上级法院，"哈尔滨地方法院是一审法院，哈尔滨高等法院为二审法院"的审级设计只是一种理论上的存在。当时的情况是，以再审形式代替了二审，即当事人对刚宣判的判决或裁定如不服即可申诉，由哈尔滨解放区法院另换审判员再次审理，这一程序也曾起到了保证案件质量的作用。《哈尔滨特别市人民法院一九四八年工作总

---

① 工农民主政权初期，曾实行四级三审制。中华苏维埃共和国成立后，改为四级两审制。抗日民主政权基本实行两审终审制。1942 年，陕甘宁边区以边区政府审判委员会为第三审机关，一度实行三审终审制。

② 哈尔滨市档案馆馆藏革命历史档案，全宗号 5，目录号 1，案卷号 7。

结》中记载：

> 在初期审理案件时，我们只是承认一审结案。在原则上是没有二审制度的。但是后来一些当事人对原判不服。因此我们也渐渐的在事实上承认了二审制度，但是对于二审案件是不重视的。所以由甲审判员经手的原审案件，也就是转到乙审判员手去办，以后二审案件是越来越多。有的当事人对于我们这样由甲转到乙的方法，感到不满足，认为都是一个屋子里的人，会有成见，办不公道的。的确在今天我们的审判员们有的能力很低，对于再审案件不会比原审看出更多的问题来。事实上我们今天形势发展了案件不是那样的简单，原审也会错误的。因此我们对专业负责来讲是应当正式的建立再审制度的。①

笔者认为，当时的哈尔滨解放区之所以选择这样的审级构建，是出于提高司法效率、减少司法资源浪费、防止错案发生和保障当事人诉讼权利的综合考量。实行三级三审制时，被告或当事人有两次上诉机会，检察员也有两次抗告机会，有利于当事人诉讼权利的实现。实际操作中将一审二审法院"合二为一"的做法，是为了提高司法效率。

2. 审理方式

哈尔滨解放区时期，人民法院审理案件采取了公开审判的方式。《哈尔滨特别市民事刑事诉讼暂行条例》第 16 条规定：

> 审判庭实行公开，对诉讼有关关系人及一般群众，均可到庭旁听。但有关国家秘密或有害风化案件，不在此限。②

涉及国家秘密或有害风化的案件不公开审理，除此之外的案件均采取公开审理的方式。此外，哈尔滨解放区人民法院除了注重"审判公开"，还将以"审判公开"为核心的"公审"视为"与群众结合教育群众扩大政治影响的很好方式"③。例如，对于勾结敌人压迫工人的张蕴三一案，哈尔滨解放区人民法院是这样概括和总结的：

> 伪满时张犯为某公会董事长，依靠提高劳力克扣工资。经公判（组织人民法庭工人参加审判）后在工人中反映工人吃得开了，工人坐法庭，张犯站在那里，过去哪有这种事。不但经过公审教育了工人削弱了资方气焰，资本家到审旁听。同时也明确了工人阶层的主人观念，对民主政

---

① 哈尔滨市档案馆馆藏革命历史档案，全宗号5，目录号1，案卷号45。
② 哈尔滨市档案馆馆藏革命历史档案，全宗号5，目录号1，案卷号7。
③ 同①.

府给工人撑腰感到非常满意的……①

尽管公开审判的重要性在哈尔滨解放区时期为法院系统的许多人所强调，但是，当时更多的是在巩固政权的层面上谈公开审判的重要性，或者将公开审判作为确立司法权正当性和合法性的举措，其根本目的是更好地保障政权的巩固，彰显"司法为民"以争得民心，实现社会稳定。对于公开审判的法治意义当时还未能进行充分考量。

3. 人民陪审制度

在工农民主政权时期，人民陪审制度就已建立，到抗日民主政权时期得到了发展和完善，成为人民民主政权的一项具有特色的重要司法制度。新民主主义革命时期人民陪审制度的主要形式有机关、部队、团体选派代表出席陪审，审判机关邀请地方公正人士参加陪审，同级权力机构参议会、人民代表会议等常驻机关的代表参加陪审三种。人民陪审员必须具备的条件为：有信誉，革命政权建立后没有受过刑事处分，在出席陪审的司法机构没有未结的刑事诉讼。②

在哈尔滨解放初期人民陪审制应用得并不广泛，对于多数案件的审理并未采取人民陪审制。1948 年《人民法院刑庭工作总结》中记载：

> 审判中单靠审判员的分析追究教育恐怖只是审判上作用的一方面。如果缺乏群众性的监督与证实案情参与审判，那么在教育群众联系群众使是非更进一步证明处理案件有无偏差，在群众中就不能得到有力的监督与反映。因此为了审判机构健全改造工作起见可否试行人民陪审员制度。③

由上面的资料不难看出，1948 年以前哈尔滨解放区并未全面实行人民陪审制度。个别案件中适用了陪审员，例如，1946 年 9 月 9 日，由院长邵天任担任公审法官（审判长），由市长刘成栋、市参议长李国钧、松江省民主政府主席冯仲云陪审组成特别法庭，对罪大恶极的汉奸姜鹏飞，企图颠覆哈尔滨市民主政权、阴谋组织叛乱的国民党特务李明信等重大反革命案件进行了公审。姜鹏飞、李明信被以反革命罪判处死刑并执行。而 1948 年以后人民陪审制适用于部分具有影响力的案件和外侨案件。

另《哈尔滨市人民法院 1949 年工作总结》中记载：

> 中国人案件拟采用了陪审员，外侨是否也可采用陪审员呢？我们考

---

① 哈尔滨市档案馆馆藏革命历史档案，全宗号 5，目录号 1，案卷号 45。
② 张希坡，韩延龙. 中国革命法制史. 北京：中国社会科学出版社，2007：282.
③ 同①.

虑到这样是否侵害我们司法权呢？是否会引起群众的不好反映，认为是外人干预中国审判呢？这是一方面。另一方面，我们认为这也不是侵害司法权。陪审员是以侨民资格参加我们的审判，也就是我们允许外侨享有中国公民得为陪审员的公民权。这正是我们基于民族平等国际主义的具体表现。现在哈市苏侨最多，可通过他们民会，聘请陪审员。其他国侨民还没有这种必要和条件。①

哈尔滨解放初期人民陪审制度的缺失是与当时的法治程度及民众对司法的认同程度尚不高分不开的。只有在实现了哈尔滨解放区社会秩序的全面稳定，赢得了人民对人民司法的广泛认同后，人民陪审制才会真正得到贯彻和实施，从而使人民陪审员能够真正地分享法官的权力，让民意真实有序地融入司法，并最终达到维护司法公正之目的。

4. 审判监督与死刑复核

"审判监督"与"死刑复核"程序是人民法院确保案件质量的重要措施。早在中华苏维埃共和国时期就已出现审判监督程序的萌芽，1934 年 4 月 8 日颁布施行的《中华苏维埃共和国司法程序》第 6 条规定：

> 任何案件，经过两级审判之后，不能再上诉，但是检察员认为该案件经过两审后，尚有不同意见时，还可以向司法机关抗议，再行审判一次。②

该项规定表明了检察员有抗议权，即再审抗诉权。另外，死刑案件须报上级裁判部复核审批。抗日战争时期的陕甘宁边区对审判监督程序及死刑复核亦作出了规定，《陕甘宁边区刑事诉讼条例草案》规定：

> 刑事判决确定案件，发现原判实有错误或处刑失当者，为受判决人之利益或不利益，均得提起再审。
>
> 上级审发现下级判决确定之案，有再审理由者，得命令下级原审机关再审，亦得由上级提案再审。
>
> 原审机关发现判决确定之案有应再审者，得以职权自为再审。
>
> 判决死刑案件确定后，如是经高等法院判决确定者，应将该案卷宗证据呈送边区政府审核，如系高等分庭或直属地方法院、县司法处判决确定者，呈经主管高等分庭核转高等法院，拟具意见，转呈边区政府。③

---

① 哈尔滨市档案馆馆藏革命历史档案，全宗号 5，目录号 1，案卷号 45。

② 厦门大学法律系，福建省档案馆. 中华苏维埃共和国法律文件选编. 南昌：江西人民出版社，1984：410.

③ 杨永华，方克勤. 陕甘宁边区法制史稿：诉讼狱政篇. 北京：法律出版社，1987：162 - 169.

苏区、边区对于再审与死刑复核程序的尝试，为之后哈尔滨解放区审判监督及死刑复核程序的形成，奠定了基本框架。哈尔滨解放区人民法院在审判监督及死刑复核程序的规定上，采用了概括的方式明确规定了审判监督和死刑复核的内容及条件，有利于灵活操作，实现了拓宽民众救济途径之目的。1948 年《哈尔滨特别市民事刑事诉讼暂行条例草案》规定：

> 第二十二条　对判决确定案件，如发现确实之证据或新事实足以推翻原判决所依据之基础者，当事人得向人民法院声请再审。
>
> 法院发现所为判决确属错误，应不待当事人之声请，依职权进行再审。前第一项再审请求权，民事于知悉新的证据或事实后三十日内，或判决确定后二年内为之，但刑事不在此限。
>
> 第二十三条　死刑案件，须经市政府审核后呈请，经东北行政委员会批准后执行。①

《哈尔滨特别市民事刑事诉讼暂行条例》对死刑案件的复核权进行了进一步划分和明确：

> 一般死刑案件，须经市政府核准，外侨死刑案件并须经东北行政委员会批准后宣判执行。②

从上面法规的内容来看，关于审判监督及死刑复核的规定较为简陋。这固然存在着不足，但在战争环境下，哈尔滨解放区关于审判监督及死刑复核程序的规定对于各级法院之间加强联系，交流工作经验，提高司法水平，便于上级法院监督下级法院在审判中是否正确执行与掌握了政策法令，从而使解放区各级法院慎重地处理各项诉讼，增强法律秩序，保护民众合法权益，起到了一定的积极的作用。

（二）审判工作的开展："废旧立新"的"三步走"

"废旧立新"不是一蹴而就的，尽管中国共产党领导的革命政权在苏区和边区时期也进行了大量的民刑事案件审判工作，但当时审判案件围绕着农村革命根据地简单的社会纠纷展开，而在哈尔滨这样具有国际化色彩、以工商业为主、外侨众多的大城市，苏区和边区的司法经验已经不能完全适应城市复杂的社会纠纷。因此，解放之初，哈尔滨解放区人民法院在案件审理中如果彻底废除旧法，就会面临没有规范和系统的法律依据、没有成型的审判经验的境地。

在审判依据方面，哈尔滨解放区人民法院为了妥善解决纠纷、惩治犯罪、

---

① 哈尔滨市档案馆馆藏革命历史档案，全宗号 5，目录号 1，案卷号 7。
② 同①.

稳定社会秩序，在尚无统一的法律体系的前提下，经历了从沿用旧法，到新法旧法并用，再到适用新法、新政策的"三步走"①。第一阶段是从 1946 年 8 月 23 日人民法院成立到 1946 年 10 月 16 日东北行政委员会颁布《关于司法行政及组织问题指示》之前，这一阶段在审理案件时由于没有新法可用，有的案件直接援用了部分国民党政府的法律，有的案件援用了农村根据地的法律原则。第二阶段是 1946 年 10 月 16 日至 1949 年 2 月 22 日中共中央发布《关于废除国民党〈六法全书〉和确定解放区司法原则的指示》，这一阶段，哈尔滨解放区人民法院在审判时有新制定的法规政策可适用就优先适用新法、新政策，没有新法、新政策则变通适用国民党政府的法律及与新政权不相抵触的法律规范。第三阶段是 1949 年 2 月 22 日至 1949 年 10 月 1 日新中国成立，这一阶段哈尔滨解放区人民法院主要适用党中央、东北局、哈尔滨市委市政府颁布的新法规、新政策。在外侨案件审理时，还基于哈尔滨解放区苏侨人口众多、苏侨法律素养较高和中苏友好等原因，在遵守解放区民主政权法律政策的前提下，酌情适用苏联法、苏联风俗习惯。在司法审判实践中，哈尔滨解放区人民法院逐渐形成了限制性地使用国民党政府的法律、以解放区的革命政策法令为主、选择适用苏联法以及外侨的善良风俗的审判特色。

1. 1946—1949 年哈尔滨解放区案件审理概况

哈尔滨解放初期居民总数为 52 万人，哈尔滨作为一个具有国际性特点的大城市，城市人口构成远比农村人口复杂多样，市民阶层包括"工人、职员、独立小生产者、知识分子、学生、工商业者、少数民族、市郊农民、贫民"等多个不同的利益群体，工商业者比重最大，占市民人口 60% 以上，农民仅占 26%。此外，哈尔滨市还有外侨人口 13.2 万余人。② 侨民中，日本人最多，近 10 万人；其次为苏联侨民 1.1 万人，无国籍侨民 1.8 万人（大多为白俄）；波兰侨民 1 185 人，朝鲜侨民 1 000 人左右，德国侨民约 320 人；此外还有英国、美国、法国、意大利、希腊、拉脱维亚、捷克等国家和地区的侨民共 1 000 人左右。③ 外侨职业比较复杂，工业从业人数为 842 人，商业从业人数为 594 人，大学生职员为 5 456 人，自由职业者如医生等为 822 人，无职业者人数最多，为 12 452 人，由于无职业者在外侨中人数较多，盗窃、强盗等案件时有发生。④ 因此，打击外侨犯罪、稳定社会秩序就成为哈尔滨解放区

---

① 孙光妍，邓齐滨 . 中国革命法制"从农村到城市"的司法转折：以哈尔滨解放区司法实践为中心的考察 . 北方法学，2016（5）.

② 哈尔滨市人民政府地方志办公室 . 哈尔滨市志·人口志 . 哈尔滨：黑龙江人民出版社，1999：535.

③ 同②542.

④ 参见哈尔滨市档案馆馆藏革命历史档案，全宗号 2，案卷号 10，目录号 18.

民主政权的重要任务之一。外侨所经营的工商业在哈尔滨占有重要地位　大小业者共 723 家。从 1947 年底盘存的货物统计数字看，侨商存货竟占总量的 44.6％。① 据 1948 年统计，侨商业主虽然只占全市商业业主的 3.98％，但其资本却占 26.2％。外侨对工厂的管理较为科学，技术人才多，所制造出的产品都是当时比较匮乏的军需民用制品。② 涉及外侨的劳资纠纷、买卖纠纷等也是审判工作的一大重点。

　　哈尔滨地方法院受理的民事案件不仅包括大量的离婚纠纷（哈尔滨解放后，广大妇女摆脱了封建枷锁，法院受理了大量的离婚案件），还有大量的城市房屋租赁、迁让等纠纷。随着哈尔滨经济的逐渐恢复，民间借贷、损害赔偿纠纷也有所增加。哈尔滨市中级人民法院档案室的革命历史档案记载：1946 年，哈尔滨市法院审理刑事案件 649 件（含反革命案件 13 件和其他刑事案件 636 件），审理民事案件 213 件。③ 1947 年，哈尔滨市法院审理刑事案件 2 148 件，民事案件 1 080 件。1948 年，哈尔滨市法院审理刑事案件 1 827 件，民事案件 2 008 件。④ 至 1949 年，哈尔滨市法院审理刑事案件 1 994 件（含反革命案件 20 件和其他刑事案件 1 974 件），审理民事案件 3 057 件。⑤

　　（1）反革命案件。

　　1946 年 8 月，哈尔滨地方法院建立之初，正处于全国解放战争时期。哈尔滨市民主政权刚刚诞生，潜伏在哈尔滨的国民党反动分子、汉奸、武装土匪、特务发动叛乱、制造恐怖事件和搜集情报，进行反革命破坏活动，企图颠覆民主政权，破坏社会治安秩序。为了巩固民主政权、支援全国解放战争，在中共哈尔滨市委和市政府的领导下，人民法院与公安机关密切配合，对反革命分子的犯罪活动和嚣张气焰给予坚决反击，公开审判反革命案件，严厉惩治汉奸、土匪、恶霸、特务等反动分子。

　　（2）民事案件。

　　1946—1949 年，哈尔滨市法院受理各类一审民事案件 5 521 件，审结 5 278 件。其中，离婚案件受案 2 698 件，占民事案件受案总数的 48.9％；房产纠纷案件受案 316 件，占民事案件受案总数的 5.7％；债务纠纷案件受案

---

　　①　哈尔滨市档案馆．哈尔滨经济资料文集．哈尔滨：哈尔滨工业大学出版社，1994：502.

　　②　如兴亚铁工厂所做出的大炮零件，其他工厂是做不出的；苏联侨民会软硬木工厂及依万刨乐金所制造的软硬木制品，当时来讲是首创，可以用作机器垫、鞋后跟、瓶堵等，过去全靠输入；各工厂所制造之汽车零件及牙膏铅管等，也都是哈尔滨市急需的东西；哈特尼影片公司专门制造各种电影机附属品，该工厂的制品可以销售到各解放区，在全东北来讲也是唯一的。（哈尔滨市档案馆．哈尔滨经济资料文集．哈尔滨：哈尔滨工业大学出版社，1994：507.）

　　③　参见哈尔滨市中级人民法院档案室所藏革命历史档案，全宗号 54，案件号 MSG - 1。

　　④　参见哈尔滨市档案馆馆藏革命历史档案，全宗号 5，目录号 1，案卷号 45。

　　⑤　参见哈尔滨市中级人民法院档案室所藏革命历史档案，全宗号 54，案件号 MSG - 4。

468 件，占民事案件受案总数的 8.5％；赔偿案件受案 190 件，占民事案件受案总数的 3.4％；继承案件受案 14 件，占民事案件受案总数的 0.25％；其他民事案件受案 1 835 件，占民事案件受案总数的 33.2％。

（3）外侨案件。

哈尔滨解放区人民法院所受理的外侨案件不仅在数量上占有较大的比重，而且类型比较复杂，涉及的国籍众多。外侨纠纷能否合理解决，对哈尔滨解放区的社会稳定和经济发展至关重要。从案件数量来看，1946—1949 年哈尔滨解放区人民法院共受理各类刑事案件 6 618 件，其中，外侨刑事案件为 477件，占哈尔滨解放区法院受理刑事案件总数的 7.2％。哈尔滨解放区人民法院1946 年受理外侨刑事案件 68 件，1947 年受理 90 件，1948 年受理 118 件，1949 年受理 201 件。1946—1949 年间哈尔滨解放区人民法院依法处罚的外侨罪犯共计 202 人，其中苏联籍 144 人，朝鲜籍 37 人，日本籍 10 人，波兰籍 1人，无国籍 10 人。①

2. 审判原则

1946 年 8 月，哈尔滨地方法院建立，开始了审判实践工作，在政府公安机关的配合下，坚决打击反革命分子的犯罪活动，严惩土匪、恶霸、汉奸、特务等反动分子，制裁了大批经济犯罪（含违法奸商和贪污干部），对于外侨案件，秉承"主权独立、民族平等"原则，注重以调解手段解决民事纠纷。笔者认为，1946—1949 年哈尔滨解放区人民法院对民事和刑事案件的审理体现出保护弱者②、废除特权之"色彩"，贯彻了"法律面前人人平等"。

（1）对干部违法案件的审理——废除特权，法律面前人人平等。

哈尔滨解放区人民法院重视干部违法案件之审理，认为"对违法干部能否绳以法纪，是是否能贯彻与维护革命的法纪的一项重要考验。本来我们干部早已为众目仰视的，是人民的表率，因此干部是奉公守法，或是败法乱纪，以及对败坏法纪行为是否能一律制裁，在保护法纪上当然起重大作用"③。在审理干部违法案件时，哈尔滨解放区人民法院坚持法律面前人人平等④的原则，没有因犯罪主体的特殊身份而纵容其逍遥法外，"在解放区没有特权阶

① 哈尔滨市人民政府地方志办公室. 哈尔滨市志·人口志. 哈尔滨：黑龙江人民出版社，1999：600.
② 尤指经济条件较差、社会地位较低的弱势群体。关于哈尔滨解放区弱势群体的解析参见下文论述。
③ 哈尔滨市档案馆馆藏革命历史档案，全宗号 5，目录号 1，案卷号 45。
④ "第四，贯彻了'在法律面前一律平等'。在解放区没有特权阶级，党政军民一样奉公守法，如有违法行为也一样受人民法院的审判。计处理政府机关工作人员共计七十人（战士在外），内有科员一级四十一，科长一级五名（包括有老干部），没有因身份不同而逍遥法外。"（哈尔滨市档案馆馆藏革命历史档案，全宗号 5，目录号 1，案卷号 45。）

级，党政军民一样奉公守法，如有违法行为也一样受人民法院的审判"。

（2）对婚姻案件的审理——兼顾社会风俗，重视对处于弱势地位的妇女权益的保护。

哈尔滨解放区的民事纠纷以婚姻和房产迁让纠纷为主，解放区人民法院对婚姻和房产迁让案件的审理始终坚持保护弱势群体权益①，同时，在审判实践中亦对哈尔滨的社会风俗予以考虑。哈尔滨解放区的婚姻案件是民事案件的主要类型之一，法院在审理这类案件时充分地保护了妇女权益。1948 年 3 月前，审判主要依据 1934 年 4 月颁布的《中华苏维埃共和国婚姻法》②，1948 年 3 月后，主要依据东北行政委员会颁布的《东北解放区婚姻条例（草案）》。③ 在实际的审理中，更倾向于特殊保护妇女利益，如保障寡妇再嫁自由，严禁违反一夫一妻制，反对虐待遗弃妇女④，等等；甚至考虑若男方离家不满三年没有音信，女方亦可改嫁。⑤

（3）对房产迁让案件的审理——重视对经济上的弱者，即没有房产者权益的保护。

哈尔滨解放区时期，房产迁让案件是法院审理民事案件的主要类型之一。法院在审判工作的初期，主要依据"司法经验"、国民党政府的相关法规，中后期则主要依据《东北房产管理暂行条例》《关于城市中公共房产问题的决

① "弱势群体是社会弱势群体的简称。目前国际社会通常把它定义为由于某些障碍及缺乏经济、政治和社会条件而在社会上处于不利地位的人群，一般包括失业人员、灾民、难民、孤老病残等。不同时期的弱势群体情况不同、特点各异。"（高冬梅. 解放战争时期解放区的弱势群体. 甘肃理论学刊，2008（1）.）通过对哈尔滨解放区革命历史档案的综合考察，笔者认为，哈尔滨解放区时期的弱势群体主要包括灾民、难民、失业者和半失业者及老人、儿童、妇女等自身经济条件较差、社会地位较低的弱势人群。

② 哈尔滨市人民政府地方志办公室. 哈尔滨市志·政权志. 哈尔滨：黑龙江人民出版社，1999：671.

③ 东北行政委员会结合本地实际情况制定了本条例，条例共 5 章 24 条。条例明确了婚姻法的基本原则，即：婚姻缔结以男女平等、双方自愿为主；禁止买卖婚姻、包办婚姻、早婚及童养媳制度；禁止重婚、纳妾、兼祧及其他违反一夫一妻制的婚姻；少数民族婚姻缔结如其风俗习惯与本条例不相抵触者，从其风俗习惯；男女结婚时，不论何人均不得借其婚姻关系取得财物；寡妇再嫁时应从其自愿，任何人无干涉权，且不得利用其婚姻关系取得财物。在此基本原则的指导下，条例分别对结婚、离婚以及子女、财产处理作了比较明确的规定，为解放区法院审理婚姻纠纷提供了符合当时实际情况的法律依据。（哈尔滨市档案馆馆藏革命历史档案，全宗号 2，目录号 1，案卷号 76。）

④ "首先应当反对的是对于女方的虐待遗弃，因此凡是因虐待遗弃而诉求的离婚者我们必须回以积极的支持，在我们司法保护下，使其解除封建压迫的束缚。"（哈尔滨市档案馆馆藏革命历史档案，全宗号 5，目录号 1，案卷号 45。）

⑤ "男方外出没有音信，又不到三年，但女方在家领导孩子，生活很困难，要求改嫁，该如何办？在都市与乡村不同，乡村生活来源较固定，在都市生活来源常是现弄现吃，男的走了家庭积蓄很少，支持几年生活，须要出嫁，因此到法院请求离婚。但是法院对这样案件不受理是坚持三年无音信才离。然后在这样情况下，往往对于女方是不利，值得我们考虑，是否在都市里可以缩短这年限。"（哈尔滨市档案馆馆藏革命历史档案，全宗号 5，目录号 1，案卷号 45。）

定》《哈尔滨市私人房产管理暂行办法》《外侨财产及继承处理办法》等解放区的新法审理案件，且多以调解结案。审理此类案件，哈尔滨解放区法院重视对经济上处于不利地位的无房产的承租者（住户）权益的保护，并以保护房主的合法产权为前提。

3. 审判依据

（1）国民党政府的法律的司法适用。

尽管中国共产党领导的革命政权在苏区和边区时期也制定了一些法律法规，但这些法律法规适用的社会背景是农村革命根据地，而在哈尔滨这样具有国际化色彩、以工商业为主、外侨众多的大城市，苏区和边区的法律制度不能完全适应这里复杂的社会关系，因此，在无新法的情况下，援用国民党政府的法律就成为不可避免的选择。哈尔滨解放区法院在刑事和民事案件的审判实践中将国民党政府所颁布的刑法、民法以及刑事诉讼法等作为审判的法律依据的重要组成部分，是当时形势下合乎时宜的做法。

在审判实践中，哈尔滨解放区法院对国民党政府的法律的援用以 1946 年10 月 16 日东北行政委员会颁布《关于司法行政及组织问题指示》为界限，前后有一个明显的差异。该指示第 4 项规定，"废止敌伪法律，一切以民主政策及特别法令为根据，不束缚于旧法律观点，处理案件，一切以保护人民利益为原则"①。在该指示发布之前，哈尔滨解放区法院在审理的刑事案件判决书中明确写明以国民党政府的刑法和国民党政府的刑事诉讼法为判决依据，而且判决书的用语专业性较强；虽然在民事案件判决书中未写明审判所适用的法律，但从判决书的行文风格以及具体的判决理由来看，在实体法方面，仍然是依据国民党政府的民法的相关规定。而在 1946 年 10 月 16 日东北行政委员会颁布上述指示之后，无论是刑事案件还是民事案件，虽然仍以国民党政府的实体法律为判决依据或主要参考，但判决书中一律回避对国民党政府的法律的援用；判决书的行文风格也发生了明显的变化，语言越来越通俗化。而且诉讼程序也趋于简单化，不再适用国民党政府的程序法。也就是说，哈尔滨解放区法院对国民党政府的法律的适用从判决依据上看，经历了从直接作为审判依据到作为参考依据的过程；从法律文书的语言来看，经历了从点明国民党政府的法律到回避国民党政府的法律的过程；从法律文书的形式来看，经历了从严谨的格式、文绉绉的语言到格式简单、语言越来越通俗的过程。

第一，1946 年 10 月 16 日之前对国民党政府的法律的适用。

从哈尔滨市中级人民法院档案室保存的几个刑事案件的判决书中，能够

---

① 张希坡. 革命根据地法律文献：第四辑：第二卷. 北京：中国人民大学出版社，2021：299.

直接看出哈尔滨解放区法院对国民党政府的刑法和刑事诉讼法的援用；而从涉侨民事案件的判决书中可以看出，虽然未写明判决依据，但从判决结果和判决书的写作风格也能够推断出是以国民党政府的民法为依据作出的判决。

案例一：金锡洪（朝鲜籍）贩运毒品案（哈尔滨地方法院于 1946 年 9 月 14 日审结）。①

该案判决书中明确写明法律依据为国民党政府的刑法和刑事诉讼法。其原文为：

> 该案依照被告于本院有与该事实同趣旨的供述及本院检察官对被告侦查笔录中有与该事实同旨之供述记载综合而认定被告之所为合于刑法第二百六十三条选择其罚金于其法定额内处被告罚金伍佰元。右罚金如不能完纳时，依同法第四十二条第一项第二项以三元折算一日易服劳役。裁判确定前羁押日数以一日折算罚金三元，依同条第四项算入右罚金。

该案的判决书中直接写明该案的判决程序"依刑事诉讼法第二百九十一条"。"刑法"和"刑事诉讼法"显然指国民党政府的刑法和刑事诉讼法。

从上述判决书内容可以发现，判决书中有对定案的相关证据的说明和判决的明确法律依据。哈尔滨解放区人民法院在组建过程中留用了大批旧司法人员，这些人员在审判过程中比较注重程序问题。从判决书的书写风格来看，当时的书写人员是具有专业的法律知识背景的。从以上案例我们可以分析出在 1946 年 4 月 28 日哈尔滨解放后的半年左右的时间内，由于当时没有针对城市制定的法律，所以法院暂时以国民党政府的实体法和程序法作为审判依据。

第二，1946 年 10 月 16 日之后对国民党政府的法律的援用。

在 1946 年 10 月 16 日东北行政委员会颁布《关于司法行政及组织问题指示》之后，哈尔滨解放区法院在审理刑事和民事案件时，为了体现政治立场，在判决书中一律不再明确书写对国民党政府的法律的援用，在判决书中只体现判决结果。

具体情况分为两种：一种是在判决书中不再写明对国民党政府的法律的援用，但在具体审判时却完全按照国民党政府的法律的相关规定进行判决；另外一种情况是在判决书中不写明对国民党政府的法律的援用，在具体审判时根据具体情况对国民党政府的法律中的实体法相关规定进行一定的变通适用。

其一，审判中对国民党政府的实体法的直接适用。

在审理中，虽然哈尔滨解放区法院从 1946 年 10 月 16 日以后不再援用国

---

① 参见哈尔滨市中级人民法院档案室卷宗，民国三十五年（刑）第 498 号。

民党政府的刑法和刑事诉讼法，在判决书中强调对盗窃犯的"教育"和"改造"，但从判决结果来看，对盗窃犯的量刑仍然没有超出国民党政府的刑法关于盗窃罪的量刑幅度。

案例二：道白国夫（苏联籍）与库什徒也夫（苏联籍）盗窃案（哈尔滨地方法院于 1947 年 10 月 11 日审结）。①

该案判决书的"事实与理由"部分并未阐述判处被告的依据，只是说明：

> 二被告对上述事实均各供认不讳，应处道白国夫有期徒刑一年六月，处库什徒也夫有期徒刑一年。

但从量刑上看，量刑结果仍然符合国民党政府的《刑法》第 320 条的规定："意图为自己或第三人不法之所有而窃取他人之动产者，为窃盗罪，处五年以下有期徒刑、拘役或五百元以下罚金"。

其二，对国民党政府的法律中的实体法的变通适用。

案例三：刘福来妨碍风化案（哈尔滨地方法院于 1947 年 5 月 27 日审结）。②

该案判决书的"事实与理由"部分未阐述判决的法律依据，只说明：

> 查被告曾因挑（调）戏妇女，经教化不改，恶性犹存。被告之犯行，有碍风化，处刑四月。

该案量刑符合国民党政府的《刑法》第 224 条的规定："对于男女以强暴、胁迫、药剂催眠术或他法致使不能抗拒而为猥亵之行为者处七年以下有期徒刑。"可见，在审判中，哈尔滨解放区法院也在不断摸索总结经验，但因尚无明确的革命政策法令对量刑标准予以规定，所以仍然以国民党政府的法律为主要参考。该案判决书见图 7-1。

总之，从审判卷宗来看，从 1946 年哈尔滨民主政权建立到 10 月 16 日东北行政委员会《关于司法行政及组织问题指示》发布之前，刑事案件的审判都是援用国民党政府的刑法和刑事诉讼法。虽然在 1946 年 10 月 16 日以后的判决书中不再出现直接援用上述法律的字样，但在实践中，它们仍然是定罪量刑的法律依据或主要参考。

（2）解放区政策法令的适用。

从 1947 年起，哈尔滨解放区民主政权开始注重制定和完善新的政策法令。1947 年 5 月 6 日，东北行政委员会颁布了《东北解放区惩治贪污条例》，1948 年发布了《东北解放区婚姻条例（草案）》以及《婚姻条例实施细则（草

---

① 参见哈尔滨市中级人民法院档案室卷宗，民国三十六年（刑）第 1589 号。
② 参见哈尔滨市中级人民法院档案室卷宗，民国三十六年（刑）第 510 号。

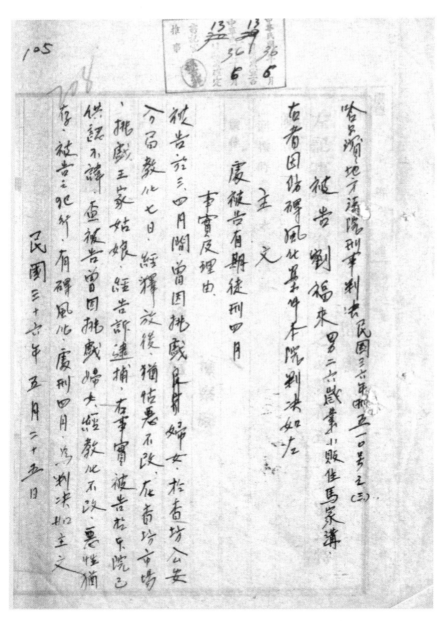

图 7 - 1　刘福来妨碍风化案判决书

案)》。1948 年 6 月哈尔滨市法院颁布了《处理房产纠纷暂行办法（草案）》，1948 年颁布了《关于外侨财产及继承处理办法》，1948 年哈尔滨特别市法院制定了《哈尔滨特别市民事刑事诉讼暂行条例》等法令。随着革命政策法令的不断制定和完善，国民党政府的法律制度的适用范围也不断缩小。1948 年

5 月 27 日东北行政委员会发布的《关于建设司法工作的几项具体指示》中提出："一切案件皆应根据我民主政府政策及特别法令处理，如有不能解决之问题，可呈请司法委员会解释。""对于民事纠纷应本实事求是之精神，站稳革命立场，耐心地说服教育，做得入情入理，使当事人心服口服，不是官僚主义地专靠法律条文办事。"① 在有革命政策法令的情况下，贪污案件以及民事案件中的房产和婚姻纠纷等案件适用上述政策法令。

第一，贪污案件。

惩治贪污向来是革命政权的重要任务之一，早在 1938 年 8 月，陕甘宁边区政府就曾制定过《陕甘宁边区惩治贪污暂行条例（草案）》。哈尔滨民主政权建立后，东北行政委员会颁布的《东北解放区惩治贪污条例》的第 4 条规定了对贪污行为的处罚幅度，基本上是依照贪污数目多少和情节轻重予以处罚。②

案例四：杂保老特内（苏联籍）贪污案（哈尔滨市人民法院于 1949 年 3 月 16 日判决）。③

该案依据的就是上述《东北解放区惩治贪污条例》。该案被告杂保老特内贪污公款共计六万九千二百四十元，属于条例所规定的"贪污一万元以上、十万元以下者，处一年以下有期徒刑"的情况。因此，哈尔滨市人民法院对其处以四个月有期徒刑。而该案另一被告法拉奉多夫在携款回佳木斯时将款丢失，由于不具备主观故意，所以被法院教育释放。

第二，房产租赁纠纷案件。

哈尔滨解放初期，物价波动较大，因此租金纠纷案件较多。在当时对租金无统一规定的情况下，法院尽量采取调解的办法进行处理。在审理过程中多按房产所在地址、房产构造、房产完整情况，参照公产租金以及当时的生活水平确定租金标准，有时也采用实物房租办法，规定租金每月按小米的价值折成价款支付。在审理房产迁让纠纷案件时，对有的房主要求过高的租金或另租给他人的主张不予支持，对房主请求合理的部分则予以支持，重点保

---

① 哈尔滨市档案馆馆藏革命历史档案，全宗号 2，目录号 3，案卷号 103。

② 东北行政委员会于 1947 年 5 月 6 日颁布的《东北解放区惩治贪污条例》规定：贪污六十万元以上者，处死刑、无期徒刑或十年以上有期徒刑；贪污四十万元以上、六十万元以下者，处无期徒刑或五年以上十年以下有期徒刑；贪污二十万元以上、四十万元以下者，处三年以上五年以下有期徒刑；贪污十万元以上、二十万元以下者，处一年以上三年以下有期徒刑；贪污一万元以上、十万元以下者，处一年以下有期徒刑；贪污一万元以下者，处三个月以下有期徒刑。（韩延龙，常兆儒. 中国新民主主义革命时期根据地法制文献选编. 北京：中国社会科学出版社，1981：239.）

③ 参见哈尔滨市中级人民法院档案室卷宗，民国三十八年（刑）第 1644 号。

护房户的合法承租权。①

案例五: 王明远诉任景元房屋迁让纠纷案(哈尔滨地方法院于 1949 年 2 月 10 日审结)。②

被告任景元租住原告王明远的房屋,原告以自用为由请求被告迁出,并诉至法院。推事李厚生(留用人员)判决驳回原告的诉讼请求,理由是"原告是要向外出兑,不是自己要用房。所以他的请求没有理由"。

通过对大量的房产纠纷的处理,哈尔滨解放区法院在 1948 年总结□指出:

> 对房产纠纷处理,我们为保护城市建筑(这有利于无产阶级今天和明天的长远利益),承认并保护房东产权,在房东为自用而又租期届满下,准予房东请求房户搬家。如房户擅自将房东房子转兑转租转借(甚至从中当二房东),或未得房东允诺擅自迁入占用者,均否认其为合法行为,亦准房东请求其迁让。但另一方面为照顾城市市民居住权(有房产的终是少数),则除上述条件以外,则不准房东任意撵房户搬家,如房东借口自用抽房(已发现过此事),除恢复房产租赁权外,房东并须负房户因此所受之损失。③

哈尔滨解放区法院对房产案件的审判实践体现了对市民居住权的全面保护。虽然保护房主的所有权,但对房户的保护力度往往超过对房主的保护。这是因为大多数民众属于无房的贫苦人家,而共产党的政策就是要保护底层民众的利益,这也体现了民主政权的阶级立场。

第三,婚姻案件。

对婚姻案件的审理,哈尔滨解放区法院主要适用 1934 年的《中华苏维埃共和国婚姻法》,强调婚姻自由。《东北解放区婚姻条例(草案)》颁布后,大量曾经受封建婚姻关系压迫的妇女到哈尔滨解放区法院提出解除夫妻关系或者夫妾关系,对封建夫权作出反抗。

案例六: 王维廉诉高如昆离婚案(哈尔滨地方法院于 1947 年 3 月 1 日审结)。④

法院经审理查明,原、被告于 1945 年 4 月 22 日结婚。被告确在卫戍病院内殴打原告。法院认为,依证人马凤有及武桂兰之证言,原、被告间感情不投,日常争吵不难测知。按男女平等之原则,无论男方或女方不应对他方

① 哈尔滨市人民政府地方志办公室.哈尔滨市志·人口志.哈尔滨:黑龙江人民出版社,1999:135.
② 参见哈尔滨市中级人民法院档案室卷宗,民国三十八年(民)第 86 号。
③ 哈尔滨市档案馆馆藏革命历史档案,全宗号 5,目录号 6,案卷号 4。
④ 参见哈尔滨市中级人民法院档案室卷宗,民国三十六年(民)第 109 号。

有身体上或精神上之不法行为。被告殴打原告是"基封建落后不当夫权之行为"，被告殴打原告之具体原因乃是原告意欲参军，被告加以阻止致生口角，遂出手殴打原告，干涉参军。推事刘毅（非留用人员，而是后期培养的干部）认为：

> 当此反法西斯战争正酣之时，原告不顾身体生命之最大私人利益，铤而参军，实为光明前途。被告不但不加以赞助且以有害及私人生活为口实加以干涉，是直接束缚原告之自由间接危害革命之动力，则原被告间之思想上已有前进及落后之分，不适于共同生活，并依原告之知识程度及社会上地位，被告公然当众人面前无理殴打原告并在精神上及肉体上亦不能不谓为重大侮辱，达于不堪同居之程度，故认原告之离婚请求为有理由。

于是推事刘毅于 1947 年 3 月 1 日判决原、被告离婚。该判决的主要理由有三：其一，原、被告感情基础不足，经常争吵；其二，被告公然殴打原告，是"基封建落后不当夫权之行为"；其三，值此解放战争之时，原告不顾个人安危意欲参军，被告横加阻挠并殴打原告，二人在思想上已然不在同一高度。法官认为，二者已不适合共同生活。

（3）苏联法及风俗习惯的酌情适用。

为尊重各国（敌国除外）习惯，在审理继承案件时，解放区法院适用被继承人所在国的法律。1948 年《关于外侨财产及继承处理办法》第 7 条规定："关于外侨之继承人的范围，依该被继承人之本国法之规定，但继承人经常在外国居住者无继承之权利。被继承人为无国籍者依中国法处理。"1949 年哈尔滨市人民法院发布的《哈尔滨市处理继承办法草案》再次规定："当继承人为其他社会主义国家或新民主主义国家的公民时，他有权继承中国人的动产或不动产的使用收益权，而其他外国人仅能继承中国人之动产。被继承人为社会主义国家或新民主主义国家的公民，其继承权的确定依本国习惯。"[①] 在审判实践中，由于苏侨人口众多、苏联对中国革命表现出莫大的同情与支持、解放区的司法干部对苏联法具有很强的友好情结等多重因素，在哈尔滨市中级人民法院档案室的卷宗中，继承案件适用被继承人所在国的法律主要体现在被继承人是苏联人而适用苏联继承法的案件当中。

案例七：卡特茨（苏联籍）、布依诺夫（苏联籍）确认继承权案（哈尔滨市人民法院于 1949 年 7 月 26 日审结）。[②]

该案原告以被告父亲帮助过其生活费为由，要求依据苏联法享有继承权。

---

① 哈尔滨市档案馆馆藏革命历史档案，全宗号 5，目录号 1，案卷号 7。
② 参见哈尔滨市中级人民法院档案室卷宗，1949 年（民）第 2273 号。

由于被继承人为苏联人，根据前述《关于外侨财产及继承处理办法》第□条的规定，该案应适用苏联法。而 1945 年苏联颁布的"关于法定继承人和遗嘱继承人"的法令规定："法定继承人有：被继承人的子女（包括养子女），配偶，父母，兄弟和姐妹，以及在被继承人去世前依靠其生活在一年以上的没有劳动能力的人。"① 根据上述规定，被继承人生前扶养一年以上的无劳动能力的人为法定继承人，被继承人在立遗嘱时不得侵犯他的继承权。在该案审理过程中，苏联侨民会提供了调查结果：

> 被告是依女裁缝及二房东的收入维持生活，被告父在此前对原告确有过物资上的帮助。唯近数年来，被告父自己很需用钱，例如一九四七年对其子之学费尚不能交付，以致学校不准其考试，一九四八年被告父生病最后三四月病得很重，对卡特茨（原告）无任何帮助，她与被告父没有见面，认定原告非继承人。②

而原告卡特茨所列举之证人布洛特茨卡牙·卡保金斯卡牙·米洛诺瓦·比拉也夫却不能证明原告在被告父亲死亡前一年是完全受其扶养的。据此，哈尔滨市人民法院作出以下判决：

> 依苏联继承法习惯"被扶养人在被继承人临死亡前受其扶养在一年以上，且本人完全无劳动能力者，对被继承人有继承权"。本件原告依其具体情况，及苏联侨民会之证明，不合于上记规定，故对被告父所遗之财产无继承权。

可以看出，因该案的被继承人为苏联人，法院在审理时依据苏联法进行了判决，而且在判决书中也明确指出判决的依据是"苏联继承法习惯"。由于当时中国共产党和苏联在政治方面的特殊关系，在审理苏侨间的民事纠纷时应优先经由苏联侨民会，在依据民主政府政策法令的前提下，参酌苏联善良风俗并在双方自愿原则下，进行调解，以减少苏侨诉争。③ 人民法院对受理中

---

① 安吉莫诺夫，格拉维．苏维埃继承法．李光谟，等译．北京：法律出版社，1957：143．

② 在诉讼上苏联侨民会应协助人民法院，如传人、调查证据材料及帮助人民法院判决的贯彻执行，对有教育意义的典型案件，协助人民法院在法院或在苏侨所在地召集苏侨出席公开庭讯的旁听，并经常将苏侨群众的意见反映给人民法院。（哈尔滨市档案馆馆藏革命历史档案，全宗号 5，目录号 6，案卷号 4。）

③ 哈尔滨市的外侨有许多侨民会组织，有苏联侨民会、波兰侨民会、希腊侨民会、捷克斯拉夫侨民会、南斯拉夫侨民会、犹太教会、日本侨民会、朝鲜民盟。在这些侨民会团体中，只有苏联侨民会和波兰侨民会同司法机关关系比较密切，因为苏联侨民会是由领事馆领导的侨民团体，波兰侨民会是由哈尔滨市民主政府协助改组的，所以无论在工作上还是在友谊上，都比较密切，其他如希腊侨民会、南斯拉夫侨民会等虽称侨民会，但无组织形式，只有会长。（哈尔滨市档案馆馆藏革命历史档案，全宗号 2，目录号 1，案卷号 81。）

的苏侨案件，认为必要的，亦得委托苏联侨民会进行调解，调解结果通知人民法院。调解成立须发给当事人调解书。如调解不成立，得作成"调解经过书"，并译成中文密封送哈尔滨市人民法院审理。① 而苏联侨民会在处理苏侨间的民事纠纷时，主要是参照苏联法的相关规定进行调解。所以在当时的哈尔滨解放区，苏联法在调解苏侨之间的矛盾和纠纷中起到了重要的作用。

值得一提的是，哈尔滨地方法院在审判涉侨民事案件过程中，也注意到尊重外国（敌国除外）的善良风俗，尤其是有关婚姻关系成立条件的风俗。

案例八： 缶司干良别特维斯（伊朗籍）诉缶司干良乌伊赤克（波兰籍）请求同居案（哈尔滨地方法院于 1947 年 3 月 29 日审结）。②

该案当事人双方于 1946 年 1 月 27 日在教堂结婚，法院在对双方婚姻关系予以承认的前提下，调解双方离婚并对双方争议的财产进行了分割。

综上所述，哈尔滨解放区人民法院对外侨案件的审理是城市解放区案件审理的缩影，它不仅反映了一般案件的审理依据的变化历程，还反映了特殊案件的审理依据的多元存在。从审理依据的变化历程来看，哈尔滨解放区人民法院案件审理依据经历了从沿用旧法，到新法旧法并用，再到适用新法、新政策的三个阶段。从审理依据的多元并存来看，哈尔滨解放区人民法院在审理涉侨民事案件时，在遵守解放区民主政权法律政策的前提下，酌情适用苏联法、苏联风俗习惯，在审判实践中逐渐形成了限制性地使用国民党政府的法律、以解放区的革命政策法令为主、选择适用苏联法以及外侨的善良风俗等多元并存的审判依据。

司法秩序能够反映社会公众对待司法的积极态度和行为倾向，意味着司法能够获得社会公众的信赖和服从。③ 哈尔滨民主政权司法新秩序要想获得公众认同，至少要实现客观上的合法性（实体合法与程序合法）和主观上的合理性（符合社会通行的正义观和价值取向）。在哈尔滨地方法院建立后，通过两年的司法经验积累，不仅实体法和程序法有了重大突破，而且社会秩序也逐渐趋于平稳，在社会矛盾的解决方式中司法裁判逐渐受到市民信赖。虽然哈尔滨地方法院审理案件"赶快了""拖延粗草"的问题也是现实存在的，但是在当时由 3 名审判员逐渐增加到 15 名审判员和候补审判员的现实状况下，哈尔滨地方法院三年审结 9 141 个案件已经超额完成了审判工作，达到了稳定社会秩序、获得司法认同的基本目标。

（三）人民调解："简政便民"的延续与发展

哈尔滨解放区在充分吸收和借鉴中国共产党民主政权在农村根据地所积

---

① 参见哈尔滨市档案馆馆藏革命历史档案，全宗号 5，目录号 6，案卷号 4。
② 参见哈尔滨市中级人民法院档案室卷宗，民国三十五年（民）第 130 号。
③ 冯军. 影响刑事司法公众认同的因素分析. 学习与探索，2012（8）.

累的人民调解经验的基础上，建立了具有城市特色的人民调解制度。

1. 调解的原则

调解工作是我国司法工作的优良传统，抗日革命根据地时期，各边区政府就已普遍重视人民调解工作，并在总结人民调解实践经验的基础上，相继发布了有关调解工作的案例、专门指示和相应的法规，强调调解的重要性，扩大调解的范围，进一步明确了人民调解工作的性质、任务和原则，对调解组织、调解程序、调解效力等作了比较详细的规定，从而使人民调解工作逐步走上了健康发展的道路。例如，1941 年山东省抗日民主政府颁布了《山东省调解委员会暂行组织条例》，1942 年晋西北行政公署颁布了《晋西北村调解暂行办法》、晋察冀边区颁布了《晋察冀边区行政村调解工作条例》，1943 年陕甘宁边区颁布了《陕甘宁边区民刑事件调解条例》，等等，逐渐形成了人民调解传统。

经过抗战时期的经验积累，解放战争时期解放区的调解制度有了进一步的发展，并逐渐由农村走入城市。解放战争初期，许多解放区都颁布了专门的调解条例或指示，但是其内容过分强调调解，曾导致调解过宽、过滥的问题。比如苏中解放区的《调解暂行办法》中规定，"人民民事诉讼，非经调解手续，不得起诉"[1]；山东解放区规定，"凡民事案件，无论大小一律先由区调解委员会试行调解"[2]；关东地区规定，"因债、物权、亲属、继承等事件发生之民事纠纷，应先经调解委员会调解，村坊调解不成时得由区进行调处或呈向法院起诉"[3]。按上述规定，调解在事实上已成为起诉前必经的程序。太行区 1945 年的统计结果显示，该区四个县调解结案总数分别占民事案件的99％、70％、63.18％、55％，而区村调解的比例则更大。[4] 这么高的调解结案率不禁让人质疑调解是否是自愿的。因此，解放战争中后期为了避免滥调解问题的发生，各解放区制定的调解法令中基本上删去了将调解作为诉讼前置程序的规定。

人民调解在哈尔滨解放区的推行强调调解的自愿、合法和非诉讼必经程序三原则，1948 年《人民法院与区民事调解工作之联系办法》[5] 中规定：

1. 不违反人民政府政策、法令及照顾民间善良风俗习惯（落后的阻

---

① 中国社会科学院法学研究所民法研究室民诉组，北京政法学院诉讼法教研室民诉组. 民事诉讼法参考资料：第一辑. 北京：法律出版社，1981：317.

② 同①.

③ 同①318.

④ 同①332.

⑤ 参见哈尔滨市档案馆馆藏革命历史档案，全宗号 5，目录号 1，案卷号 7。该办法经法院与区民政股联席会讨论通过，未经市长批准，仅系试行性质。

外）原则；

　　2. 双方自愿不得强迫原则；

　　3. 调解非诉讼必经程序，如不宜调解，或当事人不愿在区调解者，得径向人民法院起诉原则。

　　哈尔滨解放区人民调解工作的这三项基本原则随后在东北行政委员会1948年《关于建设司法工作的几项具体指示》① 中得到明确，并被用于指导各解放区调解工作，保障了人民调解工作的规范化和当事人调解自愿的实现。

　　事实上，哈尔滨解放区调解三原则的确立也经历了曲折的历程。1948年初，调解尚属诉讼的必经程序，哈尔滨特别市政府秘字第二十二号通知中就规定："兹为加强哈市司法工作，减少人民对诉讼上的负担。自通知日起，凡民事纠纷，必须先经所在区街政府予以调解。如双方同意，即作为完结，无须再到法院起诉。倘经调解不成，须由区街政府给予关于该案内容材料或介绍信并附加处理意见，再往法院转送，以便处理迅速，免去诉讼拖累。"② 但是，由于在司法实践中出现了"滥调解""强迫调解"的现象，哈尔滨解放区法院与区民政股联席会讨论通过了《人民法院与区民事调解工作之联系办法》，并确立了"不违反人民政府政策、法令及照顾民间善良风俗习惯（落后的除外）""双方自愿不得强迫""调解非诉讼必经程序"的调解三原则，进一步保障了人民诉讼的合法权益，这样的调解原则的确立也成为新型人民调解制度形成的主要标志。

　　哈尔滨解放区自1948年颁布《人民法院与区民事调解工作之联系办法》后，即开启了人民调解的城市实践，其后解放的城市政府均对此办法中所明确的三条调解原则予以借鉴和吸收。例如，1949年2月华北人民政府作出的《关于调解民间纠纷的决定》及1949年3月天津市人民政府颁布的《关于调解程序暂行规程》中都明确了"不违政府法令及善良风俗""自愿不得强迫""非必经程序"三项调解原则。

　　2. 调解的形式

　　哈尔滨解放区调解的主要形式包括民间自行调解、群众团体调解、政府调解及法院调解四种。

　　其一，民间自行调解，是指由双方当事人共同信赖的有威望的人进行调解，此类调解并无固定组织形式。这种以双方当事人自愿为原则，经由双方

---

　　① 参见哈尔滨市档案馆馆藏革命历史档案，全宗号2，目录号1，案卷号1。东北行政委员会1948年《关于建设司法工作的几项具体指示》的第三项指出："对于民事纠纷应本实事求是之精神，站稳革命立场，耐心地说服教育，做得入情入理，使当事人心服口服，不是官僚主义地专靠法律条文办事。"

　　② 哈尔滨市档案馆馆藏革命历史档案，全宗号2，目录号1，案卷号1。

所信赖的、在群众中享有威望的人物所进行的调解，在农村根据地调解实践
中被广泛采用，取得了良好的效果。但是从哈尔滨解放区的革命历史档案资
料来看，这种抗日根据地时期最主要的调解形式在哈尔滨解放区应用得并不
广泛，这与城市复杂的社会关系有关。

其二，群众团体调解，是指依靠群众组织解决群众之间的纠纷，如由工
会、农会、妇救会等出面调解。对于哈尔滨解放区群众团体调解的组织形式，
由于档案资料的缺失，尚无法窥见其全貌，但是哈尔滨解放区工商业发达，
各种类型的团体组织势必较多，不仅工会、农会、妇女协会参与解决群众间
的纠纷，甚至侨民组织（例如苏联侨民会）也参与解决外侨纠纷。

其三，政府调解，是指在政府机关主持下对民间纠纷进行的调解。这是
具有法律效力的调解，如当事人违反调解达成的协议，司法机关可采取强制
执行措施。哈尔滨解放区的一些民事纠纷即由基层政府直接调解，调解时人
民政府可以邀请具有威信的群众代表和地方公正人士予以协助，因此这种调
解应用得比较广泛。

其四，法院调解，属诉讼内调解，分为法庭调解和庭外调解。无论前者
还是后者都与上述三种形式的调解在性质上不同，它们是审判机关处理案件
的方式。经哈尔滨解放区人民法院调解达成的协议，对双方当事人具有同等
的法律约束力。

3. 调解的范围

哈尔滨解放区人民调解的范围与边区时期人民调解的范围基本相同，多
限于民事案件和轻微刑事案件。晋察冀边区规定，民事纠纷均可进行调解，
一般刑事纠纷不能进行调解，但又特别规定轻微刑事案件可以调解。① 陕甘宁
边区规定，一切民事纠纷均应厉行调解，刑事案件（除法令规定不得调解的
严重刑事案件外）亦可进行调解。② 晋冀鲁豫边区在其区调解委员会组织大纲
中规定，凡民事及有期徒刑二年以下的轻微刑事案件均可申请调解③；但在调
解委员会办事细则中又专门规定了禁治产事件、宣告死亡事件、经提起反诉
的事件等几种案件不能调解。④

从哈尔滨市中级人民法院院藏 1946—1949 年间民事、刑事诉讼案卷中的
案件的审结方式来看，哈尔滨解放区法院审理的民事案件，以调解方式结案
为主，以判决方式结案为辅。这种灵活的办案方式是对毛泽东的"简政便民"

---

① 中国社会科学院法学研究所民法研究室民诉组，北京政法学院诉讼法教研室民诉组．民事诉
讼法参考资料：第一辑．北京：法律出版社，1981：285.

② 同①300－301.

③ 同①296.

④ 同①298.

思想和人民调解传统的沿袭与继承。除重大刑事案件或社会危害较大的刑事案件外的轻微刑事案件也可以经过调解结案，但是重大刑事案件或社会危害较大的刑事案件必须交司法机关依法审理，不得调解。① 可以说，哈尔滨解放区时期的人民调解制度建设，充分照顾到了城市特色，认为"城市政治、经济、文化"存在"集中性和复杂性"，"城市人民的时间要求亦不同于农村"，城市人民不像农村人民那样"简单"②。因此，哈尔滨解放区的司法工作在重视发挥人民调解平息纠纷的特长的同时，亦"严格注意法治精神、用法治来具体体现民主政治"③，强调调解原则，用城市实践保障人民群众合法权益的实现，维护城市解放区的社会稳定。

---

①　参见哈尔滨市档案馆馆藏革命历史档案，全宗号 5，目录号 8，案卷号 1。

②　同①.

③　同①.

下 编

道路的选择：
中国革命法制历程的价值审视

第八章 历程与特点

哈尔滨解放区的法制建设是连接苏区、边区和其他解放区进而影响新中国法制建设的重要一环，它是中国共产党由农村革命根据地法制建设转为城市法制建设的起点。哈尔滨解放区的城市法制建设实践翻开了中国革命法制史的新篇章。哈尔滨解放区三年的法制建设不仅在革命法制史上具有城市实践的特殊意义，而且在向新中国法制建设转型的重要历史跨越中完成了道路探索的特殊使命。它是哈尔滨城市人民解放斗争中法律成果的集中展示，更是中国共产党领导的、以工人阶级为主体、代表广大人民利益的民主政权的城市法制初探，是中国革命法制从农村到城市、从区域法到国家法重大转折中的"关键性实验"。

一、中国革命法制历史转折中的"关键性实验"

中国共产党领导中国人民经过土地革命战争、全民族抗日战争和全国解放战争，取得了新民主主义革命的胜利。中国革命法制也随之经历了从农村根据地法制建设到城市解放区法制建设的转变，新中国法制体系由此逐渐建立。"从农村到城市"的转折与跨越，不仅使民主政权面临经验缺乏的现实困境，也给法制建设带来了前所未有的挑战。面对困境和挑战，中国共产党如何选择，这是决定能否建立巩固的城市民主政权、能否顺利领导即将解放的其他城市、能否建立新中国的关键问题。因此，城市法制的尝试与经验关系着中国革命法制历史转折中的两大"关键性实验"，即从农村到城市和从区域法到国家法的转折实验，这是中国革命法制道路选择中"生死攸关"的重要转折。

（一）从农村到城市的重要转折

由于中国共产党走的是农村包围城市的革命道路，中国共产党的绝大多数同志长期处在农村环境中，对城市工作十分陌生。但中国共产党认识到"不能用农村的观点来管理城市，农村是个体的、分散的，生活方式是简单的、朴素的，城市是集中复杂的，生活方式是奢华的、多样性的。因此对城市管理必须有国家政权的思想，认清城市特点，重视法制"，同时在认清了现实后，得出了"如果以管理乡村的简单办法来管理城市，单纯依靠群众不要法制是错的"和"脱离公开合法，脱离群众也是错的"的结论，创造性地将革命法制依靠人民群众的经验与城市法制规范化、制度化、体系化的要求结合起来，解决城市问题。

从法制建设服务于特定历史时期的中心任务的角度观察，中国革命法制在农村根据地的苏区、边区以土地制度为中心，主要调整农村简单的社会关系，在城市解放区以城市建设、支援前线为中心，主要调整城市复杂的社会关系。作为中国革命法制"从农村到城市"的重要转折点，哈尔滨解放区城市法制的实践，在继承和发扬了农村根据地实事求是、始终依靠人民群众等优秀传统的基础上，尝试将农村根据地时期法制建设经验与城市实际相结合，走出了城市解放区法制创新之路。

第一，哈尔滨解放区宪制的发展体现了民主政治观的新变化。

哈尔滨市临时参议会是民主政治的城市先声。哈尔滨市临时参议会制定和颁布了 1946 年《哈尔滨市施政纲领》，它作为中国革命法制建设的宪法性文件的重要代表，首次在城市宪法文献中践行了毛泽东提出的新民主主义政治观，将集会、结社、出版、言论、信仰、居住等各项民主权利赋予全体市民，并规定市民享有普遍、平等、直接的选举权；将法律主体表述为"城市人民"，开创了新民主主义条件下以城市建设带动农村建设的路径，适应了中国共产党在解放全国的过程中尝试以城市政权领导农村政权的实践需求，为全国解放后建立城市化的国家政权奠定了基础；首次在宪法文献中体现了城市文化的特色，并将友邦与敌对国侨民区别对待。虽然 1946 年《哈尔滨市施政纲领》制定于新民主主义政权建设初期，刚刚开始尝试用法律手段调整社会秩序，其不完善是不可避免的，但瑕不掩瑜，《哈尔滨市施政纲领》是解放初期的哈尔滨市具有宪法性质的文件，其第一次用法律的形式把新民主主义民主政治制度固定下来，规定并保证人民享有广泛的民主自由权利，为新民主主义宪制在全国的实现奠定了基础。

第二，哈尔滨解放区经济法规的颁布和实行体现了恢复发展工商业的新任务。

哈尔滨解放区实现了从单一的小农经济到多种经济形式并存的转变，并以法律形式保障多种经济形式的正确发展方向，为全国解放后经济发展模式的确立奠定了基础。哈尔滨解放初期，存在着工厂停产、商业休业的现象。为安定民生、恢复经济、发展生产、支援解放战争，中共哈尔滨市委、市政府一方面不断重申"发展生产、繁荣经济、公私兼顾、劳资两利"的新民主主义经济方针，另一方面在东北局陈云、李富春等负责同志的直接领导下，结合哈尔滨市的实际情况，确定了恢复经济、发展生产、支援前线的经济工作指导方针，制定了一系列保护、扶持民族工商业，保护劳动者利益的政策及法规，例如1948年《哈尔滨特别市战时工商业保护和管理暂行条例》等。这些政策和法规利用管理手段鼓励民族工商业发展。"宏观调控"政策在城市中的首次尝试，"先工业后商业""先公后私"的政策路径深刻影响了新中国成立后的工商业法规的制定及实施，极大地调动了各阶层人民建立巩固的东北根据地、支援解放战争的积极性。

第三，哈尔滨解放区劳动法规的颁布实行体现了"劳资两利"的新实践。

在农村根据地的新民主主义革命纲领和法律中，除规定全国人民争取民族独立和民主权利等共同要求外，有关保护农民利益的法律（如减租减息或土地改革）与保护工人基本权益的法律（如劳动法）居于特别突出的地位。而在城市复杂的社会关系中，工人、工商业者占城市人口的比例很高，农民的比例反而较低，革命的依靠力量就由工人、农民转变为工人、工商业者，革命法制保护的主要群体也随之改变。哈尔滨解放初期，在城市"土改"运动中也发生了"左"倾错误，证明了农村根据地的土改经验在城市解放区行不通，需纠正错误倾向，从农村根据地"保护劳方"发展为城市解放区"保护劳资双方"。在这种形势下，以1948年《哈尔滨特别市战时暂行劳动条例》为中心、以"劳资两利"为宗旨的法规大量颁布，用法规的形式将"保护劳资双方"的劳资两利基本原则确定下来，打消了劳资双方对民主政权的顾虑。革命法制以"劳资两利"为中心的城市实践补足了中国共产党法制建设实践中保护城市群体利益的法律缺失，为新中国法制建设打下了坚实基础。

第四，哈尔滨解放区的司法建设开创了城市复杂纠纷解决的新路径。

哈尔滨解放区法院在接管以后，面临着"无城市司法经验""无司法干部""无援引法律"的"三无"困境，因此作出了不同路径的尝试。如援引法律时，有援引国民党政府法律的情况，废除国民党政府法律后有援引苏联法的情况，有援引边区革命法的情况，有援引城市新制定法的情况，亦有将革命法、苏联法变通适用的情况。尝试后的结果可以总结为：援引国民党政府的法律有与政治体制相违背之嫌，援引苏联法、照搬苏联模式与中国实际情况不符，援引革命法却发现城市与乡村之间的巨大差异无法弥合，因此，先"变通适用"、后"制定新法"、行"特色法制"是哈尔滨解放区司法审判制度的唯一选择。这种司法尝试与中国特色社会主义法治道路选择中的尝试理论相通、历史关联，对中国特色社会主义法治道路的选择产生了重要的影响。

综上所述，哈尔滨解放区的城市法制实践是中国革命法制从农村到城市重大转折过程中的关键性实验，这一实验为其后解放的城市积累了民主法制建政经验，同时也丰富了中国共产党在农村根据地、城市解放区局部执政的法治经验，完成了法制建设从农村到城市的转型跨越。

（二）从区域法到国家法的重要转折

农村革命根据地的政权与法制建设实际上只具有局部、区域规模，与国民党政权相比，农村革命根据地处于战略上的守势，处于"星星之火"状态。因此，法制建设大多体现革命的近期目标，全面保障工农大众利益仅仅停留在理论上，缺乏可操作性。哈尔滨解放区建立后，中国革命形势已经明朗，革命根据地由战略上的守势转为攻势，星星之火已经燎原，建立全国政权已指日可待。因此，哈尔滨解放区政权及法制建设已承担起为建立国家政权摸索经验、探索路径的使命。

哈尔滨解放区法制建设是在中国共产党领导下完成的，由于中国共产党以往没有城市法制经验，因此可以说是"摸着石头过河"。然而从 1946 年哈尔滨市第一届临时参议会召开到民主政治体制建立，从以"民主的法治的社会秩序"为中心的宪法性文件制定到以"公私兼顾、劳资两利""保护工商业"为原则的经济法规制定，从"锄奸保卫"依法行使逮捕权到人民法院依法行使审判权，无不体现着保障人权，以及实行民主、法治的探索与创制。哈尔滨解放区民主政权通过制定具有军事管制色彩以及针对性强、暂行性强、形式多样等特点的地方法规，破除旧法，建立新法，开创了哈尔滨法制历史上的新纪元。

与此同时，哈尔滨解放区的法制建设立足于哈尔滨、着眼于全中国，"把哈尔滨解放区作为争取民主的中心，实现哈尔滨市的民主，进而实现北满的民主、东北的民主以至最终实现全中国的民主"①，为新民主主义的政权建设积累了丰富的经验。哈尔滨解放区实现了从单一的小农经济到多种经济形式并存的转变，并以法律形式保障多种经济形式的正确发展方向，为全国解放后经济发展模式的确立奠定了基础。在劳动法规方面进行了"劳资两利"原则的首次实践，为新中国成立初期平衡劳资关系提供了借鉴。哈尔滨解放区的宪制、经济以及劳动法律法规反映了中国革命法制由局部、区域走向全国的进程，为新中国的政治体制建立和经济建设起到了先行及试验的作用，提供了有益的经验。

因此，可以说，哈尔滨是中国共产党从农村政权建设向城市政权建设、由区域法制建设向国家法制建设转变的重要实验基地。哈尔滨解放区的法制建设是中国共产党掌握国家政权、进行新中国法制建设的尝试，更是连接受苏联法影响的工农民主政权、抗日民主政权和新中国法制建设的重要一环。哈尔滨解放区的法制建设既继受了此前各根据地法制建设的成功经验，同时

---

① 哈尔滨市档案馆馆藏革命历史档案，全宗号 3，目录号 1，案卷号 9。

也对其后的华北人民政府法制建设与新中国法制建设产生了直接影响，尤其是为中国特色社会主义法治道路选择提供了早期尝试。哈尔滨解放区的城市法制实践标志着中国革命法制逐步走向成熟。在从区域法到国家法转型的过程中，哈尔滨解放区的城市法制实践为中国共产党管理城市提供了范本，甚至直接影响了新中国法制建设。

二、中国革命法制"从农村到城市"重大转折的特点

革命根据地的法制内容是在传承与创新中不断走向成熟的，但在不同的发展阶段却表现出不同的特点。中央苏区的法制建设是中国共产党首次在农村根据地领导的法制实践，其法律内容生硬效仿苏联法，法律服务于革命斗争，阶级性和民主性都很鲜明。由于战时形势及缺乏经验，其法制还表现出脱离实际的倾向。全民族抗日战争时期陕甘宁边区的立法基本纠正了前一时期的错误，重视调查研究和实事求是，其法制更切合实际，更注重人权保护和平等，但仍局限于农村法制。解放战争时期，众多的解放区继续深化法制建设，保障人民的民主权利，打击反动派的破坏，深化土地改革，彻底反封建，在农村法制的道路上继续前进。哈尔滨解放区法制建设是中国共产党第一次在中心大城市建立解放区进行城市法制建设，其法制内容在借鉴苏联法城市建设经验和传承之前法制建设经验的基础上，与城市实际情况结合得更为紧密，开始了全面"中国化"和"城市化"的法制创新。总结中国革命法制在"从农村到城市"的重大转折过程中的特点，有利于我们重新认识中国革命法制发展的总体走向，正确评价中国革命法制发展的贡献。

（一）突出的民主性

在中国共产党联合政府和民主建国理论的号召下，哈尔滨作为第一个中心城市解放区开始了民主建市的法制实践。主要表现为：

第一，以民主为基调。哈尔滨解放区从建立之初就确立了民主建市的基调。在哈尔滨解放的次日（1946 年 4 月 29 日），松江省人民自卫军司令部、政治部即公布《为进驻哈尔滨告哈市同胞书》，宣布要在哈尔滨推行民主政治，实行民主法制。① 1946 年 7 月，松江省政府主席冯仲云在哈尔滨市临时

① 内容如下："……决派主力一部来哈驻防，以便彻底的肃清土匪、特务及日寇法西斯残余势力，协助哈市的和平民主运动，保障各阶层的人权、政权、财权及言论、出版、集会、结社、信仰的自由，彻底推行民主政治，真正按照人民的公意选举代表树立民主政权，管理自己政事。协助工商业的发展，改善工人、店员、教员、职员的生活待遇，提高妇女政治经济地位，兴办教育，救济失学青年，赈济灾难民，建设众生，防止疾病流传，帮助哈市同胞从事一切政治、经济、文化改革，建设繁荣幸福的新哈尔滨！"（哈尔滨市档案局（馆）. 哈尔滨解放 . 北京：中国文史出版社，2017：91 - 92.）

参议会成立大会上表达了要将哈尔滨建设成为东北甚至全国的民主中心的愿望①，在临时参议会上，又重申民主并号召与会者发扬民主精神。② 可见，民主是哈尔滨城市政权和法制建设的总基调。

第二，立法过程体现民主。以 1946 年 7 月哈尔滨市第一届临时参议会为例，其立法过程民主性明显。首先，参议员的组成基本上兼顾了城市各阶层的利益，比例较大的是商业和实业界团体代表（17.3%）、工人团体代表（14.7%），而城市郊区农民代表较少（9.3%），这充分体现了城市以工商业为主导的特点。③ 其次，参议员的成分广泛，基本能代表各阶层的诉求和利益，充分体现了各阶层共同协商的政权组织形式。最后，在投票的方式上，《哈尔滨市临时参议会参议员选举规程》规定，采用不记名投票方式，参议员的产生代表民意，彰显民主特色。

第三，立法内容也彰显了民主色彩。1946 年《哈尔滨市施政纲领》规定了要建立民主政治，实行民主选举，建立民主的、法治的社会秩序。《哈尔滨特别市街政权组织暂行条例》规定了城市街区政权采用民主集中制。东北解放区民主政权在吸收和借鉴了哈尔滨解放区民主立法经验的基础上颁布了《东北各省市（特别市）民主政府共同施政纲领》，其中明确提出，解放区政权是工人阶级领导的人民民主政权，实现东北民主自治，建立民主、和平、繁荣新东北，体现了民主的广泛性。

（二）践行法治、依法行政

解放战争时期的其他农村革命根据地，自 1947 年 10 月《中国土地法大纲》公布后，纷纷将其作为解放区人民政权实行土地改革的基本法律。④ 而哈尔滨解放区作为城市革命根据地，没有进行过大规模土地改革，在司法实践中，《中国土地法大纲》也不是其主要的法律依据。1946 年 10 月 16 日，东北行政委员会颁布了《关于司法行政及组织问题指示》，宣布在解放区"废止敌伪法律，一切以民主政策及特别法令为根据，不束缚于旧法律观点，处理案

---

① "把哈尔滨解放区作为争取民主的中心，实现哈尔滨市的民主，进而实现北满的民主、东北的民主以至最终实现全中国的民主。"（哈尔滨市档案馆馆藏革命历史档案，全宗号 3，目录号 1，案卷号 9。）

② "哈尔滨应当成为争取民主的中心。民主应该是哈尔滨人民的，努力争取民主，不仅哈尔滨首先成为民主的，北满成为民主的，东北成为民主的，以及全国成为民主的，我希望在这次哈市临参会上，大家要发挥民主精神，要知无不言，言无不尽……"（哈尔滨市档案馆.哈尔滨政权建设.内部资料，1986：48-49.）

③ 孙光妍.新民主主义宪政立法的有益尝试：1946 年《哈尔滨市施政纲领考察》.法学研究，2006（5）.

④ 张希坡，韩延龙.中国革命法制史.北京：中国社会科学出版社，2007：584.

件"①，据此，国民党的《六法全书》也被明令废止禁用。此后，哈尔滨解放区除解放后颁布的少量法规外，几乎处于"无法可依"的境地。哈尔滨解放区亟须建立起独立的、全新的城市法律体系。中国共产党领导下的民主政权经受住了历史考验，开创性地制定发布各级各类法规、命令、指示、布告等规范性法律文件合计 400 余项，初步构建起了较为完备的法律体系。

　　事实上，哈尔滨解放区民主政权除逐步构建"有法可依"的法律体系外，还着力用法律来规范政府，追求"有法必依，违法必究"。其一，哈尔滨市民主政府的成立就是建立在严格的民主程序之上的。其基本过程为：哈尔滨市临时参议会筹备会召开→哈尔滨市临时参议会召开，讨论制定相关法规→民主决定成立政府→哈尔滨市政府成立。这一过程严格贯彻了法治的要求，实现了人民民主与法治的统一。其二，强调政府应依法办事。1946 年《哈尔滨市施政纲领》中指出，除公安机关依法拘捕外，任何机关不得捕人，并且对违法的机关人员严肃追究责任。例如 1948 年东北航务局造船所干部韩友三擅自扣押案，哈尔滨市人民法院于 7 月 23 日以"非法刑讯侵害人权罪"判处韩友三有期徒刑三个月。《东北日报》还专门发表了《巩固民主秩序制止违法行为》的社论，指出这种"目无法纪行为，政府绳之以法，治以应得之罪"②。其三，讲究法律程序的正规化。城市市民包括侨民对法律程序的正规化有着与农村根据地人民大不相同的需求，农村根据地人民更追求简便的方式，城市解放区人民则追求正规的方式，法律权威在城市运行中具有重要的地位。因此，哈尔滨解放区民主政权要从不拘泥于形式过渡到正规化，就要讲程序、讲手续。哈尔滨解放区民主政权为此颁布了大量的办事细则、办法、条例、规则等以规范政府和公务人员，建立起报告制度、会议制度和办公制度，严格行政纪律，整顿政府机构，以满足市民对正规化的需求。

（三）全面推进苏联法的"中国化"实践

　　20 世纪初期，中国法制的发展脱离了传统的轨道，开始向西方学习，迈向现代化。在此进程中，苏联法对中国法制的影响时间最长、程度最深。在苏区时期，中国共产党的法制建设带有很深的模仿苏联法的痕迹，甚至对一些法律条文进行直接的照搬照抄。直到中国共产党解放并建立稳定革命政权的第一个大城市——哈尔滨，其在法制建设过程中，仍然是以苏联法为蓝本，其立法精神与立法体系以及某些法律内容与苏联法有很多相同之处。从深层次来讲，对苏联法的模仿和借鉴是那时的中国共产党别无选择的选择。但哈尔滨解放区在法制建设过程中，没有对苏联法进行机械地照搬照抄，而是结

---

① 张希坡．中华人民共和国刑法史．北京：中国人民公安大学出版社，1998：595.
② 张希坡，韩延龙．中国革命法制史．北京：中国社会科学出版社，2007：324.

合国情，真正开始了对苏联法进行"中国化"的实践，并在实践过程中逐步形成了符合哈尔滨解放区政治稳定和经济发展要求的法律制度体系。

第一，宪制建设。

为了保证工人和农民的政治地位，苏联在宪法中规定了国家政权的性质是工农的政权①，国家管理形式为劳动者代表苏维埃的政权组织形式。② 在公民的权利方面，苏联 1936 年宪法第 135 条规定："代表的选举是普遍的，苏联所有年满十八岁的公民，不分种族、民族、性别、信仰、教育程度 不问居住期限、社会出身、财产状况、过去职业如何，都有参加代表的选举的权利。"③ 为了保障人民的政治自由和人身权利，苏联 1936 年宪法第 125 条规定："为了适合劳动人民的利益和巩固社会主义制度，法律保障苏联公民享有下列各种自由：（一）言论自由；（二）出版自由；（三）集会自由；（四）游行和示威自由。"第 127 条规定："苏联公民有人身不可侵犯的保障。任何公民，非经法院决定或者检察长批准，不受逮捕。"哈尔滨解放区 1946 年召开的作为最高权力机关的中国共产党领导下的哈尔滨市临时参议会成为"哈尔滨市各阶级各阶层团聚一堂共商国家大事的大会"。1948 年，《哈尔滨特别市市委、市政府关于政权建设及试选工作的指示》中将哈尔滨城市政权定位为"无产阶级领导的，人民大众的，反帝反封建的反官僚资本的新民主主义政权，其成分应包括工人，农民，独立劳动者，自由职业者，知识分子，自由资产阶级及一切爱国人士"，即该政权在本质上与苏联和苏区的政权性质一脉相承。但基于城市政权与农村政权建设的差异，哈尔滨解放区在坚持无产阶级（中国共产党）对政权领导的同时，也将陕甘宁边区的宪制建设经验结合于其中，扩大了政权的参与群体④，并认识到"因城市的阶级结构和农村不一样，必须以工人为骨干，团结知识分子和独立劳动者，联合自由资产阶级

---

① 苏联 1936 年宪法第 1 条中规定，"苏维埃社会主义共和国联盟是工农社会主义国家"。

② 苏联 1936 年宪法第 1 条和第 3 条中分别规定，"苏联的政治基础，是由于推翻地主和资本家的政权并争得无产阶级专政，而成长和巩固起来的劳动者代表苏维埃"，"苏联的一切权力属于城乡劳动者，由各级劳动者代表苏维埃实现之"。

③ 其俄文原文为：Статья135. Выборы депутатов являются всеобщими: все граждане СССР, достигшие 18лет, независимо от расовой и национальной принадлежности, вероисповедания, образовательного ценза, оседлости, социального происхождения, имущественного положения Статья136. Выборы депутатов являются равными: каждый гражданин имеет один голос; все граждане участвуют в выборах на равных основаниях. Статья137. Женщины пользуются правом избирать и быть избранными наравне с мужчинами.

④ 边区时期中日民族矛盾上升为主要矛盾，而国内阶级矛盾已成为次要矛盾。中国共产党领导下的边区政府的政权性质是统一战线的政权，即几个抗日阶级联合起来对于汉奸和反动派的民主专制政权。1941 年通过的《陕甘宁边区施政纲领》第 1 条即要求"团结边区内部各社会阶级，各抗日党派"，即凡是抗日人士均是政权参加者。

反对封建地主和官僚资本家残余"，从而使其政权建设既传承了苏联和苏区的政权本质属性，又基于哈尔滨的城市特点，在理性认识的基础上跳出了完全照搬苏联模式的思路，进行了正确的路径选择。在政权组织形式上，1946 年7 月，哈尔滨解放区成立了哈尔滨市临时参议会；1948 年，哈尔滨解放区结合 1936 年苏联宪法与 1945 年 9 月由陕甘宁边区首创的人民代表会议制度，建立了哈尔滨人民代表会议。哈尔滨解放区对政权组织形式的实践与诠释是我国人民代表大会制度的最初萌芽，在我国人民代表大会制度发展史上具有重要的历史地位。

哈尔滨解放区的宪制建设过程是将马克思主义基本原理与中国具体实践相结合的一次尝试，它体现了人民政权的本质，又能与时俱进，对促进中国的宪制进程和社会发展都是十分必要的。

第二，经济政策。

十月革命胜利后，为了掌握国家的经济命脉，苏俄政府开始进行国有化运动，并以此为基础建立了社会主义性质的国有经济。[1] 哈尔滨解放区借鉴苏联的国有化经验并结合自身的实际，对敌伪财产实行没收，对私营工商业进行扶持。1946 年 7 月制定的《哈尔滨市政府敌伪财产处理纲要》中明确要求，"敌人投降后，大批工厂、房屋、会社、仓库、商店收归市有"[2]，并以此为基础建立起社会主义性质的国营经济与公营经济。与苏联国有化运动不同的是，哈尔滨解放区基于恢复城市经济、发展城市工商业的需要，只对敌伪财产进行没收，而对其他私人资本并未实行国有化。在苏联实行新经济政策时期，列宁特别强调私人经济和社会主义经济结合的过渡形式，即国家资本主义。根据俄共（布）第十次全国代表会议的决议和决定，允许把国家企业租给私人、合作社、劳动组合和公司。[3] 仿照苏联的新经济政策，哈尔滨解放区也颁布相关法规，明确倡导建立国家资本主义形式。1946 年哈尔滨市第一届临时参议会制定的《哈尔滨市施政纲领》中规定："采取公私合作办法，增进哈市与各县的粮食燃料及日用品之贸易，以平抑物价，改善市民生活。"[4] 1946 年颁布的《哈尔滨市政府敌伪财产处理纲要》中也规定，"所有收归市有之大小工厂，均将委托或租与私人工商业家经营之"[5]。以上法规的颁布与实施，使哈尔滨解放区确立了国家资本主义的经济形式。而且，哈尔滨解放区在实行国家资本主义时，

---

① 哈尔滨市档案馆. 哈尔滨解放：上. 北京：中国档案出版社，2010：281 - 282.

② 哈尔滨市档案馆馆藏革命历史档案，全宗号 2，目录号 1，案卷号 13。

③ 苏联共产党决议汇编：第二分册. 中共中央马克思、恩格斯、列宁、斯大林著作编译局，译. 北京：人民出版社，1964：122.

④ 哈尔滨市档案馆馆藏革命历史档案，全宗号 3，目录号 1，案卷号 9。

⑤ 同②.

结合实际情况，采取了灵活的措施，"为使此项工厂能迅速开工，市府得视工厂开工难易情形，酌于三个月至相当期间内，不分红利或不收租金　但该工厂附属之原料、成品、半成品，得作价缴市府，或作为市府之投资"。到 1948 年，国家资本主义在哈尔滨解放区已经发展为加工制、出租制、公私合营之行业联合公司、订货制和代销制等类型。国家资本主义成为活跃哈尔滨解放区经济不可缺少的经济成分。哈尔滨解放区通过没收敌伪财产建立起来的国营经济与借鉴苏联发展起来的公私合营经济、合作社经济、私有经济和个体经济形成了多种经济形式，这种具有中国新民主主义特色的多种经济成分并存的形式，最早出现在哈尔滨恢复经济的实践中①，多种经济成分并存为哈尔滨解放区恢复经济、发展生产、支援东北和全国解放战争作出了重要贡献。哈尔滨解放区的经济发展形式是在苏联法的影响下中国共产党从农村经济过渡到城市经济的探索和尝试，为新中国的国家经济建设提供了宝贵的经验。②

　　第三，劳动法规建设。

　　基于解决劳资纠纷的需要，哈尔滨解放区民主政权于 1948 年 8 月颁布了《哈尔滨特别市战时暂行劳动条例》③，该条例深受 1922 年《苏俄劳动法典》的影响④，但在劳动时间、劳动工资和社会保险等方面都作出了变通灵活的规

---

　　①　苏春荣. 解放战争时期哈尔滨恢复经济发展生产的历史经验//北满革命根据地专题论文集. 哈尔滨：哈尔滨出版社，1990：312 - 313.

　　②　张闻天在实地调查了哈尔滨、合江、牡丹江等地区一些大中型城市的经济结构后，于 1948 年 9 月 15 日撰写了《关于东北经济构成及经济建设基本方针的提纲》一文，该文得到了中央的肯定，毛泽东、刘少奇、周恩来都给予高度评价，认为这个提纲可以作为已经解放的全国各地区的经济建设的指导方针。后来，该提纲成为新中国成立后我国新民主主义经济建设时期的纲领。（贾力，刘晓钟，高志超. 解放战争时期哈尔滨保护扶植工商业的具体政策和主要措施//北满革命根据地专题论文集. 哈尔滨：哈尔滨出版社，1990：300.）1949 年《中国人民政治协商会议共同纲领》第 26 条的规定直接体现了对哈尔滨经济发展模式的承继，即："中华人民共和国经济建设的根本方针，是以公私兼顾、劳资两利、城乡互助、内外交流的政策，达到发展生产、繁荣经济之目的。国家应在经营范围、原料供给、销售市场、劳动条件、技术设备、财政政策、金融政策等方面，调剂国营经济、合作社经济、农民和手工业者的个体经济、私人资本主义经济和国家资本主义经济，使各种社会经济成分在国营经济领导之下，分工合作，各得其所，以促进整个社会经济的发展。"

　　③　哈尔滨解放后，审理劳动争议和劳动报酬案件，依据的是 1931 年工农民主政权颁布的《中华苏维埃共和国劳动法》，但是由于《中华苏维埃共和国劳动法》制定于农村革命根据地，与哈尔滨以城市工商业为主的实际情况不相符，所以，1948 年 1 月 20 日，中共哈尔滨特别市委员会根据 1922 年《苏俄劳动法典》并结合哈尔滨解放区实际，公布了《战时暂行劳动法（草案）》。由于《战时暂行劳动法（草案）》过于简单，1948 年 8 月被哈尔滨特别市政府公布的《哈尔滨特别市战时暂行劳动条例》所取代。

　　④　1922 年《苏俄劳动法典》最大的特点是与新经济政策相适应，在承认资本主义的同时，保护私营企业中工人的利益，使其不受资本家的剥削。（1922 年《苏俄劳动法典》的相关内容见亚历山大洛夫. 苏维埃劳动法. 北京：中国人民大学出版社，1954。）《哈尔滨特别市战时暂行劳动条例》汲取了这一特点，在总则中明确要求在"劳资两利"的同时，"废除对工人实行的半封建的超经济剥削"。（《哈尔滨特别市战时暂行劳动条例》的内容见哈尔滨市档案馆藏革命历史档案，全宗号 1，目录号 1，案卷号 198。）

定，这些都体现出了哈尔滨解放区对苏联法进行"中国化"实践的智慧和理性。

　　关于劳动时间，1922 年《苏俄劳动法典》规定了八小时工作制①，革命根据地时期也同样规定实行八小时工作制。② 而 1948 年 8 月的《哈尔滨特别市战时暂行劳动条例》根据哈尔滨解放区支援战争前线任务繁重的实际情况，在劳动时间上没有照搬苏联劳动法，而是规定了较灵活的工作时间。《哈尔滨特别市战时暂行劳动条例》第 12 条规定："国营、公营、私营企业中，工作时间：在战争时期一般规定为八小时至十小时制度，对特别有害健康的生产部门，如气体化学工业，可规定六小时，但须取得市府或国家企业领导机关之批准为有效。"这与照搬苏联劳动法、一律机械地实行八小时工作制相比，更加符合经济建设的需要。哈尔滨解放区关于劳动时间的变通规定所产生的良好效果对其他解放区和新中国成立初的劳动法规产生了直接影响。③

　　在劳动工资方面，1922 年《苏俄劳动法典》第 59 条规定："劳动报酬的数额不得低于相当的国家机关为相当种类之劳动每次当时所规定的必须遵守的酬金最低额。"《中华苏维埃共和国劳动法》第 25 条仿照苏联劳动法规定："任何工人之工资不得少于由劳动部所规定的真实的最低工资额，各种工业部门的最低工资额，至少每三个月由劳动部审定一次。"而哈尔滨解放区关于劳动工资的规定也较革命根据地时期的规定更加灵活，根据实际情况，实行实物工薪制、计件工薪制和奖励工薪制等。④ 另外，哈尔滨解放区为促进生产、激发劳动者的积极性，还实行了"分红制"⑤。1946 年 7 月 30 日，《东北日

　　① 1922 年《苏俄劳动法典》第 94 条规定："关于生产工作及为生产所做之辅助工作，每日正常工作时间之连续，不得超过八小时。"
　　② 1922 年第一次全国劳动大会至 1929 年第五次全国劳动大会通过的决议案都规定实行八小时工作制，1931 年《中华苏维埃共和国劳动法》第 14 条也同样规定实行八小时工作制。
　　③ 1948 年 8 月 1 日，第六次全国劳动大会在哈尔滨隆重开幕（22 日闭幕），会议通过的决议案中规定："工厂工人一般实行八小时至十小时制度，对特殊企业或特殊情况，经当地政府批准得延长或缩短之。"1949 年《中国人民政治协商会议共同纲领》第 32 条中也规定："公私企业目前一般应实行八小时至十小时的工作制，特殊情况得斟酌办理。"（国家劳动总局政策研究室.中国劳动立法资料汇编.北京：工人出版社，1980：10.）
　　④ 《哈尔滨特别市战时暂行劳动条例》第 17 条规定："工资形式计时或计件及其运用，应根据具体情况决定。"1948 年《哈尔滨特别市战时工薪标准办法》第 1 条规定："为保证本市职工生活不受战时物价波动所影响，根据政委会第一条规定，实行实物工薪制。"第 10 条规定："凡能按件计算工薪的部门，一律实行按件工资制。"第 13 条规定："为鼓舞生产者生产之积极性，须在按件、按等、按时的基础上，实行按件累进计算法以奖励之。"
　　⑤ 1946 年，哈尔滨老巴夺烟厂劳资双方订立合作契约，实行"分红制"，"劳资分红"在老巴夺烟厂、同济商场试点后，在面粉、油坊、百货店等行业推广。（哈尔滨市档案馆藏革命历史档案，全宗号 1，目录号 1，案卷号 181。）

报》以《工商业发展的新方向》为题发表社论，肯定了"分红制"。哈尔滨解放区的"分红制"对新中国成立后的分配制度产生了重要影响。①

　　在劳动保险方面，1922 年《苏俄劳动法典》第 178 条规定："保险费应由企业、机关、农场或使用雇佣劳动之人缴纳之，无权向被保险人征收，亦不得由工资项下扣除。"1931 年《中华苏维埃共和国劳动法》第 69 条完全仿效苏联劳动法作出以下规定："由雇主于应付的工资之外，交付全部工资额的百分之十至百分之十五的数目，作为社会保险之基金……绝对不得向被保险人征收保险费，也不得从工资中克扣。"为了保障职工的切身权益，《哈尔滨特别市战时暂行劳动条例》借鉴《苏俄劳动法典》并结合俄国十月革命后初期的社会保险制度，要求国营、公营和私营企业为职工办理劳动保险，"劳动保险适用于公私企业中工人与职员本身"②，并在第 35 条中规定："1. 国营、公营与私营企业，须缴纳等于全部工资支出百分之三的劳动保险基金；2. 职工缴纳等于工资百分之零点五的劳动保险基金。"哈尔滨解放区关于劳动保险费缴纳方式的规定与《苏俄劳动法典》、苏区以及新中国成立后③关于劳动保险费缴纳方式的规定都不同，但是，在哈尔滨解放区特殊的社会经济背景下，这种方式是必然选择，对实现劳资两利、发展城市经济起到了重要作用。哈尔滨解放区劳动法规建设在借鉴苏联法的同时，又根据现实需要对苏联法进行了中国化改造（见表 8 - 1）。

表 8 - 1　革命根据地劳动法规受苏联法影响及"中国化"实践情况

法规	劳动时间	工资形式	劳动保险
1922 年《苏俄劳动法典》	八小时工作制（第 94 条）	计时工资和计件工资（第 70～76 条）	劳动保险费由雇主缴纳（第 178 条）
1931 年《中华苏维埃共和国劳动法》	八小时工作制（第 14 条）	计时工资和计件工资（第 30、33 条）	劳动保险费由雇主缴纳（第 69 条）

---

　　①　如新中国成立后的农村初级社就曾经实行"土劳分红"的制度，这种分配方法是农民在自愿互利的原则下将私有土地、耕畜、大型农具等主要生产资料交由统一经营和使用，按照土地的质量和数量给予农民适当的土地分红，其他入社的生产资料也付给一定的报酬。初级社部分地改变了私有制，促进了生产力的发展，是由个体经济转变为社会主义集体经济的过渡形式。这种经营形式适应了农村生产力水平，促进了农业生产发展。

　　②　哈尔滨市档案馆馆藏革命历史档案，全宗号 1，目录号 1，案卷号 198。

　　③　1951 年公布、1953 年修正的《中华人民共和国劳动保险条例》第 8 条规定："凡根据本条例实行劳动保险的企业，其行政方面或资方须按月缴纳相当于各该企业全部工人与职员工资总额的百分之三，作为劳动保险金。此项劳动保险金，不得在工人与职员工资内扣除，并不得向工人与职员另行征收。"

续表

法规	劳动时间	工资形式	劳动保险
1948 年《哈尔滨特别市战时暂行劳动条例》	八小时至十小时工作制（第 12 条）	计时工资、计件工资（第 17 条），实践中实行"劳资分红"	劳动保险费由企业和职工分别按比例缴纳（第 35 条）
新中国成立初的劳动法规	八小时至十小时工作制（1949 年《中国人民政治协商会议共同纲领》第 32 条）	供给制、工资制并存	劳动保险费由企业行政方面或资方缴纳（1953 年修正《中华人民共和国劳动保险条例》第 8 条）

在哈尔滨解放区的劳动法制建设中，由于农村与城市社会关系的不同，以及发展工商业、进行城市经济建设的需要，劳动法规的基本原则发生了根本性的变化，由过去农村根据地的强调保护工人的利益转变为在保障职工的切身权益的同时实现"劳资两利"。劳动法规基本原则和内容的转变，调动了劳资双方的生产积极性，为繁荣哈尔滨的经济提供了法律保障。更重要的是，哈尔滨解放区劳动法规中平衡劳资关系的做法为新中国劳动法科学理念的确立提供了宝贵的经验。

第四，军事管制政策。

首先，军管机构。不论是苏联红军 1945 年 8 月 20 日进驻接管哈尔滨，还是中国共产党 1946 年 4 月 28 日领导解放哈尔滨，哈尔滨最初的城市接管都是依靠军管制度完成的，因此，哈尔滨的城市接管经验与苏联经验密不可分。但哈尔滨解放区的军事管制制度有着诸多创新，其城市军管的经验与教训在中国共产党陆续顺利解放和接管其他城市的过程中发挥了巨大作用。

在军管机构"哈尔滨市卫戍司令部"设置的基础上，民主联军接管城市时没有成立专门的军管会（苏军接管哈尔滨时成立了军管会），而是由"中共哈尔滨市委""哈尔滨市政府""哈尔滨市卫戍司令部"党、政、军一体的机构（见图 8-1）完成了城市接管工作。从渊源上看，哈尔滨的军管机构受到苏军军管机构的直接影响，哈尔滨是在经历了苏军军管后由东北民主联军解放的，以苏联城市接管方式为范本是必然选择。苏联不仅在中国城市实行军管制度，而且在朝鲜也实行军管制度①，这也印证了苏联红军以军事管制为接

① 李爽. 试析驻朝鲜苏联军事管制机构（1945—1948）. 辽东学院学报（社会科学版），2012（2）.

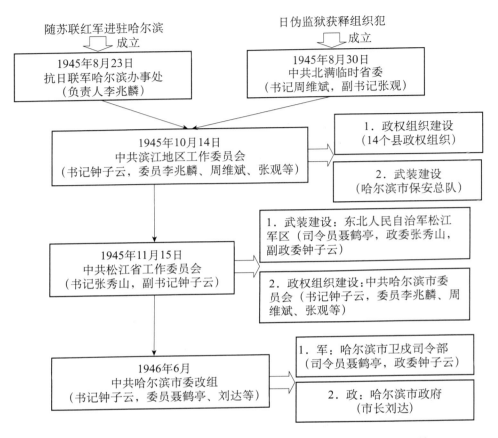

图8-1　苏联红军军事管制后至哈尔滨解放哈尔滨的党、政、军机构情况

　　资料来源：根据《哈尔滨市志·政权》和哈尔滨党史资料中关于哈尔滨党、政、军各机构发展沿革的记载绘制而成。

管城市的成型做法的观点的可靠性。从效果上看，哈尔滨的军管机构设置从城市解放的实际情况出发进行了大胆创新。根据中共北满分局的决定，哈尔滨建立了党、政、军一体的市级领导机构，成立了哈尔滨市卫戍司令部，聂鹤亭任司令员，钟子云兼任政委。比较哈尔滨市卫戍司令部的沿革发展（见图8-2）不难发现，哈尔滨市卫戍司令部下设各机构中不包括市政等机构，但是其下设机构都有军、警两种职能，既负责"整顿军队纪律"，又负责"维持治安"和"检查居民犯法行为"①。由军管时期的"卫戍司令部"逐渐过渡到军管结束后的公安局，"一个机构、两种职能"与"一个机构、两块牌子"

---

　　① 中共哈尔滨市委党史研究室. 解放战争中的哈尔滨. 哈尔滨：黑龙江人民出版社，1991：40-41.

有同样的功能。因此说，哈尔滨解放初期党、政、军一体的领导机构与新中国成立前后解放的其他城市成立的军管会机构名称不同，但性质基本相同，这种党、政、军一体的领导机构是其后解放的城市成立的军管会的雏形。

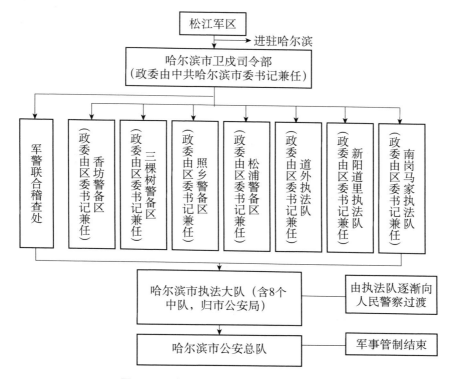

图 8 - 2 哈尔滨市卫戍司令部沿革发展图
资料来源：根据档案资料绘制而成。

其次，军管政策和法规。1945 年 8 月 20 日，苏联红军红旗第一集团军司令员别洛鲍罗多夫偕他的作战组到达哈尔滨，成立苏军驻哈卫戍司令部和军管会，对哈尔滨市实行军管。[①] 苏军驻哈卫戍司令部兼军管会在进驻的第二天发布了第一号命令，即《哈尔滨卫戍司令兼军管会主任第一号命令》。命令中针对"城里的粮食储备迅速减少，价格上涨；工厂、作坊、公共企业可能因燃料不足而停工；本来就是靠少得可怜的城市预算勉强维持的居民医疗服务，可能完全中断"[②] 的紧迫情况，要求"政府作为"。同时为了维护治安、减少伤亡，苏军发布戒严令；为了防止恶性案件频发，苏军在强制戒严的基础上

① 哈尔滨市档案馆 . 哈尔滨解放：上 . 北京：中国档案出版社，2010：67.
② 别洛鲍罗多夫 . 突向哈尔滨 . 晓渔，译 . 北京：军事译文出版社，1984：185.

管制枪支弹药。

民主联军解放哈尔滨的第二天，哈尔滨市卫戍司令部也仿照苏联军管模式发布了布告。一号布告赋予了人民基本权利，表明要依靠人民群众的力量铲除余孽维护治安；二号布告颁布了强制戒严、强制收缴武器的命令和对窃取破坏公共设施的行为、携带武器的行为的罚则。另外，民主联军进城后，哈尔滨市卫戍司令部还发布过多个布告，如 1946 年 5 月 18 日《关于肃清匪徒安定秩序维持保护人民的布告》、1946 年 8 月 23 日《关于封禁离境日人之一切房产禁止私占的布告》、1946 年 12 月 30 日《关于肃清土匪加强冬防的通令》、1947 年 5 月 9 日《禁止一切军队私自贩卖粮食平抑粮价的布告》等，这些也均具有明显的受苏军军事管制影响的痕迹。

综上所述，笔者认为无论是从对苏联军管制度学习和照搬的角度，还是从组织机构设置和人员配备的角度，都可以认为哈尔滨解放初期是实行军管制度的，并且为后续解放的城市积累了大量经验。而以立法的视角来审视哈尔滨解放初期的军事管制制度，其中具有典型意义的是苏军驻哈卫戍司令部兼军管会的第一号命令，中国共产党领导成立的哈尔滨市卫戍司令部在解放第二天发布的一号、二号布告，以及民主政权建立后颁布的具有浓重军管色彩的法规和条例。这些典型的军管规范是中国共产党领导下的城市接管经验的法律化，是苏联法"中国化"的实践。

（四）法制调整重点转向城市社会关系

中国革命走的是"农村包围城市"的道路，中国革命法制的发展也经历了从农村法制建设到城市法制建设的过程。无论是中央苏区的工农民主专政政权还是陕甘宁边区的抗日民主政权，其法制建设都是围绕着政权建设、农民和土地等中心环节展开的。在东北解放之前，中国共产党还没有在大城市领导法制建设的经验。在东北解放区建立和发展的过程中，尤其是在哈尔滨解放后，中国革命首次面临在城市建立民主法制的任务。城市的人口和阶级阶层众多，社会成分复杂，使得城市的管理、政权以及经济发展等，都与农村区别巨大。哈尔滨解放区的城市法制建设实践，使中国革命法制首次具有了城市化的特色，逐步实现了由农村法制到城市法制的过渡，其卓有成效的法制建设也为新中国的法制建设积累了宝贵的经验。具体表现如下：

首先，在城市政权建设方面，哈尔滨解放区的选举权主体已不限于工农阶级，而是所有拥护民主政权的阶级、阶层和人民团体，政权主体具有广泛性，更符合城市的阶级特性。哈尔滨解放区城市街区政权建设方面的法律规定，如《哈尔滨特别市街政权组织暂行条例》《关于建立街政权的决定》《中共哈尔滨市委关于改变组织形式的决定（草案）》等法律，属于典型的城市立法，其所涉及的内容和形式都是以前的农村根据地立法所没有的。

　　其次，在城市政权施政方面，正像有学者评价的那样："哈市在解放战争时期保护和扶植民族工商业的具体政策和措施的制定，是我党在大城市中管理经济、发展生产的首次实践。这种实践为我党探索新民主主义经济理论提供了基础。用加工订货统购包销这些国家资本主义形式来发展工商业的做法，就是从哈尔滨开始的。"① 哈尔滨解放区民主政权颁布的一系列有关经济建设的法律法规，都和城市的特性紧密地结合了起来，或者是为了解决城市新问题，或者出现了和城市相关的新特征，开始了城市法制建设的摸索和从农村到城市的过渡。具体表现在：在恢复经济中，哈尔滨解放区根据建设新民主主义经济的方针，逐渐形成了包括国营经济、合作社经济、私有经济和个体经济等的多种经济形式②，体现了城市经济成分的复杂性；哈尔滨解放区发布了一系列保护工商业发展的法规，如《关于商业登记的布告》《哈尔滨市政府敌伪财产处理纲要》《哈市经济情况及对工商业的态度、政策》《哈尔滨特别市摊贩管理条例》《哈尔滨特别市战时工商业保护和管理暂行条例》等，这些法规针对城市商业金融等的特殊问题而制定，具有明显的城市性，是以前农村根据地立法所未曾涉及的；1946 年哈尔滨解放区颁布了《哈尔滨市税捐征收规则》，1947 年颁布了《哈尔滨特别市营业税暂行条例》及《哈尔滨特别市营业税暂行条例施行细则》，1949 年颁布了《哈尔滨市民国三十七年度营业税征收办法》，这些有关城市税收的法律法规，具有明显的城市性，是以前农村根据地立法所少有的；为了解决城市失业和半失业贫苦群众的生活困难，哈尔滨解放区制定了《哈尔滨特别市政府移民暂行条例》，这是以往农村根据地立法所未涉及的；1948 年《哈尔滨特别市战时暂行劳动条例》明确提出了"劳资两利"原则，其规定在劳资双方的权利义务、企业管理、劳动时间、劳动保险等众多方面，都体现出了劳资利益的平衡，这也是以往农村根据地劳动法规所不具有的；其他方面，如城市治安法规中的 1947 年《紧急防疫通令由》《关于防疫戒严封锁暂行办法的通令》《哈尔滨特别市政府整顿市内车辆暂行办法》等，刑事法规中的《关于严惩盗贼的布告》《东北解放区交通肇事犯罪处罚暂行条例》等，都是针对城市新问题而制定的，都具有明显的城市性特征。

（五）人民司法传统的城市创新

　　哈尔滨解放区的司法建设与农村革命根据地的司法建设相比有显著差异。农村革命根据地的司法建设主要围绕土地和农民问题展开，形成了"与农村

---

　　① 贾力，刘晓钟，高志超. 解放战争时期哈尔滨保护扶植工商业的具体政策和主要措施//北满革命根据地专题论文集. 哈尔滨：哈尔滨出版社，1990：199.
　　② 苏春荣. 解放战争时期哈尔滨恢复经济发展生产的历史经验//北满革命根据地专题论文集. 哈尔滨：哈尔滨出版社，1990：312-313.

自给自足的单一农业经济相适应的司法传统，满足了苏区、边区时期农村根据地农民的利益诉求"①。而哈尔滨解放区城市复杂的市民群体及多元的利益诉求，是过去的司法经验所未曾涉及的。据此，哈尔滨解放区民主政权的司法创制融入了鲜明的城市特点，司法创制体现为"废旧立新"，形成了以规范性、国际性为主要特色的司法制度，实现了司法建设"从农村到城市"的重大转折。

第一，司法制度的废旧立新。

哈尔滨解放区具有与以往农村根据地不同的国际化、商业化的城市背景和复杂的政治、经济模式。为了满足城市不同阶层的利益诉求，哈尔滨解放区将陕甘宁边区时期创建的以马锡五审判方式为中心、以巩固农村根据地改权为目标的乡土司法建设传统与城市司法实践相结合，从法律术语、法庭形式、司法程序等方面进行了法律规范的创制性探索。1948 年哈尔滨解放区人民法院制定了以《哈尔滨特别市民事刑事诉讼暂行条例》为中心的多部程序法规，根据档案的记载，这些程序法规是"根据哈市近年来司法经验（其中大部分是已实行之事实，只是无明文规定）及目前工作上所必需而制定的"②，其主要原则是"人民法院是代表与保护人民利益的，是人民用以保护自己及国家的，因此在诉讼手续上必须给基本群众以方便条件并力求简便和迅速"③。可以说，哈尔滨解放区人民法院的司法实践成为司法法规创制的主要渊源，体现了中国共产党"一切从实际出发""理论联系实际"的思想路线，形成了以保护人民利益为宗旨的城市司法形象，对稳定城市法治秩序起到了关键作用。

第二，司法审理的废旧立新。

中国共产党在领导中国革命、建设、改革的历史进程中，通过提出并贯彻落实群众路线，把群众观具体转化为实际工作中的实践智慧，顺应历史发展需要，进行了创造性探索。④ 通过对哈尔滨市中级人民法院档案室卷宗的整理可以发现，在 1946 年 10 月 16 日《关于司法行政及组织问题指示》发布前，哈尔滨解放区人民法院在审判程序上适用国民党政府的程序法，而此后，为了体现中国共产党为广大民众服务的政治立场，在审判中不再适用旧的程序法，而是依据便民原则将诉讼程序大大简化。法院在受理案件时不收诉讼费用，不需要有诉讼文书，而且对旧司法代书行业予以取缔，规定："如今在

① 孙光妍，邓齐滨．中国革命法制"从农村到城市"的司法转折：以哈尔滨解放区司法实践为中心的考察．北方法学，2016（5）．
② 哈尔滨市档案馆馆藏革命历史档案，全宗号 5，目录号 7，案卷号 1。
③ 哈尔滨市档案馆馆藏革命历史档案，全宗号 2，目录号 7，案卷号 145。
④ 陈立新．群众史观的中国实践．光明日报，2019 - 03 - 18（15）．

民主的人民法院里不讲这一套，不在有无状纸，也不在'能说会道'，而在于有理没有理，有证据没有证据。"与此相适应的是，判决书或调解书的司法用语呈现大众化的特征，当事人对判决书或调解书的理解不需要任何法律知识背景。这种司法程序简单化、大众化的特点，反映了哈尔滨解放区民主政权司法工作的群众路线，适用法律的根本目的是通过快速结案，"建立法治制度，维护革命秩序"。因此，可以说，在案件审理的依据上，哈尔滨解放区通过逐步废旧立新建立了司法新秩序；在司法审判传统上，哈尔滨解放区继承和发扬了红色基因，以人民为中心，走司法的群众路线。

　　虽然哈尔滨解放区司法建设还存在诸如立法内容粗糙，立法技术不完善，案件审结"赶快了"①、"拖延粗草"② 等问题，但在当时的条件下哈尔滨解放区司法建设的实践稳定了社会秩序，恢复和发展了被日伪破坏的工业生产及商业秩序，及时有效地解决了市民的诉讼纠纷，得到了市民各阶层包括外国侨民的信任和支持，满足了市民的利益诉求，其效果是值得肯定的。

---

　　① 　哈尔滨市档案馆馆藏革命历史档案，全宗号5，目录号1，案卷号9。其中记载："民事案件有百分之七十七是在三天内就结案，需要一个月以上结案的只有百分之三，较之旧衙门的官僚程序最快也在一个月以上，最慢还不知若干年岁，真是不可同日而语。刑事案件多数三十天内就结案了。"因此，"审判着重在'赶快了'，未着重'分析是非，明察始末'"。

　　② 　哈尔滨市档案馆馆藏革命历史档案，全宗号5，目录号1，案卷号9。

第九章　渊源与影响

哈尔滨解放区民主政权实现了由以农村为中心的法制建设向以城市为中心的法制建设的转型，既传承了农村根据地具有中国特色的优良传统和红色基因，又对新中国成立初期的法制建设产生了重要的影响。

一、政权建设的影响

哈尔滨解放区的政权建设法规与此前工农民主政权、抗日民主政权的革命法制及此后各解放区的立法，以及 1949 年《中国人民政治协商会议共同纲领》的制定有渊源延续关系。

(一) 以"人民"为中心的民主政权

1946 年哈尔滨解放区民主政权颁布的《哈尔滨市施政纲领》在政权建设、财产权利与外侨事务的规定上，同各根据地的施政纲领有诸多类似之处；在民主权利及文化教育方面，更与各根据地的施政纲领保持高度的一致。这些类似之处和一致性的表现如表 9-1 所示。

表 9-1　1946 年《哈尔滨市施政纲领》与各根据地施政纲领对比表

法规	政权建设	民主权利	财产权利	经济建设	文化教育	外侨事务
①《中华苏维埃共和国宪法大纲》(1934 年 1 月)	全国工农兵苏维埃代表大会(第 3 条)	人民权利与自由(第 10 条);信教自由、各项政治权利与自由(第 4、10、13 条)	没收一切地主阶级的土地(第 6 条)	取消苛捐杂税(第 7 条)	施行完全免费的普及教育(第12条)	居住在苏区内从事劳动的外国人享有一切政治上的权利(第 16 条)
②《陕甘宁边区施政纲领》(1941 年 5 月)	共产党员与党外人士民主合作(第 5 条)	人身权利与自由(第 6 条);信仰自由、各项政治权利与自由(第 6 条)	保证农民私有土地制(第 10 条)	发展农业生产(第 9 条)	消灭文盲,普及国民教育(第14条)	允许外国人到边区游历(第 21 条)

续表

法规	政权建设	民主权利	财产权利	经济建设	文化教育	外侨事务
③《晋察冀边区行政委员会施政要端》（1945 年 9 月）	民主政权（第 1 条）	保障人权（第 2 条）；信仰自由、各项政治权利与自由（第 2 条）	保障佃户土地使用权、地主土地所有权（第 4 条）	实行合理税收制度（第 6 条）；边币为边区法定通货（第 5 条）	实行民族的民主的科学的大众的文化教育（第 7 条）	无
④《苏皖边区临时行政委员会施政纲领》（1945 年 12 月）	各级人民代表机关（第 3 条）	保障人民的人权（第 1 条）；信仰自由、各项政治权利与自由（第 1 条）	保障人民的财权（第 1 条）	实行财政收支统一（第 6 条）	普及成人教育，发展新民主主义文化卫生建设工作（第 7 条）	欢迎外侨进入本边区游历与参加民主工作（第 10 条）
⑤《陕甘宁边区宪法原则》（1946 年 4 月）	边区、县、乡人民代表会议	人身权利与自由；各项政治权利与自由	无	欢迎外来投资	免费的国民教育、普施社会教育	无
《哈尔滨市施政纲领》（1946 年 7 月）	民主政治（第 1 条）	人身权利与自由（第 2 条）；信仰自由、各项政治权利与自由（第 1、2 条）	保护私人财产所有权（第 3 条）	恢复与发展工商业（第 4 条）；促进工厂复业（第 7 条）；整理与统一税收（第 9 条）	发展国民教育，提倡新民主主义文化（第 11、17 条）	保护各友邦侨民生命财产之安全，严格管理日德侨民（第 16 条）
《哈尔滨市施政纲领》对各根据地施政纲领的继受	同③	同①②③④⑤	同④	无	同①②③④⑤	同①

资料来源：张希坡. 革命根据地法律文献：第二辑：上卷. 北京：中国人民大学出版社，2021：115－118；张希坡. 革命根据地法律文献：第三辑：第二卷（上）. 北京：中国人民大学出版社，2021：13－14；张希坡. 革命根据地法律文献：第三辑：第四卷. 北京：中国人民大学出版社，2021：20－21；张希坡. 革命根据地法律文献：第三辑：第七卷. 北京：中国人民大学出版社，2021：29；张希坡. 革命根据地法律文献：第四辑：第二卷. 北京：中国人民大学出版社，2021：3.

　　从上表可以看出，哈尔滨市民主政权虽然是新民主主义性质的联合政权，但本质上仍是中国共产党领导下的人民政权，因此与此前的工农民主政权在基本的施政内容上保持了一致，但又因适应时代变化而体现出了自己的特色。哈尔滨市是东北解放区的政治和经济重镇，民主政权高度重视经济发展，在《哈尔滨市施政纲领》的总共 17 条内容中有 5 条涉及经济发展，这在其他根据地的施政纲领中是不多见的，而其中的一些内容在当时无疑是大胆的、具有开创性的，至今仍令人惊叹。如第 8 条规定，"采取公私合作办法，增进哈市与各县的粮食燃料及日用品之贸易"；第 10 条规定，"在劳资双方自愿原则下实行分红制度"。在对外侨事务的规定上，《哈尔滨市施政纲领》采取的是一种开放和宽容的政策。《哈尔滨市施政纲领》第 16 条规定，"保护各友邦侨民生命财产之安全，严格管理日德侨民"。而其他根据地的施政纲领对此几乎未涉及。此外，《哈尔滨市施政纲领》中规定了申诉清算权，这也是其他根据地的施政纲领未涉及的。对申诉清算权的规定具有很强的战时性，这也与解放初期的哈尔滨市民曾饱受敌伪、大汉奸、恶霸的欺凌，市民渴望有发泄的渠道清算欺压之苦相关。

其他一些差异也值得注意。如《哈尔滨市施政纲领》关于特定人群权利的规定不同于其他根据地的施政纲领，没有提到对妇女和未成年人合法权益的保护。这与哈尔滨城市的特殊性有关。在许多农村根据地还存在大量童养媳现象，妇女没有社会地位，重男轻女情况严重。农村根据地为了有充足的人力发展生产，就要解放妇女，调动妇女的生产积极性，因而必须重视对妇女权益的保护。相比较而言，哈尔滨是一个城市化元素浓厚的大都市，封建思想遗留较少，许多妇女受过良好的教育。值得一提的是，在临时参议会中有相当数额的妇女代表，她们代表哈尔滨市的广大妇女行使参政议政的权利。因此，《哈尔滨市施政纲领》中未提及妇女权益保护问题。又如《哈尔滨市施政纲领》在社会经济权利方面未涉及劳动的权利和义务，也未提到物质帮助权。这是因为哈尔滨肩负的经济发展任务不同于农村解放区。哈尔滨解放区是大城市，发展工商业是经济建设的重中之重，而为快速发展工商业、支援前线，就难免会出现一定程度的剥削、劳动超时等现象。基于这样的考虑，《哈尔滨市施政纲领》弱化了这方面的规定。

（二）《中国人民政治协商会议共同纲领》的民主先声

1946 年《哈尔滨市施政纲领》对其后确立参议会制度的各解放区的立法产生了明显的直接影响。1946 年 8 月，东北各省代表召开联席会议，哈尔滨市代表团参加了会议。会议审议通过了《东北各省市（特别市）民主政府共同施政纲领》，其中的许多内容直接源自《哈尔滨市施政纲领》。此外，《哈尔滨市施政纲领》还对其后内蒙古解放区、华北解放区的宪制立法产生了直接影响，并进一步影响到 1949 年《中国人民政治协商会议共同纲领》，成为新中国宪制立法的重要源头。这种影响如表 9-2 所示。

表 9 - 2　1946 年《哈尔滨市施政纲领》对其他解放区和新中国宪制立法的影响

法规	政权建设	民主权利	财产权利	文化教育	外侨事务
《哈尔滨市施政纲领》（1946 年 7 月 19 日）	民主政治（第 1 条）	人身权利与自由（第 2 条）；信仰自由、各项政治权利与自由（第 1、2 条）	保护私人财产所有权（第 3 条）	发展国民教育，提倡新民主主义文化（第 11、17 条）	保护各友邦侨民生命财产之安全，严格管理日德侨民（第 16 条）
①《东北各省市（特别市）民主政府共同施政纲领》（1946 年 8 月 11 日）	民选的各级参议会（第 2 条）	人身权利与自由（第 7 条）；信仰自由、各项政治权利与自由（第 7 条）	保障资本家的正当利润（第 4 条）	普及国民教育，推广社会教育（第 6 条）	保护入籍与侨居的韩国人民（第 8 条）
②《内蒙古自治政府施政纲领》（1947 年 4 月 27 日）	内蒙古参议会（第 8 条）	人身权利与自由（第 6 条）；信仰自由、各项政治权利与自由（第 6、7 条）	保障内蒙古人民的财权（第 6 条）	普及国民教育，增设学校（第 12 条）	无
③《华北人民政府施政方针》（1948 年 8 月 12 日）	各级人民代表会议（第 3 章）	身体自由和安全（第 3 章）；信仰自由、各项政治权利与自由（第 3 章）	保障各阶层人民的土地财产（第 2 章）	发展文化教育工作（第 4 章）	保护外国人居住或游历（第 3 章）
④《中国人民政治协商会议共同纲领》（1949 年 9 月 29 日）	各级人民代表大会（第 12 条）	人身自由权（第 5 条）；信仰自由、各项政治权利与自由（第 4、5 条）	保护工人、农民、小资产阶级和民族资产阶级的私有财产（第 3 条）	新民主主义文化教育（第 41 条）	保护守法的外国侨民（第 59 条）
《哈尔滨市施政纲领》对其他解放区和新中国宪制立法的影响	同①②	同①②③④	同④	同①②④	同①③④

资料来源：张希坡. 革命根据地法律文献：第四辑：第二卷. 北京：中国人民大学出版社，2021：3，4，417；张希坡. 革命根据地法律文献：第四辑：第一卷. 北京：中国人民大学出版社，2021：1 - 7.

由上表可见，其他各解放区的新民主主义宪法性文件在民主权利、文化教育及外侨事务等方面直接继受了 1946 年《哈尔滨市施政纲领》的相关规定。这些规定经过各解放区的民主宪制实践，共同为全国性的新民主主义的宪制立法提供了更加成熟的经验。

从渊源的角度考察，《哈尔滨市施政纲领》受其他根据地施政纲领影响最多的内容为民主权利及文化教育方面的规定，其次为政权建设、财产权利及外侨事务方面的规定，比例大致相当；而对其他解放区的新民主主义宪制立法影响最大的部分为关于新民主主义阶段人民民主权利的规定，次之为外侨事务、文化教育方面的规定，影响相对较弱的是政权建设及财产权利方面的规定。

二、法制建设的影响

（一）管制刑成为新中国刑法中重要的刑罚之一

通过对哈尔滨市档案馆馆藏革命历史档案的挖掘和整理，笔者认为管制刑最早产生于 1946 年 10 月 2 日中共松江省委作出的《中共松江省委关于剿匪工作的指示》。《中共松江省委关于剿匪工作的指示》是在 1946 年哈尔滨解放后，为了及时发现匪患、肃清匪患制定的刑事政策，分别对不同情况的土匪及其武装作出了具有处罚性质的刑事政策指导。其中规定，通过家属争取回来的匪患，解除武装后，对于重要分子集中地点进行训练教育，对于一般分子则由当地政府（城市）或农工会（市郊农村）监督教育。在该指示的条文中，虽然没有把这种地方政府监督教育的方式直接称为"管制"，但是在《中共哈尔滨市委关于 1947 年保卫工作的决定》和哈尔滨市公安局的工作总结中均提到并把该处罚措施称作"管制"。这是管制作为刑罚方式首次出现在法律规范中。哈尔滨解放区采用管制方式处罚和管理解除武装的敌特和土匪，体现了民主政权"宽严相济"的刑事政策，为城市接管、解放与新中国成立后的锄奸反特保卫工作抛砖引玉。

新中国成立后，管制的内容不断充实完善，管制逐步成为一种正式的刑罚制度。中共中央政法机关以及全国人民代表大会常务委员会发布了许多有关管制问题的决定或批示，对管制制度各个方面的问题作了具体的规定，使之逐步明确并趋向统一。直至 1979 年 7 月《中华人民共和国刑法》专门对管制问题作了全面的规定，这是自农村根据地、哈尔滨解放区到新中国成立后几十年来实施管制的经验总结。这种经验的影响主要体现在以下方面：

其一，在管制的对象上，哈尔滨解放区时期管制主要适用于反革命罪犯，新中国成立后至 1979 年《中华人民共和国刑法》颁布前，管制的对象虽有所扩大，但仍受哈尔滨解放区经验影响，主要适用于反革命分子和坏分子，如 1959 年 3 月 20 日中央批准的《全国政法工作会议关于当前对敌斗争中几个政策问题的规定》中规定：管制的对象，主要是可捕可不捕的反革命分子和坏分子，监督劳动中表现不好、屡教不改的地、富、反、坏分子，以及其他虽构成犯罪，但捕后尚不够判处徒刑的反革命分子和坏分子。① 1964 年 8 月《最高人民法院、最高人民检察院、公安部关于管制适用的对象和管制的法律手续问题的联合通知》中也明确规定："管制是依靠群众，制服改造敌人，进行专政的一种手段，应当适用于属于敌我矛盾性质的分子，不适用于人民内部的犯法分子，以免混淆敌我界限，对团结群众共同对敌不利。"② 1979 年《中华人民共和国刑法》中将管制的范围加以扩大，管制既适用于罪行较轻的反革命分子，也适用于人民内部的某些犯罪分子。从上述关于管制的对象的规定中，不难看出哈尔滨解放区管制经验对新中国刑罚的直接影响。

其二，在管制的内容上，1947 年 7 月 21 日《中共松江省委哈尔滨市委关于逮捕人犯与没收底产的联合决定》中写道："哈市最近拟将松江各县迁来之地主及罪犯大批押送回籍，各县应立即着手准备接收安置分别处理，或置于农村群众监督管制之下进行或编成生产队强迫劳动。"据此可以认为，在哈尔滨解放区不论是城市还是市郊农村都已经在处理罪犯时实行管制，这种管制措施因战时的时代特征被赋予了刑事处罚的功能，其内容主要包括监督管理、劳动生产，不包括褫夺公民权利，在哈尔滨解放区管制与褫夺公民权利的处罚是分离的。1952 年 6 月政务院批准的《管制反革命分子暂行办法》中规定：对于被管制者，除限制其行动外，同时还要剥夺其政治权利。在这一阶段判处管制与剥夺政治权利是合二为一的。③ 直到 1979 年《中华人民共和国刑法》根据多年来的实践经验将管制与剥夺政治权利严格分开，分别列为主刑和附加刑。这与哈尔滨解放区时期的处理思路是一致的，即判处管制者并不意味着同时被剥夺政治权利，如果需要剥夺政治权利，可以依法附加判处。

从上述分析对比可以看出，哈尔滨解放区时期的管制作为一种应急的刑事处罚方式，适应了当时社会中处理敌我矛盾的需要，因此被新中国的法律规定沿用、发展，形成了统一的、确定的刑罚方式，影响意义深远。

（二）城乡二元户籍制度从新中国成立沿用至今

哈尔滨解放区时期确立的户籍管理制度的一部分，在实行的过程中已经完成了历史使命，达到了一个特定历史时期的效果，后来或被废止，或被新的制度取代，例如居民证制度、居民旅行证制度相继被废止并被后来的城市常住人口登记制度所代替，又如外侨旅行证制度也被新中国成立后的新的外侨出入境管理制度所取代。但是，哈尔滨解放区的户籍管理制度中也保留下

---

①　张希坡. 中华人民共和国刑法史. 北京：中国人民公安大学出版社，1998：336.

②　同①.

③　同①337.

来了一些有益的制度、法规、条文，为新中国户籍制度提供了经验借鉴。新中国成立之后，为了迅速稳定社会治安、建立良好有序的社会秩序体系，制定了一系列户籍管理法规（见表 9-3），哈尔滨解放区的户籍管理制度对这些制度、法规的制定有着直接的影响和积极的借鉴意义。

表 9-3　1950—1958 年户籍法规及其主要内容

时间	法规（文件）名称	主要内容
1950 年	《关于特种人口管理的暂行办法（草案）》	特种人口管理
1951 年	《城市户口管理暂行条例》	城市常住人口登记和管理
1953 年	《全国人口调查登记办法》（政务院）	常住人口的六项调查和登记
	《中共中央关于粮食统购统销的决议》	规定粮食收购和计划供应的范围
1954 年	《内政部、公安部和国家统计局联合通告》	普遍建立农村户口登记制度
1955 年	《市镇粮食定量供应暂行办法》	粮食供应、粮票和粮油转移证管理
	《关于城乡划分标准的规定》	农业人口与非农业人口的划分
1956 年	首次全国户口工作会议的三个文件	确立户口管理的三项任务
1958 年	《中华人民共和国户口登记条例》	限制迁徙自由

上述新中国成立后的户籍立法主要关注常住人口和特种人口的管理、外侨户籍管理、城乡户籍管理制度的建立。

第一，对特种人口管理制度的影响。1950 年 8 月，公安部制定《关于特种人口管理的暂行办法（草案）》，主要是为了堵塞治安管理中的某些空隙，限制反革命分子和其他破坏分子的破坏活动，保卫国家建设和人民生活的安全。[①] 哈尔滨在解放战争初期就卓有成效地开展了锄奸保卫工作，而锄奸保卫工作的基础即依赖于对"特殊住户"的统计以及针对"特殊住户"制定的一系列的管理法规，主要有东北局社会部于 1949 年 2 月 6 日发布的《东北局社会部关于执行中共中央对国民党三青团及特务机关组织处理办法的指示》、东北行政委员会于 1949 年 3 月 5 日发出的《关于反动党团特务组织限期登记的命令》、1949 年 3 月 24 日中共哈尔滨市委针对东北行政委员会下达的命令制定的《对登记反动党团特工作中几个问题及计划实施办法》以及 1949 年 7 月 12 日《东北局关于对反动党团特务人员登记后的处理办法》[②] 等。对比相关条文可以看出，新中国的《关于特种人口管理的暂行办法（草案）》是在学习

---

① 参见罗瑞卿 1949 年 11 月在第一次全国公安会议上的讲话。（刘光人．户口管理学．北京：中国检察出版社，1992：94.）

② 参见哈尔滨市档案馆馆藏革命历史档案，全宗号 1，目录号 1，案卷号 5。

哈尔滨解放区锄奸保卫以及反动党团特等"特殊住户"登记制度经验的基础上产生的，可以说哈尔滨解放区的"特殊住户"户籍管理法规是新中国特种人口管理制度的直接渊源。

第二，对外侨户籍管理制度的影响。哈尔滨解放区的外侨人口多，国籍多，成分复杂。而在哈尔滨解放区建立前，外侨问题又是其他多数解放区没有涉及的，陕甘宁边区及苏皖边区虽有提及，但仅规定允许外国人到边区"游历"①。因此，像哈尔滨解放区时期这样制定大量的、有针对性的外侨户籍管理法规，还是第一次。1949 年 10 月 26 日东北人民政府发布的通令《为统一外侨旅行证之颁发由》第 2 条规定的"外侨旅行证之格式，统依本府公安部今年五月一日之规定办理，凡外侨在东北境内旅行者由当地市县公安局发给，其出东北境至关内其他解放区旅行者由各省公安厅与市公安局发给"②，在新中国成立后制定的《中华人民共和国外国人入境出境管理法》第 25 条中就有所体现，在受理申请机关等方面都有学习和借鉴，"中国政府在国外受理外国人入境、过境申请的机关，是中国的外交代表机关、领事机关和外交部授权的其他驻外机关。中国政府在国内受理外国人入境、过境、居留、旅行申请的机关，是公安部、公安部授权的地方公安机关和外交部、外交部授权的地方外事部门"。1949 年 8 月 22 日东北行政委员会颁布《外侨出境办法》，哈尔滨解放区予以贯彻和执行，其第 1 条规定："外侨请求出境返国，原则上只要没有刑事案件，及债务纠纷者，均可批准出境。"③ 而《中华人民共和国外国人入境出境管理法》中，对于不准予出境的外国人的种类的规定与《外侨出境办法》中的规定几乎一致。1948 年 7 月东北行政委员会颁布的《东北解放区外国人加入中国国籍及取得公民资格暂行办法草案》第 2 条规定："有下列情形之一者，即属中国国籍：（1）生时父为中国人者。（2）父无可考或无国籍，其母为中国人者。（3）生于中国，父母均无可考，或均无国籍者。"④ 这一规定与新中国成立后制定的《中华人民共和国国籍法》中入籍的规定大体相同。《中华人民共和国国籍法》第 4 条规定："父母双方或一方为中国公民，本人出生在中国，具有中国国籍。"第 5 条规定："父母双方或一方为中国公民，本人出生在外国，具有中国国籍；但父母双方或一方为中国公民并定居在外国，本人出生时即具有外国国籍的，不具有中国国籍。"第 6 条规定："父母无国籍或国籍不明，定居在中国，本人出生在中国，具有中国国籍。"

① 孙光妍. 新民主主义宪政立法的有益尝试:1946 年《哈尔滨市施政纲领》考察. 法学研究，2006（5）.
② 哈尔滨市档案馆馆藏革命历史档案，全宗号 2，目录号 2，案卷号 272。
③ 同②。
④ 哈尔滨市档案馆馆藏革命历史档案，全宗号 2，目录号 2，案卷号 166。

　　从上述方面的对比可以看出，新中国成立后通过的许多涉及户籍制度的法律、法规直接源自哈尔滨解放区户籍管理制度的各种规定。哈尔滨解放区户籍管理制度还对其后的新中国外侨户籍制度、特殊人口户籍制度产生了直接的影响，成为新中国户籍制度的重要源头。总结这些直接影响，笔者将哈尔滨解放区的户籍法规与新中国户籍法规进行了直观的对照，见表9-4。

表9-4　哈尔滨解放区户籍法规与新中国户籍法规对照表

类别	哈尔滨解放区户籍法规	新中国户籍法规
特种人口户籍管理	《关于反动党团特务组织限期登记的命令》 登记的对象（第1条）	《关于特种人口管理的暂行办法（草案）》 管理的对象（第1条）
外侨户籍管理	《为统一外侨旅行证之颁发由》 凡外侨在东北境内旅行者由当地市县公安局发给，其出东北境至关内其他解放区旅行者由各省公安厅与市公安局发给。（第2条）	《中华人民共和国外国人入境出境管理法》 中国政府在国外受理外国人入境、过境申请的机关，是中国的外交代表机关、领事机关和外交部授权的其他驻外机关。中国政府在国内受理外国人入境、过境、居留、旅行申请的机关，是公安部、公安部授权的地方公安机关和外交部、外交部授权的地方外事部门。（第25条）
	《外侨出境办法》 外侨请求出境返国，原则上只要没有刑事案件，及债务纠纷者，均可批准出境。（第1条）	《中华人民共和国外国人入境出境管理法》 有下列情形之一的外国人，不准出境：（一）刑事案件的被告人和公安机关或者人民检察院或者人民法院认定的犯罪嫌疑人；（二）人民法院通知有未了结民事案件不能离境的；（三）有其他违反中国法律的行为尚未处理，经有关主管机关认定需要追究的。（第23条）
	《东北解放区外国人加入中国国籍及取得公民资格暂行办法草案》 有下列情形之一者，即属中国国籍：（1）生时父为中国人者。（2）父无可考或无国籍，其母为中国人者。（3）生于中国，父母均无可考，或均无国籍者。（第2条）	《中华人民共和国国籍法》 父母双方或一方为中国公民，本人出生在中国，具有中国国籍。（第4条） 父母双方或一方为中国公民，本人出生在外国，具有中国国籍；但父母双方或一方为中国公民并定居在外国，本人出生时即具有外国国籍的，不具有中国国籍。（第5条） 父母无国籍或国籍不明，定居在中国，本人出生在中国，具有中国国籍。（第6条）

第三，对城乡二元户籍制度的影响。哈尔滨解放区时期建立的居民旅行证、居民证等针对普通住户的管理制度，是为了限制人口移动、排查治安隐患。哈尔滨市公安局通过居民证在很大程度上把人口固定在一块土地上，同时将城市与乡村相对分开，建立了城乡二元户籍制度，分别根据城市和农村人口的不同需要进行保障和管理。这虽然限制了人口的迁移，但解决了战时治安、民生的关键问题，这也为新中国城乡二元户籍制度的建立埋下了伏笔。1953 年 4 月 17 日，中央政府下达《关于劝止农民盲目流入城市的指示》，这是以政府名义下达的第一个阻止农民进城的指示，指示要求对从农村流入城市的农村劳动力实行计划管理。从 20 世纪 50 年代中期开始，对农民迁徙自由进行限制的政府行为开始加大力度。1956 年 12 月 30 日，周恩来签发第二份限制农民进城的指示——《国务院关于防止农村人口盲目外流的指示》，这个指示要求农民如果在城市中没有亲友，千万不要进城，否则政府将进行遣返。1958 年 1 月 9 日全国人民代表大会常务委员会通过的、由中华人民共和国主席毛泽东签发的《中华人民共和国户口登记条例》，第一次将新中国成立以来逐渐形成的城乡有别的户口登记制度与限制迁徙制度以法律的形式固定下来，也从立法程序上正式建立了中国的城乡户籍管理制度。《中华人民共和国户口登记条例》第 10 条第 2 款规定："公民由农村迁往城市，必须持有城市劳动部门的录用证明，学校的录取证明，或者城市户口登记机关的准予迁入的证明，向常住地户口登记机关申请办理迁出手续。"1964 年 8 月，国务院批转了《公安部关于处理户口迁移的规定（草案）》，该文件比较集中地体现了处理户口迁移的基本精神，即两个"严加限制"，对从农村迁往城市、集镇的要严加限制，对从集镇迁往城市的要严加限制。此规定堵住了农村人口迁往城镇的大门。① 新中国制定的一系列户籍管理法规多数涉及限制户口迁移、限制人口移动的内容，有的明确规定在法律条文中，有的暗含在实施效果中，但都最终达到了一致的效果，就是以区域划分的户口体系已经形成，更明显地体现在了农业户口与非农业户口的区分中。哈尔滨解放区时期的户籍法规是新中国农业户口与非农业户口相区别的户籍政策的一个重要源头，这种政策上的沿袭在新中国的户籍立法上产生了深远的影响。

（三）"劳资两利"对新中国劳动立法的直接影响

哈尔滨是中国共产党领导下解放的第一个大城市，在哈尔滨建立的劳动法体系体现着"劳资两利"的精神，是新民主主义时期首次在城市根据地建立的以经济建设、发展生产为中心的劳动法体系，哈尔滨解放区的调整劳动关系的立法经验必然对其他解放区以及新中国的劳动立法产生直接而深

---

① 陆益龙．户籍制度：控制与社会差别．北京：商务印书馆，2003：124．

刻的影响。

第一，计件工资制度。

解放战争时期，哈尔滨解放区的企业学习苏联经验，实行了计件工资制。直到新中国成立，全国也只有哈尔滨等少数地区的企业在工资制度上实行计件工资制。哈尔滨解放区关于劳动工资的灵活规定对新中国成立初期劳动工资的相关规定产生了一定影响。1956 年 6 月，国务院在《关于工资改革的决定》中提出，各产业部制定切实可行的推广计件工资制的计划和统一的计件工资规程，凡是能够计件的工作，在 1957 年全部或大部实行计件工资制①，在全国开始逐步实行与哈尔滨解放区相同的计件工资制。

1959 年 10 月，劳动部在全国工资问题座谈会上总结了新中国成立以来至1958 年以前各地实行计件工资制的经验，认为这种工资形式符合"按劳分配"原则，具有积极作用。② 1961 年劳动部根据 1959 年 10 月召开的全国工资问题座谈会上对计件工资制问题的讨论意见，提出了《关于计件工资问题的几点意见》，其中指出，1958 年以前实行的计件工资制对于生产的发展是起了一定积极作用的。因为它是按工人完成的合格产品的数量计算工资的，多劳多得，少劳少得，更直接地体现按劳分配原则，因而在一定条件下，能够有效地鼓励工人提高劳动积极性和熟练程度，同时，还能够促使企业改善管理工作和节省劳动力。③

1961 年 9 月 16 日，中共中央发出讨论和试行《国营工业企业工作条例（草案）》的指示。《国营工业企业工作条例（草案）》规定，凡是需要和可能实行计件工资的，就应当实行计件工资制，计件工资制分为个人计件和集体计件两种。④ 实行计件工资制的单位，要做好定额工作，要特别注意提高产品质量和节省原料、材料、工具。

1978 年 5 月 7 日，国务院批准发布的《关于实行奖励和计件工资制度的通知》中指出：实行计件工资制度，是关系到企业生产和职工的切身利益的大事。各地区和各部门要加强领导，认真总结过去的经验，依靠广大群众，有计划、有步骤地进行，不要一哄而起。要不断加强思想政治工作和企业管理工作，及时解决实行中出现的问题，使之更好地调动广大职工群众的社会主义积极性，增强团结，促进生产。⑤

---

①　国家劳动总局政策研究室. 中国劳动立法资料汇编. 北京：工人出版社，1980：92，93.

②　同①127.

③　同①127，128.

④　同①125 - 131.

⑤　同①130，131.

哈尔滨解放区灵活的计件工资制度给新中国的劳动工资制度带来了可借鉴的经验，在新中国成立后计划经济体制下的很长一段时间里，计件工资制度体现着传承性，作出了积极贡献。

第二，劳动保险制度。

关于我国职工的劳动保险待遇的法律法规可分为两大类：第一类是在企业单位中实行的劳动保险条例，第二类是在国家机关、事业单位中实行的公费医疗等劳动保险单行办法。在哈尔滨解放区颁布《哈尔滨市劳动保险暂行条例（草案）》后至新中国成立初期，企业中实行的劳动保险条例主要有以下几个：1948 年 12 月 27 日由东北行政委员会颁布实行的《东北公营企业战时暂行劳动保险条例》，1951 年 2 月 26 日由政务院公布实行的《中华人民共和国劳动保险条例》（简称"五一年条例"），1953 年 1 月 2 日由政务院修正公布的《中华人民共和国劳动保险条例》（简称"五三年条例"）。① 哈尔滨解放区颁布的劳动保险法规中有两部比较重要的条例，其中一部即《哈尔滨市劳动保险暂行条例（草案）》，对东北解放区劳动保险法规的制定和新中国成立初期的两部劳动保险条例的制定都有着重要的直接影响。在《哈尔滨市劳动保险暂行条例（草案）》颁布后，东北解放区颁布的《东北公营企业战时暂行劳动保险条例》是以其为蓝本、在哈尔滨劳动保险法规制定的经验基础上形成的，新中国成立后的五一年条例和五三年条例均在内容上对《哈尔滨市劳动保险暂行条例（草案）》进行了扬弃，上述法规具体条款内容对比如表 9 - 5 所示。

表 9 - 5　哈尔滨解放区及新中国成立初期劳动保险法规内容比照表

类别	法规名称	内容
颁布劳动保险条例的目的	《哈尔滨市劳动保险暂行条例（草案）》	第 1 条：为保护工人与职员之劳动能力，减轻其生活特殊困难，特依据哈尔滨特别市战时劳动条例第八章关于劳动保险之规定制定本条例。
	《东北公营企业战时暂行劳动保险条例》	第 1 条：为保护公营企业中工人与职员之健康，减轻其战时生活困难，依据战时条件规定劳动保险暂行办法特制定本条例。
	五一年条例	第 1 条：为了保护雇佣劳动者的健康，减轻其生活中的特殊困难，特依据目前经济条件，制定本条例。
	五三年条例	第 1 条：为了保护工人职员的健康，减轻其生活中的困难，特依据目前经济条件，制定本条例。

---

① 国家劳动总局政策研究室 . 中国劳动立法资料汇编 . 北京：工人出版社，1980：269.

续表

类别	法规名称	内容
劳动保险实施范围	《哈尔滨市劳动保险暂行条例（草案）》	第3条：劳动保险事项实施之范围如下：1. 因公伤残及因公死亡之抚恤金。2. 非因工疾病伤残的救济金和死亡的丧葬补助金与救济金。3. 直系亲属之丧葬补助金。4. 对有一定工龄之六十岁以上之老年工人、职员之养老补助金。5. 生育儿女之补助金。6. 非因公死亡之抚恤金。
	《东北公营企业战时暂行劳动保险条例》	第8、9、10、11、12条分别规定了因公负伤残废与因公死亡之抚恤金、疾病及非因公负伤残废医药补助金、关于职工本人及其直系亲属之丧葬补助金、对于有一定工龄之老年工人生活补助金、关于职工生育儿女补助金。
	五一年条例、五三年条例	第12、13、14、15、16条分别规定了因公负伤、残废待遇，疾病、非因公负伤、残废待遇，工人与职员及其供养的直系亲属死亡时待遇，养老待遇，生育待遇。
劳动保险金的费用来源	《哈尔滨市劳动保险暂行条例（草案）》	第4条：依据哈尔滨特别市战时劳动条例大纲第八章之规定，劳动保险金之征集标准为：甲、国营、公营与私营之企业（或职业），须缴纳等于全部工资支出百分之三的劳动保险金；乙、职工缴纳等于工资百分之零点五的劳动保险金。
	《东北公营企业战时暂行劳动保险条例》①	第3条：各公营企业管理机关须按月缴纳等于本企业工资支出总额百分之三的劳动保险金。
	五一年条例、五三年条例	第7条：本条例所规定之劳动保险的各项费用，全部由实行劳动保险的企业行政方面或资方负担，其中一部分由企业行政方面或资方直接支付，另一部分由企业行政方面或资方缴纳劳动保险金，交工会组织办理。 第8条：凡根据本条例实行劳动保险的企业，其行政方面或资方须按月缴纳相当于各该企业全部工人与职员工资总额的百分之三，作为劳动保险金。②此项劳动保险金，不得在工人与职员工资内扣除，并不得向工人与职员另行征收。

注：①按照有关条款的规定，因公负伤治疗时期全部工资、因公死亡职工丧葬费、患病或非因公负伤三个月以内的工资以及女职工产假期间的工资，由企业直接支付，不由劳动保险金支付。这些费用来源的规定与五一年条例及五三年条例的规定完全相同。

②1969年规定，企业不再提取劳动保险金。原来由劳动保险金支付的劳动保险待遇，一律转由企业在营业外项目中支付。

资料来源：此表是笔者参阅如下资料整理而成：1. 1946—1949年《东北日报》和《哈尔滨日报》刊载的公开信息；2. 哈尔滨市档案馆馆藏革命历史档案，全宗号1和全宗号2；3. 韩延龙、常兆儒编《中国新民主主义革命时期根据地法制文献选编》（第4卷），中国社会科学出版社1984年版；4. 国家劳动总局政策研究室编《中国劳动立法资料汇编》，工人出版社1980年版。

从上表可以看出，哈尔滨解放区劳动保险法规对新中国劳动保险法规在三方面产生了直接的影响：

其一，颁布劳动保险条例的目的相同。哈尔滨解放区劳动保险法规与东北解放区、新中国劳动保险法规都规定劳动保险条例的目的和宗旨是保护劳动者的健康，减轻其生活中的特殊困难，只是在个别的字句上有略微的调整，将"保护工人与职员之劳动能力"改为"保护雇佣劳动者的健康"，意义并没有大的改变。

其二，在劳动保险的实施范围方面，哈尔滨解放区颁布的《哈尔滨市劳动保险暂行条例（草案）》中明确地规定了实施范围，即："劳动保险事项实施之范围如下：1. 因公伤残及因公死亡之抚恤金。2. 非因工疾病伤残的救济金和死亡的丧葬补助金与救济金。3. 直系亲属之丧葬补助金。4. 对有一定工龄之六十岁以上之老年工人、职员之养老补助金。5. 生育儿女之补助金。6. 非因公死亡之抚恤金。"东北解放区的劳动保险条例和新中国五一年条例、五三年条例中并没有直接规定劳动保险的实施范围，而是分别以五个条款的内容规定了上述六项内容，其条款内容是一一对应的，因此可以说，东北解放区颁布的《东北公营企业战时暂行劳动保险条例》和新中国五一年条例、五三年条例完全继受了哈尔滨解放区劳动保险实施范围的规定。

其三，在劳动保险金的费用来源方面，新中国五一年条例、五三年条例对《哈尔滨市劳动保险暂行条例（草案）》的内容进行了扬弃。《哈尔滨市劳动保险暂行条例（草案）》规定：国营、公营与私营之企业（或职业），须缴纳等于全部工资支出百分之三的劳动保险金；职工缴纳等于工资百分之零点五的劳动保险金。也就是说，资方和劳动者按照一定比例共同缴纳劳动保险金，在哈尔滨解放区特殊的社会经济背景下，这种保险费的缴纳形式是在当时战争的条件下，为调动资本家的生产积极性而不得已采取的做法。1951 年和 1953 年《中华人民共和国劳动保险条例》都在第 8 条中规定，凡根据本条例实行劳动保险的企业，其行政方面或资方须按月缴纳相当于各该企业全部工人与职员工资总额的百分之三，作为劳动保险金。此项劳动保险金，不得在工人与职员工资内扣除，并不得向工人与职员另行征收。哈尔滨解放区规定的由劳资双方共同缴纳保险费的做法在新中国成立后被废止。

第三，职工参加企业的民主管理。

关于职工会与企业民主管理问题，1948 年 1 月 20 日颁布的《哈尔滨特别市战时劳动法大纲》第 5 条中规定："劳动者有参加国家经济建设及参加公营企业管理之权利，其实现之办法如下：在公营企业中，设立由厂长领导并吸收工人代表参加组成之工厂或企业管理委员会，在上级国家企业机关领导下为工厂或企业中之统一领导机关，并按期举行职工生产会议，讨论生产制度之改善、生产过程之组织及有关劳动纪律、劳动条件与职工福利之事项。"①

　　1948 年 8 月，第六次全国劳动大会在哈尔滨召开，在会议上哈尔滨与会代表提交了关于《哈尔滨特别市战时劳动法大纲》的修正草案，大会通过了草案并将该法定名为《哈尔滨特别市战时暂行劳动条例》，其中对第 5 条进行了修改，规定："在国营公营企业中，劳动者有参加企业管理之权利，其实现之办法如下：在国营公营各企业各工厂中，建立统一领导的工厂或企业管理委员会，由经理或厂长、工程师及生产中其他负责人和工会在工人职员大会上所选出的代表（相当于其他委员的数量）组成之工厂或企业管理委员会在上级国家企业机关领导之下，为工厂或企业的领导机关，由经理或厂长任主席，讨论并决定有关工厂或企业管理和生产中的各种问题。在工厂或企业管理委员会多数通过的决议，如经理或厂长认为与该厂或该企业利益抵触或与上级指示不合时，经理或厂长有停止执行之权，并报告上级请求指示，在有紧急问题不及等待管理委员会开会时，经理或厂长有权处理之，但事后须将经过报告管理委员会请求追认。"② 同时，第六次全国劳动大会在《关于中国职工运动当前任务的决议》中规定，为了实行管理民主化，需要在各企业各工厂中，建立统一领导的工厂或企业管理委员会，由经理或厂长、工程师及生产中其他负责人和工会在工人职员大会上所选出的代表（相当于其他委员的数量）组成之工厂或企业管理委员会，在上级国家企业机关领导之下，为工厂或企业中的统一领导机关，由经理或厂长任主席，讨论并决定有关工厂或企业管理和生产中的各种问题。

　　哈尔滨解放区职工参与企业民主管理的有效做法和制度在得到了第六次全国劳动大会的肯定后，对其他解放区的劳动法规产生了深刻的影响，如1949 年 8 月 10 日华北人民政府颁布的《关于在国营、公营工厂企业中建立工厂管理委员会与工厂职工代表会议的实施条例》③ 中规定："凡属国营、公营工厂企业，均应组织管委会，由厂长（或经理）、副厂长（或副经理）、总工程师（或主要工程师）及其他生产负责人和相当于以上数量之工人职员代表组织之。"（第 2 条）在工厂管理委员会的决定范围方面，"管委会是在上级工厂企业管理机关领导下的工厂企业中统一领导的行政组织，管委会的任务是根据上级企业领导机关规定之生产计划及各种指示，结合本厂实际情况，讨论与决定一切有关生产及管理的重大问题如生产计划、业务经营、管理制度、生产组织、人事任免、工资福利问题等，并定期检查与总结工作"（第 6 条）。

① 哈尔滨市档案馆馆藏革命历史档案，全宗号 1，目录号 1，案卷号 198。
② 同①.
③ 韩延龙，常兆儒. 中国新民主主义革命时期根据地法制文献选编：第 4 卷. 北京：中国社会科学出版社，1984：702 - 706.

同时，"管委会多数委员通过之决议，如厂长（或经理）认为与该厂利益抵触，或与上级指示不合时，经理或厂长有停止执行之权。但须立即报告上级，请求指示"（第 8 条）。

新中国成立后，企业的民主管理制度经过哈尔滨解放区的发展和完善，继续沿用。1950 年 2 月 28 日，政务院财政经济委员会在《关于国营、公营工厂建立工厂管理委员会的指示》① 中规定，1950 年的中心任务是恢复与发展生产，改造原来官僚资本统治时的各种不合理制度的中心环节是建立工厂管理委员会，实行工厂管理民主化，发挥其生产积极性和创造性。1953 年 1 月，中共中央在批准全国总工会党组扩大会《关于全国总工会工作的决议》和李富春在全总党组扩大会上作的《在工会工作问题上的分歧》的结论的通知中规定："工会必须发动全体职工，参加民主管理，充分发扬工人群众的积极性和创造性。"新中国成立后在工会方面制定的一系列职工参与企业民主管理，发挥工人积极性和创造性发展生产、繁荣经济的法律规定都直接源于哈尔滨解放区职工参与企业民主管理的规定。虽然哈尔滨解放区职工参与企业民主管理的规定在实行的过程中有着消极的一面，但其积极意义和影响在新中国的劳动立法和经济建设中清晰可见。

三、司法建设的影响

（一）司法队伍建设的示范

哈尔滨解放区人民法院组建时接收了原伪满法院工作人员 148 名，包括 1 名俄籍翻译官。接收后组建新的审判队伍迫在眉睫，面对复杂的法院人员组成，邵天任首先对审判官、书记官、执行官等旧司法人员进行甄别和清洗，本着"表现较好的业务骨干继续留用，对敌视人民政权的顽固分子和确实没有办事能力的人员，则坚决予以清洗或组织他们到基层接受锻炼和改造"② 的原则，留用了 59 人，负责审理除反革命案件外的刑事治安案件和民事案件。

哈尔滨解放区人民法院的司法干部的组成结构，与农村革命根据地的法院主要由无产阶级革命家、工农干部和知识分子型司法干部组成相比具有特殊性，这是当时特定历史条件下别无选择的选择。哈尔滨解放区对旧司法人员采取"边教育、边改造、边使用"的做法使司法审判能够运行，这种做法为中国共产党接管其他城市时解决旧政权公务人员的问题开拓了思路，提供了可行性方案。随后中国共产党在解放石家庄和济南时保守地采用了敌视和遣散大部分旧人员的做法，走了弯路。接管沈阳时，陈云结合哈尔滨、石家

---

① 国家劳动总局政策研究室. 中国劳动立法资料汇编. 北京：工人出版社，1980：307 - 311.
② 哈尔滨市人民政府地方志办公室. 哈尔滨市志·司法行政志. 哈尔滨：黑龙江人民出版社，1999：600.

庄等城市的接管经验，确定了"各按系统，自上而下，原封不动，先接后分"的接收方法，只撤换旧政权部门的领导，其他旧人员均按原职上班，保障了城市的顺利接管和正常运行，也为新中国成立后此类人员的留用积累了经验。可以说，对旧政权公务人员留用政策的经验积累就开始于哈尔滨解放区人民法院对旧司法人员大量留用的工作实践。虽然 1949 年 1 月中共中央出台了对旧政权司法人员的处理办法，"原推事、检察官和书记官长等旧法人员，停止职务，经思想和作风改造后甄别录用"，但各地新法院中旧人员的比例还是较高，例如 1952 年时，全国各级法院干部共 28 000 人，其中旧司法人员约 6 000 人，占总人数的约 21%。这是与这种做法能够快速解决实际问题、保障司法运行的经验相关的，虽然出现了"执行刑事政策时，有不少地方对于反革命案件的处理，发生'宽大无边'的偏向"的情况，但在哈尔滨解放区的司法实践中却规避了这一司法风险，哈尔滨解放区人民法院留用的旧司法人员并未审理反革命案件，而是主要审理一般刑事治安案件和民事案件。

同时，哈尔滨解放区人民法院也是为新中国司法系统培育干部的摇篮，很多党的司法干部经过选拔和大胆选任，在哈尔滨解放区地方法院积累了司法工作经验，在新中国成立后为国家司法体系的建立作出了突出贡献。如曾任哈尔滨地方法院院长、哈尔滨特别市人民法院院长、哈尔滨市人民法院院长的王怀安在新中国成立后调任最高人民法院工作，并且成为新中国《人民法院组织法》的重要制定者之一。

（二）司法制度创新的影响

哈尔滨解放区的司法建设，是中国共产党领导下民主政权践行城市司法建设的开端，其司法制度建设的内容影响到新中国诉讼法规及司法组织法规的起草。

首先，哈尔滨解放区的诉讼与审判制度建设经验成为新中国立法机关起草民事诉讼法及刑事诉讼法的主要参考。新中国成立后制定的《中华人民共和国民事诉讼法》及《中华人民共和国刑事诉讼法》即参考了哈尔滨解放区的司法审判经验。1955 年 7 月，最高人民法院为了向国家立法机关起草民事诉讼法提供第一手的实践资料，也为了督促各地人民法院深入贯彻已颁布的《人民法院组织法》，以及总结各级人民法院的民事审判经验，规范、统一民事诉讼程序，曾组织工作组前往包括哈尔滨在内的十个大城市①，收集有关高级人民法院和中级人民法院民事案件审理程序的资料，并根据当时最高人民法院院长董必武提出的"求得大体一致，略加提高，使之接近人民法院组织

---

① 十个大城市分别为北京、天津、上海、南京、杭州、济南、沈阳、旅大、长春、哈尔滨。其中哈尔滨是解放最早的中心大城市。

法的要求"的精神，在对有关资料进行研究的基础上，提出了《关于北京、天津、上海等十三个大城市高、中级人民法院民事案件审理程序的初步总结》。① 1956 年 10 月，在前述司法调研的基础上，最高人民法院印发了《各级人民法院民事案件审判程序总结》。该总结在内容上共包括七大部分：案件的接受、审理案件前的准备工作、审理、裁判、上诉、再审、执行。1957 年，最高人民法院在该总结内容的基础上，又把总结按照法律的形式进行了条文化，制定了《民事案件审判程序》，在当时实际上起到了民事诉讼法的作用。② 1978 年，最高人民法院在参考了《关于北京、天津、上海等十三个大城市高、中级人民法院民事案件审理程序的初步总结》及《民事案件审判程序》的基础上，合理吸收了外国的先进经验与现代的司法理念和原则，草拟了《民事诉讼法》及《刑事诉讼法》。从以上新中国诉讼立法的发展中可以看出，哈尔滨解放区的司法制度建设经验，对新中国的诉讼法规的制定产生了一定影响。

其次，哈尔滨解放区的司法建设经验影响到新中国司法组织法规内容的制定。立法者对法规制定的影响不言而喻。新中国《人民法院组织法》制定时，中央政法党组指定了三个人负责起草工作，包括李木庵、贾潜、王怀安，而这三人组中的王怀安在新中国成立前，曾在哈尔滨市法院任职院长，因此，他在哈尔滨解放区所积累下来的司法建设经验以及对司法工作的理解，或多或少地会影响他对当时司法建设路径或者法规内容的构想。可以说，哈尔滨解放区的司法建设经验通过一种间接的、较为隐蔽的方式影响到了新中国司法组织法规的制定。对王怀安采访的报道记载：

> 王怀安回忆当时《人民法院组织法》起草的根据有三：一是正在起草的宪法草案；二是从土地革命时期以来革命根据地的司法经验；三是世界各国的法制资料。起草时，把各国的法制资料拿来加以比较，主要是参考苏联的。初稿由我们三人（李木庵、贾潜、王怀安）亲自动手分工撰写，经过反复修改，初稿起草出来以后，送给彭真和董老。在颐和园，由彭真主持，各委、院、部负责人陶希晋、魏文伯、张苏等人参加讨论修改，起草小组的贾潜和我修改过来，历时一个月才算完稿。这一稿报送党中央和毛主席。毛主席看了以后表示满意，认为"熨熨贴贴"，用现在的语言来说就是符合中国国情。这一稿经过中共中央通过后，1954 年 9 月提交第一届全国人民代表大会第一次会议正式通过。③

---

① 西南政法学院诉讼法教研室. 中华人民共和国民事诉讼法资料选编：第一辑. 西南政法学院诉讼法教研室，1984：6.

② 同①7.

③ 张志然. 与时俱进：人民法院组织法四次修订中经历了哪些传奇？. 民主与法制周刊，2018 (44).

　　革命根据地的司法经验不仅包括农村根据地时期的司法经验，更应包括如哈尔滨解放区的城市解放区的司法建设经验，王怀安对于1954年《人民法院组织法》起草过程的回忆，更加说明哈尔滨解放区的司法建设经验，曾影响了新中国司法组织法规的制定。

（三）"人民司法"的延续与发展

　　"人民司法"的主要特征应归结为司法为民、便民以及司法工作的群众路线。如时任陕甘宁边区高等法院院长的雷经天在1943年12月的一篇题为《改造司法工作的意见》的报告中指出："边区司法工作的群众路线，就是使司法工作成为群众自己的工作，司法机关成为群众自己的机关，同群众打成一片，倾听群众的意见，尊重群众的良好习惯，公正负责地为群众解决问题，不拘形式地组织群众的审判，以减少群众的诉讼。"① 哈尔滨解放区初期的司法建设工作便体现出"人民司法"的特征，是农村革命根据地时期"人民司法"在城市的延续与尝试。

　　首先，哈尔滨解放区司法工作的指导思想体现出对"人民司法"经验的继承。一是继承了边区便利诉讼当事人、尊重人民权利的思想。1941年5月10日《陕甘宁边区高等法院对各县司法工作的指示》中要求，"我们必须要真正做到尊重人民的权利……人民非有政府命令无擅自逮捕任何罪犯之权"，"在司法机关从受理案件一直到判决，一切必要便利于诉讼当事人"②。哈尔滨解放区适用的1946年10月16日东北行政委员会颁布的《关于司法行政及组织问题指示》要求："废止敌伪法律，一切以民主政策及特别法令为根据，不束缚于旧法律观点，处理案件，一切以保护人民利益为原则。"③ 二是强调司法工作的群众路线。陕甘宁边区时期倡导"司法工作要深入群众，在群众中建立司法工作的基础"④。哈尔滨解放区时期提倡发动群众配合司法机关的工作，《关于哈市工作方针的发展过程和几个问题的争论》中记载：

　　　　今天党把群众工作放在首要的工作位置，并希望把群众在一定的条件下发动起一部分来，政权在下面才有基础，而群众工作的干部在其进行群众工作中应积极帮助改造政府（包括公安局在内），改造其下级政权的工作人员，使群众工作的发展上更有依靠，因此必须帮助政府在扩大群众中建立他的威信。⑤

---

① 杨永华，方克勤. 陕甘宁边区法制史稿：诉讼狱政篇. 北京：法律出版社，1987：71-72.
② 韩延龙，常兆儒. 中国新民主主义革命时期根据地法制文献选编：中卷. 北京：中国社会科学出版社，2013：831-832.
③ 同②979.
④ 同②831.
⑤ 哈尔滨市档案馆馆藏革命历史档案，全宗号1，目录号1，案卷号11.

　　另 1947 年 6 月《中共松江省委关于私营工商业情况、执行政策及改进意见给东北局的报告》中记载："在今天组织广泛群众的生产运动，卫戍工作应与群众配合……在市内与公安机关共同肃清土匪、盗贼，使广大人民得以安定生活。""斗争对象中之罪大恶极的汉奸、特务、恶霸，工作队负责同志批准，街道工会可以逮捕送政府。在逮捕后，要告知公安局。在街上遇见他们，为不使其逃跑，可以先送政府公安局，发动被其所害地区群众斗争。"[①]

　　其次，哈尔滨解放区的司法审判实践体现了"人民司法"的路径。陕甘宁边区根据《高等法院、地方法院法庭审讯暂行规则》第 16 条规定的"凡重大案件，认为有教育意义的，应在群众中组织临时法庭公审"，在实践中注重采用公审形式审理"与群众有密切关系，他们很关心，轰动社会，对群众有着重大教育意义的案件"。哈尔滨解放区对少数罪大恶极、民愤极大、作恶多端的反革命分子及有重大影响的案件，也强调采取群众公审的形式，如公审了"汉奸恶霸姚锡九""压迫工人的张蕴三""周治富匪圈"等等。哈尔滨市人民法院对之这样记载：

　　　　伪满时张犯为某公会董事长，依靠提高劳力克扣工资。经公判（组织人民法庭工人参加审判）后在工人中反映工人吃得开了，工人坐法庭，张犯站在那里，过去哪有这种事。不但经过公审教育了工人削弱了资方气焰，资本家到审旁听。同时也明确了工人阶层的主人观念，对民主政府给工人撑腰感到非常满意的……

　　　　周治富匪圈的公审与会者不下几万人，经过宣布周匪等罪状予以极刑处分，扩大了民主政府镇压建军强盗保护市民生命财产的影响，同时也给予市民对建军强盗危害性的认识，群众对政府的镇压匪特感到快意。

　　最后，哈尔滨解放区的诉讼制度建设尽管体现出了城市特色，但从某些方面来看，亦表现出对"人民司法"经验的继承。哈尔滨解放区"法院一成立我们即执行了政委会指示，取消原律师和讼费，并不用状纸，坚决禁止了打骂刑讯，初期还不用法台，这在便民诉讼上是有好处的。尤其是在建立人民法院初期，还有必要。正因为这样，法院之门，不再是'衙门八字开，有理无钱莫进来'"。此外，还规定诉讼不拘于状纸等等，皆体现了对"人民司法"核心理念的遵循。

　　哈尔滨解放区人民法院充分吸收了边区司法建设经验，体现出很浓厚的"人民司法"的特色，这既是哈尔滨解放区政府为适应战争环境、条件的一种决策，又是哈尔滨解放区政府基于理论的自觉选择。哈尔滨解放初期的司法建设之所以基本搬抄了"人民司法"的建设模式，从政治上讲，是为了赢得

---

　　① 黑龙江省档案馆 . 城市工作 . 内部发行，1987：9.

民众的拥护，稳定政权，同时试验在边区已经取得良好效果的"人民司法"建设模式是否可以在城市中继续适用；从法律上讲，是为了解决公共权力与社会、民众脱离的问题；从现实角度讲，哈尔滨解放初期，除苏联和农村根据地时期的司法建设理论外，尚无成熟的司法建设经验可借鉴，搬抄具有"榜样"效应的"人民司法"经验不失为明智的选择。

可是，哈尔滨解放区的经济、文化环境毕竟不同于边区，农村根据地的司法活动所能提供的经验并不足以解决全国范围内司法工作面临的各种复杂问题。《哈尔滨特别市人民法院一九四八年工作总结》中记载，"在法院成立初期起到良好作用便民作用的几项措施，在今后工作更进一步发展下去，已值得考虑"[1]。因此，1948 年后哈尔滨解放区民主政权全面展开了符合城市特色的司法建设。哈尔滨解放区具有城市特色的司法建设，事实上是符合城市司法需要的，更是从城市人民的角度出发的"人民司法"，充分体现了"人民司法"传统的经验传承和城市践行。

---

① 哈尔滨市档案馆馆藏革命历史档案，全宗号 5，目录号 1，案卷号 45。

结　语

　　中国共产党领导中国人民经过土地革命战争、全民族抗日战争和全国解放战争，取得了新民主主义革命的胜利，建立了新中国。中国革命法制也随之经历了从农村根据地的法制建设到城市解放区的法制建设的转变，新中国法制体系由此逐渐建立。中国革命法制完成了从农村到城市、从区域法到国家法的转折与跨越。在法制的转折与跨越中，中国共产党如何选择法制道路，如何创制城市法制内容，这是决定能否建立巩固的城市民主政权、能否顺利领导即将解放的其他城市、能否建立新中国的关键问题。因此，城市法制的尝试与经验是中国革命法制道路中"生死攸关"的重要转折。

　　哈尔滨作为全国最早解放的大城市，在中国共产党的领导下，在马列主义毛泽东思想的引领下，以农村根据地的法制建设经验为基础，开始了城市法制建设的探索。这种法制探索正是新民主主义时期中国革命法制"从农村到城市"的重大转折性实践，是中国革命法制从根据地的区域法制建设向新中国国家法制建设转变的重要创制性实践。哈尔滨解放区法制建设作为中国革命法制建设典型的城市代表，其经验的积累为中国特色社会主义法治提供了路径选择的前期实践。哈尔滨解放区法制建设经验的探索对新中国法制总体走向产生了关键影响，有助于我们更深刻地理解中国特色社会主义法治的话语与现实路径。

　　第一，在法律制定方面，具体问题具体分析是马克思主义活的灵魂这一宗旨影响了哈尔滨解放区法律的制定。

　　哈尔滨解放区为了实现政权合法性，制定了《哈尔滨市施政纲领》；为了及时打击反动势力，制定出台了大量镇压反动党团、特务、土匪、会道门的法规；为了恢复生产和发展工商业以满足支援前线的需求，颁布了大量工商业法规；为了建立新秩序，制定了司法建设规范。从哈尔滨解放区整体的法律制度建设而言，哈尔滨解放区没有系统的民事法规，或者说与民事领域相关的法规较为零散和稀少，甚至婚姻法规只是沿用陕甘宁边区的法规和适用东北解放区的法规。而相比较而言，镇压惩治敌伪特的相关刑事治安立法大量出台，并颇具创制意味，究其原因就是社会的需要不同。刑事治安法规能够满足迅速建立民主政权、稳定社会秩序的需要，又因涉及敌我矛盾的解决，因此具有迫切的现实需求，而民间"细故"属于人民内部矛盾，可以通过传统的情理法来化解。这是颇具中国思维特色的法律创制路径，也是当时社会发展的需要。因此，哈尔滨解放区法制建设在有些领域以政策代替法律，在有些领域则颁布单行法规，法制建设的总体走向是需要什么法律制定什么法律，而不是该有什么法律制定什么法律。

这种根据实际需要具体问题具体分析的法制建设理念影响了新中国法律的制定。新中国成立后面对百废待兴的现实考验，根据社会需要安排法律制度，可以及时、高效、有针对性地解决现实问题，但同时也会导致"短平快"后的弊端，即导致法律体系欠完善，甚至无体系的问题。《中华人民共和国民法典》直至新中国成立 71 年后的 2020 年才问世，也恰恰说明了这一点。

第二，在法律内容方面，传承革命根据地法制建设的优良传统，哈尔滨解放区民主政权制定的法律内容政治立场指向明确，突出党的领导。首先，哈尔滨解放区因《六法全书》被废除后没有成型的城市法规可以适用，只能选择以党的政策暂时代替法律的路径。其次，哈尔滨解放区民主政权改变了陕甘宁边区时期对"抗日人民"的界定，将城市人民按成分划分来保护人民群众利益。在政治立场上，严格区分敌我矛盾和人民内部矛盾，投射在法律内容中，刑法主要是严厉打击反革命、反民主、破坏新社会秩序的行为，解决敌我矛盾，而民事关系属于人民内部矛盾，中国传统的情理法则可以起到更好的作用。这种做法一直影响着新中国法制建设的内容，直接导致了刑法的异军突起，民法则相对滞后。直到需要调整的民事领域的内容增多，不得不立法时，民法才在具体领域有所发展。

第三，在法律作用方面，法制建设更注重效果而非过程的思想初见端倪。除前面所述哈尔滨解放区民主政权根据敌我矛盾、人民内部矛盾的政治定位决定哪些领域应被列入刑事打击范畴外，哈尔滨解放区还出现了身份划分制度。例如刑事政策与户籍制度结合，哈尔滨解放区出现了"特种户口""黑人户籍"，对这些特殊身份的人口进行管理为刑事领域打击反革命行为提供了基础数据。又如刑事政策与管制的结合，管制原本在农村革命根据地时期被称为"管束"，是一种群众监督改造的做法，在哈尔滨解放区由于大量的反动敌伪、特务分子需要全面处理，要想彻底解决这一问题，单靠刚刚接管的司法机关是不够的，必须走群众路线，依靠人民群众对反革命分子加以监督改造，管制作为刑罚种类的出现为刑事领域打击反革命行为提供了基础保障。因此，可以说，中国共产党领导下的哈尔滨解放区民主政权利用法律的手段创造性地解决了一些社会现实问题，这些创制并不是按照西方话语语境的"法治"体系建构的，但是达到了想要达到的法律效果。新中国成立后，一方面在这样的思想的影响下继续制定解决中国现实问题的法律，另一方面法律制定向法律的体系化靠拢，走出了中国特色社会主义法治的道路自信和制度自信。

尽管人类在漫长的政治文明发展过程中，在法治的价值层面有着共识，但不同的国家在实现法治的过程中必然会形成法治模式的多样化。因此，如何选择道路的问题是根本问题。在面临"西方法治"模式和"苏联法"模式的选择时，哈尔滨解放区城市法制创造性地提供了另一种因地制宜的法制方案，这种方案给中国法制走向中国特色道路以制度自信。哈尔滨解放区的法制经验既传承了苏联和工农民主政权法制的本质，又体现了以城市为中心的政权建设的特点，跳出了以往完全照搬苏联模式的思路，对苏联法既有借鉴，又有变通和改造。虽然哈尔滨解放区的法制建设存在"急就章"、立法技术粗陋、军管色彩浓厚、内容空泛等问题，但其是马克思主义基本原理与中国革命具体实践相结合的一次尝试，也是中国革命法制走中国道路的重要实践。我们应该实事求是地评价历史，尊重我们的前辈在当时的历史条件下的选择。只有吸取历史的经验教训，正确诠释和评价历史条件下的法律制度，才能做好当下法治中国的建构和现实转化。

参考文献

一、历史文献

（一）档案文献

［1］哈尔滨市档案馆馆藏革命历史档案，全宗号 1，中共哈尔滨市委员会档案

［2］哈尔滨市档案馆馆藏革命历史档案，全宗号 2，哈尔滨市人民政府档案

［3］哈尔滨市档案馆馆藏革命历史档案，全宗号 3，哈尔滨市临时参议会档案

［4］哈尔滨市档案馆馆藏革命历史档案，全宗号 4，哈尔滨卫戍司令部档案

［5］哈尔滨市档案馆馆藏革命历史档案，全宗号 5，哈尔滨市人民法院档案

［6］哈尔滨市档案馆馆藏革命历史档案，全宗号 6，哈尔滨市总工会档案

［7］哈尔滨市档案馆馆藏革命历史档案，全宗号 7，哈尔滨市青年团档案

［8］哈尔滨市档案馆馆藏革命历史档案，全宗号 8，哈尔滨市妇女联合会档案

［9］哈尔滨市档案馆馆藏革命历史档案，全宗号 9，中共哈尔滨市委党校档案

［10］哈尔滨市档案馆馆藏革命历史档案，全宗号 10，哈尔滨市工商业联合会档案

［11］哈尔滨市档案馆馆藏革命历史档案，全宗号 11，哈尔滨市政府民政局档案

（二）报纸文献

［12］《哈尔滨日报》，1946—1947 年

［13］《东北日报》，1946—1947 年

（三）史料汇编

［14］哈尔滨市人民政府地方志办公室．哈尔滨市志·大事记．哈尔滨：

黑龙江人民出版社，1999.

［15］哈尔滨市人民政府地方志办公室．哈尔滨市志·劳动志．哈尔滨：黑龙江人民出版社，1998.

［16］哈尔滨市人民政府地方志办公室．哈尔滨市志·人口志．哈尔滨：黑龙江人民出版社，1999.

［17］哈尔滨市人民政府地方志办公室．哈尔滨市志·统计志．哈尔滨：黑龙江人民出版社，1996.

［18］哈尔滨市人民政府地方志办公室．哈尔滨市志·公安志．哈尔滨：黑龙江人民出版社，1996.

［19］哈尔滨市人民政府地方志办公室．哈尔滨市志·侨务志．哈尔滨：黑龙江人民出版社，1994.

［20］哈尔滨档案馆．哈尔滨大事记（1946—1966）．内部发行，1986.

［21］韩延龙，常兆儒．中国新民主主义革命时期根据地法制文献选编．北京：中国社会科学出版社，1984.

［22］甘肃省社会科学院历史研究室．陕甘宁革命根据地史料选辑．兰州：甘肃人民出版社，1982.

［23］陕西省档案馆，陕西省社会科学院．陕甘宁边区政府文件选编．北京：档案出版社，1988.

［24］中国人民政治协商会议黑龙江省委员会文史资料研究委员会．黑龙江文史资料．哈尔滨：黑龙江人民出版社，1982.

［25］中国人民政治协商会议黑龙江省哈尔滨市委员会文史资料委员会．哈尔滨文史资料．哈尔滨：黑龙江人民出版社，1995.

［26］中共哈尔滨市委党史工作委员会．哈尔滨党史资料．内部资料，1987.

［27］西南政法学院函授部．中国新民主主义革命时期法制建设资料选编．内部资料，1982.

［28］黑龙江省档案馆．城市工作．内部资料，1982.

［29］中国现代史资料编辑委员会．苏维埃在中国．中国现代史资料编辑委员会翻印，1957.

［30］中央档案馆．中国共产党第二次至第六次全国代表大会文件选编．内部资料，1981.

［31］厦门大学法律系，福建省档案馆．中华苏维埃共和国法律文件选编．南昌：江西人民出版社，1984.

［32］毛泽东选集．2版．北京：人民出版社，1991.

［33］张闻天选集．北京：人民出版社，1985.

[34] 陈云文选．北京：中央文献出版社，2005．

二、学术著作

[35] 张晋藩．中国法制通史．北京：法律出版社，1999．

[36] 瞿同祖．中国法律与中国社会．北京：中华书局，1996．

[37] 梁治平．清代习惯法．桂林：广西师范大学出版社，2015．

[38] 侯强．社会转型与近代中国法制现代化：1840—1928．北京：中国社会科学出版社，2005．

[39] 陶希晋．新中国法制建设．天津：南开大学出版社，1988．

[40] 马长山．法治进程中的民间治理：民间社会组织与法治秩序关系的研究．北京：法律出版社，2000．

[41] 魏建国．诚信建设与良法之治互动中的法治现代化．北京：法律出版社，2013．

[42] 史广全．礼法融合与中国传统法律文化的历史演进．北京：法律出版社，2006．

[43] 杨永华．陕甘宁边区法制史稿．太原：山西人民出版社，1992．

[44] 张希坡，韩延龙．中国革命法制史．北京：中国社会科学出版社，2007．

[45] 蓝全普．解放区法规概要．北京：群众出版社，1982．

[46] 李步云．中华苏维埃共和国人权建设研究．长沙：湖南人民出版社，2007．

[47] 纪凤辉，段光达．历史回眸:东方珍珠哈尔滨．哈尔滨：哈尔滨出版社，1998．

[48] 张寿民．俄罗斯法律发达史．北京：法律出版社，2000．

三、学术论文

[49] 孙光妍，孔令秋．哈尔滨解放区外侨案件的审理．法学研究，2012（2）．

[50] 孙光妍，郭海霞．哈尔滨解放区法制建设中的苏联法影响．法学研究，2009（2）．

[51] 孙光妍．新民主主义宪政立法的有益尝试:1946 年《哈尔滨市施政纲领》考察．法学研究，2006（5）．

[52] 孙光妍，邓齐滨．中国革命法制"从农村到城市"的司法转折:以哈尔滨解放区司法实践为中心的考察．北方法学，2016（5）．

[53] 孙光妍．哈尔滨解放区法制建设进程中苏联法的"中国化"实践．求是学刊，2014（5）．

[54] 孙光妍，邓齐滨．论"人民司法"的城市实践:以哈尔滨解放区司

法建设为例 . 学术交流, 2011 (12).

　　[55] 孙光妍, 孔令秋 . "劳资两利": 平衡劳资关系的首次立法实践——以《哈尔滨特别市战时暂行劳动条例》为考察 . 求是学刊, 2010 (6).

　　[56] 孙光妍, 孔令秋 . 苏联法对哈尔滨解放区劳动法规的影响: 以 1948 年《哈尔滨特别市战时暂行劳动条例》为例 . 学习与探索, 2009 (2).

　　[57] 孙光妍, 隋丽丽 . 新民主主义民主政治的可贵探索: 以哈尔滨解放区 1946 年参议员选举制度为例 . 法学家, 2007 (4).

　　[58] 邓齐滨, 孙光妍 . "司法能动"与现实修正: 新民主主义外侨案件审理的司法经验 . 求实, 2012 (2).

　　[59] 魏建国 . 城市治理结构中抽象系统信任建设与法治: 以书面文化认同为线索 . 北方法学, 2016 (4).

　　[60] 魏建国 . 欧洲"独特性"的城镇史视角解读: 读彼得·克拉克著《欧洲城镇史: 400—2000 年》. 史学理论研究, 2015 (4).

　　[61] 魏建国 . 城市化升级转型中的社会保障与社会法 . 法学研究, 2015 (1).

　　[62] 魏建国 . 俄罗斯民主法治发展滞缓的城市化不足因素探析 . 俄罗斯东欧中亚研究, 2014 (4).

　　[63] 魏建国 . 西方字母文字、印刷术、报纸与城市化及民主法制 . 史学理论研究, 2014 (2).

　　[64] 魏建国 . 现代化进程中宪政的有无及其治道影响: 法英美三国历史经验与当下世界各国宪政复兴的启示 . 北方法学, 2011 (5).

　　[65] 魏建国 . 宪政模式转型与近代英国崛起 . 北方论丛, 2005 (6).

　　[66] 郭海霞, 孙光妍 . 哈尔滨革命历史档案中的宪政建设考察 . 前沿, 2010 (8).

　　[67] 史广全 . 吴玉章宪政思想及其对当代的启示: 纪念吴玉章诞辰 130 周年 . 毛泽东思想研究, 2009 (1).

　　[68] 史广全, 叶富春 . 论我国社会主义法的和谐价值 . 学理论, 2010 (20).

　　[69] 史广全 . 陈顾远中华法系研究初探 . 学术探索, 2005 (2).

　　[70] 孔令秋, 郭海霞 . 从"一二号布告"看哈尔滨解放区法制建设经验及历史价值 . 奋斗, 2017 (4).

　　[71] 王立民 . 甲午战争后中国区域法制的变化 . 中外法学, 2016 (1).

　　[72] 王立民 . 百年中国租界的法制变迁: 以上海租界法制变迁为中心 . 政法论坛, 2015 (1).

　　[73] 王立民 . 论上海法制近代化中的区域治理 . 法学, 2014 (1).

　　[74] 姚素洁, 曲文华 . 民国前期哈尔滨同业公会初探 . 学理论, 2015 (1).

　　[75] 王海光，李国芳．走向城市：中共从农村到城市的历史转折．东岳论丛，2014（7）.

　　[76] 陈始发，张勇．鄂豫皖革命根据地法制建设研究述评．理论学刊，2016（4）.

　　[77] 张孝芳．抗日根据地的法制建设与国家政权建设：一种比较历史的视角．观察与思考，2016（11）.

四、硕士、博士学位论文

　　[78] 关黎．哈尔滨解放区工商业法规考察．哈尔滨：黑龙江大学，2014.

　　[79] 姜珺伟.1947—1948年哈尔滨解放区的法制建设．哈尔滨：黑龙江大学，2012.

　　[80] 罗阳．哈尔滨解放区法制建设研究的问题与走向．哈尔滨：黑龙江大学，2012.

　　[81] 庞洋．哈尔滨解放区司法建设考察．哈尔滨：黑龙江大学，2010.

　　[82] 张喜山．哈尔滨市临时参议会法制建设中的民主政治观．哈尔滨：黑龙江大学，2010.

　　[83] 邓齐滨．哈尔滨解放区劳动法规研究．哈尔滨：黑龙江大学，2009.

　　[84] 李均义．哈尔滨解放区外侨案件审判研究．哈尔滨：黑龙江大学，2009.

　　[85] 宋鑫．哈尔滨解放区刑事法规透视．哈尔滨：黑龙江大学，2009.

　　[86] 宋春燕．哈尔滨解放区经济法规研究．哈尔滨：黑龙江大学，2008.

　　[87] 程姝．哈尔滨解放区"三农"法规研究．哈尔滨：黑龙江大学，2008.

　　[88] 腾笛．哈尔滨解放区外侨管理法规研究．哈尔滨：黑龙江大学，2008.

　　[89] 孔令秋．论苏联法对哈尔滨解放区法制建设的影响．哈尔滨：黑龙江大学，2007.

　　[90] 卜启军．哈尔滨解放区治安法规考察．哈尔滨：黑龙江大学，2007.

　　[91] 王斌．哈尔滨解放区户籍制度研究．哈尔滨：黑龙江大学，2007.

　　[92] 刘建民．华北人民政府研究．北京：首都师范大学，2007.

　　[93] 陈益元．醴陵县农村基层政权建设研究（1949—1957）．上海：复旦大学，2004.

［94］郭圣莉．城市社会重构与新生国家政权建设：建国初期上海国家政权建设分析．上海：复旦大学，2005.

［95］程诚．山东抗日民主政权制度建设研究．济南：中共山东省委党校，2016.

［96］梁莉．中央苏区苏维埃基层政权建设探索及其对中国共产党群众路线形成的影响．成都：西南交通大学，2016.

［97］王凤兰．抗日根据地民主政权建设研究．济南：山东大学，2009.

［98］吴昕．陕甘宁边区政权建设的理论与实践之研究．长沙：中南大学，2009.

［99］吕波．政治参与：陕北开明绅士与陕甘宁边区政权建设——以李鼎铭个案为中心的群体研究．西安：西北大学，2006.

［100］闫生雨．建国前七年中国共产党政权建设的理论和实践．曲阜：曲阜师范大学，2009.

［101］马艳娟．中华苏维埃共和国基层政权建设的理论与实践探索：以中央苏区为例．成都：西南交通大学，2010.

［102］杨赛蕾．民主革命时期中共政权建设规律研究．天津：天津师范大学，2012.

［103］郑利华．政治发展视野中的农村基层政权建设研究．南昌：南昌大学，2006.

［104］李毅斌．彭真法制思想研究．济南：山东师范大学，2002.

［105］何正付．谢觉哉法制思想初探．长沙：湖南师范大学，2002.

［106］李秀茹．抗战时期陕甘宁边区刑法建设初探．成都：四川大学，2004.

［107］夏扬．上海道契：法制变迁的另一种表现．上海：华东政法大学，2004.

［108］曹全来．本土化与国际化：中国近代法律体系的形成．上海：华东政法大学，2004.

［109］洪佳期．上海公共租界会审公廨研究．上海：华东政法大学，2005.

［110］王新宇．民国时期婚姻法近代化研究．北京：中国政法大学，2005.

［111］任红霞．宪政视域中的陕甘宁边区人权立法．石家庄：河北师范大学，2006.

［112］吴满君．陈云经济思想及其当代价值．长春：东北师范大学，2007.

[113] 刘玉芬. 近代哈尔滨社会变迁对城市空间结构演变的影响. 长春：东北师范大学，2007.

[114] 李德志. 文明转型对哈尔滨现代化的影响（1898—1931）. 济南：山东大学，2008.

[115] 练育强. 近代上海城市规划法制研究. 上海：华东政法大学，2009.

[116] 姚远. 上海公共租界特区法院研究. 上海：华东政法大学，2010.

[117] 徐少辉. 上海金融中心法制变迁及决策研究. 上海：华东政法大学，2010.

[118] 林士俊. 清末边疆治理与国家整合研究. 北京：中央民族大学，2010.

[119] 黄亦君. 中共对贵阳的接管与政权建设（1949—1952）. 上海：上海大学，2011.

[120] 王立新. 解放战争时期中共东北基层政权建设研究. 长春：吉林大学，2012.

[121] 韩大梅. 新民主主义宪政研究. 天津：南开大学，2001.

[122] 刘文瑞. 建国初期中共农村基层政权建设的理论与实践（1949—1958）. 北京：中国社会科学院研究生院，2013.

[123] 张国茹. 延安时期陕甘宁边区基层政权建设研究. 北京：中国人民大学，2009.

[124] 李精华. 抗战时期国共两党农村基层政权建设比较研究. 长春：东北师范大学，2012.

[125] 张忠. 哈尔滨早期市政近代化研究（1898—1931）. 长春：吉林大学，2011.

[126] 穆丹萍. 近代哈尔滨地区俄国企业研究（1898—1926）. 长春：东北师范大学，2012.

[127] 徐振岐. 民国时期黑龙江高等教育述论. 长春：吉林大学，2013.

[128] 尤玉龙. 哈尔滨近代工商业发展与城市近代化研究. 齐齐哈尔：齐齐哈尔大学，2014.

[129] 塔丽婷. 清末民初的东三省地方议会研究：从清末谘议局到民初省议会（1907—1914）. 长春：吉林大学，2014.

五、外文文献

[130] 苏达里可夫，贝可夫. 苏维埃国家与法律问题讲座. 北京：中央人民政府法制委员会，1951.

[131] 斯大林. 关于苏联宪法草案的报告：苏联宪法（根本法）. 北京：

人民出版社，1954.

　　〔132〕别洛鲍罗多夫．突向哈尔滨．晓渔，译．北京：军事译文出版社，1984.

　　〔133〕危姆斯·R.汤森，布兰特利·沃马克．中国政治．顾速，董方，译．南京：江苏人民出版社，2005.

　　〔134〕米格代尔．农民、政治与革命：第三世界政治与社会变革的压力．李玉琪，袁宁，译．北京：中央编译出版社，1996.

　　〔135〕塞缪尔·亨廷顿．变革社会中的政治秩序．李盛平，杨玉生，等译．北京：华夏出版社，1988.

后 记

　　本书是国家社会科学基金项目的结项成果。结项后，项目成书用了一年的时间，但我们对于哈尔滨解放区法制建设的研究积累则已十年有余。

　　提到与研究哈尔滨法制的因缘际会，我要感谢季卫东教授。在 2003 年夏，季卫东教授从日本来哈尔滨参加黑龙江大学举办的学术会议。其间，我陪同他到哈尔滨市档案馆、黑龙江省档案馆、黑龙江省图书馆、黑龙江省博物馆等处，查阅他本人感兴趣的二战时期的经济史料。在陪同他与各处打交道、查阅史料的过程中，我了解到了档案史料对学术研究的重要性。彼时我虽已晋升为教授，但对于利用档案史料作学术研究来说还是"小白"。从此我便开始经常泡档案馆，随之发现了哈尔滨市档案馆有保存完整的从 1946 年 4 月民主政权进驻哈尔滨市到 1949 年 9 月的档案史料，以"哈尔滨市档案馆馆藏革命历史档案"命名收录。这批档案数量有千卷之多，内容涉及政治、经济、法制、文化、艺术等方方面面，因无人查阅，当时尚处于尘封之中。发现这批档案，对于正在寻找新的研究方向的我来说，无异于探险者发现了富矿。

　　2004 年，黑龙江大学法律史学科开始招收硕士研究生，并设置了"地方法制史"研究方向。我即组织学生去哈尔滨市档案馆搜集复印这批档案史料，并进行整理分类（初期搜集复印档案史料的个中甘苦，至今回想起来仍颇有感触）。用了近三年的时间，我们复印了这批档案中与法制相关的大部分档案史料，既为"地方法制史"方向的研究开展提供了资源，让研究有的放矢，也使后来的国家社会科学基金项目的前期工作有了丰富的"储备粮"。

　　感谢张希坡、杨永华、侯欣一、汪世荣等学者对陕甘宁边区革命根据地法制建设研究的引领，使我们对 1946—1949 年哈尔滨作为解放战争中中国共产党解放的第一个省会城市、中国共产党建立的第一个城市革命根据地，有了新的认识；使研究内容也从最初的对史料的梳理解读发展为对史料的分类量化研究，进而上升到以点带面的定位定性研究。我们先后在《法学研究》等刊物发表了相关研究论文，在 2012 年以"'从农村到城市'：中国革命法制的重大转折——以哈尔滨革命历史档案为中心的考察"为课题名称申请到了国家社会科学基金的资助。

从最初与这个领域的偶然相遇，到以此确立了坚定不移的研究方向，耕耘劳作，方知"路漫漫其修远兮"，虽收获几许，仍需"上下求索"。

本书合作者、主力写将邓齐滨，在写作大学本科毕业论文时即拜我为指导教师，在硕士研究生、博士研究生阶段亦师从我，以哈尔滨地方法制史为研究方向。经过十余年的合作历练，她已成为研究团队的核心骨干。接力有人，我心甚慰。

感谢我们的研究团队中的孔令秋、郭海霞、隋丽丽、宋来榜等——我曾经的学生、现在的学者，对这个项目的支持与付出。

感谢中国人民大学出版社的慧眼和抬爱，感谢责任编辑一遍遍不厌其烦地细致修改、校对。多年的学术研究成果即将以出版物的形式接受学界检验，内心忐忑。

感谢黑龙江大学重点工作处、社科处的资助，感谢所有支持、鼓励我们前行的人。

孙光妍

2023 年 6 月

图书在版编目（CIP）数据

中国革命法制"从农村到城市"的重大转折：哈尔滨解放区法制建设研究 / 邓齐滨，孙光妍著 . -- 北京：中国人民大学出版社，2024.1

ISBN 978-7-300-32397-8

Ⅰ.①中… Ⅱ.①邓… ②孙… Ⅲ.①社会主义法制－建设－研究－哈尔滨 Ⅳ.①D927.351

中国国家版本馆 CIP 数据核字（2023）第 244580 号

中国革命法制"从农村到城市"的重大转折
——哈尔滨解放区法制建设研究

邓齐滨　孙光妍　著

Zhongguo Geming Fazhi "cong Nongcun dao Chengshi" de Zhongda Zhuanzhe

出版发行	中国人民大学出版社	
社　　址	北京中关村大街 31 号	**邮政编码**　100080
电　　话	010 - 62511242（总编室）	010 - 62511770（质管部）
	010 - 82501766（邮购部）	010 - 62514148（门市部）
	010 - 62515195（发行公司）	010 - 62515275（盗版举报）
网　　址	http://www.crup.com.cn	
经　　销	新华书店	
印　　刷	中煤（北京）印务有限公司	
开　　本	720 mm×1000 mm　1/16	**版　　次**　2024 年 1 月第 1 版
印　　张	19.5 插页 1	**印　　次**　2024 年 1 月第 1 次印刷
字　　数	357 000	**定　　价**　88.00 元